Helmut Müller

Wendejahre

1949–1989

Helmut Müller

Wendejahre

1949–1989

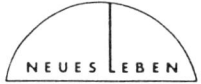

NEUES LEBEN

Der Autor hat in diesem Buch Wörter, Begriffe, Losungen, Zitate aus Reden oder Schriften in Anführungszeichen gesetzt. Die Redner oder Verfasser von Schriften sowie Zeit und Ort werden in der Regel benannt. Die Quellen finden sich in der Stiftung des Bundesarchivs für Parteien und Massenorganisationen der DDR, Berlin-Lichterfelde, und dem Landesarchiv Berlin, Kalkreuthstraße.

Bei den Anführungszeichen bei einzelnen Wörtern oder Begriffen handelt es sich um die Wiedergabe der zu dieser Zeit offiziellen Formulierungen und Redewendungen.

ISBN 3-355-01498-2

© Verlag Neues Leben GmbH, Berlin 1999
Schutzumschlag: Woge Design, Berlin
Layout und Satz: Verlag Neues Leben GmbH
Druck und Binden: Wiener Verlag GmbH

Ein Wendepunkt in der Geschichte?

„Die Gründung der Deutschen Demokratischen friedliebenden Republik ist ein Wendepunkt in der Geschichte Europas. Es unterliegt keinem Zweifel, daß die Existenz eines friedliebenden demokratischen Deutschlands neben dem Bestehen der friedliebenden Sowjetunion die Möglichkeit neuer Kriege in Europa ausschließt, dem Blutvergießen in Europa ein Ende macht und die Knechtung der europäischen Länder durch die Weltimperialisten unmöglich macht."

Diese Sätze sind dem Telegramm von J. W. Stalin entnommen, das er am 13. Oktober 1949 an Wilhelm Pieck und Otto Grotewohl als Vorsitzender des Ministerrats der UdSSR sandte.

Hat diese Einschätzung des damals alles überragenden Repräsentanten der sozialistischen Welt und der kommunistischen Weltbewegung, Josef Wissarionowitsch Stalin, den Stürmen der Zeit, dem Gang der Geschichte standgehalten? Und da wir wissen, daß dem nicht so ist, stellt sich hier begrenzt auf Deutschland die Frage, warum nicht? Die Fronten waren klar: Während die Sowjetunion, und alle Volksdemokratien die DDR diplomatisch anerkannten, bezeichnete Adenauer die DDR-Staatsgründung als „ungesetzlichen Akt". Das blieb eigentlich Staatsdoktrin der BRD.

Was vollzog sich aber im Verlauf eines halben Jahrhunderts und was davon reflektiert der Spiegel meiner Erinnerungen?

Fragen und nochmals Fragen und nicht auf alles eine Antwort. Ja, die Zeit war voll von sich jagenden, widerspruchsvollen, sich oft aufhebenden Ereignissn.

Diese Ereignisse füllten mein Leben aus, gaben ihm Sinn und Inhalt. Ihre Vielfalt und ihre Prallheit ließen die Zeit wie im Fluge vergehen, so daß man sich heute verwundert die Frage stellt: Ist das erst 50 Jahre her?

Mir ist, als sei es erst kürzlich gewesen, als wir in der Runde der Mitarbeiter des Kreisvorstands der FDJ von Eisenach erwartungsvoll und gespannt in den ersten Oktobertagen des Jahres 1949 auf jede neue Meldung aus Berlin warteten. Seit Tagen und Wochen beherrschten die politischen Vorgänge in Deutschland unsere Gespräche im kleinen und großen Kreis, die Zusammenkünfte mit den Pionierleitern, die Versammlungen der FDJ-Gruppen. Immer wieder wurde die Frage gestellt, was nun wohl geschehen wird, was wir wohl tun werden, nachdem am 7. September 1949 mit der Konstituierung des Bundestags in Bonn, jenes „Spalterparlaments", wie wir es nannten, das einheitliche Deutschland, für das wir kämpften, aufgehört hatte zu existieren? Das konnte doch nicht einfach hingenommen werden!

Beim Friedenstreffen der FDJ am 24./25. September in Berlin, an dem Hunderttausende Jugendliche aus Ost und West teilnahmen, sagte Erich Honecker, daß wir diesen Verrat an Volk und Vaterland, diesen Anschlag auf den Frieden, die Einheit und die Lebensinteressen der Deutschen niemals hinnehmen werden. Nur dagegen zu protestieren, das wäre doch zu wenig. Aber wann geschah endlich etwas, um die Einheit Deutschlands wiederherzustellen, die durch die Spaltung hervorgerufene Kriegsgefahr zu bannen und den Frieden für unser Volk und die Völker Europas zu sichern?

Angesichts des Zerfalls der Antihitlerkoalition, des Beginns des Kalten Krieges, des drohenden heißen Kriegs in Korea, der nationalen Befreiungskämpfe in Vietnam und anderen Ländern, bezogen sich diese sehr agitatorischen, losungshaften Sätze doch auf reale Vorgänge. Wir glaubten daran und waren von ihrer Verwirklichung überzeugt. Wir wußten auch, daß die tieferen Ursachen für diese Zustände im Hitlerfaschismus, dem verbrecherischen Zweiten Weltkrieg mit all seinen Folgen für die Menschheit lagen, die auch zur Spaltung Deutschlands in Besatzungszonen der Siegermächte führten.

Die Welt hatte sich in zwei große Lager gespalten. Und ein großer Riß ging durch Deutschland.

Der 4. Oktober zeigte schon Konturen einer Antwort. Erich Honecker erhob im Namen der deutschen Jugend die Forderung nach der Bildung einer wahrhaft nationalen Regierung in Berlin. Die Entscheidung darüber erfuhren wir dann schon einen Tag später durch eine Mitteilung über eine Tagung des Zentralkomitees der SED. Die Kreisleitung der SED lud Genossen ein, um den Beschluß über die „Nationale Front" zu erläutern und uns mit Argumenten für dessen Übermittlung in Partei- und öffentlichen Versammlungen auszustatten. So war damals der Informationsweg. Als ich in verschiedenen Dörfern dazu auftrat, hatte ich schon auf neue Ereignisse zu reagieren. Am 7. Oktober wurde die Gründung der DDR verkündet. Die Tagung des Volksrats und seine Umwandlung in die Provisorische Volkskammer der DDR, die Inkraftsetzung der Verfassung eines neuen Staates, die Berufung Otto Grotewohls zum Ministerpräsidenten.

Ich sprach darüber voller Begeisterung, uneingeschränkt überzeugt von der Notwendigkeit und Richtigkeit all dieser Schritte. Ich verstand nicht, warum diese, meine Stimmung nicht von allen Zuhörern geteilt wurde. Es war doch tatsächlich ein Wendepunkt in der Geschichte Deutschlands. Darüber aber tiefer nachzudenken, blieb mir gar keine Zeit.

Es gab einen neuen Auftrag: Mädchen und Jungen aus Betrieben Eisenachs, Ruhlas und Wuthas für eine Fahrt nach Berlin zur Begrüßung des neuen Staates und seiner Repräsentanten zu gewinnen.

Gemeinsam bestiegen wir einen LKW und ab ging die nächtliche Fahrt. Am Hermsdorfer Kreuz formierte sich Wagen für Wagen aus anderen Thüringer Kreisen zu einer endlosen Kolonne mit erwartungsvollen Mitgliedern der FDJ. Und so fuhren aus allen Ländern der Sowjetischen Besatzungszone junge Leute nach Berlin. Nach langen Stunden des Wartens in Berliner Straßen kam die Nachricht: Wilhelm Pieck ist soeben zum ersten Präsidenten der Deutschen Demokratischen Republik gewählt worden. Ihm sollten wir unseren Gruß und Glückwunsch entbieten. Unsere Thüringer Gruppe setzte sich endlich in Bewegung. Der Weg führte durch dunkle Straßen, an deren Rändern die Ruinen der zerbombten Häuser herausragten. Ein beklemmender Eindruck. Aber beeindruckender waren für uns die Berliner, die die Straßen säumten und uns freundlich zuwinkten. Die Fackeln wurden entzündet. Als wir „Unter den Linden" die Tribüne erreichten, sahen wir ihn stehen, den Arbeiterpräsidenten, unseren Wilhelm Pieck. Er winkte uns zu, und es war, als gelte sein Gruß ganz persönlich jedem von uns.

Das, was ich am 11. Oktober 1949 gemeinsam mit Tausenden FDJ-lern und Hunderttausenden Berlinern erlebte, ist als „Fackelzug der FDJ" in die Geschichte eingegangen und als bleibendes Dokument das „Gelöbnis der Jugend".

Seinen Sinn und Inhalt begriff ich eigentlich erst später.

Da das Ereignis schon 50 Jahre zurückliegt soll das Gelöbnis hier wiedergegeben werden:

Gelöbnis der Deutschen Jugend

Zum erstenmal in der langen Geschichte unseres Landes haben das deutsche Volk und seine Jugend sich einen Staat und eine Regierung geschaffen, die den wahren Interessen der deutschen Nation entsprechen.

Zum erstenmal in ihrer Geschichte darf die deutsche Jugend in Vertrauen und Liebe sich zu diesem Staat und seiner Regierung bekennen.

In dieser feierlich-freudigen Stunde gedenkt die deutsche Jugend der Lehren, die ihr Jahrhunderte bitterster Erfahrungen erteilt haben. Sie gedenkt der Helden und Märtyrer des deutschen Volkes, die von den Bauernkriegen bis zum Widerstand gegen Hitler für ein Deutschland des Volkes kämpften und starben. Sie gedenkt der Millionen junger Deutscher, die für volksfeindliche Interessen in Eroberungskriegen gegen friedliche Völker hingeopfert wurden.

Wir, die deutsche Jugend, geloben der Deutschen Demokratischen Republik Treue, weil sie der Jugend Frieden und ein besseres Leben bringen will und bringen wird!

Wir geloben der Deutschen Demokratischen Republik Treue, weil in ihr die Selbstbestimmung des deutschen Volkes zum erstenmal im ganzen Umfang hergestellt sein wird!

Wir geloben der Deutschen Demokratischen Republik Treue, weil sie das wahre Haus des Volkes ist und sein wird! Wir geloben, dieses unser aller Haus zu hüten und vor den Anschlägen der Kriegsbrandstifter und Zerstörer unserer Einheit zu schützen!

Wir geloben, unablässig an der Vervollkommnung unserer Fähigkeiten und an der Vertiefung unseres Wissens zu arbeiten! Wir wollen Baumeister sein an unserem neuen Haus der friedlichen Arbeit und der kämpferischen Humanität!

Wir grüßen aus tiefstem Herzen das Neue, unsere strahlende, freudige Zukunft!

Es lebe die deutsche Jugend im Bund mit der friedliebenden Jugend aller Länder! Es lebe die Deutsche Demokratische Republik, ihr Präsident und ihre Regierung in einer friedlichen Welt!

Mich damit zu identifizieren, fiel mir nicht schwer. In dem Gelöbnis war kurz und verständlich das ausgedrückt, was mich bewegte, was ich empfand und hoffte, auch wofür ich mich seit 1946 eingesetzt hatte.

Nach den Schrecken des Krieges, Bombardierungen und Kampfhandlungen, den Verfolgungen, KZ, Mord und Terror, entwickelte sich auch bei mir die Haltung: Nie wieder Krieg, nie wieder Faschismus.

Die Kriegsfolgen trafen mich ganz persönlich. So, wie Millionen Menschen, wurde auch meine Familie aus der Heimatstadt Kratzau in der ČSR ausgesiedelt. Damit fertig zu werden, war nicht einfach, fällt aber jungen Leuten leichter als älteren. Etwas Verlorenem nur nachzutrauern, bot keine Lebensgrundlage. Außerdem bewirkte der Umstand, sofort einen neuen Arbeitsplatz im nahegelegenen Kalischacht erhalten zu haben, sich mehr mit dem Zukünftigen als mit dem Vergangenen zu beschäftigen.

Die größte Hilfe, um im thüringischen Tiefenort heimisch zu werden, leistete die FDJ-Gruppe. Sie wurde auch meine geistige Heimat. Viele Debatten, oft hitzig und zugespitzt, wurden über die Vorgänge im Ort und um uns herum geführt. Kein Thema blieb ausgespart und so gegensätzlich auch oft die Meinungen waren, in einem waren sich alle einig: „Das neue Leben muß anders werden als dieses Leben, als diese Zeit." Damit das Leben besser wird, war schon viel geleistet worden. Es war deshalb glaubhaft, wenn es im Gelöbnis hieß, daß die Deutsche Demokratische Republik der Jugend „ein besseres Leben bringen will und bringen wird". Daß dazu der Friede unabdingbar ist, lag auf der Hand. Diesem

Staat, der sich dafür verbürgt, konnte man Treue geloben. Das geschah im tiefen Vertrauen zu dem neuen Staat und zu den Männern an seiner Spitze.

Daß der Geburtsstunde dieses Staates, „der den Interessen der deutschen Nation entspricht" viele Kämpfe vorausgegangen waren, war mir nicht unbekannt. Mit Leben und aufopferndem Kampf von Märtyrern und Helden in der deutschen Geschichte hatten wir uns in Heimabenden bekannt gemacht, über den „armen Konrad" und „Geyers schwarzen Haufen" hatten wir sogar mit unserer Laienspielgruppe Erfolg. Die Broschüre mit der aufrüttelnden, ergreifenden Rede Paul Verners bei der Ehrung der Opfer des Faschismus anläßlich des II. Parlaments der FDJ in Meißen, hatte einen tiefen Eindruck hinterlassen. Im Aufgebot zum III. Parlament 1949 in Leipzig rangen wir mit Leistungen um ein „Ehrenbanner", das den Namen antifaschistischer Widerstandskämpfer, den Namen Ernst Thälmann, Rudolf Breitscheid, Artur Becker, Etkar André, Geschwister Scholl, Kurt Löwenstein u. a. trugen. Das war von der Führung gewollte und gezielte Orientierung, nicht verordnet, aber angesichts der Verbrechen deutscher Faschisten gab es keine Alternative. An all das erinnerte das Gelöbnis. Aber auch ganz persönliche Bezugspunkte drangen ins Bewußtsein: das Wirken meines Vaters als Mitglied der Kommunistischen Partei der Tschechoslowakei und die illegale Tätigkeit gegen die Hitler-Diktatur meiner Schwester Elfriede, wofür sie von den Nazis ins Dresdner Polizeigefängnis geworfen wurde. In ihrer Tradition fühlte ich mich. Diesem antifaschistischen Staat gelobte ich Treue.

Dieser neue Staat stellte sich als „das wahre Haus des Volkes" vor, als ein Hort der Demokratie und des Humanismus. Demokratie war nach der Hitlerdiktatur eine neue Erfahrung. Ich erlebte sie im Ort und auf dem Kalischacht in Merkers. Meine erste Funktion erhielt ich bei den Wahlen zum Betriebsrat. Im Ort gestaltete unsere FDJ-Gruppe mit ihren kritischen, manchmal ketzerischen Wandzeitungen das Leben mit, beeinflußte sie die Meinung von Jung und Alt über das örtliche Geschehen. Der Wunsch, auf den Gang des Lebens in Tiefenort Einfluß zu nehmen, war ein entscheidendes Motiv, Mitglied in der SED zu werden, obwohl es vieles gab, was unseren Widerspruch hervorrief, z. B. Amtsmißbrauch,

Schiebereien der Gemeindeverantwortlichen mit vermögenden Groß-
bauern, die ihr Ablieferungssoll an Milch und Fleisch nicht erfüllten, verdunkelte Diebstähle u. a. m. Und wir traten auf, wurden
gehört, und wir hatten das Gefühl, etwas Gutes bewirkt zu haben.
Die neue Ordnung hatte uns ermuntert, mitzumachen. Auf der
Bezirksjugendschule der FDJ in Zillbach hatte ich schon mitbe-
kommen, daß Demokratie eigenes aktives Handeln voraussetzt.

Die in den vier Nachkriegsjahren durchgeführten Umwälzun-
gen im Osten Deutschlands hatten ihre weitreichende Bedeutung
bewiesen. Mit der Enteignung der Betriebe der Nazikriegsverbrecher,
der Junker und Großgrundbesitzer waren die Wurzeln, aus denen
Faschismus und Krieg hervorgegangen waren, beseitigt worden,
und das war eine gravierende gesellschaftliche Umwälzung. Dies
geschah auf der Grundlage des Abkommens der drei großen Siegermächte. Gerade dies stellte den hauptsächlichen Grund dafür
dar, daß die Mitunterzeichner des Potsdamer Abkommens in den
von ihnen beherrschten Westzonen deren Durchführung hinter-
trieben.

Angesichts der gegensätzlichen Entwicklungen fiel mit die Parteinahme für den deutschen Staat, der die Wiederherstellung der
Macht der Schuldigen an Tod und Verbrechen des Nazireichs verhinderte, nicht schwer. In dieser Zeit hatte ich mich auch von den
positiven Wirkungen der Reformen auf anderen Gebieten, besonders der demokratischen Umgestaltung der Schule und des Geisteslebens überzeugen können.

Auch was an Bestrebungen auf dem Gebiet der Kultur vorange-
gangen war, ist mehr als beachtenswert, und es sei betont, mit besonderer Förderung und Unterstützung der Sowjetischen Besatzungsmacht und ihren Kultur- und Jugendoffizieren, die oft mehr
über die deutsche Klassik wußten als wir, die Gedichte von Heine,
Goethe, Schiller vortragen konnten. Natürlich war das die Elite
unter den Soldaten der Besatzungsmacht. Begegnungen mit „unserem" Oberleutnant Lipatow, Jugendoffizier in Eisenach, perso-
nifizierten diesen Typ sowjetischer Offiziere. Von Beruf Lehrer,
drängte er unsere Kreisvorsitzende, Irmgard Spillner, den Jugendlichen das Erbe der deutschen Humanisten nahezubringen. Sie
„transmissionierte" seine Vorschläge auf vielfältige Weise bei Zu-

sammenkünften von Gruppenleitern und anderen Funktionären. Meine Bekanntschaft mit dem Werk von J. S. Bach geht auf eine festliche Veranstaltung in dessen Eisenacher Geburtshaus zurück.

In diesem Zusammenhang ist es für mich und viele meiner Zeitgenossen bedeutsam gewesen, daß im von der FDJ 1946 gegründeten „Verlag Neues Leben", dem Verlag der jungen Generation, als einer der ersten Titel eine Schrift des bedeutenden Philologen und Literaturwissenschaftlers, des rassisch Verfolgten, des Verfassers des Buches „LTI – die Sprache des Dritten Reiches", Victor Klemperer herausgegeben wurde. Diese Schrift hieß „Kultur", Erwägungen nach dem Zusammenbruch des Nazismus.

In seinem Vorwort, Ostern 1947 verfaßt, heißt es:

„Als Leiter der Dresdener Ortsgruppe des Kulturbundes habe ich häufig Diskussionsabende mit der Freien Deutschen Jugend geleitet. Dabei ging es im Grunde immer wieder um die Klärung des einen Begriffes Kultur. Ob wir uns über die deutschen Klassiker unterhielten oder über den Gebrauch der Worte Humanismus und Humanität oder über das, was man unter Materialismus versteht und mißversteht oder mißverstehen will, – von überallher strebte das Gespräch regelmäßig und zwangsläufig dieser einen und vielteiligen Frage zu: Was ist Kultur? Was war sie in Deutschland? Was wurde aus ihr in Deutschland? Und was muß nun aus ihr in Deutschland werden, wenn Deutschland, vom Aussatz befreit und gesund unter Gesunden, zu einem neuen Leben auferstehen soll?"

In dieser Zeit bewegte sich die Geisteswelt, das humanitäre Anliegen um die Hoffnung und die Zukunft in einer humanitären Weltgesellschaft, die seine nationale Kompetenz in Deutschland mit der Überwindung seiner jüngsten tragischen Vergangenheit hatte. Da reiht sich auch das folgende Ereignis, die Goethe-Feier der Jugend am 21. und 22. März 1949 im Nationaltheater Weimar aus Anlaß seines 200. Geburtstags ein. In der Eröffnungsrede erklärte Erich Honecker: „Es ist kein Zufall, daß unsere Freie Deutsche Jugend Trägerin dieser Veranstaltung ist und damit als erste Jugendorganisation Deutschlands Männern des Geisteslebens Gelegenheit gibt, dem heranwachsenden Geschlecht Goethe nahezubringen. Im Ringen um die Gewinnung der deutschen Jugend für die Ideale der Demokratie und des Friedens, für die Erschließung besten deutschen und ausländischen Kulturgutes ist sich die Freie Deutsche Jugend der großen Bedeutung der Kenntnis der Werke Goethes bewußt."

Otto Grotewohl, der Monate danach erster Ministerpräsident der DDR wurde, hielt unter dem Motto „Amboß oder Hammer" einen Vortrag über Goethes Leben und Werk. „Du, deutsche Jugend, mußt steigen oder sinken. Du mußt herrschen über die dunklen Kräfte, die dich in der Vergangenheit mißbraucht und von Katastrophe zu Katastrophe geführt haben. Du mußt gewinnen deine Freiheit, deine Zukunft, deine Unabhängigkeit und deinen Frieden. Wenn du, deutsche Jugend, dich nicht aufraffst zur friedlichen Erneuerung des Lebens, dann mußt du denen dienen, die in der Vergangenheit deine Väter mißleitet haben und die heute dich mißleiten möchten ... Du darfst nicht Amboß, sondern du mußt Hammer sein."

So sein Aufruf. Er war für mich auch in meiner späteren Arbeit eine Aufforderung und ein Rückhalt, obwohl längst nicht die Tragweite all dieser Gedanken begreifbar war. Das Tagewerk holte uns ein, brauchte unsere ganze Kraft, so banal manche Dinge heute erscheinen mögen.

Es entsprach meiner Empfindung, wenn im Gelöbnis gesagt wird: „Wir wollen Baumeister sein an unserem neuen Haus der friedlichen Arbeit und der kämpferischen Humanität."

Auf eine solche Reaktion setzte vor allem die SED und die Regierung. Wilhelm Pieck unterstrich dies in seiner Erwiderung an die Teilnehmer am Fackelzug und an die Berlinerinnen und Berliner.

Die Jugend hat der Garant zu sein, die großen nationalen, demokratischen und wirtschaftlichen Aufgaben zu erfüllen, und an ihr liege es, all die Pläne zu zerschlagen, die gegen die Einheit Deutschlands und für einen neuen Krieg gesponnen werden. Diese Worte waren keine emotionale, aus dem feierlichen Moment entspringende Regung. Sie brachten vielmehr eine Grundüberzeugung von Kommunisten und Sozialisten zum Ausdruck, von der sich die Sozialistische Einheitspartei von Anfang an leiten ließ und auch in Übereinstimmung mit der Nationalen Front stand. Ihr lagen zwei Motive zugrunde. Zum einen die Auffassungen von Marx, Engels und Lenin zur Rolle der jungen Generation in der Gesellschaft und zum anderen die Erfordernisse der Nachkriegszeit. Karl Marx und Friedrich Engels hatten es als eine vordringliche Angelegenheit der Arbeiterklasse angesehen, sich stets um die allseitige Bildung der Jugend – und dies im umfassenden Sinne der geistigen, körperlichen und polytechnischen Ausbildung – zu kümmern.

Sie hatten schon 1866 den Delegierten des Provisorischen Generalrats ins Stammbuch geschrieben: „Der aufgeklärteste Teil der Arbeiter versteht vollständig, daß die Zukunft seiner Klasse, und daß deshalb die Menschheit durchaus von der Ausbildung der werdenden Generation abhängt."

Lenin entwickelte diesen Gedanken vor allem in seiner Rede auf dem III. Komsomolkongreß 1920 weiter und legte damit das Fundament für das theoretische Credo einer Jugendpolitik der kommunistischen Parteien, so auch der SED, die leider einen wichtigen Gedanken Lenins nicht begriffen oder nicht in seiner Konsequenz bedacht hatte, daß nämlich jede Generation auf einem anderen Weg zum Sozialismus kommt und daß dies ein sehr komplizierter, widerspruchsvoller Gang sei, frei von Dogmatismus.

Auf wen anders, als auf die Jugend sollte die Partei, sollten alle anderen antifaschistisch-demokratischen Kräfte bei dem Neubeginn nach dem verheerenden Zweiten Weltkrieg setzen? Im „Manifest an das deutsche Volk" erklärte der Gründungsparteitag der SED: „Der Nazismus hat Eueren Glauben schmählich mißbraucht und Euere edelste Tugend entwürdigt. Doch die deutsche Jugend ist unsere Hoffnung. In Eueren Händen wird die Zukunft des Vaterlandes liegen."

Es ist also kein Zufall, eine günstige Gelegenheit, die Otto Grotewohl nutzte, als er seine Rede an die Delegierten des I. Parlaments der FDJ im Juni 1946 mit der Liedzeile begann:

„Das Land ruft seiner Jugend zu:
Komm, nimm mich hin,
damit ich wieder Heimatland des
freien Volkes bin!"

Erklärend fügte er dann hinzu: „Eine Welt ist in Flammen aufgegangen, ist im Regen der Bomben, unter dem Donner von Kanonen vernichtet. Die andere Welt steht noch vor euch. Ihr müßt sie erst selbst schaffen, selbst gestalten und ihr erst einen richtigen Inhalt geben."

Dabei Ratgeber und Freund und Helfer zu sein, dazu sah sich die Partei verpflichtet. Wenn heute „Neunmalkluge" davon faseln, man sei der Jugend „um den Bart gegangen", habe ihre Rolle privilegienhaft überhöht und der älteren Generation entgegengesetzt, so beweist dies nur, wie weit sie von der Erkenntnis des „aufgeklärtesten Teils der Arbeiter" entfernt sind. Und nicht nur die jetzt an der Macht Stehenden, sondern in allen Epochen waren die Herrschenden um die Gunst der Jugend bemüht, allerdings mit verschiedenen Motiven und Zielen.

Wie nahm nun die Jugend die ihr zugedachte Rolle wahr, welches Echo fand der Ruf, Baumeister des Neuen zu sein? Von sich reden machte vor allem der aktivste Teil der Jugend mit seinen Leistungen und seiner Haltung zu den brennenden Fragen der Zeit und in allen Bereichen, auf allen Gebieten der gesellschaftlichen Entwicklung. Die vier „Grundrechte der jungen Generation", beschlossen auf dem I. Parlament der FDJ im Juni 1946, waren dabei die Orientierung. Überall beim Aufbau, bei der Veränderung der Lebensbedingungen war dieser Teil der Jugend, waren Mitglieder der FDJ in vorderster Reihe anzutreffen. Die Jungaktivistenbewegung entstand. Jugendbrigaden eiferten der Aktivistentat Adolf Henneckes am ehesten nach. Die damit ausgelöste Bewegung zeigte ihre Wirkung. FDJler gingen in den Thüringer Wald, um den Borkenkäfer zu bekämpfen, die „Max-Hütte" bekam Wasser. FDJlerinnen und FDJler lernten die „tausend Traktoren", die die Sowjetunion geliefert hatte, zu bedienen, den Neubauern wurde geholfen ihre neuen Höfe zu errichten und die „Talsperre des Friedens" in Sosa wurde zu einem Synonym für die Aufbauleistung der Jugend. Im 1. Berufswettbewerb eiferten die Lehrlinge um gute Lern- und Ausbildungsergebnisse, um „ein Meister ihres Fachs" zu werden. Durch die Teilnahme an den verschiedenen Aktionen der FDJ stellten Schüler und Studenten unter Beweis, daß auch in den Lehranstalten ein neuer Geist Einzug hielt. Die Kinder, die der aus der Kindervereinigung hervorgegangenen Pionierorganisation angehörten, bewiesen, „daß keiner zu klein ist, um Helfer zu sein". Vieles wäre noch erwähnenswert. Leser dieser Zeilen könnten die Liste der guten Taten, Erlebnisse und Ereignisse durch selbst Erlebtes fortsetzen.

Dies alles wurde unter der Rubrik „die Leistungen der Jugend" verbucht. Aber war daran wirklich die gesamte Jugend beteiligt? Nein, leider nicht. Es waren vorwiegend Leistungen von Mitgliedern des inzwischen auf nahezu eine Million angewachsenen Jugendverbandes. Aber Jugendliche gab es zu diesem Zeitpunkt mehr als drei Millionen, und von der einen Million FDJler standen nicht wenige nur auf der Karteikarte.

So verdienstvoll der Einsatz, so gewichtig die Ergebnisse auch waren, sie bedurften einer realistischen Bewertung. An deren Stelle trat jedoch eine euphorische Überhöhung. Zu rasch und voreilig, um nicht zu sagen, leichtfertig, wurde von der Haltung und der Aktivität dieses Teils der Jugendlichen auf alle FDJ-Mitglieder, ja, die gesamte Jugend geschlossen.

Selbst Otto Grotewohl, ein sonst sachlich wägender und urteilender Parteifunktionär, den nicht der Nimbus des „großen Förderers und Freundes der Jugend" Walter Ulbrichts umgab, war davor nicht gefeit. In einer Rede vor dem Parteivorstand der SED im Sommer 1949 erklärte er: „Wir müssen erkennen, daß wir es bei dieser Bewegung der Freien Deutschen Jugend nicht mehr mit kleinen Lehrlingen zu tun haben, die anfangen, sich um etwas zu bekümmern, sondern mit einer gesellschaftlichen und politischen Kraft, die in manchen Fragen so stark und bedeutend ist, daß sie anderen Massenorganisationen als leuchtendes Vorbild dienen kann."

Wie weit die Überbewertung geht, offenbart sich auch in der Beurteilung des erreichten Bewußtseinsstandes, wenn er weiter sagt: „Durch den stürmischen, mit dem auf der Veranstaltung des III. Jugendparlaments die Vertreter unserer Partei, besonders auch die beiden Vorsitzenden, bei ihren Ansprachen empfangen wurden, kam zum Ausdruck, daß in der Freien Deutschen Jugend ... eine große, ja, ich möchte sagen, restlose Aufgeschlossenheit unserer Partei gegenüber besteht."

Da auch in bezug auf die Haltung zur Sowjetunion, zur Oder-Neiße-Grenze, zum Internationalismus, zum Kampf gegen Spalter und Kriegstreiber, zur nationalen Unabhängigkeit des deutschen

Volkes ähnliche Wertungen getroffen wurden, kam man zu dem (Kurz)-Schluß, die Jugend im Osten Deutschlands habe aufgehört „Wanderer zwischen den Welten" zu sein. Es bedarf keiner besonderen Erklärung, daß den FDJ-Funktionären, auch mir, diese Wertung sehr wohltat. Aber eine solche Vereinfachung war fehl am Platze – in der Tendenz richtig, aber de facto falsch. Die vier Jahre der antifaschistisch-demokratischen Umwälzung reichten nicht aus, um altes Gedankengut der Hitlerzeit zu überwinden, die Ideen der Demokratie, des Humanismus und des Fortschritts bei allen Jugendlichen zu verbreiten. Dazu waren auch die Ausgangspositionen nach Alter, sozialer Herkunft und Stellung, nach weltanschaulicher Bindung und persönlichen Erfahrungen viel zu unterschiedlich. Auch der Einfluß der Entwicklung in den Westzonen wirkte dementsprechend unterschiedlich in Umfang und Intensität auf Geist und Tun junger Leute.

Für die weitere Arbeit und Entwicklung der FDJ waren diese Urteile nicht förderlich.

Gleichzeitig aber ist folgendes festzustellen: Unabhängig wie jeder Einzelne zur DDR stand, war jeder Bürger der DDR objektiv – ausgenommen jene Leute, die bewußt gegen den neuen Staat wirkten – am Aufbau und der Entwicklung der DDR beteiligt, zählten zu „Bauleuten" des neuen Staates.

Bedenkt man den gesamten historischen Zeitraum von der Gründung bis zum Ende der DDR, so war es vor allem die „Fackelträger-Generation von 1949", die an ihrer Gestaltung beteiligt war. Die 1990 das Rentenalter erreichten, gehörten 1949 zu den Zwanzigjährigen, und die Jüngsten von damals waren inzwischen zu Mittfünfzigern herangereift. Alles, was in den vier Jahrzehnten geschaffen und erreicht wurde, ist das Resultat „der Glut der Herzen, der Kraft der Hände, des Reichtums der Gedanken" dieser, ihr vorhergehender und ihr nachfolgender Generationen. Sie gestalteten sie, diese Deutsche Demokratische Republik.

Was hier entstand, dessen brauchen sich die Millionen ehrlichen Arbeiter und Bauern, Lehrer und Erzieher, die Ingenieure und Techniker, Wissenschaftler, Ärzte, Geistesschaffenden und Künstler wahrlich nicht zu schämen. Sie haben keinen Grund, den Kopf einzuziehen oder zu senken. Sie können all die Anschuldigungen und Beleidigungen, mit denen die vermeintlichen „Sieger der Geschichte" nach dem Scheitern der DDR nicht sparen, an sich abprallen lassen. Übrigens scheint allmählich auch unter „Westlern" die Erkenntnis Raum zu greifen, daß im Osten Deutschlands eine andere Welt, Denkart, ein anderer Umgang miteinander, eine andere Lebensqualität entstanden war.

Das „Werk der Generationen", so will ich die 40 Jahre nennen, entstand aber nicht so harmonisch und widerspruchsfrei, wie viele Darstellungen es zeigten und auch meine eigene Sicht war. Heute muß ich sagen, daß wider besseren Wissens die Behauptung aufgestellt wurde, es gäbe im Sozialismus keinen Generationskonflikt. Es konnte nicht sein, was nicht sein durfte. Dieser Fehlschluß führte zu weiteren Fehlschlüssen in der Politik. Manches was in bester Absicht, beispielsweise zur Förderung der Jugend getan wurde, rief Widersprüche hervor, da sich ältere Bürger benachteiligt fühlten. Wie sehr sich der Generationskonflikt zuspitzte, erlebte ich in den achtziger Jahren, als die „Alten da oben" ins Feuer der Kritik gerieten, sie dies nicht verstanden oder nicht verstehen wollten und ihre Posten und Positionen verteidigten.

Der Konflikt zwischen den Generationen wurde zu einem unlösbaren Problem der DDR.

Leben im und mit dem Jugendverband – der Freien Deutschen Jugend

Die FDJ trat in mein Leben in einer für mich persönlich nicht einfachen Situation, nach der Umsiedlung vom sudetendeutschen Kratzau ins thüringische Tiefenort an der Werra. Ich gehörte ihr von Anbeginn an und sie bestimmte meinen Lebensweg über zwanzig Jahre. Der Weg führte vom Mitglied der Ortsgruppe und ihrer Leitung über den Kreisvorstand Eisenach im Mai 1948, das war schon eine hauptamtliche Funktion, über die Tätigkeit als Instrukteur, Abteilungsleiter und Sekretär im Landesvorstand Thüringen vom November 1949 an, über die Funktion des 1. Sekretärs im neugebildeten Bezirk Gera zum Sekretär des Zentralrats der FDJ im Juni 1955. Als ich Ende September 1966 dort meine Arbeit beendete, hatte ich mehr als die Hälfte meiner Lebensjahre in der Jugendorganisation verbracht.

Am Anfang stand die Veränderung meiner Lebenswelt:

Die Umsiedlung 1946 brachte eine tiefgehende Veränderung meines Daseins und viele Fragen stellten sich, die auf eine Antwort warteten.

Die Frage nach dem „Warum" der Umsiedlung, die mehr als drei Millionen Menschen aus der ČSR betraf, war zu diesem Zeitpunkt für mich beantwortet. Vaters eindeutige Interpretation, daß daran weder die Tschechen, Polen, noch die Russen oder Amerikaner noch sonst wer schuld sind, sondern der deutsche Faschismus mit seiner Eroberungspolitik, der Terrorisierung anderer Völker und den Aggressionskriegen, hatte dabei die entscheidende Rolle gespielt. Der Zwangsbesuch deutscher Menschen von Filmen über die Verbrechen der Nazis, besonders über die Todesqualen von Millionen Menschen in den Konzentrationslagern, ließ unser Schicksal in der geschichtlich wahren Relation erscheinen, rückte sie in das Licht, daß wir nun, ob mitschuldig oder nicht, die Zeche für die Verbrechen des Faschismus so mitzubezahlen hatten. Auch die Teilnahme an Veranstaltungen der Ortsgruppe der KPČ, auf denen dieses Thema heiß diskutiert wurde, hatte mich von der traurigen Notwendigkeit und Richtigkeit dieser Maßnahme überzeugt. Die Aussiedlung war keine Willkürmaßnahme oder ein Racheakt der von Hitlerdeutschland besetzten und vergewaltigten Länder, sondern entsprach den Beschlüssen der Siegermächte, in der Hoffnung damit künftige Konflikte zwischen den Völkern auszuschließen. Ich kannte damals nicht das ganze Ausmaß der Leiden, die man Tschechen, Slowaken, Sintis und Romas angetan hatte, aber in mir waren die Rufe der Henlein-Leute, das waren die deutschen Faschisten in der ČSR, auch in unserem Ort „Wir wollen heim ins Reich" und die Gesänge „Egerländer halt's zusammen, bis wir werden die Flinten ham" noch in guter Erinnerung. Ich kannte damals auch nicht die vom Nationalismus der tschechischen Politiker im britischen Exil betriebene Politik, die einer der nächsten Mitarbeiter von Edward Beneš, ein gewisser Ripka, schon 1941 so umrissen hatte: „Wir hoffen, daß dieser Krieg (gemeint war der zwischen Deutschland und den Alliierten, besonders mit der Sowjetunion) die Möglichkeit dazu gibt, die Frage der deutschen Minderheit in der ČSR ein für alle mal zu lösen ... Es wird notwendig sein, mit allen dazu gebotenen Mitteln – einschließlich eines eventuell organisierten Prinzips des Bevölkerungstransfers – Deutschland daran zu hindern, seine nationalen Minderheiten für seine großdeutschen Ziele zu mißbrauchen." Genau diesen Intuitionen folgten die „Großen Drei" auf der Potsdamer Konferenz – sicherlich aus sehr unterschiedlichen Motiven – im Juli/August 1945. Ihrer „Empfehlung" an die ČSR-Regierung, die Aussiedlung auf humane Weise vorzunehmen, war es zu danken, daß wir einen Teil unserer Habseligkeiten mitnehmen konnten.

Mit diesen trafen wir an einem naßkalten Februarmorgen des Jahres 1946 auf dem Bahnhof in Tiefenort ein. Alles hier war fremd. Fremd war die Gegend, die Landschaft und die wirtschaftliche Struktur. Anstelle der Textilindustrie, der Wirkungsstätte meiner Eltern, gab es hier Schächte des Kalibergbaus. Sie wurden die Arbeitsstätte meines Vaters und auch von mir. Anstelle Drogistenlehre nun Bauhilfsarbeiter.

Anders die Wohnbedingungen: anstelle geräumigen Wohnraums bei meinem Großvater, jetzt ein Zimmer mit Küchenbenutzung. Fremd waren die Menschen und ihr Dialekt.

Wie, so stellte ich mir die Frage, sollte, wie konnte ich hier heimisch werden? Die Antwort gab mir die FDJ, nicht mit Worten, sondern durch die Einbeziehung in ihre Gemeinschaft.

Das hört sich einfach und problemlos an, war es auch teilweise. Not, Hunger, Beseitigung von Kriegsschäden, Aufbauwille, der Zwang, auf engem Raum zusammenleben zu müssen, Mißtrauen und Vertrauen, aber Hoffnung und Willen in eine neue Zukunft, all das führte zusammen und trennte auch, es war die „Heimkehr in ein fremdes Land", wie der Schriftsteller Günter Görlich es später nannte.

Mir waren auch die Gedanken von führenden Politikern damals nicht bekannt, aber Ihre Auswirkungen waren zu spüren im Alltag, im praktischen Leben, im Tun einfacher, aber zupackender Leute.

Zwei dieser Politiker will ich hier zitieren: Fritz Selbmann, Jahrgang 1899, Funktionär der KPD, Reichstagsabgeordneter, von den Faschisten von 1933 bis 1945 in Zuchthäusern und KZ eingekerkert, kam nach 12 Jahren Haft in seinen Bezirk Leipzig und hielt dort, weil von der US-Besatzungsmacht verboten, illegal am 29. Juni 1945 eine Rede zum Thema „Aufbruch des Geistes". Darin heißt es zur Jugend u. a.:

„Unsere Jugend hat heute keinen Glauben mehr, oder sie hat ihn noch nicht wieder. Unsere Jugend hat keine Ideale, oder sie hat sie noch nicht wieder. Was unsere Jugend braucht, ist sehr viel. Unsere Jugend braucht eine anständige Ernährung – unsere Jugend braucht eine anständige Unterkunft – unsere Jugend braucht Arbeit – unsere Jugend braucht Lebensfreude. Aber was unsere Jugend zuerst braucht: unsere Jugend braucht einen neuen Glauben und neue Ideale. Das braucht sie. Die nazistische Jugendpolitik war Erziehung der Jugend zum Kriege, Erziehung zum Völkerhasse, Erziehung im Sinne der tierisch-bestialischen Rassenideologie der Nazis, war Erziehung zum Gehorsamsgeist, zum Strammstehen, zum Trommeln und zum Denunzieren der eigenen Eltern an die Gestapo. Dieser Geist, wenn er überhaupt tief eingedrungen ist in unsere Jugend, muß heraus. Diese verhängnisvolle Politik gegen den Geist, die der Nationalsozialismus gemacht hat, muß heute revidiert werden."

Dieser Fritz Selbmann wurde in der ersten Regierung der DDR Minister für Industrie, einer Regierung, die wir am 11. Oktober 1949 begrüßten.

Erich Honecker, 1945 Vorsitzender des Zentralen Jugendausschusses, wandte sich in einem Artikel am 23. Oktober 1945 auch dieser Frage zu, weil es darum ging, wer eigentlich die Jugend sei. Es gäbe doch keine andere als die in den letzten 12 Jahren unter dem Nazismus herangewachsene, das betraf auch mich, denn auch ich war im Jungvolk gewesen, saß mit meinen Kameraden am Lagerfeuer, wir sangen, machten Geländespiele. Von Diensten in der HJ wurde ich verschont, da mein langer Weg zur und von der Lehre dafür keine Zeit ließ.

„Die frühere Mitgliedschaft in der HJ und im BDM soll hinfort kein Hinderungsgrund für den einzelnen Jugendlichen sein, die Stelle im Leben unseres Volkes auszufüllen, zu der er auf Grund seiner fachlichen und geistigen Eignung in der Lage ist. Wir sind schon zu Beginn unserer Arbeit davon ausgegangen, daß in den letzten zwölf Jahren fast die gesamte deutsche Jugend durch die Zwangsorganisation der HJ gegangen ist. Heute steht diese Jugend vor zertrümmerten und besudelten Idealen. Durch ihre Reihen geht ein Erwachen. Wir reichen dieser erwachenden, suchenden Jugend, ja sogar den unteren unbesoldeten Funktionären der HJ die Hand zur Mitarbeit. Voraussetzung hierfür ist, daß an ihren Händen kein Blut der Besten unseres Volkes und kein Blut von Angehörigen anderer Völker klebt, die in Vernichtungslagern der SS oder durch Strafexpeditionen der Wehrmacht ermordet wurden, Voraussetzung ist, daß sie sich frei machen von der nazistischen Lehre, die sich für unser Volk so verderblich erwies."

Da war also von Enge und kommunistischer Abschottung keine Rede, sondern ein Angebot zur Hilfe für die ganze Jugend.

Bestand der Wert der FDJ-Arbeit anfangs vor allem in der Aufnahme in die Gemeinschaft, was allein schon einen nicht hoch genug zu schätzenden Gewinn darstellte, so wurde der Jugendverband auch immer mehr zu meinem politischen zu Hause. Die Werte, Ideale und Ziele der FDJ, zu deren Verwirklichung das I. Parlament in Brandenburg aufgerufen hatte, gehörten zu denen, die ich von Haus aus kannte: „Arbeit, Brot und Völkerfrieden". Das, was an programmatischen Punkten verkündet worden war, entsprach auch eigenen Erkenntnissen und Wünschen. Auf welche Weise wir an der Verwirklichung der „Grundrechte der jungen Generation" teilnehmen wollten, das entschieden wir selbständig in unserem Kollektiv. Ich erlebte die FDJ als eine Organisation, die sich die Jugend selbst geschaffen hatte, die von uns Jugendlichen selbst geleitet wurde, über deren Leben wir allein bestimmten. Eine lenkende, oder gar gängelnde Hand von oben spürte ich nicht, weder von der SED, noch von staatlicher oder einer anderen Seite. Das war wohl deshalb so, weil zu dieser Zeit die „führende Rolle der Partei der Arbeiterklasse", die es natürlich schon gab, auf eine einfache Weise verwirklicht wurde, durch die Tätigkeit junger Genossen in der FDJ. Diese beriefen sich bei ihren Vorschlägen für die Arbeit nie auf Beschlüsse, Weisungen oder Direktiven der SED. Daß unser FDJ-Sekretär, Werner Iffland, dieser angehörte, offenbarte er uns einmal „außerhalb der Tagesordnung" nach einer FDJ-Veranstaltung, als er uns aufforderte, ihm in eben dieser Eigenschaft Gehör zu schenken. Er warb Mitglieder für die Partei.

Daß ich seinem Anliegen folgte, war eine logische Konsequenz der politischen Grundhaltung im Elternhaus und meiner aktiven Betätigung im Jugendverband.

Meine erste Aufgabe war es, Kinder in einem Ferienlager der FDJ zu betreuen. Essen, Trinken, Spiel, Sport, Lagerfeuer, dafür hatte ich zu sorgen und wurde dann Leiter der Kindervereinigung der FDJ erst in Tiefenort und dann im Kreis Eisenach. Eine schöne, aber auch materiell schwer zu bewältigende Aufgabe, wenn man sich nur annähernd die Nachkriegslage vorstellen kann.

Frage ich mich heute nach den Gründen, warum uns ungezählte Helfer unter die Arme griffen, so ist die Antwort nicht schwer zu finden: Den Kindern sollte es zuerst besser gehen! Keiner von ihnen kannte die Worte von Marx und Engels an die Delegierten des Generalrats vor fast einem Jahrhundert, aber sie handelten in diesem Sinne. Ja, die Sorge um die Kinder und die Jugend stand immer, auch in dieser entbehrungsreichen Zeit, hoch im Kurs. Die lenkende Hand des „aufgeklärtesten Teils der Arbeiterschaft", der Führung der SED, führte dazu, daß für die Heranwachsenden unmöglich erscheinendes möglich gemacht wurde.

Als ich im Mai 1948 meine Tätigkeit im Kreisvorstand der FDJ begann, bestanden sehr aktive, aber meist kleine Gruppen der Kindervereinigung in der Kreisstadt und verstreut in einigen der umliegenden Gemeinden. Sie leisteten ihre Arbeit unter der Betreuung rühriger Mütter, engagierter FDJ-Mitglieder und von begeisterten Neulehrern. Offiziell wurde dann der Verband der Jungen Pioniere am 13. Dezember 1948 in Berlin gegründet und die ersten blauen Halstücher an Kinder überreicht. Nun galt es, diesen Verband zu organisieren. Die Orientierung auf die Schulen als die organisatorische Wirkungsstätte der jungen Pionierorganisation bedeutete vor allem, bei den Schuldirektoren und den Lehrern Verbündete zu finden. Ich wanderte oder radelte Woche für Woche von Schule zu Schule, von Gemeinde zu Gemeinde, um Pionierfreundschaften zu initiieren und Mitglieder zu werben. Ich wurde bei den Lehrerkollektiven vorstellig, bat um Erlaubnis, vor den Schülern der höheren Klassen sprechen zu dürfen und für den Abend eine Elternversammlung einzuberufen. Gelang das, so knüpfte sich daran noch die Bitte, mir bei der Suche nach einer Übernachtungsmöglichkeit behilflich zu sein. Besonders gut traf ich es, wenn der Gastgeber ein Bauer war, dann hieß es: Gutes Frühstück inklusive.

Ich erwähne das nur als Beispiel dafür, unter welchen Bedingungen die Pionierbewegung begann und fortan wirkte.

Und es waren Lehrer, vor allem Dorfschullehrer, die meist, wie es Tradition war, Mittler der Kultur im Ort waren, verbündet mit Bürgermeistern und zuweilen auch mit Pfarrern, die sich trotz vorhandener ideologischer Gegensätze für das Leben und das Dasein der Kinder einsetzten. Es herrschte ja noch immer Not und Elend im Land.

Unterstützt wurden diese Bestrebungen durch die vom Parteivorstand der SED initiierte und vom IV. Pädagogenkongreß verabschiedeten „Schulpolitischen Richtlinien", die alle Lehrer und Erzieher aufforderten, FDJ und Pionierorganisation mit allen Kräften zu unterstützen.

Bei den Kindern fand der neue Verband Anklang. Die Zahl der Mitglieder stieg rasch an. In der neugegründeten DDR stieg im Verlauf des ersten Jahres die Mitgliederzahl von 180 000 auf 780 000.

Die Mitgliedschaft war absolut freiwillig und verlangte die Zustimmung durch die Eltern. Damals war es noch nicht „Mode" und keine Selbstverständlichkeit, ein Junger Pionier zu sein. Es galt, so manche skeptische Bedenken von Eltern auszuräumen, auch manchen Widerstand, der nicht selten aus kirchlichen Kreisen kam, zu überwinden. Mit einem nicht unberechtigten Stolz konnten wir verzeichnen, daß es unserer Überzeugungskraft gelang, selbst in den katholischsten Gemeinden der Rhön FDJ- und Pioniergruppen ins Leben zu rufen, wo in der Nazizeit durch hinhaltenden Widerstand weder Hitlerjugend noch Jungvolk existierten.

Der zahlenmäßige Zuwachs war das Ergebnis einer vielseitigen, ausstrahlenden, anziehenden Aktivität der Pioniergemeinschaft. Bei der Arbeit waren der Reiz des Neuen, die Stimmung des Aufbruchs der wichtigste Antrieb. Es wurde nicht auf die Uhr geschaut, nicht nach Zeitaufwand oder Entlohnung gefragt – ersterer war um ein Vielfaches größer, zweiteres bedeutend geringer als auf dem Kali-Schacht, wo ich vorher tätig war. Die Freude an der Arbeit kam aus dem Erfolg und der Überzeugung, etwas Nützliches, Sinnvolles zu tun. Sie machte aber auch Spaß. Da gab es keinen Neid – worauf auch – und keine Eifersüchteleien über den Erfolg des anderen. Im Gegenteil, man half und unterstützte sich, wo es ging. Fremd waren uns jegliche Intrige und karrieristisches Streben, die, wie ich später erfahren mußte, das Arbeitsklima vergiften können.

Unter dem Druck der Zeit, bei Ansprüchen an eigene Disziplin und vielseitiges Können wuchs das, was man Persönlichkeit nennt. Diese Zeit war wertvoll für die Persönlichkeitsentwicklung einer ganzen Generation. Es war eine Chance für junge Leute. Viele übernahmen Funktionen oder gingen zum Studium.

Rückblickend kann ich sagen, diese Jahre des Anfangs, des Aufbruchs in die neue Zeit, des Aufstiegs unserer Jugend- und Kinderbewegung waren die schönsten Jahre in meinem Leben, und wenn wir nun älter Gewordenen uns treffen, erfahre ich, daß es anderen ebenso geht.

Begegnung mit dem Sowjetland

Von der Sowjetunion gehört hatte ich schon als Kind, positives vom Elternhaus, negatives vor allem in den Kriegsjahren mit den Kommunisten als Schreckgespenst. Soldaten der Roten Armee verjagten die deutsche Wehrmacht und die Faschisten aus der Tschechoslowakei.

Dabei gab es erste Begegnungen mit Soldaten, die auch nach der Umsiedlung nach Thüringen fortgesetzt wurden.

Ich lebte in der Sowjetischen Besatzungszone, und die Macht lag in den Händen der Kommandanturen. Natürlich lief das Alltagsleben über deutsche Behörden, aber entscheidende Fragen wurden durch Befehle der Sowjetischen Militäradministration entschieden. Ich kann sagen, daß die für die Jugend zuständigen Offiziere sich aufopferungsvoll gerade für das Leben der Kinder verantwortlich fühlten. Sie waren einmal Lenin-Pioniere oder Mitglieder des Komsomol, der Jugendorganisation in der Sowjetunion, gewesen.

Sie brachten ihre Erfahrung mit und Filme und Theaterstücke und Lieder und Tänze und Bücher. Sie hatten auch Sinn für Humor und Spaß, bei all ihren bitteren Erfahrungen mit den deutschen Aggressoren und den Härten ihres jetzigen Dienstes fern von der Heimat. Das Vorbild dieses sozialistischen Landes und seiner Menschen, des Landes, das den Hitlerfaschismus zu Boden warf, das Land der „frohen Zuversicht" erweckte unsere Träume von der eigenen Zukunft.

1947 flog eine Delegation der FDJ unter Leitung von Erich Honecker in die Sowjetunion. Moskau, Leningrad, Stalingrad waren die Stationen. „Friedensflug nach Osten" wurde diese Reise genannt.

Nun wurde auch ich im Juli 1949 ausgewählt, in die Sowjetunion zu fahren, um aus der Arbeit der Pionierorganisation „W. I. Lenin" zu lernen. Es war eine Studiendelegation. Und das kam so:

Ich wurde in den Landesvorstand der FDJ nach Weimar beordert, fast befehlsmäßig: Sofort! Mitzubringen waren nur Personalunterlagen. So etwas war mir noch nicht widerfahren. Man eröffnete mir, daß ich in Anerkennung der Erfolge unseres Kreises im Wettbewerb „Aufwärts" mit einer Delegation in die Sowjetunion reisen darf, um Erfahrungen des Komsomol und der Pionierorganisation „W. I. Lenin" zu studieren. Ich war sprachlos, der Gedanke unfaßbar. Ich und eine Reise ins große Sowjetland, in das erste sozialistische Land der Erde, von dem wir sangen „Es gibt kein andres Land auf Erden ...", das Land Stalins, dem Führer des Weltfriedenslagers, in das Land, das der größte und beste Freund des deutschen Volkes ist. Das sollte ich mit eigenen Augen sehen? Die beispielgebenden Erfahrungen des sowjetischen Jugendverbandes, von dem ich aus dem bei uns veröffentlichten Bericht des Komsomolkongresses erfahren, über die Erich Honecker nach dem „Friedensflug nach Osten", in seiner Rede zum 30. Jahrestag des Komsomol berichtet hatte, nun selbst in Augenschein nehmen zu können, das überstieg mein Vorstellungsvermögen.

Unsere fünfzehnköpfige Delegation unter Leitung des Sekretärs des Zentralrats, des von den Faschisten ins Breslauer Gefängnis eingekerkerten antifaschistischen Widerstandskämpfers, Gerhard Heidenreich, hatte vierzehn unvergeßliche Tage voller eindrucksvoller Erlebnisse.

Ausführlich informierte uns der 1. Sekretär des ZK des Komsomol, Nikolai Michailow, über die Tätigkeit der Organisation und das Leben in der Pionierorganisation. Dabei ließ er durchblicken, daß man eine ähnliche Entwicklung der FDJ und ihrer Pionierorganisation erwartet.

Alles, was wir in Moskau, Leningrad und Artek erlebten, überzeugte uns. Welche Möglichkeiten waren den Lenin-Pionieren für die Beschäftigung in Arbeitsgemeinschaften und Zirkeln gegeben, über welche vorzügliche Ausstattung verfügten die Pionierhäuser, welche Fachkräfte betreuten sie. Für uns war all das unvorstellbar. Dann die Pionierlager: Bei Moskau, ganz in der Nähe – „nur 150 km" entfernt, erfuhren wir, welche Mittel und Kräfte die „Metro" investierte, um ihren Kindern frohe Ferientage zu ermöglichen. Ähnliches am Finnischen Meerbusen von einem Leningrader Kombinat. Und dann als krönender Abschluß zwei Tage Teilnahme am Lagerleben in der Pionierrepublik Artek auf der Halbinsel Krim. Danach brauchte uns keiner aufzufordern, diesem Beispiel nachzueifern.

Aber dies alles war es nicht allein, was sich mir tief einprägte. Es waren vor allem die Begegnungen – oft rein zufällige auf der Straße – mit Sowjetbürgern, die mich noch mehr beeindruckten. Wir besuchten in Leningrad den Pionierpalast und unter anderem erzählte man uns von dem Tagebuch der Schülerin „Tanja". Sie schildert die Greuel und das persönliche Leid während der 900tägigen Belagerung Leningrads durch die deutschen Faschisten. Alle ihre nächsten Angehörigen starben vor Hunger. Sie blieb allein. Zutiefst betroffen und erschüttert fuhren wir in das Pionierlager am Finnischen Meerbusen. Wie wird man uns dort begegnen? Schließlich sind kaum fünf Jahre seit der Sprengung des tödlichen Rings um die Stadt vergangen, und wir standen vor der Begegnung mit Mädchen und Jungen, die ein gleiches oder vergleichbares Schicksal wie Tanja durchlitten hatten. Worte reichen nicht aus, die Herzlichkeit, die Freundschaft, die man uns, den Deutschen, entgegenbrachte, wiederzugeben.

Das Bild über die Sowjetunion vergrößerte und verfeinerte sich, die Sicht auf sie wurde tiefgründiger und differenzierter durch neun Monate Studium an der Komsomolhochschule und sechs Wochen Aufenthalt im Sklifasowski Krankenhaus in Moskau.

Wer und was trugen dazu vorwiegend bei?

Da sind zuerst die beiden Zimmergenossen, Mischa Rudow aus der Ukraine und Sascha Dubinin aus dem Kaukasus zu nennen. Beide waren Teilnehmer am Großen Vaterländischen Krieg und mir in ihrer Lebenserfahrung weit voraus. Sie erzählten von ihren Heimatorten, ihrer Entwicklung und ihrer Arbeit, nahmen mich mit zu den Feiern ihres Freundeskreises, wo ich Einblick in Sitten und Unsitten, in Bräuche und Gepflogenheiten von Kursanten aus verschiedenen Sowjetrepubliken erhielt. Mit Mischa verbanden mich noch viele Jahre familiäre Beziehungen.

Da ist als nächster unser ständiger Begleiter, der eigenwillige Dolmetscher Viktor, zu nennen. Er verhalf uns zu vielen Erkenntnissen, nicht immer paßten sie in unser Bild.

Als einer unserer Genossinnen die Brieftasche abhanden gekommen war, wollten wir ihr nicht abnehmen, daß sie diese nicht verschludert hat. Viktor, als Eingeweihter, reagierte ganz gelassen: Man hat sie ihr beim Einkauf im GUM, dem großen Kaufhaus in Moskau, gestohlen. Die findet sich wieder ein, aber ohne Geld. Genau so kam es.

Vor allem unsere Lehrer verhalfen uns zu einem scheinbar umfassenden Einblick. Unsere Russischlehrerin, Anna Iwanowna verband Sprachunterricht mit vielen Informationen zu aktuellen Geschehnissen im Lande. Sie wurde nicht müde, uns alte russische Volks- und neue sowjetische Lieder beizubringen. Unser Geographielehrer, Andrejew, ein herzensguter Mensch, der all seine Ferien damit verbrachte, auf Entdeckung in die verschiedensten Gegenden zu gehen, erzählte uns darüber in einer so unnachahmlichen Weise, daß es mir heute noch in Erinnerung ist. Unser Lehrer für die Geschichte der KPdSU, Michail Shdanow, vermittelte uns den Lehrstoff mit vielen persönlichen Erlebnissen, u. a. wie er als Industriearbeiter an der Kollektivierung der Landwirtschaft teilnahm oder als Berichterstatter für TASS mit den Amerikanern an der „2. Front" kämpfte. Vielleicht war es seine Persönlichkeit, daß uns dieses Fach nicht als eine dogmatische Lehrsatzpaukerei erschien. Außerdem hatten wir vor dieser Partei eine viel zu hohe Achtung, als daß uns in den Sinn gekommen wäre, an den Darstellungen, dem gedruckten Wort zu zweifeln.

Wenn ich über meine Erkenntnisse von Land und Leuten schreibe, so ist der Aufenthalt im Sklifakowski Krankenhaus erwähnenswert. Über einige der zehn Mitpatienten ließe sich manche Anekdote erzählen, über die es nicht nur zu lachen, sondern auch nachzudenken lohnte. Die Ärztin Nadeshda Chasanowa setzte sich, so oft es ihre Zeit erlaubte, an mein Bett und erzählte über ihre tatarische Heimat, ihren Werdegang von einem armen Bauernmädchen zu einer Chirurgin, begeisterte sich an den Großbauten des Kommunismus, so als wäre sie selbst dabei gewesen.

Diesen und vielen der anderen mir gut bekannten Menschen gelten heute meine Gedanken, wenn ich Nachrichten über die sich verschlechternden Lebensbedingungen nach dem Untergang der UdSSR erhalte. Womit haben sie, die im Interesse des Sozialismus, des Internationalismus und des Friedens schon in der Vergangenheit große Opfer auf sich nahmen, eigentlich ein solches Schicksal verdient?

Viel interessantes, erstaunliches und aufregendes erfuhren wir bei den monatlichen Exkursionen in Moskauer Betriebe oder auf Baustellen. Dabei zeigte man uns nur die „gute Stube", das Beispielgebende, den „Keller" sahen wir nicht.

Selbstverständlich dominierte bei allem der Unterricht. Wir arbeiteten die russische Geschichte durch, hörten Vorträge über russische und sowjetische Literatur, über die Geschichte der sowjetischen Außenpolitik, quälten uns mit der Philosophie und erlebten die Arbeit des Komsomol theoretisch und praktisch.

Wie schon erwähnt, gehörte zu unserem Studienpensum der russische Sprachunterricht. Wir begannen unser Studium ohne jegliche Vorkenntnisse, und Vorbereitungskurse gab es damals noch nicht. Die ersten Lektionen fielen uns schwer, sehr schwer. Eine Begegnung mit Walter Ulbricht in der DDR-Botschaft wirkte da sehr ermunternd. Er nutzte seinen Urlaubsaufenthalt, um sich mit uns zu treffen und uns ins Gewissen zu reden. „Was ihr hier vor allem lernen müßt, ist die Sprache. Zu Hause müßt ihr die sowjetische Presse und Literatur lesen können. Den Marxismus/Leninismus könnt ihr auch bei Hanna Wolf studieren" (gemeint war damit die Parteihochschule der SED). So etwa lautete sein Auftrag, den wir nicht vollständig erfüllen konnten. Da wäre neben dem Unterricht ein weitaus engerer Kontakt zu den sowjetischen Kommilitonen erforderlich gewesen. Daran hinderten wir uns jedoch selbst. Neben Hemmungen im sprachlichen Umgang hatte falsch verstandener Kollektivismus die größte Bremswirkung, vielleicht auch Gedanken einer Art von Wachsamkeit, unbewußt empfunden.

Hinzu kam, daß wir in der DDR nichts über die Verbrechen unter Stalins Herrschaft gehört hatten. Von wem auch? Die Emigranten, selbst die, die Verbannung und die Lager Stalins überlebten, schwiegen.

Auch bei meinem Aufenthalt in der Sowjetunion gab es keine Andeutungen auf die tatsächlichen Vorgänge in der Geschichte der Sowjetunion und der KPdSU. Die Prozesse der dreißiger Jahre gegen frühere Parteiführer waren für uns begründet, hatten wir doch im von Stalin redigierten „Kurzen Lehrgang" der Geschichte der KPdSU gelesen, daß die Bekämpfung und Vernichtung der opportunistischen Gruppierungen, der Trotzkisten und Bucharinleute eine Voraussetzung für den Sieg der Partei war. Nur wenn „ihr führender Stab, ihre vorgeschobene Festung von Kapitulanten, von Deserteuren, von Streikbrechern und Verrätern" gesäubert ist, kann die Partei ihre führende Rolle verwirklichen. Was unter diesem Sammelsurium von „Abweichlern" zu verstehen ist, das allein oblag dem unanfechtbaren Urteil des unfehlbaren Führers. Sein Stern leuchtete gerade im Jahre 1952 besonders hell, hatte er sich doch nach langem Schweigen mit einer „fundamentalen theoretischen Arbeit über „ökonomische Probleme des Sozialismus in der UdSSR" richtungsweisend zu Wort gemeldet.

Mit seiner letzten öffentlichen Rede, gehalten zum Abschluß des XIX. Parteitags der KPdSU, im Gepäck kehrte ich nach Hause zurück. Er hatte die Bruderparteien aufgefordert, das von der Bourgeoisie über Bord geworfene Banner der Freiheit, der nationalen Unabhängigkeit und Souveränität zu erheben und als Patrioten dem Volke voranzutragen. Das empfand ich auch als meine Verpflichtung im Kampf gegen die imperialistischen Spalter Deutschlands. Ich wollte als Patriot und Freund der Sowjetunion meine Arbeit in der FDJ leisten. Zuvor hatte ich jedoch noch eine Begegnung, die sich in meinem Gedächtnis eingeprägt hat. Da ich die Heimreise allein und mit Verspätung antrat, mußte ich zum Konsulat der DDR in Moskau. Dort fragte mich Genosse Josef Schütz, ein alter Kommunist und Partisan beim Slowakischen Nationalaufstand, was ich denn zu Hause über die Sowjetunion erzählen werde. Ich zählte alles Positive auf. Er aber fragte danach, ob ich denn auch erzählen werde, daß es in Moskau Diebe, Bettler und Taugenichtse gibt. Das verneinte ich entschieden. Seine Antwort verblüffte mich: Dann lügst du!

Ich mußte eingestehen, daß ich meist über diese Erscheinungen im Moskauer Alltag hinweggesehen und auch darüber später nicht gesprochen habe.

Das war jedoch nicht mein einziger Fehler, den ich nach dem Studium machte. Die erworbenen persönlichen Kenntnisse über die

Sowjetunion, und sie waren ja noch nicht so verbreitet, verleiteten mich dazu, mit der „Moskauer Brille" das ganze weite Land „vom Amur bis an die Beresina", ein Sechstel der Erde, zu beurteilen. Ich glaubte, die Sowjetunion und ihre Menschen richtig zu kennen. Das war natürlich ein großer Irrtum. Er war auch einer der Gründe für meinen Konflikt mit der Gorbatschowschen „Glasnost". Ich wehrte mich gegen viele Mitteilungen über Mißstände, Erscheinungen des Verfalls und der Degenerierung, die „mein SU-Bild" zerstörten. Es war ein schmerzlicher Prozeß sich einzugestehen, daß diese Meldungen nicht nur stimmten, sondern sogar nur die Spitze des Eisbergs darstellten.

Ungeachtet all dieser erschütternden Wahrheiten bleibt für mich die welthistorische Leistung der Sowjetmenschen, die sie unter Führung der Kommunistischen Partei in und nach der Oktoberrevolution vollbrachte, unbestritten. Niemand und nichts kann den opferreichen Beitrag dieses Landes an der Zertrümmerung des Faschismus in Europa und Asien schmälern, kann die Befreiungsmission gegenüber dem deutschen Volk herabwürdigen.

Den Untergang des Sozialismus in seinem Geburtsland und den Zerfall der Union der Sozialistischen Sowjetrepubliken betrachte ich als persönliche Niederlage in meinem Leben. Aber damit ist der Sozialismus als Gesellschaftsidee nicht zu den Akten gelegt.

Die beiden deutschen Staaten und die junge Generation

Von Tag zu Tag wurde die Unterschiedlichkeit der Politik der beiden neuen deutschen Staaten und deren Zielsetzung immer sicht- und spürbarer. Selbst bei kürzester Skizzierung springt einen die Gegensätzlichkeit ins Auge. Hier, in der DDR, beschleunigter Aufbau und Stärkung der Arbeiter- und Bauernmacht und Festigung der „führenden Rolle der SED", dort, in der BRD, Restauration der kapitalistischen Machtstrukturen; hier Erweiterung des Volkseigentums an Produktionsmitteln und Zentralisierung der Wirtschaftsplanung, im Westen Reprivatisierung, Liberalisierung der Märkte und Forcierung der „freien Marktwirtschaft", hier feste Bindung der DDR an die Sowjetunion und die Volksdemokratien, dort „Westbindung" unter USA-Vorherrschaft und an „Marshallplanhilfe", die DDR als Anwalt eines einheitlichen Deutschlands und des Friedens, die BRD als remilitarisierter Separatstaat, dessen Entwicklung nach Adenauers Postulat, „lieber das halbe Deutschland ganz, als das ganze halb", geprägt wurde und wo der Ausbau dieser „separaten Rheinrepublik", die nach origineller Auffassung des aufrechten deutschen Patrioten, Pastor Niemöller, „im Vatikan gezeugt und in Washington geboren wurde", wichtiger war, als die Einigung des Vaterlandes.

Diese gegensätzlichen Politikkonzeptionen bestimmten natürlich auch die Jugendpolitik. Gleichzeitig war sie ein Feld der Systemauseinandersetzung. Dabei blieben die Jugendlichen selbst „nicht außen vor", sondern waren in sie mitten hineingestellt und nahmen an ihr aktiv teil.

Die Politik der SED und der Regierung der DDR war darauf gerichtet, die gesamte Jugend zu gewinnen, mit all ihrer Kraft für den gesellschaftlichen Fortschritt, wie er sich in Gestalt der DDR und als Vorbild für ganz Deutschland zeigen sollte, zu wirken. Dafür die günstigsten Bedingungen zu schaffen, war Bestandteil ihrer Gesamtpolitik.

Auf jugendpolitischem Gebiet war sie bestrebt, entsprechend ihres Selbstverständnisses der bestimmende Teil der zukünftigen Entwicklung Deutschlands zu sein, ein auf die westdeutsche Jugend ausstrahlendes Beispiel zu geben.

In diesem Kontex ist die eilige Ausarbeitung eines Jugendgesetzes der DDR zu sehen. Schon vier Monate nach der Konstituierung der staatlichen Organe der DDR wurde der Volkskammer am 8. Februar 1950 als eines der ersten sachbezogenen „programmatischen" Gesetze, das „Gesetz über die Teilnahme der Jugend am Aufbau der Deutschen Demokratischen Republik und die Förderung der Jugend in Schule und Beruf, bei Sport und Erholung" zur Beschlußfassung vorgelegt.

Es demonstrierte, wie zutreffend die Worte im Gelöbnis der Jugend waren, daß sich „zum erstenmal in ihrer Geschichte die Jugend in Vertrauen und Liebe zu diesem Staat und seiner Regierung bekennen kann". Das erste Jugendgesetz in der Geschichte der deutschen Staaten war ein „Ausdruck eines gänzlich neuen Verhältnisses zwischen der Regierung und der Jugend". Die „Grundrechte der jungen Generation", auf einem Jugendparlament als Forderungen verkündet, waren nun durch einen Beschluß des Parlaments zu verbindlichem Recht erhoben worden.

Der Inhalt der 45 Paragraphen vereinte in sich die allseitige Förderung der Jugend, ihre Erziehung im Geiste des Friedens und des Fortschritts, der Freundschaft zwischen den Völkern und wahrer Demokratie, der Sittlichkeit und des Humanismus, ihre Bildung und berufliche Qualifizierung, ihre Aktivierung beim Aufbau der DDR und für die Gestaltung des neuen Deutschland. Darin reflektierte sich auch die politische Zielsetzung.

Diese wurden in der Begründung des Gesetzes durch den Stellvertreter des Ministerpräsidenten, Walter Ulbricht, im Bericht des Jugendausschusses, erstattet von Erich Honecker und im Diskussionsbeitrag Heinz Keßlers, damals Sekretär des Zentralrats der FDJ, akzentuiert.

Eine gebildete, körperlich gesunde, in ihren Auffassungen und ihrem Streben fortschrittliche Jugend wurde als ein Eckpfeiler im Kampf um ein einheitliches, friedliebendes und demokratisches Deutschland angesehen. Politisches Engagement und fachliches Wissen waren unverzichtbare Voraussetzungen für die Verwirklichung der hochgesteckten Ziele, „eine höhere Arbeitsproduktivität als im Westen, ein schnelleres Tempo der wirtschaftlichen Entwicklung, als es jemals im kapitalistischen Deutschland zu verzeichnen war", zu erreichen und dies aus eigener Kraft, ohne den Marshallplan.

Die Bereitschaft zur Arbeit und zur Verteidigung des Friedens erforderte Parteinahme für die DDR und die sozialistische Sowjetunion, gegen das kapitalistische Regime, die amerikanischen Imperialisten und Kriegstreiber.

All das sind Formulierungen aus dieser Zeit und müssen aus der damaligen Situation heraus betrachtet und verstanden werden.

Das Jugendgesetz war mit der Berechnung, ausstrahlend auf die BRD und ihre Jugend zu wirken, ausgearbeitet worden. Es sollte dazu beitragen, den Kampfeswillen gegen die Spaltung Deutschlands und die Remilitarisierung der BRD zu stärken.

Die bisherige Jugendpolitik der SED, das Wirken der FDJ und nunmehr das Jugendgesetz des Staates waren Trumpfkarten für die DDR in der Auseinandersetzung zwischen den beiden deutschen Staaten. Ihre Überlegenheit war auf diesem Gebiet offensichtlich: Jugendarbeitslosigkeit gehörte im Osten der Vergangenheit an. Im Westen dagegen waren von den damals 1 580 000 Arbeitslosen 150 000 zwischen 14 und 18 Jahren. Im Gegensatz zur skrupellosen Ausbeutung der Jungarbeiter und vor allem der Jungarbeiterinnen in der westdeutschen Wirtschaft, erfolgte die Entlohnung von Mädchen und Jungen, von Jung und Alt nach dem Grundsatz gleicher Lohn für gleiche Arbeit. In der DDR war das Bildungsprivileg, das den Kindern der unteren Schichten den Weg zu höherer Bildung versperrte, gebrochen, wogegen im Westen der Geldbeutel der Eltern den Bildungsgang der Jungen bestimmte. In der DDR war die Berufsausbildung auf hohem Niveau und der Einsatz im Beruf nach Lehrabschluß gesichert. Davon konnten die Jugendlichen im Westen zunächst nur träumen.

Wenn auch nicht im erhofften Maße, erreichte das Jugendgesetz auch im Westen eine beachtliche Resonanz.

Organisationen der Jugend erhoben immer stärkeren Protest gegen die Politik Adenauers, vor allem gegen die Remilitarisierung, und erhoben die Forderung nach einer besseren Betreuung der Jugend. Daran konnten die Regierenden in Bonn nicht vorübergehen, wollten sie nicht riskieren, daß ein zunehmender Teil der Jugend in Opposition zu ihnen geriet.

Handlungsbedarf tat sich auf. Ein „Bundesjugendplan" mußte her. Wie sehr dabei der Druck des DDR-Jugendgesetzes wirkte, offenbaren die Autoren einer umfangreichen Schrift:

„... die Jugendgemeinschaften und die Träger der Jugendarbeit, die draußen im Lande schon oft ungeduldig auf Hilfe des Bundes warten, (erhalten) plötzlich eine unerbetene und unliebsame Unterstützung. Im sowjetischen Sektor von Berlin verkündete Walter Ulbricht das sowjetzonale Gesetz über die Teilnahme der Jugend am Aufbau und die Förderung der Jugend. Es stellte mit 46 Millionen Mark ein für damalige Verhältnisse gigantisches Finanzierungsprogramm für alle Maßnahmen der Jugendpflege und Jugendfürsorge dar. ... Angesichts dieser Herausforderung erhält die Diskussion in der Öffentlichkeit der Bundesrepublik um die Jugendnot und Jugendhilfe ... starken Auftrieb."

Offensichtlich fuhr das Auftreten von 700 000 Jugendlichen beim 1. Deutschlandtreffen Pfingsten 1950, darunter Zehntausender aus der Bundesrepublik, den Meinungsbildnern, Stimmungsmachern und Politikern im Westen durch Mark und Bein. So kam der damalige Vorsitzende des Bundestagsausschusses für Jugendfürsorge, Franz Josef Strauß nicht um das Eingeständnis herum „die Ergebnisse, die Auswirkungen des Berliner Pfingsttreffens der FDJ ... nicht unterschätzt, sondern im Gegensatz zu mancher Presseberichterstattung sehr ernstgenommen" zu haben. „Wir wissen, was wir dem entgegensetzen müssen."

Es war der schon erwähnte Bundesjugendplan, den die Spitzen der Bonner Szene, Adenauer und Heuß, am 18. Dezember 1950 erließen. Die in ihm enthaltenen Hilfsfonds wechselten, wurden verstärkt oder abgeschwächt je nach der staatlichen Zielsetzung und Notwendigkeit.

In der DDR wurde indes das Jugendgesetz zügig verwirklicht.

Zehntausend junge, gut ausgebildete Menschen wurden in leitende Funktionen in Staat, Wirtschaft, Kultur und Volksbildung berufen. Ich erlebte dies in meiner unmittelbaren Umgebung.

Mit besonderer Freude empfand ich die Festlegungen, die die

Lage der Kinder verbesserten. Ich fand darin Erkenntnisse und Schlußfolgerungen wieder, die unsere Studiendelegation 1949 aufgeschrieben hatte. Die Bedingungen des Schulunterrichts verbesserten sich inhaltlich und materiell. Mit Gesetzeskraft wurden in der Folge Häuser der Jungen Pioniere, Stationen Junger Techniker und Naturforscher und Touristen in nahezu allen Städten, oft in den attraktivsten Häusern, eingerichtet, es entstanden Kindertheater, ein Kinderbuchverlag wurde gegründet. Was ich nach dem Gesehenen in Moskau, Leningrad und Artek für einen fernen Wunschtraum gehalten hatte, die Einrichtung großer Pionierlager in den schönsten Gegenden des Landes, wurde jetzt schon zur Wirklichkeit. Eines der ersten entstand an der Bleilochtalsperre bei Saalburg durch den SAG Betrieb Carl Zeiss Jena, die Eröffnung nahm der Präsident unserer Republik, Wilhelm Pieck, vor. Das war mehr als Symbolik. Das war Ausdruck der Fürsorge für die Jüngsten. Es war Programm. Unzählige Ferienlager entstanden mit Hilfe des Staates und von Betrieben. An der Aktion „Frohe Ferientage für alle Kinder" konnten sich alle beteiligen.

Millionen von Kindern konnten sich so erholen, bilden, ihren Neigungen nachgehen und wurden auch betreut. Da zählte nicht das Gewicht des Geldbeutels der Eltern, für den, der an all den Freizeitmöglichkeiten teilnehmen wollte.

Die FDJ = Staatsjugend?

Die sich mit der Gründung der DDR herausbildenden Beziehungen FDJ-Staat, Staat-FDJ wurden immer wieder zum Anlaß für eine Etikettierung des Jugendverbandes als „Staatsjugendorganisation" genommen. Diese Anschuldigung kam aus der antikommunistischen Ecke und sollte ein Gleichheitszeichen zwischen FDJ und Hitlerjugend setzen. Zu Recht wehrte sich der Verband gegen diese Unterstellung.

In jüngerer Zeit wurden verschiedentlich Bemühungen erkennbar, diese These „wissenschaftlich" zu untersetzen.

Das Ergebnis lief auf das selbe hinaus. Lotet man den Inhalt dieser Problematik sachlich und damit tiefgehender aus, so ergibt sich ein differenzierteres Bild. Hauptstütze obiger Behauptung ist „die staatstragende Aufgabenstellung und Rolle" der FDJ.

Tatsächlich übte sie diese Funktion aus. Damit entsprach sie dem Auftrag, den die Delegierten des I. Parlaments der FDJ in den einmütig, von allen, ohne Unterschied ihrer politischen oder weltanschaulichen Bindung, beschlossenen „Grundsätzen und Zielen der Freien Deutschen Jugend" erteilt hatten, aktiv teilzunehmen am „Neuaufbau unseres Vaterlandes". Wer wollte oder konnte etwas gegen ein solches Vorhaben des Jugendverbandes einzuwenden haben? Alle im „Block" vereinten antifaschistisch-demokratischen Parteien standen in der Pflicht des „Potsdamer Abkommens" der drei Siegermächte, ein solches Deutschland zu errichten, das jegliche Wiedergeburt des Militarismus und Nazismus ausschließt, das den Ideen der Demokratie, des Humanismus und des Fortschritts verpflichtet ist. In der DDR sah die FDJ einen Staat, der den „wahren Interessen der deutschen Nation" entsprach. Sollte ausgerechnet nach der Gründung dieses Staates die FDJ ihre Aktivitäten einstellen? Nur das Gegenteil konnte doch richtig sein.

Wenn westdeutsche Jugendverbände zur BRD nicht nur eine gespaltene, sondern eine ablehnende Haltung bezogen, so hing das ursächlich mit der Ablehnung der dort betriebenen Restaurations- und Remilitarisierungspolitik zusammen. Daß zum Beispiel die „Falken", die „Naturfreundejugend", junge Gewerkschafter aktiv dagegen auftraten, ist doch nur zu verständlich.

Angesichts einer Politik, die wenig Hoffnung auf baldige Besserung erwarten ließ, die sogar im offiziellen Bonner Sprachgebrauch als Jugendnot bezeichnet wurde, konnte von den genannten Jugendorganisationen wahrlich keine staatstragende Rolle erwartet werden. Sie standen im Widerspruch und Widerstand zu ihr.

Angelastet wird der FDJ der Umstand, daß eine ihrer Hauptaufgaben Bildung und weltanschauliche Erziehung der Jugend war. Und sie war bemüht, dem Ruf Otto Grotewohls vom I. Parlament zu folgen, auf diesen Gebieten besonders aktiv zu wirken, denn: „Die Erziehung des ganzen Volkes zu friedlichem und demokratischem Denken ist eines jener Zentralprobleme, von denen aus die gesamte Entwicklung Deutschlands ihren Weg nehmen wird." Es ist schon verwunderlich, wie das Positivum der geistigen Überwindung der Naziideologie und der Schaffung eines neuen Geistes unter der Jugend zu einem Negativum umgewandelt wird. Daraus ergeben sich verschiedene Fragen. Soll damit das Erreichte in der Jugenderziehung in Abrede gestellt, soll damit auch das Bestreben westdeutscher Jugendorganisationen, die Jugendlichen umzuerziehen, abgewertet werden, oder sollen die offensichtlichen „Unterlassungen" und die anstelle des Antifaschismus betriebene faschistische Traditionspflege in der BRD damit wegretuschiert werden?

Wie sinnig oder besser unsinnig ist eine weitere Behauptung, die besagt, die FDJ habe keine Interessenvertretung der Jugend wahrgenommen, sondern diese den gesellschaftlichen Interessen geopfert. Bewußt verschwiegen wird in diesem Zusammenhang die Verwirklichung solcher elementarer Rechte der Jugend, wie das der politischen Mitbestimmung, das Recht auf Arbeit, Bildung, gesundheitlichen Schutz, auf Erholung, Freude und Frohsinn, die ohne die Interessenvertretung der FDJ nicht denkbar sind. Es ist ein Glück für die junge Generation, daß dies nicht im Gegensatz zu gesellschaftlichen Interessen stand, sondern in Übereinstimmung mit den Zielen der antifaschistisch-demokratischen Ordnung. Allerdings mußten sie mit parlamentarischen und außerparlamentarischen Mitteln gegen den Widerstand derer erkämpft werden, die keine solche gesellschaftliche Entwicklung wollten. Daß Jugendliche in der DDR mit 18 Jahren ihre Volljährigkeit erhielten, das Wahlrecht auf 18 Jahre herabgesetzt wurde, sie die Möglichkeit erhielten, die Gesetzgebung des Staates maßgeblich zu beeinflussen und selbst gesetzgeberische Initiative ergreifen konnten, dafür kann man doch die FDJ nicht noch im Nachhinein verurteilen wollen. Viele westdeutsche Jugendverbände und -gruppen sahen darin, ebenso wie die FDJ, eine Errungenschaft für die Jugend, um die sie beneidet wurde. Nun wenden heute, ich weiß nicht ob die Bezeichnung Theoretiker akzeptabel ist, ein, das sei schon deshalb keine Interessenvertretung der Jugend, da sie mit dem Recht der gesellschaftlichen Mitwirkung die Aufforderung verbinde, aktiv an der Gestaltung und Festigung dieser Ordnung mitzuwirken.

Dabei falle als besonders staatstragend die Mitwirkung an der Erhöhung der Produktion in Industrie und Landwirtschaft ins Gewicht. Abgesehen davon, daß ich keinen anderen Weg aus Not und Elend der Nachkriegszeit kannte als Aufbauarbeit, erhebt sich die Frage: Haben daran nur organisierte FDJler Anteil, oder wird durch das Mitgliedsbuch aus produktiver Tätigkeit etwas anderes als bei einem nichtorganisierten Werktätigen? Diese Angriffe stehen auf tönernen, schwachen Füßen.

Und noch etwas ist zu den Interessen der Jugend und des Staates hinzuzufügen: FDJ und Staat der DDR waren bemüht, zwischen sich keine Kluft entstehen zu lassen. Eine volle Harmonisierung ist dabei von vornherein nicht erreichbar, da in der Regel die Anforderungen und Erwartungen des Staates in die Jugend höher sind, als sie von sich aus bereit ist zu erfüllen. Dazu bedarf es Überzeugung, Bildung und Erziehung. Dies zu leisten, war die FDJ bemüht, und nicht zum Schaden, sondern im Interesse der gesunden, allseitigen Entwicklung der Jugend. Übrigens habe ich bisher keine Aufforderung der staatlichen Organe der Bundesrepublik an die Jugend gehört, sie solle gegen die gesellschaftlichen Interessen des Kapitalismus handeln. Vielleicht ist das Gedächtnis mancher zu kurz, um sich nicht nur des Geschreis, sondern des gewaltsamen Vorgehens gegen die „68er" in der Bundesrepublik und in Westberlin zu erinnern.

Undemokratisch seien die Errungenschaften der Jugend der DDR auch deshalb, weil sie durch die „Monopolstellung und Privilegierung der FDJ" zustande gekommen seien.

Auch hier sei an den Konsens der damals bestehenden vier Parteien im Osten Deutschlands über die Notwendigkeit der Überwindung der unseligen Spaltung der deutschen Jugendbewegung und die Bildung eines einheitlichen Jugendverbandes erinnert. Selbst die beiden großen Kirchen entsandten ihre Vertreter in die Leitungsgremien der FDJ. Aus zahlreichen Gesprächen mit Jugendlichen aus dem Westen weiß ich, daß sie gern bereit gewesen wären, auf die Autonomie so mancher Organisation zu verzichten, wären sie dadurch in den Genuß der Stellung und der Möglichkeit gekommen, wie sie die Jugend im Osten hatte.

Die Einstufung der FDJ als Staatsjugendorganisation wird auch damit begründet, sie hätte den Schutz des Staates genossen. Das mag manche schmerzen, vor allem wenn sie an das Gegenteil erinnert werden, an das Verbot der FDJ durch Gesetz der BRD im Juni 1951. Dem Verbot folgte Verfolgung der FDJ-Funktionäre und ihre Einkerkerung. Namen wie Jupp Angenfort und Wolfgang Seiffert stehen hier für viele. War das die erstrebenswerte Demokratie, Freiheit und Interessenvertretung der Jugend, die Harmonie der Interessen der Jugend und des Staates? Darauf konnte die FDJ in der DDR verzichten.

Die FDJ verstand sich als Bestandteil der politischen Organisation der antifaschistisch-demokratischen und sozialistischen Ordnung und handelte dementsprechend. Daraus den Schluß abzuleiten, die FDJ sei durch staatlichen Dirigismus geleitet worden, ist ein doppelter Irrtum. Zum einen stimmt es einfach sachlich nicht, zum anderen ignoriert er die sonst immer so explizit hervorgehobene Führungsrolle der SED. Diese Partei hat zu keinem Zeitpunkt auch nur im geringsten daran gedacht, ihren Führungsanspruch in der Jugendpolitik mit irgend jemandem zu teilen, geschweige an staatliche Organe abzutreten. Schon frühzeitig bezeichnete sie die FDJ als ihren Helfer und ihre Reserve. Zu dieser Rolle bekannte sich die Führung des Verbandes erst indirekt und seit 1952 statuarisch.

Das Etikett „Staatsjugendorganisation" ist unsinnig, eigentlich unwesentlich. Wenn schon ein Etikett, dann ist das von einer „Parteijugend" von einem bestimmten Zeitpunkt an schon treffender.

„Die Freie Deutsche Jugend stürmt Berlin"

Diese Zeile eines Liedes des jungen Schriftstellers KuBa – Kurt Barthel –, der zur Nazizeit Emigrant in der ČSR und in England war, sorgte für Furore. Es war dem 1. Deutschlandtreffen der Jugend gewidmet, zu dem die FDJ zu Pfingsten 1950 nach Berlin eingeladen hatte.

In Vorbereitung dieses bis dahin größten „Friedensfestes" der jungen deutschen Generation wurden in Berlin und den ost- und westdeutschen Ländern alle Register gezogen.

Für unseren Thüringer Landesverband hieß das vor allem zweierlei. Zum ersten wurde um beste Ergebnisse im Wettbewerb „Bereit zur Arbeit und zur Verteidigung des Friedens" gekämpft. Diese Losung war dem Prinzip geschuldet, Aktivitäten durch Aufgebote und Wettbewerbe zu wecken. Zum anderen ging es um die Gewinnung einer großen Zahl von Mädchen und Jungen zur Fahrt nach Berlin. Das ging nicht so reibungslos, wie es die Überbietung der Gesamtteilnehmerzahl – anstelle von 500 000 waren es 700 000 – vermuten läßt. Zwar war die Begeisterung unter den Jugendlichen vorhanden auf eine Reise zu gehen, aber gerade obige Liedzeile hatte, ausgenutzt und aufgebauscht von der „Konterpropaganda", bei vielen Eltern Angst hervorgerufen. Was soll und kann da nicht alles in Berlin geschehen? Die Propagandatrommel des Westens wurde unaufhörlich gerührt, um eine Stimmung gegen das Treffen zu entfachen. Dabei wurden schwerste Geschütze aufgefahren. Der SPD-Vorsitzende Schumacher forderte vor seinem Parteivorstand den Einsatz amerikanischer Panzer, um die Zufahrtswege nach Berlin abzuriegeln. Das richtete sich zugleich gegen die Teilnahme westdeutscher Jugendlicher. Trotzdem ließen sich 30 000 von ihnen nicht einschüchtern und von der Fahrt nach Berlin abhalten. Sie kamen auf allen möglichen Schleichwegen über „die grüne Grenze".

Auch Westberlin machte in diesen Wochen und Tagen seinem Ruf als „Frontstadt" alle Ehre. Alle Vorschläge und Anträge des Zentral-rats der FDJ zur Durchführung von Veranstaltungen in Westberliner Sportstätten und Sälen wurden abgelehnt. Der Regierende Bürger-meister Ernst Reuter strapazierte für ein de facto Verbot die Liedzei-le von „die Freie Deutsche Jugend stürmt Berlin". (Das Lied wurde üb-rigens vom Zentralrat der FDJ bald aus „dem Verkehr gezogen").

In welch zugespitzten politischen Situationen das Treffen statt-fand und welche weitgehenden politischen Ziele angestrebt wur-den, darüber geben schon allein die Losungen des Zentralrats der FDJ Aufschluß: Weg mit dem für Westdeutschland geltenden Be-satzungsstatut; Schluß mit „Konkurrenzdemontagen" und Ruhr-statut, Westdeutschland darf kein Schauplatz einer neuen Kriegs-vorbereitung sein; kein Deutscher ein Landsknecht amerikanischer Schlotbarone und Finanzhyänen gegen die Völker der Welt!

Vor allem die 700 000 Demonstranten skandierten diese Forde-rungen und viele, darauf fußende originelle Sprüche.

Das Treffen und die zur gleichen Zeit stattfindende „Pionier-republik Ernst Thälmann" mit 20 000 Kindern waren für die Teil-nehmer durchaus ein Erlebnis und dazu ein beachtetes Ereignis.

Vor den Augen zahlreich vertretener ausländischer Delegatio-nen gewann „die deutsche Jugend eine bedeutende Schlacht um den Frieden" und bewies „der ganzen Welt, daß die Jugend der Deutschen Demokratischen Republik einmütig hinter dem Präsi-denten Wilhelm Pieck und hinter ihrer Regierung Otto Grotewohl steht". So lautete die Einschätzung des Politbüros der SED. Liest man folgendes Zitat: „Hier wächst bereits eine neue Generation heran, eine geschlossene Front voller Willen, Enthusiasmus, der Aktivität und mit zündenden Parolen", so könnte man das glatt als die Fortsetzung oben erwähnten Dokuments halten, aber die nächsten Zeilen „es wäre höchste Zeit, daß sich der Westen dar-über Gedanken macht, ob und wie er seine Jugend ansprechen und anrufen will" lassen erkennen, daß sie in der renommierten „Frankfurter Allgemeine Zeitung" zu finden sind.

Ein Ereignis im Nachklang des Treffens unterstrich nicht nur seine Wirkung, sondern erhöhte sie noch. Die Rede ist von der Einkesselung von 10 000 westdeutschen Teilnehmern auf freiem Feld bei Herrnburg in Niedersachsen. Als sie in geschlossener Kolonne mit den blauen Fahnen und in den blauen Hemden der FDJ das Territorium der BRD betraten, hatten die Behörden dem nichts anderes entgegenzusetzen als Polizeigewalt. Zwei Tage und Nächte leisteten diese jungen Patrioten den Schikanen erfolgreich Widerstand. Schließlich mußte die Polizei kapitulieren und den Weitermarsch freigeben. Es war eine Bestätigung des Sinns des Deutschlandtreffens und eine Reaktion auf eine weltweite Protest- und Solidaritätsbewegung. Ein nicht geringerer als Bertolt Brecht hat diesem Ereignis ein Gedicht gewidmet, den „Herrnburger Bericht".

Überraschend und historisch bemerkenswert war ein Telegramm Stalins an die Teilnehmer des Deutschlandtreffens. Meines Wissens nach ist es das einzige Mal, daß er einem ausländischen Jugendverband auf eine solche Weise seine Aufmerksamkeit widmete. Was könnte ihn zu einem derartig außergewöhnlichen Schritt veranlaßt haben? Sicherlich war es nicht eine ausgeprägte Sympathie für eine Jugendorganisation, von der er wohl kaum Notiz genommen haben wird. Der Text des Telegramms, in dem es heißt: „Ich wünsche der deutschen Jugend, dem aktiven Erbauer des einheitlichen, demokratischen und friedliebenden Deutschlands, neue Erfolge bei diesem großen Werk", läßt vielmehr auf eine Bekräftigung der deutschlandpolitischen Position der Sowjetunion nach der Gründung der beiden deutschen Separatstaaten schließen. Offensichtlich erschien es ihm wichtig, das Interesse seines Landes an einer derartigen Lösung der deutschen Frage zu unterstreichen, da er in der Vollendung dieses Werkes die entscheidende Garantie der Sicherheit der UdSSR und für den Frieden in Europa sah.

In der Mitte des Jahres 1950 stand die aufgehende Sonne der Freien Deutschen Jugend zweifellos im Zenit.

Aus meiner Sicht verfügte sie zu keiner anderen Zeit über eine derart große Akzeptanz in der Gesellschaft, eine derart große Anziehungskraft auf die Jugend und eine derart hohe Ausstrahlung, verfügte sie nie über mehr überzeugte Mitglieder als zu dieser Zeit. Daraus resultiert auch der Übergang von der agitatorischen Losung über die Gewinnung der gesamten jungen Generation in einen praktisch zu vollziehenden Auftrag der Partei, „die ganze deutsche Jugend für die Ziele und die Organisation der Freien Deutschen Jugend zu gewinnen".

Die Jugend der Welt und die deutsche Jugend

Es ist noch immer die frühe Zeit nach Beendigung des Zweiten Weltkriegs und der Vernichtung des Faschismus als herrschendes System.

Die Last und das Erbe lagen auf Deutschland, auch auf der Jugend, trotz Widerstandsaktionen gegen Faschismus und Krieg.

Die deutsche Jugend war im internationalen Verbund isoliert, in einer Situation, in die sie durch den Faschismus, seine rassistische Herrenmenschen-Ideologie, den Aggressionskrieg gegen Völker und Länder und den antisemitischen Holocaust gestürzt worden war, geraten.

Hier kann nicht über alle Bestrebungen der Überwindung dieser Vergangenheit berichtet werden, ich kann es aus meiner Sicht tun, und aus der Sicht der FDJ-Geschichte.

Den Antifaschisten und Emigranten in der Sowjetunion, der ČSR und in England, dort schon eine FDJ gründend, vor allem war und ist es zu danken, daß der Vorläufer der FDJ in der Sowjetischen Besatzungszone, der Zentrale Antifaschistische Jugendausschuß an der Weltjugendkonferenz 1945 in London, vertreten durch Horst Brasch als Beauftragter, teilnehmen konnte.

Doch den ersten wirksamen Schritt, um die deutsche Jugend wieder international zu akzeptieren, tat der sowjetische Komsomol mit der Einladung der FDJ-Delegation zum „Friedensflug nach Osten" im Sommer 1947. Dies war auch als eine Reaktion auf die Entscheidung des Weltbundes der demokratischen Jugend zu werten, der die FDJ von der Teilnahme an den I. Weltfestspielen in Prag ausgeladen hatte. Es war auch der Komsomol, der gemeinsam mit dem polnischen Jugendverband ZMP im August 1948 den Weg zur Aufnahme der FDJ in den Weltbund der demokratischen Jugend ebnete. Damit war der Jugendverband eine der ersten deutschen Organisationen überhaupt, die im WBDJ Aufnahme fand.

Daß die Ausrichtung der III. Weltfestspiele der Jugend und Studenten im August 1951 der FDJ übertragen wurde, stellte einen großen Vertrauensbeweis gegenüber der neuen demokratischen und fortschrittlichen deutschen Jugend dar.

Die „Festspiele der jungen Friedenskämpfer der Welt" vereinten in Berlin 26 000 Mädchen und Jungen aus 104 Ländern aller Kontinente zur friedlichen Demonstration, bei zahllosen Freundschaftstreffen, bei kulturellen Veranstaltungen, künstlerischen und sportlichen Wettbewerben.

Die Begegnung mit den zahlreichen deutschen Teilnehmern – offiziell war von zwei Millionen die Rede – tilgte das Bild von der deutschen Jugend, „die in schwarzen Uniformen oder mit der Armbinde der Hitlerjugend" marschiert, „bis alles in Scherben fällt". Sie eint jetzt unter dem Banner des Weltbundes „gleicher Sinn, gleicher Mut", wie es in der Hymne der Weltjugend heißt.

Großes Aufsehen und Aufregung rief das Vorgehen der Westberliner Polizei gegen demonstrierende FDJler am 15. August hervor.

Darüber ist schon so manches geschrieben worden. Was einer weiteren Betrachtung bedarf, sind Umstände und Zusammenhänge dieses Ereignisses.

Da wäre zunächst eine Doppelstrategie des Westberliner Senats gegenüber den Weltfestspielen zu erkennen. Einerseits offizielle Ablehnung als „kommunistische Veranstaltung". Zur Abwehr eventueller Provokationen wurde die Schutzpolizei durch ihren Chef Dünsing vom 4. bis 22. August in die höchste Alarmstufe versetzt, gleichzeitig erfolgte die Einladung der Teilnehmer an dem Festival als „Einzelpersonen" zum Besuch des Westteils der Stadt. Sie sollten einen Blick in das „Schaufenster der Freiheit, der Demokratie und des ökonomischen Magnetismus" werfen, wie es Kurt Schumacher bezeichnete. Man bot den Besuchern Veranstaltungen mit „Westniveau", „Diskussionen in freier Atmosphäre" und natürlich einen „Frei-Tisch" zum Genuß freiheitlicher Produkte. Zur Werbung wurden nicht nur Trommeln gerührt, sondern man ließ über dem „Walter-Ulbricht-Stadion" und anderen zentralen Veranstaltungsplätzen „Flugblattraketen" detonieren. Mit Südfrüchten, in der DDR kaum erhältlich, und mit Schokolade wurde nicht gegeizt. Fleisch und Fett, Brot und Kartoffeln deckten den „Frei-Tisch". Sie wurden aus der BRD herangeschafft, und die britischen Besatzungstruppen in Westberlin „spendeten" aus ihren Lagerbeständen 20 t Fleisch, 15 t Mehl, je 6 t Milchpulver und Fett. Man vermeldete, daß täglich u. a. 1 t Fett und 5 t Kartoffeln aufgeboten würden, um die Gäste zu bewirten. Das verfehlte seine Wirkung nicht. Entgegen allen Weisungen und aller getroffenen Sicherungsmaßnahmen der Veranstalter folgten nicht wenige FDJler diesen Verlockungen und bekanntlich schmecken verbotene Früchte besonders süß, unabhängig davon, daß die Festivalteilnehmer für damalige Verhältnisse eine wunderbare Verpflegung erhielten und mit prall gefüllten Verpflegungsbeuteln nach Hause fuhren. Keiner wird die Besucher gezählt haben, und die von den Zeitungen angegebenen Zahlen dienten einem propagandistischen Zweck (man schrieb von 1 Million), aber ein Problem stellte es für die FDJ und nicht nur für sie allein, dar. Belegt wird dies durch eine solche Festlegung des Zentralrats der FDJ zur Auswertung der Weltfestspiele, die fordert: „In allen Gruppen der FDJ ist zu dem Verhalten solcher FDJ-Mitglieder Stellung zu nehmen, die während der Weltfestspiele in Westberlin waren. Es ist besonders mit solchen zu diskutieren, die ihre Adresse in Westberlin dagelassen haben, da sie damit rechnen müssen, daß ihnen Westmaterial zur Verteilung zugeschickt wird und sie von Agenten aufgesucht werden."

Während der Festspieltage mußte der Zentralrat der FDJ handeln. In überstürzter Hektik wurde der Marsch von geschlossenen FDJ-Formationen nach Westberlin organisiert.

Daß es sich dabei um eine Abwehrmaßnahme handelte, wird schon daraus ersichtlich, daß bis zum 13. August nicht der geringste Anhaltspunkt dafür auffindbar ist, daß es eine längerfristige Planung gegeben hat.

Auf eine andere Weise und nicht als Einzelbesuch der immer wieder ausgesprochenen Einladung nach Westberlin zu folgen, war die Demonstration als propagandistischer Auftritt angelegt. Die FDJ-Gruppen – nach Westberliner Polizeiangaben 14 300 Mädchen und Jungen – zogen in ihren blauen Blusen und Hemden, mit nichts anderem als den blauen Fahnen bewaffnet, nach Neukölln und Wedding. Sie kamen nur einige hundert Meter weit. Gehindert wurden sie von den in höchster Alarmbereitschaft befindlichen Hundertschaften der Dünsing-Polizei. Eingesetzt wurden Schlaginstrumente und Wasserwerfer. Es gab zahlreiche, zum Teil Schwerverletzte unter den FDJlern, die nicht ahnten, was ihnen bevorstand. Wollte die Führung der SED und der FDJ dies provozieren? Darüber gibt es sehr verschiedene Mutmaßungen. Jedoch stellt sich vor allem die Frage, ob das Eingreifen der Westberliner Polizei gegen eine überschaubare und einschätzbare Aktion der FDJ angemessen war? Auf keinen Fall. Dieses Vorgehen ist durch nichts begründbar oder zu rechtfertigen. Vielleicht wollte man in Westberlin etwas ganz anderes damit bezwecken. Hatte Schumacher ein Jahr vorher schon nach alliierten Panzern gerufen, so hatten er und andere wenigstens jetzt gepanzerte deutsche Fahrzeuge zum Einsatz bringen können. Wem wollte man damit eine Lektion erteilen?

Angemerkt sei hier noch, daß derselbe Polizeipräsident Dünsing beim Schah-Besuch 1967 in Westberlin die Knüppelgarden befehligte, auf deren Konto die Ermordung des Studenten Benno Ohnesorg geht. Danach trat der Regierende Bürgermeister Albertz von seinem Amt zurück. Ernst Reuter kam dies damals nicht in den Sinn.

Die FDJ nutzte die Vorgänge vom 15. August propagandistisch aus. Die Argumente lieferte die Westpolizei frei Haus. „Knüppel sind das Jugendprogramm des deutschen Imperialismus", so das Fazit.

So einfach war die Sache allerdings nicht abzutun.

Nötig war, die Gründe für das Verhalten einer so großen Zahl von FDJ-Mitgliedern im Hinblick auf Westberlin aufzudecken, um daraus Schlüsse für die weitere Arbeit zu ziehen.

Das, was der Zentralrat auf seiner Tagung Ende August 1951 dazu zu sagen wußte, berührte jedoch noch nicht einmal die Oberfläche des Problems. Als Ursachen wurden benannt:

Ungenügende Aufklärungsarbeit „über den friedensbedrohenden Charakter der Interventionspolitik des amerikanischen Imperialismus in Westdeutschland und das Wiedererstehen des deutschen Militarismus und Imperialismus"; ungenügende Anleitung der Grundeinheiten; ungenügende Einbeziehung der Masse der Mitglieder zur aktiven Mitarbeit; ungenügende Unterstützung „der Initiative der breiten Massen der Jugend bei ihrem Streben, neue Erkenntnisse zu gewinnen und an der Gestaltung einer fortschrittlichen deutschen Kultur mitzuarbeiten".

Kein kritisches Wort fiel über das Streben des Zentralrats und Erich Honeckers nach „Gigantischen", die unaufhörliche Zahlenhascherei, nach zwei Millionen Mitgliedern, nach zwei Millionen Teilnehmern an den Weltfestspielen in drei Wellen, nach über vier Millionen Unterschriften unter eine Grußbotschaft an Stalin.

Es gab kein Anzeichen dafür, daß über tieferliegende inhaltliche Ursachen nachgedacht wurde, die nicht allein in der FDJ, sondern in gesellschaftlichen Prozessen der DDR überhaupt zu suchen sind.

Dazu zählen die zu diesem Zeitpunkt deutlicher hervortretenden gegensätzlichen Tendenzen der Entwicklung in Ost und West. Dies betraf vor allem die anhaltenden Schwierigkeiten in der DDR auf dem Gebiet der Wirtschaft und der Versorgung einerseits und dem einsetzenden „Wirtschaftswunder" in der BRD andererseits. Die Unterschiede der Lebenslage, die zeitweilig durchaus für die DDR sprachen, kehrten sich um. Diese spürbaren Wandlungen artikulierten, wie meist, zuerst junge Menschen. Dazu kam ihre Aufnahmebereitschaft für die Amerikanisierungswelle und die Überschwemmung Westdeutschlands und Westberlins mit amerikanischen Filmen und Produkten, wie „Texashemden", „Ringelsocken" u. a. modischen Angeboten, die ihre Anziehungskraft nicht verfehlten. Eine ungezwungene Lebensführung, mit dem Prädikat „Freiheit" versehen, war um so verlockender, je mehr die Jugend in der DDR gegängelt und bevormundet wurde.

Den vermeintlichen Ausweg wies der Zentralrat mit einem Katalog von Maßnahmen zur „Erhöhung der Kampfbereitschaft zur Verteidigung des Friedens und zur Meisterung des Marxismus-Leninismus", so der Titel des entsprechenden Beschlusses. Im Bemühen ihn zu realisieren, wurden keine nennenswerten Ergebnisse erreicht.

Es trat etwas völlig neues ein: Die lobgewohnte FDJ geriet in das Feuer der Kritik durch die SED-Führung.

Vom 21. bis 23. Februar 1952 trat die 8. Tagung des ZK der SED zusammen und übte in einer Entschließung heftige Kritik, aber auch Selbstkritik an der Arbeit leitender Organe der SED, von Massenorganisationen und Verwaltungen wegen „Erscheinungen" des Bürokratismus, an konservativen Einstellungen gegenüber Neuem, Scheu vor Verantwortung, Mangel an Disziplin sowie Schlendrian.

Und ein besonderer Punkt war der Kritik an der FDJ gewidmet. Das Referat dazu hielt der Kandidat des Politbüros und 1. Landessekretär von Thüringen, Erich Mückenberger. Was zu dieser ungewöhnlichen Rednerwahl geführt hatte, ist mir nicht bekannt. Auffallend jedoch war die Zurückhaltung Walter Ulbrichts, der sich sonst bei jeder Jugendangelegenheit besonders produzierte.

Die Rede beschäftigte sich weniger mit den Aufgaben der Partei, als vielmehr mit einer kritischen Wertung der FDJ-Arbeit. Dabei wurden besonders zwei Erscheinungen negativ herausgestellt: das Sektierertum bei FDJ-Funktionären und ihr bürokratischer, lebensfremder Arbeitsstil.

Angesprochen wurden vor allem die Kader unterhalb des Zentralrats. Nach den Worten Erich Honeckers in seinem Diskussionsbeitrag haben diese es „nicht verstanden, den Schwung und die Begeisterung, mit dem die Jugend die III. Weltfestspiele vorbereitete und durchführte, auf die zu lösenden Aufgaben nach dem Festival zu übertragen". Sie hätten die Verbindung zur arbeitenden und lernenden Jugend verloren, wirkten als „allgemeine Leiter", die vergessen hätten, daß sie selbst jung sind, und die es als unter ihrer Würde betrachten, gemeinsam mit der Jugend zu singen, zu tanzen, zu wandern und Sport zu treiben.

Es ist nicht von der Hand zu weisen, daß es Anlaß gab, über sektiererisches, bürokratisches, lebensfremdes Verhalten zu sprechen. Aber war die Kritik auch tatsächlich an die richtige Adresse gerichtet? Das zu bejahen, hieße die Urheber für diese Erscheinungen unbenannt zu lassen.

An Hand einiger weniger Beispiele möchte ich das näher beleuchten.

Erich Mückenberger kritisierte Erscheinungen des Sektierertums in FDJ-Gruppen im Umgang mit religiös gebundenen Jugendlichen und Angehörigen der „Jungen Gemeinde". Hatte das irgendein Gruppenleiter eines Dorfes oder einer Oberschule erfunden? Selbst wenn es so wäre, hätten dann aber nicht trotzdem viel eher die meinungsbildenden Auffassungen in der Abteilung staatliche Verwaltungen im ZK-Apparat auf dem Plenum zur Sprache gebracht werden müssen, die die Aktivität der Gruppen der „Jungen Gemeinde" als vom Westen ferngesteuerte Angriffe gegen die Einheit der Jugend, gegen den Marxismus-Leninismus, die Verteidigungsbereitschaft der Jugend der DDR beurteilt hatten? Dagegen wurde doch offiziell bereits Front gemacht, und nun war der FDJ-Funktionär, der sich an diese Linie hielt, ein Sektierer?

Weiter: Erich Mückenberger hatte als Hauptkonsequenz zur Gewinnung der ganzen Jugend und ihrer patriotischen Erziehung die Entwicklung eines breiten, frohen Jugendlebens, bei dem der Tanz nicht fehlen darf, gezogen. Im gleichen Atemzug aber forderte er von der Partei und der FDJ darüber zu wachen, daß solche „ekelhaften Verrenkungen und Verzerrungen, genannt Samba und Boogi-Woogi, die amerikanische Unkultur aus allen Tanzsälen verschwinden". Paul Wandel ergänzte dies in der Richtung amerikanischer Filme und Modeartikel. Als dann in Berlin die FDJ mit Hilfe der Volkspolizei jeden schräg schabernden Jugendlichen aus den Tanzsälen feuerte, man überall anzutreffende Texashemden auszog, da waren sie die Erfinder des Sektierertums? Waren Samba und „Texashemden" wirklich die Markenzeichen für ideologische Aufweichung durch den USA-Imperialismus? Offensichtlich überbewertete man diese Erscheinungen und dachte immer noch, die Jugend mit Volkstänzen mobilisieren zu können. Prompt ist auch in der Entschließung zur Förderung der FDJ die „Hebung des ideologischen, kulturellen Niveaus" und die „breite Entfaltung eines allseitigen, fröhlichen Jugendlebens" gefordert.

Ich war im Oktober 1952 vom Einjahreslehrgang der Komsomolhochschule in Moskau zurückgekehrt und hatte noch die Wertschätzung der Parteiführung für das Festival erfahren.

In Vorträgen vor Hörern aus vielen Ländern der Welt lobten der 1. Sekretär des Komsomols, N. A. Michailow, und der Vorsitzende des Komitees der Sowjetjugend, W. Kotschemassow (übrigens der letzte Botschafter der UdSSR in der DDR), die FDJ für ihre Leistungen. Wir waren von der großen Ausstrahlungskraft, ja von der Unwiderstehlichkeit der Ideen des Festivals, der Ideen des Friedens, der Völkerfreundschaft und vor allem der Einheit Deutschlands sehr überzeugt. Überzeugt auch davon, daß die FDJ mit dem Schwung der Tage von Berlin der Aufforderung der Partei nachkommen wird:

„Stürmt weiter vorwärts zu noch besseren Arbeitsleistungen, stürmt vorwärts in der Gewinnung des Feldzuges zur Aneignung des Wissens und der Kultur. Bewährt Euch immer aufs neue als die aktiven Erbauer eines unabhängigen, einheitlichen, friedliebenden und demokratischen Deutschlands."

So stand es im Beschluß der Parteiführung.

Um im fernen Moskau zu wissen, was sich in der Heimat tat, waren die Zeitungsmeldungen allerdings nicht ausreichend, auch nicht die direkten Informationen durch die Familie.

Daß auf der schon erwähnten 8. Tagung des ZK im Februar 1952 die II. Parteikonferenz einberufen worden war, berührte wenig, da man über Ziel und Absicht nichts erfuhr. Erst ihre Beschlüsse, zum planmäßigen Aufbau des Sozialismus in der DDR überzugehen, elektrisierten uns regelrecht. Das betraf ja die folgende Arbeit unmittelbar.

Trendwende - FDJ in der Krise

Nach dem Besuch der Komsomolhochschule wurde ich als 1. FDJ-Sekretär in dem neu entstandenen Bezirk Gera eingesetzt und fand eine ganz und gar veränderte Situation vor. Überall prangten Transparente mit Losungen vom „planmäßigen Aufbau des Sozialismus", mit Aufrufen „zu hohen Leistungen im sozialistischen Wettbewerb", die Rede war von der „sozialistischen Umgestaltung" in allen Gesellschaftsbereichen, von der Bildung „Landwirtschaftlicher Genossenschaften". Die Beschlüsse des Zentralrats der FDJ füllten ein Bündel voller Aufgaben zur Durchführung des Sozialismuskurses der II. Parteikonferenz der SED. Sie forderten verstärkte Anstrengungen in Industrie und Landwirtschaft, bei der Erziehung der jungen Generation zu „Mut und Opferbereitschaft", „zur Massenwachsamkeit und zum unversöhnlichen Kampf gegen Agenten, Spione und Vaterlandsverräter", zur „Erfüllung der patriotischen Pflicht zum Schutze der Heimat und der Verteidigung ihrer Errungenschaften gegen alle Angriffe und Provokationen der amerikanischen und deutschen Imperialisten", zum „Kampf gegen alle offenen und versteckten Versuche der Spalter der Jugend". War ich zugespitzte Formulierungen im Sprachgebrauch der FDJ durchaus gewohnt, so war diese Tonlage doch um einiges schärfer.

Die „Übernahme der Patenschaft über die Deutsche Volkspolizei" durch den Beschluß des IV. Parlaments der FDJ 1952 in Leipzig forderte große Anstrengungen, junge Männer für den freiwilligen Dienst in der „Kasernierten Volkspolizei" (KVP), dem Kern der entstehenden nationalen Streitkräfte der DDR, zu gewinnen. Im Aufgebot der FDJ zur Auswertung der II. Parteikonferenz der SED - es war dem Präsidenten Wilhelm Pieck - gewidmet, galt es, kurzfristig 15 000 junge Männer zu rekrutieren.

Der ohne Vorbereitung ins Leben gerufene „Dienst für Deutschland" war ständig mit jungen Leuten aufzufüllen. Die Pionierorganisation, die auf ihrem 1. Pioniertreffen im August 1952 den Namen „Ernst Thälmann" verliehen bekommen hatte und aus diesem Anlaß gelobte „stets unerschrocken für den Sieg des Sozialismus in unserem Lande einzutreten", stellte höhere Ansprüche an die Leitung durch die FDJ: Millionen Kinder benötigten Leiter, Betreuer und Helfer.

Alle Zeichen standen auf Aufbruch in eine sozialistische Zeit. Aber bei meinen Begegnungen mit Funktionären und Mitgliedern des Verbandes traf ich keine solche Aufbruchstimmung an, wie ich sie noch vor einem Jahr kennengelernt hatte. Sie hatten viele sehr irdische Sorgen, hinter die ich erst allmählich kam.

Am meisten drückte das „Auffinden" der dem Bezirk zugeteilten Mitglieder aus dem ehemaligen Landesverband Thüringen. 115 000 sollten es sein, aber bei der Neuregistrierung in Vorbereitung einer Umtauschaktion der Mitgliedsbücher kamen wir über 75 000 nicht hinaus. Die FDJ war Opfer der eigenen Zahlenhascherei im „Stalinaufgebot" vor dem Festival geworden. Um vor der Weltöffentlichkeit mit einem Zweimillionenverband paradieren zu können, war in der Statistik nicht alles mit rechten Dingen zugegangen. Nun zeigte sich nach der Gogolschen Erzählung, wie viele davon „tote Seelen" waren, oder wie es im Verbandsjargon hieß, „Karteileichen". Solche ließ der Zentralrat jedoch nicht gelten und so wurde weiter gesucht, was die Kräfte der Leitungen band. Zu leiden hatte darunter die Organisierung eines inhaltsreichen Verbands- und „frohen Jugendlebens", wie es eigentlich gefordert war. Daß letzteres nicht zur Entfaltung kam, war Anlaß für anhaltende Kritik durch die Mitglieder des Verbandes und der Parteiführung und der Jugend überhaupt.

So stellte sich immer wieder die Frage, ob die FDJ für ihre Struktur da sei oder für die Jugend als Teil der Jugend und als Anziehungspunkt und Vertreter ihrer Interessen.

Die Voraussetzungen für eine Verbesserung der Lage waren angesichts des Zustandes der Leitungen wenig aussichtsreich. Viele aktive Mitglieder gingen zu den „bewaffneten Organen". Viele Grundeinheiten, besonders in den Dörfern, „lagen auf dem Boden", da sich keine Mitglieder fanden, als Sekretär zu fungieren oder eine arbeitsfähige Leitung aufzubauen. Ein mehr oder weniger regelmäßiges, ein mehr oder weniger interessantes Leben fand nur in einem Bruchteil der auf dem Papier stehenden Organisationen statt. Wie gering die Bindung der Mitglieder an die Organisation war, zeigte sich auch darin, daß nur etwa ein Drittel von ihnen ihren Beitrag entrichtete und nur ein Bruchteil der Mitglieder ihre Zeitung, die „Junge Welt", bezogen. So blieb die Mehrzahl der vielen, meist sehr umfangreichen Beschlüsse des Zentralrats unbeachtet, unrealisiert, gewissermaßen Absichtserklärungen der Verbandsführung. Da das Fundament für ihre Realisierung nicht tragfähig war, war der erzieherische Einfluß auf die Mitglieder gering und der auf die „gesamte junge Generation" ein Wunschtraum.

Was von den Leitungen und von mir persönlich erwartet wurde, war Gegenstand der Tagungen des Zentralrats, dem ich seit dem IV. Parlament 1952 angehörte, sowie der Beratungen der 1. Bezirkssekretäre beim Sekretariat des Zentralrats.

In ihrem Mittelpunkt stand immer das ganze Kompendium der Arbeit und die Vorbereitung zentraler Aktionen oder die Führung von „Aufgeboten". Die dabei am meist gebrauchten Worte waren: Es ist ... es muß! dieses oder jenes erfüllt werden. Kritik gab es reichlich von oben, von unten war sie unerwünscht und wurde mit Gegenkritik beantwortet. Zeit zu einem Austausch von Erfahrungen gab es wenig.

Wenn wir Berlin verließen, nahmen wir einen Berg von Aufgaben mit, die eigentlich unerfüllbar waren.

Weder Erich Honecker noch sein Stellvertreter, Heinz Lippmann, faßten uns mit Samthandschuhen an. Das Klima war rauh, aber nicht herzlich.

Zu meinem Glück waren die Arbeitsbeziehungen zur Bezirksleitung der SED von einer anderen, unvergleichlich besseren Atmosphäre getragen. Alle Genossen des Sekretariats und auch der meisten Abteilungen waren der FDJ gegenüber sehr aufgeschlossen und bemüht, der Arbeit jegliche Unterstützung zu geben. Besonders der 1. Sekretär, Otto Funke, war ein umsichtiger Ratgeber und tatkräftiger Helfer. Er war in der Sozialistischen Jugend, dann im Kommunistischen Jugendverband gewesen, von den Nazis verfolgt und eingekerkert, überstand er diese Zeit und war führend am Aufbau der Jugendbewegung nach 1945 beteiligt. Er hatte selbst von Anfang an in der FDJ leitende Funktionen ausgeübt, kannte die Jugendarbeit „von der Pike auf" und hatte über meine Berliner Vorgesetzten ein sehr reales und kritisches Urteil. Seine Äußerungen über sie erleichterten mir den Alltag.

Meine persönliche Bekanntschaft mit Otto Funke begann in Erfurt. Er ließ mich an einem frostigen Wintertag zu sich ins Büro kommen. Er war damals 2. Landessekretär der Partei. Er fragte mich, ob ich als Pioniersekretär wüßte, daß das Pionierhaus Gera die Arbeit einstellen mußte, da die Kohlen ausgegangen waren. Ich verneinte seine Frage, was mir seinen Tadel einbrachte. Ich versicherte, mich sofort darum zu kümmern. Seine Reaktion verblüffte mich: „Das brauchst du nicht, das habe ich schon erledigt."

Daran mußte ich denken, als ich mich vor meiner Arbeitsaufnahme in Gera bei ihm meldete. Ich bat um ein Treffen und um Informationen über die Lage und zu meiner Tätigkeit. Er gab mir einen Termin – Sonntag vormittag –, aber nicht im Büro, sondern bei sich zu Hause. Wie ich bald merkte, geschah das nicht aus Terminnot. Nachdem die Formalitäten erledigt waren, schlug er mir vor, das schöne Herbstwetter für einen Waldspaziergang zu nutzen. Auf dem stundenlangen Weg erzählte er völlig unkonventionell mehr, als ich für den Anfang wissen mußte.

Diese Art des Umgangs gab Mut für die eigene Arbeit. Ich wußte, zu Otto Funke kannst du jederzeit gehen. Obwohl für die Jugendarbeit der 2. Sekretär zuständig war, fand ich bei ihm immer ein offenes Ohr und eine offene Tür. Ich lernte in dem recht kühl erscheinenden Genossen einen Menschen mit großer Herzenswärme kennen. Er half mir persönlich über manche schwierige Situation hinweg.

Der dritte im Bunde unserer Anleiter und Kontrolleure war die „Sowjetische Kontrollkommission in Deutschland" (SKK). Sie war nach Bildung der DDR-Regierung an die Stelle der „Sowjetischen Militäradministration in Deutschland" (SMAD), dem alleinigen Souverän in der Sowjetischen Besatzungszone, getreten. Sie behielt bestimmte Weisungs- und Kontrollfunktionen gegenüber den „teilsouveränen" DDR-Organen. Das ermöglichte ihnen, sich unmittelbar in die inneren Vorgänge einzumischen. Erst mit dem Staatsvertrag DDR-UdSSR vom 20. September 1955 erhielt die

DDR formell die volle Souveränität. In der Praxis blieb sie teilweise weiter eingeschränkt, wie zum Beispiel beim Grenzregime zur BRD.

Aber es gab zahlreiche notwendige Querverbindungen zwischen deutschen Verwaltungen und Organisationen der Kontrollkommission. Es galt ja immer noch das Besatzungsstatut der Siegermächte.

In Gera hatte die SKK ihren Sitz gegenüber der Bezirksleitung der Partei. Mein Hauptpartner war der Chef, Major Susin. Die laufenden Dinge erledigte der Jugendoffizier, Wsewolod Salomow. Ihn traf ich nach Jahren als zuständigen Mitarbeiter der UdSSR-Botschaft in Berlin für die Gesellschaft der deutsch-sowjetischen Freundschaft wieder. Der Umgang der Genossen der SKK mit mir wurde durch zwei Merkmale geprägt: Sie waren die „Wächter des heiligen Grals", über die Erfüllung der Beschlüsse der Partei- und FDJ-Führung und zum zweiten, sie wußten über alles, worüber sie mit mir sprachen, immer besser Bescheid als ich. Ihr Soll-Ist-Vergleich konfrontierte mich manchmal auf schockierende Weise. Daraus resultierte ihre Strenge, ja Härte der Forderungen an unsere Arbeit. Trotz des höflichen Sie war der Umgangston weit von der „feinen englischen Art" entfernt. Eine Episode soll das illustrieren. Nach einem Brigadeeinsatz des Zentralrats der FDJ im Bezirk Gera zur Untersuchung der politisch-ideologischen Arbeit, der vor allem in der Maxhütte Unterwellenborn erfolgte und sehr kritisch ausfiel, führten wir eine Bezirksleitungstagung im Betrieb durch. An ihr nahm auch Salomow teil. In der Diskussion sprach der Parteisekretär, der die hart attackierte FDJ-Leitung in Schutz nahm. Nicht gerade mit sehr überzeugenden Argumenten. Ich stellte ihm einige Zwischenfragen. Am darauf folgenden Abend bestellte mich Susin zu sich. In Anwesenheit von Salomow stellte er mir die Frage, wie ich zur Partei stehe. Ich beteuerte, gut! Warum, so Susin weiter, unterbrechen Sie einen Parteisekretär bei seiner Rede, wer gibt Ihnen das Recht? Gehen Sie nach Hause, rufen Sie Ihr Sekretariat zusammen und verfassen Sie eine selbstkritische Stellungnahme. Unter Aufsicht von Salomow geschah es. Schmerzte auch oft ihre Art, so war sie doch hilfreich. Das war durchaus nicht FDJ-spezifisch. Denn wenn ich bei Otto Funke mit Traurigkeit und Bedauern ankam, so war seine lakonische, aber trösten sollende Antwort: „Was meinst du, wie es mir da drüben geht." Mitleid war nicht gefragt.

Die dabei gesammelten Erfahrungen und eingesteckten Lektionen waren lehrreich für meine gesamte weitere politische Tätigkeit.

Intoleranz der FDJ – und Rückzug

Der Flaute in der FDJ-Arbeit, der nachlassenden Anziehungskraft und sinkenden Autorität sollten, entsprechend der 8. Tagung des ZK der SED, vor allem durch ein umfassendes frohes Jugendleben entgegengewirkt werden.

Das war eine Orientierung auf „größere Breite". Macht man einen Zeitsprung von einem Jahr, so trifft man auf keinen Sprung der FDJ nach vorn. Verfolgt man die Spur dieses Jahres, so ist unschwer zu erkennen, daß der Zentralrat der FDJ der Orientierung auf diesen Schwerpunkt nicht folgte. Erklärungen von der Notwendigkeit einer grundsätzlichen Änderung in der FDJ-Arbeit waren Worte geblieben. In Vorbereitung und verstärkt in Auswertung des IV. Parlaments der FDJ wurde viel mehr nach dem alten Stiefel der Routine verfahren: Umfassende Aufgabenstellung und dabei vor allem Politik und Ideologie, Ideologie und Politik, patriotische Erziehung und Werbung für die bewaffneten Schutz- und Sicherheitsorgane, marschieren und schießen, hohe Leistungen in Industrie und im Bauwesen, Patenschaften über große Investitionsobjekte, Bildung von LPG, fleißig und diszipliniert lernen und studieren. Das frohe Jugendleben – singen, tanzen, wandern, sportliche Betätigung – blieb eine Aufgabe unter vielen, blieb das „fünfte Rad am Wagen".

Da alle grundsätzlichen Beschlüsse des Verbandes in der Parteiführung abgesegnet wurden, trägt diese auch die Mitverantwortung für diese enge Linie, für das Abweichen von dem Kurs, auf die Masse der Jugend erst einmal einzugehen, ihnen gewinnende Angebote zu machen und sie in deren Realisierung einzubeziehen. Erklärt das die auffallende Zurückhaltung Walter Ulbrichts auf der oben erwähnten ZK-Tagung?

Da das Leben des Verbandes vielerorts regelrecht abstarb, entstand für viele Jugendliche ein Vakuum. In dieses stieß vor allem in den

Dörfern und Oberschulen die „Junge Gemeinde", wie sich die „jungen Glieder der evangelischen Kirche" bezeichnen.

Im Mai 1948 sicherten der für Kirchenfragen zuständige Mitarbeiter der SMAD, Jeromalow und der Jugendspezialist Stepanow dem Kirchenrat Hildebrandt für die „Junge Gemeinde" eine „freie Bewegung auf der Grundlage der Bestimmungen der Besatzungsmacht" zu. Das umfaßte die Durchführung von Bibel- und Gebetsstunden, von Sing- und Musikstunden, die Vorbereitung von Gottesdiensten und Rüstzeiten. Genehmigt wurde ein Abzeichen, ein Kreuz auf einer silbernen Erdkugel.

Analog lauteten dann auch Festlegungen der 1. DDR-Verfassung und einer Verordnung der Regierung der DDR vom 29. März 1951. Ende des Jahres 1951/Anfang des Jahres 1952 wurden 1320 solche Gruppen bei der evangelischen und 368 bei der katholischen Kirche gezählt. Viele Pfarrer überschritten bald den zugebilligten Rahmen und entwickelten Laienspielgruppen, verschiedene Arbeitsgemeinschaften, organisierten Wanderungen und Sportveranstaltungen, führten Ausspracheabende zu sehr weltlichen Themen durch. Ausgebildete Leiter – über die die FDJ nicht verfügte – und eine reichliche Ausstattung mit zweckdienlichem Material sorgten für Zuspruch. In manchen Dörfern und Schulen besuchten bald 50 bis 70 % der Mädchen und Jungen die Zusammenkünfte. Mehr und mehr nahm die Tätigkeit der „Jungen Gemeinde", angeleitet und instruiert von zentralen Instanzen um den durch seine Aktivitäten in der Nazizeit bekannten Bischof Dibelius, den Charakter einer Organisation an. Verschiedentlich wurde durch die Ausgabe von speziellen Ausweisen eine regelrechte Mitgliedschaft suggeriert. Immer stärker wurde eine Konfrontation mit der FDJ betont: Hier Religion und Glaube, dort Atheismus und Marxismus-Leninismus, hier Nächstenliebe und Verzeihung, dort Haß und Verfolgung, die in den „Argumentationen" der „Jugendkammer Ost" der evangelischen Kirche mit Sitz im Westberliner Zehlendorf angeleitet wurde. „Da man nicht zwei Herren dienen könne" wurden viele Mädchen und Jungen vor die Alternative „Junge Gemeinde" oder FDJ gestellt.

Für den einheitlichen Jugendverband entstand Konkurrenz und die Gefahr der Spaltung. Wenn in schon erwähnten Dokumenten des Zentralrats nach der II. Parteikonferenz der SED zum „Kampf gegen die Spalter der Einheit der Jugend" aufgerufen wurde, so war das die Kampfansage an die „Junge Gemeinde". Konkret bedient wurde diese erstmals in einem ganzseitigen Artikel der „Jungen Welt" vom 3. August 1952. Nun verschärfte sich die politische Gangart. Definiert wurde die „Junge Gemeinde" als „Instrument des amerikanischen und westdeutschen Geheimdienstes", in dessen Auftrag und gemäß der von ihnen erteilten Aufträge sie „Zersetzungs- und Spaltungsarbeit" leistete. Die Zeit der stabsmäßigen Leitung des Kampfes gegen sie war gekommen. Ausgearbeitet wurde eine Beschlußvorlage für das Politbüro der SED und zur Koordinierung der Durchführung der getroffenen Entscheidungen eine Kommission unter Leitung Erich Honeckers gebildet.

Auf die umfangreichen Maßnahmen, die politisch-ideologisch sowie administrativ auf die „Einstellung jeglicher Tätigkeit und zur völligen Liquidierung dieser illegalen Organisation" gerichtet waren, wurden die Mitglieder des Zentralrats auf ihrer 3. Tagung im Dezember 1952 eingestimmt und in einer anschließenden Beratung der 1. Bezirkssekretäre regelrecht scharf gemacht. Den Rahmen dafür gab eine Würdigung des Geburtstags Stalins und die Schilderung der vom XIX. Parteitag der KPdSU gewonnenen Eindrücke durch Erich Honecker. Das sollte die richtige Kampfstimmung schaffen zum Verbieten, Zerschlagen der „Tarnorganisation für Kriegshetze, Sabotage und Spionage, die von westdeutschen und amerikanischen imperialistischen Kräften dirigiert wird", wie es im Beschluß des Politbüros der SED vom 27. Januar 1953 heißt.

Den Part, den dabei die FDJ ganz konkret zu spielen hatte, war die Säuberung der FDJ-Leitungen, besonders an den Ober- und Hochschulen von aktiven Anhängern der „Jungen Gemeinde", der Ausschluß von solchen Jugendlichen aus der FDJ, was an den Oberschulen automatisch die Relegation von der Schule und damit keine Aussicht auf ein Studium an einer Hochschule oder Universität nach sich zog. Gerichtliche Schauprozesse gegen Mitglieder der „Jungen Gemeinde", denen klar kriegshetzerische sowie Agenten- und Sabotagetätigkeit nachgewiesen wurde, sollten propagandistisch ausgeschlachtet sowie die Unterstützung bei der Entfernung von Oberschullehrern, die die „Junge Gemeinde" fördern, gegeben werden.

Ich trat dazu in einer FDJ-Versammlung der Oberschule I in Gera-Stadt auf. Meine Argumentation stieß auf eine Wand des Schweigens, eine Front eisigen, wortlosen Widerstands. Keines der namentlich genannten Mitglieder wurde ausgeschlossen. Zurückweichen war nicht gestattet, also blieb nur der administrative Weg. Die FDJ-Leitung konnte dazu bewegt werden, die Ausschlüsse zu beschließen, das Folgende „regelte" der Direktor.

Offensichtlich schien nicht nur ich erfolglos zu agieren, denn Erich Honecker nahm die Trauersitzung des Zentralrats zum Ableben J. W. Stalins zum Anlaß, die Bezirke hart zu kriti-sieren. In der gesamten DDR kam es zu 832 Ausschlüssen aus der FDJ mit Relegation von der Oberschule. Für den Zentralrat zu wenig, politisch 832 zuviel.

Die Sache endete abrupt und mit einer Niederlage der FDJ. Auf Druck des Präsidiums der KPdSU, welches den gesamten Sozialimuskurs der SED abbremste, mußten alle gegen die „Junge Gemeinde" durchgeführten Maßnahmen zurückgenommen werden. Das Sekretariat des Zentralrats der FDJ vermerkte im Protokoll seiner Sitzung vom 10. Juni 1953, daß „die Überprüfung der Maßnahmen zur ,Jungen Gemeinde'" ergeben hat, daß die bisherige Haltung ihr gegenüber sich „als nicht richtig erwiesen habe, da sie die Entwicklung einer breiten patriotischen Bewegung erschwert und die Jugend in Gewissenskonflikte stürzte". Ein Gespräch mit Vertretern der Kirchenleitung fand statt, die ausgeschlossenen Oberschüler konnten zurückkehren, die Entlassung oder Versetzung von Lehrern wurde aufgehoben u. a. m. Eine Befriedung der Beziehungen zwischen FDJ und Kirche bedeutete das allerdings in der Jugendarbeit nicht, denn bald versuchten Partei und Jugendverband, mit anderen Mitteln das gleiche Ziel zu erreichen. Die FDJ-Funktionäre, die an der Basis für die Verwirklichung der zentralen Direktiven eingetreten waren, sich gegen bedeutende Teile der eigenen Mitglieder und der Jugend gestellt hatten, waren die blamierten und gerieten noch mehr in die Isolierung. Nicht wenigen verging die Lust an der Arbeit, und sie zogen sich aus der politischen Arbeit zurück.

Das Jahr 1953, der „Neue Kurs" und der 17. Juni

Das Jahr 1953 – zum „Karl-Marx-Jahr" deklariert – sollte ein Jahr des beschleunigten Vormarsches auf den Bahnen des sozialistischen Aufbaus in der DDR werden. Die SED und die Regierung beschlossen dazu ein Paket schwerwiegender Maßnahmen, die sich de facto gegen jedermann richteten und die heute oft ein verwundertes Kopfschütteln auslösen.

Die beschleunigte Entwicklung der Schwerindustrie ohne gesicherte Rohstoffquellen, die Einschränkung der Privatinitiative, der Entzug der Lebensmittelkarten für Unternehmer und Freischaffende, die übereilte Bildung von Landwirtschaftlichen Produktionsgenossenschaften, die finanzielle Ruinierung einer großen Anzahl von Handwerkern, Gewerbetreibenden, die Erhöhung der Preise für verschiedene Lebensmittel und für Arbeiterfahrkarten und vor allem die administrative Erhöhung der Normen u. ä. hatten kaum etwas mit den Lehren und dem Geist von Karl Marx, aber um so mehr mit Stalins These von der „Verschärfung des Klassenkampfes beim sozialistischen Aufbau" gemein. Es verschärften sich die Widersprüche im Lande, die Partei löste sich noch mehr von vielen Menschengruppen, und ihr Einfluß ging spürbar zurück. Anstelle neuer Siege bewirkten sie ein heraufziehendes Fiasko.

Davon waren die Jugend und die FDJ nicht ausgenommen. Erneut zog die Parteiführung alle Register zur Verbesserung der Jugendpolitik der Partei und der Arbeit der FDJ. Um das Zurückbleiben der „Entwicklung der FDJ auf ideologischem und organisatorischem Gebiet hinter den neuen, höheren Aufgaben zu überwinden, verpflichtete das Politbüro mit einem Beschluß vom 3. März 1953 alle Parteiorganisationen und die Führung der FDJ, sich auf fünf Hauptaufgaben zu konzentrieren: Die Erziehung der Jugend im Geist eines echten Patriotismus, auf das gründliche Studium und die Aneignung der fortschrittlichen Wissenschaft und Technik, die allseitige körperliche Ertüchtigung zur Erhöhung ihrer Gesundheit und Verteidigungsbereitschaft und die politische und organisatorische Festigung des Verbandes.

Es mehrten sich jedoch nicht positive Ergebnisse, sondern negative Erscheinungen. Der Einfluß auf die Jugendlichen blieb rückläufig.

Es genügt, auf die Wirkung der Anti"-Junge Gemeinde"-Kampagne zu verweisen und auf den untrüglichen Parameter der „Republikflucht". Verließen in den Jahren 1951 und 1952 im Monatsdurchschnitt 13 600 Bürger die DDR, so stieg die Zahl in den ersten vier Monaten des Jahres 1953 auf über 30 000 je Monat. Unter ihnen befanden sich viele junge Facharbeiter, Töchter und Söhne von werktätigen Kleinbauern und Oberschüler. Das war sowohl eine Folge der DDR-Politik, als auch die Wirkung einer neuen Rangordnung der Werte, wie sie von Westdeutschland massenwirksam propagiert wurden: 1. Freiheit, 2. Frieden, 3. Einheit.

Die vom Präsidium des ZK der KPdSU veranlaßten Korrekturen, die von der SED am 9. Juni als „Neuer Kurs" verkündet wurden, kamen zu spät. Die Parteileitungen und -organisationen waren von diesem Kurswechsel völlig überrascht und ... verblüfft.

Auch mich „traf es kalt", wenn auch einige Tage früher. Am 3. Juni fand eine Beratung der 1. Bezirkssekretäre der FDJ im Zentralrat statt. Mitten aus der Beratung wurde Erich Honecker ins Politbüro gerufen. Bald darauf ließ er uns bestellen, wir sollen auf ihn warten. Es wurde spät. Die Ausführungen nach seiner Rückkehr verwunderten und erschreckten mich. In Zukunft, so führte er aus, werden wir nicht so viel vom Sozialismus reden. Das dürfe uns aber nicht irritieren, denn selbstverständlich wird er weiter aufgebaut. Manche Probleme werden wir etwas anders stellen, so z. B. die der „Jungen Gemeinde", aber die beschlossene Linie gilt weiter. Als Grundlage unserer Auftritte gelten die Beschlüsse der 3. Zentralratstagung. Energisch ist an der Erfüllung der Aufgaben des Fünfjahrplanes zu arbeiten. Als Begründung für solche Schritte wurde auf die verschärfte Klassenkampfsituation verwiesen.

Den wahren Hintergrund hatte uns Erich Honecker verschwiegen, nämlich daß sich eine Delegation der Parteiführung in Moskau befand und Walter Ulbricht von dort ein Telegramm analogen Inhalts durchgegeben hatte.

Die nächsten Tage, obwohl voller Spannung, verliefen ohne besondere Ereignisse. Erst mit der Veröffentlichung des Kommuniqués vom 9. Juni für einen „Neuen Kurs" machte deutlich, wie weitgehend der Rückzug war. Nach den Ausführungen Erich Honekkers war ich überzeugt, daß es sich dabei nur um einen taktischen Schachzug handelte, die Strategie aber unverändert bliebe. Es würde nicht allzu viel Zeit vergehen, bis eine erneute Korrektur vorgenommen würde.

So geschah es dann auch bei der ersten sich bietenden Gelegenheit. Als Walter Ulbricht Anfang Juni 1955 die neue Lage erläuterte, die durch die Aufnahme der BRD in die NATO und die Gründung der „Warschauer Vertragsorganisation" entstanden war, interpretierte er vor dem ZK der Partei die Beschlüsse von vor zwei Jahren so: Das Wesen des „Neuen Kurses" habe darin bestanden, „die Hauptlinie unserer Politik (die der II. Parteikonferenz) konsequent fortzusetzen ... gewisse Fehler und Überspitzungen zu korrigieren. Aber im Zusammenhang mit dem Begriff ‚Neuer Kurs' haben sich bei manchen Leuten seltsame Gedankenverbindungen ergeben", die unhaltbar seien. So starb der „Neue Kurs" einen stillen Tod.

Doch zurück zum Juni 1953. Am 16. Juni war ich in Jena. Auf der Heimfahrt am späten Abend hörte ich im Autoradio Berichte von der Kundgebung mit Ulbricht und Grotewohl im Berliner Friedrichstadt-Palast. Sie wirkten auf mich beunruhigend und bewogen mich, am nächsten Morgen früher als sonst ins Büro zu gehen. Die Meldungen aus Berlin wurden dramatischer. Bei einem Meinungsaustausch mit meinem Stellvertreter über die mögliche Lageentwicklung schrillte das Sondertelefon, am Apparat der diensthabende Sekretär der Bezirksleitung der Partei, Werner Assmus. Sein Auftrag lautete: Versammle sofort alle verfügbaren Funktionäre an einem zentralen Ort der Stadt und komme selbst sofort zu mir.

Das erste wurde eingeleitet, und ich erfuhr dann, daß sich die Belegschaft zweier Betriebe – von Rota-Rekord und dem Kompressoren Werk, beide am südöstlichen Stadtrand gelegen, versammelt hatten, wo die Redner die Losungen, die der RIAS pausenlos verbreitete, verkündeten und zum Streik und zur Demonstration von Betrieb zu Betrieb aufriefen. Alle unsere Funktionäre sollten sich sofort unter die Belegschaften mischen, um dies zu verhindern. Das gelang ihnen bei allem Stimmaufwand nicht. Von den eingesetzten Freunden erhielt ich laufend Informationen über die Situation und über weitere Vorhaben des immer mehr anschwellenden Zuges. Darunter befanden sich zwei mit besonderer Brisanz. Ein Zug wollte zum Gefängnis, es stürmen und die Gefangenen befreien. Als ich über dieses Vorhaben unseren Polizeichef, Willi Engelmann, unterrichtete, fiel er aus allen Wolken und überlegte, wo er die Kräfte herholen sollte, um das zu vereiteln. Unsere Genossen blieben unter den Demonstrierenden und teilten dann erleichtert mit, daß die Befreiung der Häftlinge durch das Erscheinen sowjetischer Einheiten in letzter Minute vereitelt wurde. Der Kommandierende in voller Uniform war übrigens der Jugendoffizier der SKK, Salomow.

Die zweite schwerwiegende Meldung besagte, daß vor dem Rat des Bezirks Wismut-Kumpel mit ihren Kippern die dort befindlichen Polizei-Mannschaftswagen umgekippt und demoliert hatten. Damit erreichten die Vorgänge eine neue Stufe, die der Gewaltanwendung, der Zerstörung und der Bedrohung von Menschenleben. Die etwa 50 Lkw rasten kreuz und quer durch die Stadt. Sie erschienen vor dem Gefängnis, bei Dienststellen des MfS und auch im gerade fertiggestellten Jugendklubhaus der Stadt. Mit vandalistischer Lust zerstörten sie die neuen Einrichtungen, Musikinstrumente, Sportgeräte und bedrohten die Mitarbeiterinnen und Mitarbeiter. Dem Spuk wurde erst ein Ende bereitet, als sowjetische Panzer systematisch all diese Fahrzeuge zum Zentrum gedrückt und alle Ausfahrtstraßen vom Rossplatz blockiert hatten.

Der Ausnahmezustand wurde über die Stadt verhängt.

Mit den Aufräumungsarbeiten, der Wiederherstellung der äußeren Ruhe und Ordnung begannen in verschiedenen Runden die Einschätzung und die Auswertung der Ereignisse.

Zunächst bemühten wir uns, eine Übersicht über das Verhalten der Leitungen und Organisationseinheiten des Verbandes zu verschaffen. Es stellte sich heraus, daß sich die Jugendlichen in den Betrieben so verhielten wie ihre älteren Kollegen. Wo diese auf die Straße gegangen waren, gingen sie mit, so die sich ruhig verhielten, taten es die Jugendlichen auch. Nur aus Jena kam eine anders lautende Meldung. Dort habe ein Fanfarenzug der FDJ die Demonstrierenden aus den Großbetrieben angeführt. Das erwies sich jedoch als eine Falschmeldung. Tatsächlich war etwa zur gleichen Zeit in die gleiche Richtung dieser Fanfarenzug marschiert, aber vor den Lehrlingen der Ausbildungsstätten zu ihrem Sportfest. Das wesentlichere aber war die Erkenntnis, daß sich die FDJ als handlungsunfähig erwies. Es gab kein einziges Beispiel im Bezirk, wo eine Leitung oder Grundeinheit aktiv zur Abwehr des Streiks, zur Sicherheit des Betriebes, zum Schutz des Volkseigentums gehandelt hat. Das gab uns mehr zu denken, als die allgemeine Haltung Jugendlicher. Dafür mußte ich auch vor den Leitungen der Partei Rede und Antwort stehen. Durch sie begann die Analyse unverzüglich. Otto Winzer, zu dieser Zeit Chef der Privatkanzlei des Präsidenten Wilhelm Pieck, als Beauftragter der Parteiführung, vermittelte die Einschätzung des ZK und die Argumentation für unser Auftreten auf Kreisparteiaktivtagungen. Die Kernaussage bestand in der Bewertung des 17. Juni als faschistischer Putsch, als der, vom Westen von langer Hand vorbereitete „Tag X". Wie einseitig diese Sicht war, wissen wir heute. Aber für ebenso einseitig und historisch falsch halte ich die so einfache Definition eines Arbeiteraufstands.

Sicherlich waren die Akteure vor allem Arbeiter. Sie machten ihrem Unmut Luft, der sich durch schikanöse Maßnahmen und die administrative zehnprozentige Normerhöhung angesammelt hatte. Aber gehörte dazu auch die Zerstörung von Jugendeinrichtungen? War es Arbeiterart, Kreisleitungen des Jugendverbandes zu demolieren, wie in Jena geschehen, oder einen leitenden Parteifunktionär mit der Axt im Genick auf einen Balkon zu zerren, damit er ihre Handlungen gutheißt, oder Galgen zu errichten, um Mitarbeiter des MfS zu strangulieren? Waren das nicht faschistische Methoden?

Ohne eine noch ausstehende gründliche Untersuchung aller Faktoren, Umstände und Zusammenhänge wird es keine objektive Beurteilung des 17. Juni geben. Dazu ist man heute genau so wenig bereit, wie man es in der SED war.

Das konnte auch nicht sein, denn der 17. Juni fand nicht zufällig wenige Monate nach dem Tod Stalins statt; in der Sowjetunion gab es Machtkämpfe, die nicht ohne Auswirkungen auf die SED-Führung blieben. Auch in der DDR gab es Gruppierungen verschiedener Politikrichtungen.

Auf jeden Fall waren die Ereignisse eine Reaktion auf falsche Entscheidungen der Führung, die die Lebenslage vieler Menschen verschlechterten und den Boden für eine entsprechende Stimmung für die Ereignisse des 17. Juni vor allem in Industriezentren der DDR schufen.

Von den inneren Kämpfen und Auseinandersetzungen in der Parteiführung erfuhren wir erst viel später. Wir waren an unseren engen Gesichtskreis gebunden.

Während unser Bezirkssekretariat rotierte, Tag für Tag auf Versammlungen und Aktivtagungen in Betrieben, der Friedrich-Schiller-Universität und in Kreisen auftrat, herrschte vom Sekretariat des Zentralrats fast völlige Funkstille. Erst am 6. Juli wurden die 1. Bezirkssekretäre nach Berlin gerufen. Nach einer kurzen, scharfen Einleitung ließ Erich Honecker ein langes Papier verlesen. Der oder die Verfasser wurden nicht genannt. Wie sich später herausstellte, handelte es sich um die noch nicht endgültige Fassung des Beschlusses der lang erwarteten 15. Tagung des ZK.

Warum Erich Honecker bei dieser Prozedur sanft vor sich hindämmerte, erfuhren wir lange nicht. Es war die Folge der tage- und nächtelangen Auseinandersetzungen im Politbüro über die Lage, die weitere Linie und zur „Entlarvung der Fraktion Zaisser/Herrnstadt". Darüber wurde aber kein Wort verloren, keinerlei Andeutungen gemacht.

Im August tagte der Zentralrat. Eine absolute Novität waren das Auftreten und die Reden des „Sowjetischen Hochkommissars in Deutschland und Botschafter der UdSSR in der DDR" W. Semjonow und von Walter Ulbricht. In drastischer Art und Weise stellte Semjonow die Absichten und Machenschaften der westdeutschen Konzernherren, die ihre Ostbetriebe wieder haben wollten, an den Pranger, und da daraus nichts werde, empfahl er ihnen, unter heiterer Zustimmung der Versammlung, mit den entsprechenden Aktien ihre „Sch...häuser zu tapezieren". Das Auftreten des Hochkommissars Semjonow offenbart eigentlich die tatsächliche Unsouveränität der DDR-Führung, Partei wie Regierung. So ungefähr wurden wir für die ideologische Offensive gerüstet. Sie breit zu entfalten, war für Walter Ulbricht das vordringlichste. Auf ganzer Front müsse die FDJ frisch, fröhlich der Jugend die neuen Aufgaben erläutern und dabei den Feind schlagen. Zusammenfassend forderte er den Verband auf, dazu überzugehen, durch eine breite Massenarbeit, durch die Vertretung der Interessen der Jugend, durch die Entfaltung eines wirklich frohen Jugendlebens mit Sport und Spiel, mit Tanz usw. und durch eine großzügige Politik zur Gewinnung der Jugend in Westdeutschland diesen neuen Kurs mit aller Entschiedenheit durchzuführen.

Der Verlauf dieser Tagung war jedoch nicht von dem geforderten „frisch fröhlichen Geist" geprägt. Angefangen mit dem Referat Erich Honeckers, über die Diskussion bis zur Formulierung des Beschlusses tat man sich schwer. Um die Diskussion „auf das erforderliche Niveau zu heben", wurden die Mitglieder und Kandidaten, die der SED angehörten, zu zwei Beratungen der Parteigruppe zusammengerufen, um alle dazu aufzufordern mit „mehr Kampfgeist und frischer Kritik und Selbstkritik" aufzutreten. Der vom Sekretariat vorbereitete Beschlußentwurf wurde verworfen. Eine Redaktionskommission mit Mitgliedern des Zentralrats sollten einen neuen Beschluß ausarbeiten. Ihr Produkt wurde am Ende der Tagung „im Prinzip bestätigt", das Sekretariat mit der Schlußredaktion beauftragt. Offensichtlich brauchte man Zeit, nicht nur um ihm den letzten Schliff zu geben, sondern ihn mit der Parteiführung abzustimmen und absegnen zu lassen.

Es wurden Kaderveränderungen vorgenommen. Kurt Turba und Manfred Tomuschat schieden aus dem Sekretariat, dafür übernahm Sepp Römisch das Studentenressort und Werner Erben das für Sport. Gerhard Neukranz rückte in die Funktion von Margot Feist, die zum Studium an die Komsomolhochschule ging. Sekretär für Agitation und Propaganda wurde Werner Lamberz, Hans Modrow, neuer 1. Sekretär von Berlin wurde zugleich Sekretär des Zentralrats. Diese Kaderveränderungen halte ich deshalb für erwähnenswert, da es sich um Personen handelt, die im weiteren Verlauf immer wieder auftauchen werden und weil damit ein „Kaderkarussell" in Schwung gesetzt wurde, das bis zum Frühjahr 1957 nicht mehr stillstehen sollte.

Das war jedoch nur die personelle Widerspiegelung der fortbestehenden Labilität und der Führungsschwäche des Verbandes – und nicht nur seiner, sondern auch der Parteiführung.

Dieser Umstand veranlaßte das Politbüro zu tiefgehenderen Untersuchungen. Im November 1953 wurde eine zahlenmäßig starke Brigade des ZK zur Untersuchung der FDJ-Arbeit eingesetzt. Von Moskau erbat man die Entsendung einer Überprüfungsgruppe, die unter Leitung des Sekretärs des ZK des Komsomol, Salushny, den ganzen Verband durchforstete.

Eigentlich ein unglaublicher Vorgang, damals aber immer noch azf Grund der hohen Autorität des Komsomol als besonders hilfreich angesehen.

Die Feststellungen beider Untersuchungen fielen hart aus. Die Komsomoldelegation formulierte es höflicher, aber nicht weniger kritisch als die Parteibrigade. Die Mitglieder der Komsomolbrigade legten auf einem Lehrgang aller 1. Kreissekretäre der FDJ Erfahrungen der Komsomolarbeit dar, wobei sie sehr gezielt ihre Finger auf die Wunden der FDJ-Arbeit legten.

Eine derartige „Hilfe" des Komsomol war für die FDJ zwar einmalig, gehörte aber offensichtlich – wie ich 1955 beim ungarischen Jugendverband feststellen konnte – zur Praxis der „führenden Jugendorganisation" im Weltjugendbund gegenüber ihren Bruderorganisationen der sozialistischen Länder.

Der Bericht der ZK-Brigade reiht Problem für Problem aneinander, 30 Seiten an Fakten finden ihre Zusammenfassung in folgenden Grundaussagen:

Die Attraktivität und der Einfluß der FDJ bei der Masse der Jugend sind gesunken. Die Zugehörigkeit zur FDJ ist gegenwärtig für viele Mitglieder keine Bewußtseinshaltung und gilt bei großen Teilen nicht als besondere Ehre. Der Jugendverband hat sich nach dem Deutschlandtreffen 1950 mehr und mehr von der Jugend und die Funktionäre obendrein von den Mitgliedern gelöst.

Gegenwärtig gibt es keine klare politische Führung des Jugendverbandes. Die FDJ erläutert der Jugend nicht die Perspektiven, die sie im Arbeiter- und Bauernstaat hat und führt keinen beharrlichen Kampf um den Charakter des Staates zu erläutern. Sie orientiert sich nicht genügend auf die Arbeiterjugend und erkennt

ihre Hauptaufgabe nicht, die gesamte Jugend im Sinne der Klassenpolitik der Partei zu erziehen. Die verstärkten Versuche des Feindes, den Antisowjetismus unter der Jugend zu schüren, werden
nicht aufgedeckt und nicht beharrlich und entschieden genug be-
kämpft. Die Leitungen der FDJ, auch das Sekretariat des Zentralrats, gehen über die Tatsache hinweg, daß sich am 17. Juni Mitglieder und Funktionäre an der faschistischen Provokation beteiligten. Die politisch-ideologische Arbeit und die patriotische Erziehung werden immer mehr durch administrieren, kommandieren
und Bürokratismus verdrängt.

In der Führung des Verbandes gibt es keine Klarheit über die Rolle der FDJ als Massenorganisation und über ihre Verantwortung
als Führer und Erzieher der Jugend. Statt, daß die leitenden Funktionäre unter der Jugend arbeiten und den Leitungen helfen, ihre
Aufgaben zu lösen, berauschen sie sich selbstzufrieden an Demonstrationen und phrasenhaften Losungen und leisten nach wie
vor Kampagnearbeit.

Es existiert eine Atmosphäre der Kritiklosigkeit und der Kumpa-
nei. Kritik von unten wird nicht gefördert, sondern mißachtet.
Dadurch werden die Kader falsch erzogen. Durch den Bürokratismus verkümmern die Fähigkeiten der Funktionäre.

Das waren klare Worte, die sehr nahe an der Wahrheit waren,
aber die tatsächlichen Ursachen nicht aufdeckten, denn die lagen
ja offensichtlich in der gesellschaftlichen Gesamtsituation. Wir als
Bezirkssekretäre bekamen diesen Bericht nie zu sehen. Ich erfuhr
von ihm durch Otto Funke, der Mitglied der Brigade war.

Der Grund dafür wurde deutlich:

Die Spitze der Kritik richtete sich nämlich direkt auf Erich Honecker. Als Vorsitzender des Verbandes trüge er die Hauptverant-
wortung dafür, daß das Sekretariat des Zentralrats all diese Tatsachen politisch nicht richtig einschätzt, sich mit schönfärberischen
Berichten begnügt, ja man müsse den Eindruck haben, daß er
politisch sorglos und blind den alarmierenden Zuständen gegenüber steht.

Bei der Bewertung seiner Führungsarbeit fiel gerade zu diesem
Zeitpunkt die Flucht seines Stellvertreters, Heinz Lippmann, nach
dem Westen unter Mitnahme von 300 000 Westmark stark ins Ge-

wicht. Da man diese politisch verwerfliche und kriminelle Tat zu einer Agentenstory hochstilisierte, mußten das Sekretariat des Zentralrats und Erich Honecker persönlich „eine sträfliche Vernachlässigung der Wachsamkeit" eingestehen, wodurch „ein Bandit wie Lippmann nicht rechtzeitig entlarvt wurde und zu seinen Auftraggebern flüchten konnte".

Das Politbüro schlug der Verbandsführung gegenüber eine andere, schärfere Gangart an.

Als erstes verlangte es Selbstkritik vom Sekretariat des Zentralrats und von Erich Honecker persönlich.

Das ist um so bemerkenswerter, da Honecker Kandidat des Politbüros war, also dem höchsten Parteigremium angehörte.

In einer Stellungnahme vom 2. Dezember 1953 ist wohl zum ersten und einzigen Mal eine innerverbandliche Kritik am Vorsitzenden der FDJ zu lesen.

Daß sich ein solch ungesunder Zustand der Kritiklosigkeit breit machen konnte, hing zweifellos mit den grundlegenden Kaderveränderungen zusammen, die seit 1949 vorgenommen worden waren. Mit dem Ausscheiden der Mitbegründer der FDJ aus dem Sekretariat des Zentralrats bzw. als Landesvorsitzende – erinnert sei hier nur an Herrmann Axen, Edith Baumann, Horst Brasch, Heinz Keßler, Otto Funke, Otto Wiesner – schieden gleichaltrige, Menschen mit einer ähnlichen Biographie in der Jugendbewegung vor 1933 und des antifaschistischen Widerstandskampfes aus. Viele von ihnen hatten die Torturen in Zuchthäusern und KZ hinter sich. Sie katzbuckelten natürlich nicht vor Erich Honecker, und der mußte die Autorität seiner Mitstreiter in Rechnung stellen.

An ihre Stelle traten Funktionäre, deren politische Entwicklung nach 1945 begann und sich unter Erich Honecker vollzog. Der Altersunterschied lag zwischen 15 und 18 Jahren, und das waren für 25- bis 30jährige Welten.

Das schuf einen respektablen Abstand, wozu noch ein einmaliger Zustand in den sozialistischen Ländern und der Parteiführung hinzu kam: Erich Honecker war der einzige Vorsitzende eines Jugendverbandes, der dem Politbüro der führenden Partei angehörte. Das wußte er auch gebührlich in die Waagschale zu werfen. Unvergeßlich ist mir in diesem Zusammenhang ein Erlebnis auf der ersten Sitzung des neugewählten Sekretariats des Zentralrats nach dem V. Parlament 1955. Sie wurde von Erich Honecker geleitet. Er warf die Frage auf, warum er bei der Abschlußveranstaltung des Parlaments – es war eine bunte Revue, die Heinz Quermann moderierte – nicht begrüßt worden sei. Zwar ist er nicht mehr Vorsitzender des Verbandes, aber schließlich gehöre er dem Politbüro der SED an!

Ich lebte in der Vorstellung, daß er im Politbüro eine unumstrittene Position einnehme. Von der tatsächlichen Konstellation – über die zum Beispiel Karl Schirdewan in seinem Buch „Aufstand gegen Ulbricht" berichtet – erfuhr kaum jemand. Das Kollektiv der Parteiführung galt als Verkörperung der monolitischen Einheit der Partei. Die spätere Kenntnisnahme der tatsächlichen Vorgänge war für mich eine erschütternde Ernüchterung.

Damals wurde meine Haltung zu Erich Honecker noch durch einen weiteren Umstand bestimmt, der Rolle, die er in der Auseinandersetzung im Juni/Juli 1953 als Verteidiger, ja als einer der wenigen Retter Walter Ulbrichts spielte. Für mich war die Parteiführung ohne Walter Ulbricht an ihrer Spitze nicht denkbar, und so blieb Erich Honecker für mich eine bedeutende Persönlichkeit.

War es das, was Erich Honecker diese kritische Phase überlieben ließ? Wollte man keinen Eklat in der Öffentlichkeit und fürchtete man einen weiteren Autoritätsverlust des Verbandes, wenn man auf Knall und Fall die Spitze der Verbandsführung verändert? Sicherlich hätte das nicht vermieden werden können. Sicherlich war vieles zu bedenken, auf alle Fälle blieb Erich Honecker Vorsitzender. Aber das Kaderkarussell erhielt einen neuen Schwung.

Einige Sekretäre mußten gehen, so Werner Erben und Gerhard Neukranz, einige wurden „umgesetzt", so Inge Lange und Werner Lamberz, neue kamen, so Edith Brandt und Werner Felfe. Das waren nicht nur neue Namen, sondern die Umkehrung der Regel. Waren in den zurückliegenden Jahren Sekretäre des Zentralrats Parteifunktionäre geworden, so wurden jetzt Parteifunktionäre zu Sekretären des Zentralrats. Dies geschah zweifellos nicht, weil es keinen eigenen Nachwuchs gab, sondern um dem Kandidaten des Politbüros Erich Honecker zwei Mitglieder des Zentralkomitees an die Seite zu stellen. Das sollte offenkundig die Gewichte etwas austarieren. Es sei schon hier festgestellt, die Rechnung ging nicht auf. Das Erscheinungsbild nach außen beeinflußte es kaum, die Wirkung innerhalb des Verbandes blieb bescheiden.

Ein nächster Schritt der Parteiführung machte die Kritik an der FDJ publik und erhob sie zu einer gesellschaftlichen Größe.

Diese Aufgabe – nach den vielen Lobesreden von Wilhelm Pieck, Otto Grotewohl und besonders Walter Ulbricht, sicherlich nicht die dankbarste – wurde Karl Schirdewan übertragen. Er war nach der Ausbootung von Zaisser und Herrnstadt Mitglied des Politbüros und zur rechten Hand Ulbrichts, so auch für die Jugendpolitik zuständig geworden. Sein erster öffentlicher Auftritt zu Jugendfragen erfolgte auf einem Lehrgang der 1. Bezirks- und Kreissekretäre der Partei und der FDJ Mitte Januar 1954.

Natürlich bildeten die Berichte und Einschätzungen, die Beratungen in der Parteiführung und die dabei herausgearbeiteten Schlußfolgerungen die Grundlage seiner Rede über „die neuen Aufgaben bei der Festigung des Einflusses der Partei unter der Jugend". Das „Neue Deutschland" machte die Öffentlichkeit mit der Sicht auf die Problematik am 16. Januar bekannt.

War es dieser Einstieg in die Jugendpolitik, waren es weiter zurückliegende Ereignisse oder beider Mischung, jedenfalls das Verhältnis Honecker-Schirdewan war ein kritisches, ja angespanntes. Das blieb auch mir nicht verborgen.

Es kann mit Sicherheit davon ausgegangen werden, daß in dieser Zeit die Ursachen für spätere konfrontable, zugespitzte Auseinandersetzungen wurzeln, die ihren Höhepunkt in der Entmachtung Schirdewans im Februar 1958 finden.

Der hohe Stellenwert, den der damals schwache Einfluß der Partei auf die Jugend einnahm und mit welchem Ernst man dies sah und bewertete, machte mir der IV. Parteitag der SED, Ende März/ Anfang April 1954 bewußt.

Es ist nach meiner Erinnerung an die nachfolgenden Parteitage, an denen ich teilnahm, der einzige, auf dem der Sprecher der Delegation der KPdSU sich zur Jugendpolitik der SED äußerte. Anastas Mikojan drängte die SED „ihre Arbeit unter der Jugend breit (zu)entfalten. Die Jugend muß die zuverlässige Stütze der neuen -demokratischen Ordnung in der DDR sein ..."

Erich Honecker übernahm die Verpflichtung, daß der Verband alles unternehmen werde, um die gesamte deutsche Jugend für den Kampf um die nationale Wiedervereinigung unseres Vaterlandes zu gewinnen, sie patriotisch zu erziehen und auf allen Gebieten so zu arbeiten, daß die FDJ ihre Aufgabe als Helfer und Kampfreserve der Partei der Arbeiterklasse ehrenvoll erfüllt.

Von einer Wende war aber kaum etwas zu spüren.

Der Verband der FDJ und die Jugend

Der Jugendverband muß seine gesamte Methode des Herangehens an die Masse der Jugend grundlegend ändern. Das war die Forderung, die sich aus der Situation ergab.

Um dieses Ziel zu erreichen, sollte sich die Verbandsarbeit auf „die beharrliche, geduldige und ständige Aufklärungsarbeit mit den einzelnen Jugendlichen" konzentrieren. Um das zu verwirklichen, hatte die ZK-Brigade gefordert, „den Avantgardismus vieler FDJ-Funktionäre auszurotten", die „Demonstrationspolitik" durch Aufklärung abzulösen, die „Hohlheit und Phrasenhaftigkeit durch eine politisch klare, verständliche, lebendige, auf die Fragen der Jugend antwortgebende Argumentation zu ersetzen", Kampagnearbeit und Schönfärberei sind zu überwinden.

Es ist nicht in Abrede zu stellen, daß in dieser Richtung Anstrengungen unternommen wurden, eine andere, realere Politik entwickelte sich indes nicht, denn die Kräfte des Verbandes wurden bald völlig von den Vorbereitungen auf das 2. Deutschlandtreffen Pfingsten 1954 in Berlin gebunden. Was zur Mobilisierung gedacht war, behinderte die Entwicklung eines vielseitigen Jugendlebens. Aufwand und Ergebnis standen beim 2. Deutschlandtreffen in keinem vertretbaren Verhältnis zueinander. Auffallend, es gab diesmal nach dem Treffen keine Glückwünsche der Parteiführung, wie sonst üblich. Das Treffen war ein matter Abglanz des Treffens von 1950, es hatten sich auch die Verhältnisse verändert.

Die FDJ-Führung kehrte also nach kurzer Unterbrechung zur Führungsmethode der Verkündung von Aufgeboten zurück und damit zur Belebung der kampagnenhaften Arbeit. In Vorbereitung der Wahlen zur Volkskammer der DDR im Oktober 1954 wurde das „Aufgebot der jungen Erbauer des einheitlichen, demokratischen und friedliebenden Deutschlands" ausgerufen. Die Auszeichnung der Besten mit Ehrenfahnen und -abzeichen mit dem Bildnis von Philipp Müller, auch „Philipp-Müller-Aufgebot" genannt, war damit eine Ehrung des von der westdeutschen Polizei erschossenen FDJ-Mitglieds, der am 11. Mai 1952 an der „Friedenskarawane" gegen den Generalvertrag in Essen teilgenommen hatte.

Die Aufgabenstellung war wie immer umfangreich, verengte sich aber schließlich einzig und allein auf die Wahlergebnisse am 17. Oktober. Bei der Auswertung gab es 3 Sieger, ein Mittelfeld von 12 Bezirken und einen Letzten. Das war der Bezirk Gera. Das entsprach der Wahlbeteiligung und des Anteils an Gegenstimmen zu den Kandidaten der Nationalen Front. Eine eigentlich sinnlose Rechnerei, die aber bis zu den letzten Wahlen 1989 ein wesentliches Kriterium der Bewertung politischer Leitungstätigkeit war, die nichts mit der tatsächlichen Lage zu tun hatte.

Diesem Aufgebot folgte ein „Produktionsaufgebot", zu dem die Jugendbrigade „Erich Honecker" aus dem Elektrochemischen Kombinat Bitterfeld aufgerufen hatte. Als es dem V. Parlament entgegenging, wurde ein „Wettbewerb um das Banner des Komsomol" gestartet.

Am Ende gab es trotz aller Leistungsforderungen in Industrie und Landwirtschaft nur ein einziges Kriterium, und das war bei der Ausschreibung noch nicht einmal erwähnt worden, die Erfüllung eines Verbandsauftrags bei der Soll-Erfüllung für die Werbung von 40 000 Freiwilligen für die Kasernierte Volkspolizei.

Auch nach dem Parlament ging es mit den Aufgeboten weiter. Diesmal war es eine Jugendbrigade aus Berlin, die ein weiteres Mal zu einem „Wilhelm-Pieck-Aufgebot" aufrief. Es sollte der vorfristigen Planerfüllung zum 80. Geburtstag des Präsidenten 1956 dienen.

Zweifellos aktivierten die Aufgebote Teile der Jugendorganisation, brachten meßbare Resultate auf diesem oder jenem Gebiet, nur viele Jugendliche wurden damit nicht erreicht. So blieb die geforderte Umstellung der Arbeit, auf die elementaren Belange der Jugend gerichtet, in den Absichten stecken.

Um so erwartungsvoller sah man dem V. Parlament, der höchsten Tagung der FDJ, vom 25. bis 27. Mai 1955 in Erfurt entgegen. Was würde es zur Grundorientierung für die nächsten Jahre aussagen?

Die Erwartungen der Parteiführung waren in der Grußadresse des ZK ausgedrückt: Die FDJ habe „die Aufgabe, die Jugend unserer Republik zu Erbauern des Sozialismus zu erziehen, die sich die siegreiche Lehre des Marxismus-Leninismus aneignen, sie auf allen Gebieten unseres Lebens anwenden und im sozialistischen Wettbewerb zur Steigerung der Arbeitsproduktivität in allen Zweigen der Volkswirtschaft große Taten vollbringen". Weiter wird auf die Pflicht hingewiesen, die Verbundenheit zur friedliebenden Jugend der Welt, besonders der Sowjetunion, Chinas, der ČSR und Volkspolens zu festigen, die bewaffneten Kräfte zu stärken, ihnen eine hohe Moral und einen festen Kampfeswillen anzuerziehen.

Der Rechenschaftsbericht des Zentralrats, vorgetragen von Erich Honecker, ging über allgemeine, sich wiederholende Orientierungen nicht hinaus. Offensichtlich hatten die Verfasser der Rede mit der Ausarbeitung große Probleme gehabt. Der dem Politbüro am 17. Mai vorgelegte Entwurf wurde total verworfen und es blieb gerade eine Woche Zeit zur Umarbeitung durch eine Arbeitsgruppe, mit deren Leitung Karl Schirdewan beauftragt worden war. Sie war hochkarätig besetzt: Walter Ulbricht, Erich Honecker, Wolfgang Steinke, Edith Brandt, Inge Lange und Horst Schumann. Die Parteiführung griff also direkt und unmittelbar ein und nahm der FDJ-Führung regelrecht die Feder aus der Hand. Die politische Qualität war höher, aber viel Neues beinhaltete sie nicht. Eine Entschließung, oder konkrete Arbeitsbeschlüsse, wie bei allen vorherigen Parlamenten üblich, lagen nicht vor. Als Hauptdokumente wurden ein neues Statut und ein „Ruf an die deutsche Jugend" beschlossen.

So blieb es Walter Ulbricht vorbehalten, die Linie für die weitere Arbeit des Jugendverbandes vorzutragen.

Er leitete die Aufgabenstellung aus der neuen Lage ab, die national und international durch zwei Ereignisse entstanden war: Am 5. Mai traten die „Pariser Verträge" in Kraft, wodurch die BRD Mitglied der NATO wurde, und am 14. Mai erfolgte als prompte Antwort des „Ostens" die Bildung der „Warschauervertragsorganisation", zu deren Gründungsmitgliedern die DDR gehörte.

Darin fand die Polarisierung im internationalen Maßstab ihren Niederschlag auch in der Zugehörigkeit der beiden deutschen Staaten in den politisch-militärischen Bündnissen ihrer jeweiligen Führungsmacht.

Damit rückte die Lösung der Deutschlandfrage in weite Ferne. Dies bestätigte auch das Gipfeltreffen der vier Siegermächte in Genf – dem ersten seit der Potsdamer Konferenz 1945.

Daraufhin entwickelte Nikita Chruschtschow, seit 1953 Parteichef in der Sowjetunion, auf einer Kundgebung in der Hauptstadt der DDR, Berlin, erstmalig die Zweistaatentheorie. Damit war klargestellt, die Sowjetunion würde in Zukunft keinen Verhandlungen zustimmen, die auf Kosten der DDR gehen, die eine Preisgabe ihres sozialistischen Weges beinhalten.

Das bedeutete einen Wendepunkt in der Deutschlandfrage. Die Wiedervereinigung Deutschlands, ein bisher vorrangiges Ziel der sowjetischen- und DDR-Politik wurde ersetzt durch die Konzeption des langen Nebeneinanderbestehens von „zwei deutschen Staaten mit unterschiedlicher gesellschaftlicher und wirtschaftlicher Ordnung". An die erste Stelle der Politik der SED rückte die allseitige Stärkung der DDR als Bastion des Friedens und der Demokratie als Wahrer der nationalen Interessen des deutschen Volkes.

Diese in kurzen Zügen charakterisierte „neue Lage" stellte den Ausgangspunkt für die an die Erziehung der Jugend gestellten Ansprüche.

Ihr Adressat war natürlich die FDJ.

Die Kernaussage lautete: „Ihr habt bis jetzt die Vorhut der Jugend weitgehend überzeugt, aber jetzt geht es darum, die ganze Jugend zu guten Patrioten zu erziehen. Das ist noch etwas mehr."

Auf welchen Wegen, mit welchen Mitteln sollte dies erreicht werden?

Zuallererst durch eine qualifizierte politisch-ideologische Überzeugung der Jugend.

Ihr Inhalt wird bestimmt von dem großartigen Ziel, der Perspektive der jungen Generation, dem Aufbau des Sozialismus in der DDR und der Schaffung eines neuen Deutschlands, eines einigen, demokratischen und friedliebenden deutschen Staates. Darin bestünde der Lebensinhalt der Mädchen und Jungen. Es sei vermerkt, daß zu diesem Zeitpunkt die FDJ darunter ein sozialistisches Deutschland verstand, was später auch offiziell so definiert wurde. Die Jugendlichen sollten davon überzeugt werden, daß ihre erste und vordringlichste Aufgabe darin bestehe, die Arbeiter- und Bauernmacht in der DDR zu stärken.

Diese hohe Zielstellung erfordere eine Veränderung und wesentliche Verbesserung der ideologischen Arbeit des Jugendverbandes. Das erfordere auch, sich mit allen feindlichen, bürgerlichen und kleinbürgerlichen Ideologien offensiv auseinanderzusetzen. Ganz im Leninschen Sinne gilt es, das Bewußtsein durch die FDJ in die junge Generation hineinzutragen.

Wie sich weiter zeigen wird, betrachtete Walter Ulbricht die Klärung der Perspektive eines sozialistischen Deutschlands als das Vordringlichste und zugleich als die stärkste Waffe bei der Gewinnung der jungen Generation.

Ein zweiter bedeutender Faktor sei die Überzeugung von der Übereinstimmung der gesellschaftlichen Interessen mit denen jedes einzelnen Jugendlichen. Das bezog sich auf alle Lebensbereiche. Durch die Teilnahme am sozialistischen Aufbau, im Prozeß der Arbeit ändere sich der Mensch am ehesten. Neue Initiativen und Aktivitäten in der materiellen Produktion wurden erwartet. Eine zwei- bis dreijährige Militärdienstzeit sei von der männlichen Jungend einzuplanen. Für alle gelte es, sich ein hohes Wissen anzueignen, da dies für die Meisterung der neuen Aufgaben in Produktion, Wissenschaft und Technik unerläßlich sei. Dabei komme es jedoch darauf an, fachliche Bildung und sozialistische Erziehung zu verbinden, „damit die Arbeiter- und Bauernjungen wirklich tüchtige Techniker, Ingenieure und Wissenschaftler werden, die vom Klassenbewußtsein erfüllt sind, von Treue zum Arbeiter- und Bauernstaat und die auch ausgezeichnete Scharfschützen sind. Das gehört auch dazu."

Zum Dritten wurde der „Entfaltung eines frohen Jugendlebens", der kulturellen und sportlichen Betätigung der Mädchen und Jungen eine größere Aufmerksamkeit gewidmet. Dazu sei die Überwindung der wiederholt kritisierten sektiererischen Erscheinungen, eine gewisse Enge und Schablonenhaftigkeit zu überwinden und den Wünschen der Jugendlichen mehr entgegenzukommen. Sinn und Zweck dieser Seite der Jugendarbeit sei es, dem Leben der Jugend und der Menschen überhaupt einen hohen Inhalt zu geben.

Um diesen Anforderungen zu entsprechen, erfordere es einer wesentlichen Stärkung der FDJ als der einheitlichen Jugendorganisation, die in ihren Reihen die Jugendlichen aller Klassen und Schichten, unabhängig von weltanschaulichen und religiösen Bekenntnissen vereint. Sie müsse ihre Reihen politisch, ideologisch und organisatorisch festigen und ihre Leitungstätigkeit von Bürokratismus befreien. Die Funktionäre haben ihre Abkapselung von den Jugendlichen zu überwinden. Die Losung lautet: „Heraus aus den Büros!" Walter Ulbricht forderte deshalb, die FDJ-Büros zu schließen, die Schreibtische wegzubringen und mit „dem bürokratischen Quatsch aufzuhören". Die Funktionäre gehören dorthin, wo die Jugendlichen sind, wo sie arbeiten, wo sie spielen, tanzen und Sport treiben.

Im Zusammenhang mit der Entwicklung der jugendpolitischen Konzeption in den folgenden zwei Jahren und der Rolle, die dabei Walter Ulbricht und Karl Schirdewan, dem zuständigen Mitglied des Politbüros und Sekretärs des ZK der SED, zugeschrieben wird, sei hier vermerkt, daß auch er am Parlament teilnahm und in Arbeitsteilung mit Walter Ulbricht im gleichen Sinne auf der Abschlußkundgebung auf dem Erfurter Domplatz auftrat.

Die Aufgabenstellung des Parlaments wurde zur Meßlatte für Erfolg oder Mißerfolg in der Jugendarbeit. Sie sind auch die Prämissen für die Beurteilung der Positionen vieler, die sich mit dieser Problematik beschäftigten und auseinandersetzten.

Sie standen auf dem Prüfstand, und ihre Tragfähigkeit mußte sich in der Praxis beweisen.

Neue Führung der FDJ – nach Honecker

Das V. Parlament der FDJ im Mai 1955 wählte einen neuen Zentralrat und ein neues Sekretariat.

Nach zehnjähriger Tätigkeit an der Spitze der Verbandes schied Erich Honecker aus der Führung. Er nahm ein Studium an der Parteihochschule der KPdSU in Moskau auf. Das wurde bis zur letzten Minute als „geheime Verschlußsache" behandelt. Dabei war die Entscheidung bereits im Juli des Vorjahres im Politbüro getroffen worden.

Seine Nachfolge trat, zur Überraschung aller, der in der Jugendorganisation unbekannte Karl Namokel an.

Warum er und nicht einer aus der bisherigen Mannschaft des Sekretariats? Es war eine Verlegenheitslösung.

Ursprünglich war als neuer 1. Sekretär Wolfgang Steinke vorgesehen. Er gehörte seit dem III. Parteitag der SED dem ZK an und bekleidete seit 1951 die Funktion eines Sekretärs des Zentralrats, verantwortlich vorwiegend für die Landjugend. Er offenbarte sich aber dem Parteivorsitzenden Wilhelm Pieck, daß er bisher in seinen Unterlagen die Zugehörigkeit zur NSDAP verschwiegen hatte. Damit war dieser Vorschlag erledigt. Karl Schirdewan, in dessen Händen alle Kaderfragen lagen, entsann sich eines jungen Wirtschaftssekretärs der Bezirksleitung der SED in Rostock. Er wurde für geeignet befunden und gegen seinen Willen in diese Funktion berufen. Unbekannt blieb, warum man auf keinen anderen aus dem Sekretariat zurückgriff, obwohl es nicht nur bei einem dafür durchaus Ambitionen gab.

Zu dem neuen 1. kamen fünf weitere, darunter auch ich, neu in das Sekretariat. Die Entscheidung über deren Einsatz wurde im Politbüro getroffen und entsprach offensichtlich nicht den Vorstellungen Erich Honeckers. Das kann ich daraus schließen, daß mir unmittelbar vor der Behandlung dieser Kaderfragen von ihm mitgeteilt wurde, ich solle für die Pionierorganisation verantwortlich sein, aber herauskam das Kulturressort.

Diese Kaderveränderungen waren die umfangreichsten seit dem III. Parlament, als eine Anzahl von Freunden der Gründergeneration in Parteifunktionen berufen wurden. Sie waren einschneidend, einen Bruch der Kontinuität, wie ihn Hans Modrow sieht, kann ich darin aber nicht erblicken.

Was jedoch eintrat, das waren Startschwierigkeiten der neuen Mannschaft beim Hineintragen des „neuen Geistes des Parlaments" in die Grundorganisationen des Verbandes.

Das war teils der Umorganisierung der Arbeit des Sekretariats, der Einarbeitung der Neuen in für sie unbekannte Arbeitsgebiete, aber auch der notwendigen Realisierung früher beschlossener Veranstaltungen geschuldet. Erwähnt seien hier nur die Kräfte bindenden V. Weltfestspiele der Jugend und Studenden in Warschau und das 2. Pioniertreffen in Dresden.

Ein zweiter, viel wesentlicherer Grund bestand darin, daß sich das Sekretariat über die inhaltliche und organisatorische Tragweite der geforderten Umstellung der Tätigkeit des Verbandes nicht bewußt wurde. Es erkannte nicht das Spannungsfeld zwischen dem Ziel, die gesamte junge Generation für den Sozialismus zu gewinnen, zu sozialistischen Patrioten zu erziehen, und der Isolation, in der sich die FDJ befand. Daraus entstand Handwerkelei anstelle der erforderlichen neuen Qualität der Leitungstätigkeit.

Durch das zweite „Wilhelm-Pieck-Aufgebot" sollten ökonomische Initiativen der Jugend initiiert werden, aber im Leben der FDJ hatte sich weder in der Überzeugungsarbeit für den Sozialismus noch beim frohen Jugendleben viel bewegt.

Auf ausbleibende Ergebnisse reagierten sowohl Leitungen der FDJ wie auch die Parteiführung zunehmend nervös. Karl Schirdewan griff ein. Er empfahl die Durchführung einer Beratung des gewählten Büros des Zentralrats mit allen Bezirkssekretariaten. Das Datum wurde so gewählt, daß der am 20. September zwischen der DDR und der UdSSR abgeschlossene Staatsvertrag ausgewertet werden konnte. Daran war Karl Schirdewan, als Mitglied der Partei- und Regierungskommission sehr interessiert. Vor allem aber sollte in einer freimütigen Diskussion der Finger auf die wunden

Stellen der eigenen Arbeit gelegt und positive Erfahrungen vermittelt werden.

Das erfolgte nur bruchstückhaft. Das Sekretariat wurde sowohl von der Basis als auch von Karl Schirdewan heftig kritisiert. Der Dreh- und Angelpunkt war die Verbindung von prinzipieller Überzeugungsarbeit mit breitem vielfältigem Jugendleben. Ziel- und Aufgabenstellung schienen klar, nur das „wie" blieb unbeantwortet. So hob Karl Schirdewan in seiner Rede hervor, daß der Moskauer Staatsvertrag höhere Ansprüche auch an die Arbeit der FDJ stelle. So heißt Gewinnung der Jugend, vor allem den Kampf um ein höheres Bewußtsein immer wieder aufs neue zu führen und die FDJ müsse den Mut haben, der Jugend reinen Wein einzuschenken. Der Sozialismus sei kein Zuckerlecken, sondern erfordere Selbstlosigkeit, Bescheidenheit und Treue zur Sache der Arbeiterklasse und ihrer Partei. Entschieden ist gegen den „Sumpf der Gleichgültigkeit und der Sorglosigkeit" anzukämpfen. Mit Boogie-Woogie und nur „scheuern", wie in Berlin das „schräge" tanzen genannt wurde, war das nicht zu machen. Darüber waren sich auch alle Redner einig, nur wie das „Korsett, in das die FDJ-Arbeit gepreßt ist" aufgeschnürt werden sollte, das konnte nicht beantwortet werden. Zwei Diskutanten, Dieter Schmotz – Mitglied des Zentralrats und des Redaktionskollegiums der „Jungen Welt" – und Hans Modrow – Mitglied des Büros des Zentralrats und 1. Sekretär von Berlin – setzten sich damit besonders auseinander. Richtig gingen sie davon aus, daß es eine Schande sei, daß Jugendliche ihre Freizeit ohne Verband verbringen, aber bei dem Bestreben mancher Leitungen, „alles locker zu machen", bestehe die Gefahr des Abrutschens in ein „allgemeines Jugendleben". Damit besteht dann die Gefahr der Vernachlässigung der Erziehung zu einer klaren Einstellung zur Arbeiter- und Bauernmacht und zur Pflichterfüllung ihr gegenüber. Von Hans Modrow wurde ein Kompromiß zwischen den beiden Polen, dem „Scheuern und dem Arbeiten und Kämpfen für den Sozialismus", gesucht. Wir brauchen einen Punkt, so seine Lösung, den wir anpacken und der ist, eine wirkliche Begeisterung für das neue Leben zu schaffen. Dazu müßten alle Mittel und Methoden eingesetzt werden. Klug und mutig, nur, was war der Punkt?

Die Frage blieb unbeantwortet im Raum stehen.

Da sich die Beratung in Agitation erschöpfte und keinerlei Entscheidungen getroffen wurden, holte uns schon am nächsten Vormittag Karl Schirdewan an seinen Tisch. Er empfing uns in bester Laune mit den Worten, heute Nägel mit Köpfen zu machen.

Zum erstenmal erlebte ich Schirdewan in intimer Runde. Auf Konferenzen und Tagungen hinterließ er einen strengen, offiziellen Eindruck. Hier war er ganz anders. Er wirkte leger und jugendlich und behandelte uns wie seinesgleichen. Das schuf eine gute Atmosphäre für eine zwanglose Aussprache. Ich war von ihm beeindruckt. Hinzufügen möchte ich, daß es ein derartiges Erlebnis nur noch einmal geben sollte. Im Sommer 1956 verbrachte er einen ganzen Tag im Kreis der Sekretäre und ihrer Ehepartner, an dem er uns einfach aus seinem Leben, den Erfahrungen aus seiner Zeit im Kommunistischen Jugendverband erzählte, uns viele Informationen über die große Politik gab und uns die Augen über nationale und internationale Zusammenhänge öffnete. Dabei spielten, wie uns erst später bewußt wurde, seine Überlegungen zum XX. Parteitag der KPdSU eine Rolle. Revisionistisch erschienen sie keinem von uns. Manches wurde später jedoch so gedeutet und beurteilt.

Aber zurück zu den „Nägeln". Alles lief auf eines hinaus: Wie, durch was und mit wessen Hilfe kann die FDJ unter der Jugend populär werden? Seine Ratschläge lauteten, unkonventionell an die Freizeitgestaltung heranzugehen, dazu Schriftsteller, Künstler, Sänger, Musiker, Sportler, kurzum alle, die unter der Jugend Ansehen und Anziehungskraft besitzen, heranzuziehen. Damit sollte gezeigt werden, wie die FDJ die Jugend gewinnt. Im ersten Anlauf müsse nicht die große Politik im Vordergrund stehen. Redet über Tanz, Musik, Schallplatten, Bücher und Mode, über all das, worüber sich Mädchen und Jungen unterhalten, was sie interessiert. Dann wird auch die Politik nicht ausgeklammert werden.

Vormachen solle das die „Junge Welt", die Tageszeitung der FDJ, indem sie derartige Diskussionen auf den eigenen Seiten führt, wirke sie auch als kollektiver Agitator, Propagandist und Organisator. Diese Rolle wird um so größer sein, je mehr Leser die Zeitung hat. Damit sah es nicht gut aus. Vom Juli bis September hatte sie einen beträchtlichen Rückgang zu verzeichnen – von 163 000 auf 146 000. Besserer, jugendgemäßerer Inhalt war der sicherste Weg zu größerer Verbreitung.

Nicht allen Sekretären des Zentralrats war nach diesem Gespräch wohl zumute. Es war kaum ein Wort über die Festigung des Verbandes gefallen. Wie ohne die Organisation die ganze Jugend gewonnen werden sollte, war fragwürdig. Alles in allem aber betrachteten wir die vorgeschlagenen Maßnahmen als Schritte für die erfolgreichere Lösung der auf dem V. Parlament gestellten Aufgaben. Wir erhofften uns von ihnen eine Signalwirkung bei den Leitungen der FDJ. Aber eins war ebenfalls klar, der neue Weg brauchte seine Zeit. Die jedoch gewährte man dem Verband nicht.

Experimente für eine andere FDJ?

Ende Oktober 1955 trat das ZK der SED zu seiner 25. Tagung zusammen. Es beschloß die Einberufung der 3. Parteikonferenz zum März 1956. Zur Diskussion stand „die neue Lage und die Politik der SED", die in einem gleichnamigen Dokument zusammengefaßt wurden. Darin wird betont, daß die Lösung der zentralen Aufgabe, die Stärkung und Festigung der Arbeiter- und Bauernmacht abhängen vom „Stand des sozialistischen Bewußtseins der Partei und der Massen, seiner Hebung und Verbreitung". Dementsprechend rückte die politisch-ideologische Überzeugung der Menschen in den Vordergrund. Gefordert wurde die offene Aufdeckung von vorhandenen Schwankungen und negativen Stimmungen und die Überwindung von Rückständen in der ideologischen Arbeit. Alles zusammengenommen seien dies „Auswüchse des Neuen Kurses" von 1953. Der „Schwanz des neuen Kurses" in Gestalt von Liberalismus, Schlamperei, Schlafmützigkeit, des Müdewerdens und von mangelndem Kampfesmut müsse nun endgültig abgeschnitten werden.

Daß sich das auch auf die Jugendarbeit erstreckt, ist selbstverständlich. Bis fast zum Ende der Debatte wurde sie nur beiläufig erwähnt, bis Albert Norden, Sekretär des ZK, für Agitation und Presse verantwortlich, sich explizit damit beschäftigte. Er warf einen Stein ins Wasser, der große Kreise ziehen sollte.

Schon sein Einstieg ließ aufhorchen. In ungewöhnlicher Offenheit und Schärfe sprach er die anwachsende Republikflucht von DDR-Bürgern in den Westen an, woran überdurchschnittlich Jugendliche beteiligt waren. Dieser Umstand müsse jedem Genossen schlaflose Nächte bereiten. Den entscheidenden Grund dafür sah er in der mangelhaften Überzeugtheit der Jugendlichen vom Charakter unseres Staates der Arbeiter und Bauern, der der Jugend im Unterschied zu der jugendfeindlichen Diktatur von 150 Multimillionären in der BRD alle Möglichkeiten ihrer Entwicklung gibt.

Die Schuldzuweisung erfolgte an die Adresse der FDJ. Sie wirke nicht als Wegweiser im Leben der jungen Menschen. Das sei sie nicht, da sie nicht Freund und Helfer der jungen Menschen in all ihren vielfältigen Fragen des Lebens ist. Um die Jugendlichen zu gewinnen, ist es erforderlich, „auf die freundschaftlichste Art auch die nicht angenehmen Fragen" mit ihnen zu diskutieren. Nur auf diese Weise können wir „die Jugend überzeugen, ihr Vertrauen gewinnen und auch ihre Freundschaft". Davor drücken sich die Funktionäre, verschanzen sich lieber in ihren Büros und hinter Bergen von Papier. Ein guter FDJ-Sekretär könne nur der sein, der die persönlichen Sorgen der FDJ-Mitglieder zu seinen eigenen macht. Tut er das nicht, dann „ist er ein miserabler Sekretär". Übermäßig sei die Zahl der hauptamtlichen Funktionäre in den Betrieben und Städten. Er sprach von der Gefahr der Isolierung des Kerns des Verbandes von der Jugend. Nicht selten gewinnt man den Eindruck, „als ob es auf der einen Seite die FDJ und auf der anderen die Jugend gibt, von der übrigens ein großer Teil selbst in der FDJ organisiert ist".

Nahezu ketzerisch mußte seine Frage wirken, „ob die Struktur des Jugendapparats nicht zu sehr der Struktur der Partei angeglichen ist, ob er nicht viel zu sehr parallel mit der Struktur der Partei verläuft".

Statt dessen schlug er eine viel stärkere Gliederung nach den Interessengebieten junger Menschen vor.

Benötigt würden viel mehr Funktionäre für Kultur, für Wissenschaft und Technik, für Tanz und Wandern. Alles gipfelte in der Feststellung: „Der Zentralrat hat die Dinge nicht in der Hand".

Wo sah er Lösungswege, um aus der Isolierung herauszukommen und der steigenden Republikflucht Jugendlicher zu begegnen.

Beginnen sollte eine gut vorbereitete große Aussprache mit der Jugend. Sie könne unter dem Motto stehen: „Jeder sagt seine Meinung." Der FDJ-Funktionär solle den „Jugendlichen nicht so sehr als Politiker gegenübertreten, sondern er soll sein Kamerad sein, er soll mit ihnen lachen, seine Reden nicht mit großen politischen Theoremen ausfüllen, sondern sie ruhig mit Witzen beginnen und würzen. Bei Tanzvergnügen soll er sich nicht so verhalten, als ob er ein Opfer bringt, wenn er dazu erscheint, sondern soll als lustigster Freund mit dabei sein".

Außerdem solle der Jugendverband zum Organisator vielfältiger kultureller und sportlicher Veranstaltungen werden. Jedes Wochenende könnten in den größten Stadien und Sälen – wie es Westberlin vormacht – große bunte Veranstaltungen durchgeführt werden. Dazu solle er einen „Veranstaltungsdienst" und „Beratungsstellen für Modefragen, Körperpflege, Eheprobleme u. ä." eröffnen.

Mit einer solchen Öffnung des politischen Dialogs und der wesentlichen Verbreiterung des Spektrums jugendgemäßen Lebens in der FDJ erhoffte er sich einen Umschwung hin zur Masse der Jugend.

Die Quintessenz seiner Überlegungen findet sich in den Worten: „Unsere jungen Menschen stellen nämlich Forderungen, die die FDJ erfüllen muß, koste es, was es wolle, und ich sage euch, es kostet überhaupt nicht viel. Es kostet nur die Umkrempelung unserer Jugendarbeit".

Das klang ungewöhnlich und verschlug im Saal sicherlich manchem Zuhörer den Atem. Eine solche Wirkung dürfte auch bei Lesern der „Jungen Welt" eingetreten sein, als Auszüge dieser Rede veröffentliche wurden.

Alles drehte sich um die FDJ, von der Albert Norden erhoffte, sie würde neue „Siege an unsere sozialistischen Fahnen heften". Konnte das durch die FDJ, wie sie bestand, wie sie als Helfer und Kampfreserve der Partei auf allen Gebieten zu wirken hatte, erreicht werden, oder brauchte man dazu, oder wollte man vielleicht dazu eine andere FDJ.

In dieser Frage sah wohl auch Walter Ulbricht des Pudels Kern. In seinem Schlußwort unterstrich er das Grundanliegen Albert Nordens, nach Wegen zu suchen, die aus der Isolation des Verbandes herausführten. Alles, was die Freizeitgestaltung und die Überwindung des Bürokratismus betraf, unterstützte er. Aber er machte sich gleichzeitig zum Verteidiger der FDJ und damit auch seiner eigenen Positionen in der Jugendpolitik. Er verwies darauf, daß bereits auf dem Parlament Maßnahmen eingeleitet wurden, „die aber noch nicht ausreichend seien". Vermieden werden soll eine „übertriebene öffentliche Kritik an der FDJ", und Änderungen müßten so erfolgen, „ohne etwa unsere Linie über die Aufgaben der FDJ zu verändern".

Das war eine deutliche Distanzierung von den ungewöhnlichen und eigenwilligen Gedanken und Vorschlägen, die die Rede Albert Nordens enthielt.

Da ihn Nordens Ausführungen offensichtlich überrascht hatten, schlug er vor, Neues in der Jugendarbeit zu experimentieren.

Erst nach der Erprobung in der Praxis würde sich die Parteiführung damit beschäftigen.

Er bereicherte die Liste der Experimente mit dem Vorschlag, Jugendausschüsse zu bilden. Sie sollten mit Hilfe älterer Bürger eine lose Form der Zusammenführung Jugendlicher zur gemeinsamen Freizeitgestaltung werden, in denen die Jugendlichen die Möglichkeit erhalten, aktiv auf die Programme Einfluß zu nehmen. Zielgruppe waren nicht in erster Linie in der FDJ organisierte Jugendliche, sondern vor allem bestehende Cliquen, die sich in den Wohnvierteln trafen und meist herumgammelten, wie es so hieß. Zu prüfen war, ob sich daraus eine beständige Organisationsform ergeben könnte.

Diese Idee weckte Assoziationen an die Jugendausschüsse, wie sie 1945 gebildet worden waren, und die eine vorbereitendere Rolle bei der Gründung der FDJ spielten.

Das stand bei den Überlegungen Walter Ulbrichts allerdings nicht Pate. Er leitete seinen Vorschlag aus jüngst gesammelten Erfahrungen betrieblicher Frauenausschüsse ab. Mir erschien das ein sonderbarer Vergleich zu sein, waren doch die Bedingungen der Jugendarbeit im Wohngebiet grundsätzlich von den Aktivitäten der Frauen im Betrieb verschieden.

Diese Differenzen zeigten, daß die Mitglieder der Parteiführung durchaus nicht immer einer Meinung waren, daß vor allem zu dieser Zeit noch diskutiert werden konnte, und zwar öffentlich.

Was sich dann hinter den Kulissen abspielte, blieb uns meist verborgen.

Auch im Hinblick auf spätere Auseinandersetzungen ist erwähnenswert, wie sich Karl Schirdewan zu all dem verhielt. Auf dem Plenum war er Berichterstatter des Politbüros und hatte sich in der Diskussion nicht geäußert. Wir erfuhren seinen Standpunkt zwei Tage danach an seinem Tisch. Was er sagte, war deckungsgleich, nur bei den Jugendausschüssen zeigte er Zurückhaltung. Später begründete er seine Vorsicht damit, daß, als „ein solcher Vorschlag zur Diskussion kam, mußten alle erst überlegen, welche Gefahren dahinter stecken".

Im Sekretariat des Zentralrats lösten diese Vorschläge ein sehr unterschiedliches Echo aus.

Einige waren für dieses breite Herangehen Feuer und Flamme. Der größte Protagonist war Joachim Herrmann, Chefredakteur der „Jungen Welt". Manche reagierten bedächtig abwägend, so vor allem unser 2. Sekretär, Werner Felfe. Andere wieder, dazu zählte ich, favorisierten die Stärkung und Festigung des Verbandes als Voraussetzung für eine dauerhaft erfolgreiche Arbeit unter der gesamten Jugend. Wer sich nur schwer entscheiden konnte, zwischen den Auffassungen hin und her pendelte, war Karl Namokel. Die Auseinandersetzungen dauerten lange. Aber gleichzeitig mußte gehandelt, mußten Entscheidungen getroffen werden.

Es handelte sich um einen Parteiauftrag.

Als erste Reaktion auf die Kritik an der bürokratischen Arbeitsweise der FDJ-Leitungen und dem aufgeblähten hauptamtlichen Apparat erfolgte eine Reduzierung der Planstellen um mehr als ein Viertel – von 2424 auf 1775 – und ein gut gedachter Beschluß „Schluß mit dem Papierkrieg" wurde gefaßt. Seine Veröffentlichung, ausgerechnet am 11.11., wurde wie ein echter Karnevalsgag aufgenommen. Tatsächlich wurden von den Metern der Rundschreiben und diversen Anweisungen nur einige Zentimeter abgeschnitten.

Natürlich konnte der Zentralrat bei der Bildung von Jugendausschüssen nicht abseits stehen. Ausgerechnet mich traf es, eine dafür geschaffene Brigade in Berlin zu leiten. Wenn es um Berlin ging, hielten sich die meisten meiner Sekretariatskollegen sehr zurück. Es gab die nicht offen verkündete Meinung, mit dem Berliner Sekretariat sei „nicht gut Kirschen essen". Als sich die Brigade im Bezirkssekretariat vorstellte, fiel der Empfang nicht überschwenglich aus. Mich berührte es wenig. Ich wußte von dem total mißglückten Einstand, den Karl Namokel vor dem Berliner Aktiv gegeben hatte und führte die Zurückhaltung uns gegenüber darauf zurück. Was ich damals allerdings nicht wußte, war die negative Beurteilung des neuen Sekretariats des Zentralrats, zu dem er nicht mehr gehörte, und was ich mir überhaupt nicht vorstellen konnte, waren Erwägungen Hans Modrows, die er selbst so beschreibt:

„Noch während des Parlaments überlegten wir im Berliner FDJ-Sekretariat, wie wir es auswerten: Neben oder mit der neuen FDJ-Leitung? Wir versuchten es mit ihr."

Und nun wurde dieser so selbstbewußten Truppe auch noch von dieser Leitung eine Brigade zur Unterstützung oder gar zur Untersuchung geschickt. Da konnte keine Freude aufkommen. Die Praxis aber ergab, daß viele Berliner Sekretäre im Bezirk und in den Kreisen kräftig mit am gleichen Strang zogen.

Trotz großen Einsatzes vieler hauptamtlicher Funktionäre blieben die Resultate mehr als bescheiden. War die Basis des Verbandes im Wohngebiet sowieso sehr dünn, so kam die allgemeine organisatorische Schwäche des Berliner Verbandes noch hinzu.

So betrug der Organisierungsgrad der Jugendlichen Berlins in der FDJ etwa 35 % gegenüber 50 % im Gesamtverband, bei der Arbeiterjugend war er mit 20 bis 25 % extrem niedrig. Bei 10 bis 35% der Leitungen der Gruppen und Grundeinheiten war es um deren Arbeitsfähigkeit schlecht bestellt. Jedes dritte Mitglied bezahlte seinen Beitrag unregelmäßig oder gar nicht.

In der FDJ reflektierten sich wie in anderen Bereichen die Besonderheiten Berlins als Vier-Sektoren-Stadt. Aufgrund des Einspruchs der Westalliierten war hier die FDJ erst am 7. Oktober 1947 offiziell zugelassen worden. Bis dahin hatte ein „Organisationskomitee" unter Leitung von Heinz Keßler die Berliner FDJ geleitet. Ständig wirkte aber der Einfluß und die zunehmende Anziehungskraft Westberlins auf die Jugendlichen im Ostteil der Stadt.

Die hier gesammelten Erfahrungen bestärkten mich in meiner Meinung, daß ohne eine gestärkte Organisation alle Unternehmungen, in die Breite zu kommen, scheitern müssen. Nachdem die hauptamtlichen Funktionäre ihr Pulver verschossen hatten, erloschen die geschaffenen Beispiele wie ein Strohfeuer.

Das war nicht nur in Berlin so. Bis zum Sommer 1956 entstanden in der ganzen Republik lediglich 513 Jugendausschüsse. Danach ging ihre Zahl zurück, und ab Herbst wurde keine Kraft mehr in sie investiert. Die rettende Idee Ulbrichts fand keine Resonanz, da man von ihrer Notwendigkeit nicht überzeugt war, und man ja dafür die FDJ hatte. Die Zielgruppe der Jugend brauchte sie nicht für die Art ihrer Freizeitgestaltung, und sie wollten sich von der FDJ auf diesem Wege nicht vereinnahmen lassen.

Länger, als die wenigen Jugendausschüsse lebten, hielt jedoch die Diskussion darüber an, von wem eigentlich diese Idee stamme. Der Name Walter Ulbricht fiel dabei nie, der von Karl Schirdewan immer öfter.

Ein besseres Schicksal war der neuen Form des politischen Dialogs, den Jugendforen, beschieden. Sie starteten am 20. Dezember 1955 in einem großen Saal in Berlin unter dem Titel: „Auf jede Frage eine Antwort." Prominente aus Politik, Wirtschaft, der Bezirksleitung der SED, des Magistrats, Funktionäre der FDJ und andere beantworteten tatsächlich jede der gestellten Fragen, und derer gab es unendlich viele.

Daraus entwickelte sich landesweit eine gute Tradition. Aus der Berichterstattung in der „Jungen Welt" entstand die wöchentliche „Antwortseite", die wegen der spritzigen Argumentation gern gelesen wurde. Die Leitungen in den Kreisen und Betrieben nahmen sie auch als Anleitung zum Handeln. Bald ging die Zahl der Jugendforen in die Tausende. Natürlich kamen dort auch manche heikle Themen zur Sprache, wurden unliebsame Fragen vorgebracht und sogenannte feindliche Argumente in den Raum gestellt und mitunter wurde auch provoziert. Das trug den Foren bald von Walter Ulbricht den Namen „Eselswiese" ein. Den Versuch des Zentralrats, die Foren unter ein Thema zu stellen und die Fragen zu kanalisieren, überlebten die Foren, zum Glück der Jugend und des Verbandes.

Zu einer größeren Breitenwirksamkeit sollte auch das traditionelle FDJ-Schuljahr geführt werden. Als Thema für 1955/56 wurde die schöne Zeile eines Gedichts von Johannes R. Becher gewählt „Wir wollen die Welt erkennen und auf den Grund der Dinge sehen". Es bot an Stelle von Stalins oder Piecks Biographie eine breite Palette interessanter Diskussionsthemen für die monatlichen

Mitgliederversammlungen und für Bildungsabende an. Leider wurde diese Orientierung nicht weitergeführt, sondern die Thematik nach aktuellen Erfordernissen oft verändert und in ein starres Bett geleitet.

Ein Spiegelbild für die einsetzende Öffnung der FDJ vermittelte die „Junge Welt". Sie erwarb sich gerade in diesen Zeiten einen guten Ruf. Sie führte auf ihren Seiten interessante Diskussionen mit Problemen, die die Jugendlichen bewegten. Jazz, Tanzmusik, Schallplattenproduktion, Mode fanden ihren Platz. Die Sportseite wurde zur gefragtesten und interessantesten unter allen Zeitungen der DDR. Lesenswerte Bücher wurden besprochen und Anregungen für Heimabende und ein „Winter-ABC" zur vielfältigen Freizeitgestaltung veröffentlicht. Aber auch solche Fragen, wie nach dem Verhältnis von Tochter und Sohn zu den Eltern, wofür ein Lehrling sein Geld ausgibt oder ob man Arbeitsbummelanten am „Schwarzen Brett" bloßstellen oder das Tuch der Kumpelhaftigkeit über sie breiten soll, wurden nicht ausgespart.

Die Zeitung wirkte auch als Organisator. Sie rief Berliner Jugendliche auf, sich im Toreschießen gegen den populären Fußball-Nationaltorhüter Karl-Heinz Spickenagel zu beweisen, sie vermittelte freie Plätze in Jugendherbergen, trat an die Stelle eines „Veranstaltungsdienstes" und organisierte unter der Schlagzeile „Zeilensalat" Großveranstaltungen mit populären Sängern, Tanz- und Schauorchestern.

Natürlich fand das Anklang und zum Teil in anderen Orten Nachahmung. Aber gerade die Begriffe „Veranstaltungsdienst" und „Zeilensalat" wurden als Synonym für die Entstellung der Linie der FDJ, für prinzipienlose Breite und für die Gewinnung der Jugend um jeden Preis. Auch fragte letztendlich niemand nach dem Ursprung und dem Urheber dieser Unternehmungen. Alles blieb an Karl Schirdewan und Funktionären der „Jungen Welt" hängen.

Die Zeit der „Experimente" dauerte nicht einmal ein viertel Jahr. Gleichzeitig wurden in fieberhafter Eile Dokumente formuliert, die zu einer Verallgemeinerung gesammelter Erfahrungen führten und ihnen für die weitere Arbeit Verbindlichkeit verliehen.

Die wenigen Monate dieser Öffnung hatten aber gezeigt, was in kurzer Zeit zu erreichen möglich ist, wenn dazu politische Freiräume geschaffen werden, ohne das Ziel aus den Augen zu verlieren.

„Der Jugend unser Herz und unsere Hilfe" und der Ruf „An Euch alle, die Ihr jung seid"

Schon am 24. Januar 1956 lag dem Politbüro ein „Paket" von Beschlußentwürfen zur Jugendfrage vor. Dabei handelte es sich um einen Parteibeschluß mit dem Titel „Der Jugend unser Herz und unsere Hilfe" und um Materialien für die Tagung des Zentralrats der FDJ, wobei besonders der Ruf „An Euch alle, die Ihr jung seid" hervorgehoben werden soll.

Sie waren die zusammengefaßte Antwort auf die in der Diskussion aufgeworfenen Fragen über die weitere Gestaltung der Jugendpolitik der SED und der FDJ-Arbeit. Sie berücksichtigten sowohl die Aussagen Walter Ulbrichts und Albert Nordens, herangereifte Erkenntnisse, auch aus den „Experimenten", und die wiederholt geäußerte Meinung Karl Schirdewans. Insofern ist eine personifizierte Urheberschaft nicht auszumachen. Für alles zeichnete Karl Schirdewan gleichermaßen verantwortlich. Die Zuständigkeiten waren verteilt. Der Politbürobeschluß wurde vor allem vom Sektor Jugend des ZK unter Leitung von Horst Schumann, der „Ruf" von Joachim Herrmann, Chefredakteur der „Jungen Welt", und Sekretären des Zentralrats und zwei weitere Beschlußentwürfe für die Zentralratstagung – einen zur Festigung des Verbandes und einen zu den Aufgaben der FDJ nach der Schaffung der Nationalen Volksarmee (NVA), welche von der Volkskammer der DDR am 18. Januar beschlossen worden war – unter der Regie von Werner Felfe, dem 2. Se-kretär verfaßt. Die Schlußredaktion hatte Karl Schirdewan.

Die Behandlung der vorgelegten Materialien erfolgte im Politbüro sachlich, und ihnen wurde einmütig zugestimmt. Dies hervorzuheben ist mir deshalb wichtig, da heutige Interpreten die Meinung vertreten, es gäbe einen Gegensatz zwischen den beiden Hauptdokumenten, die auf Meinungsverschiedenheiten in der Parteiführung zurückzuführen seien. Das ist ein Irrtum.

Was stand in den Papieren?.

In „Der Jugend unser Herz und unsere Hilfe" finden sich die schon bekannten Aussagen über die Schlüsselrolle der Überzeugung der Jugend von der sozialistischen Perspektive und der Klarheit über die Grundfragen der Politik, die Verantwortung aller Erziehungsträger für die Herausbildung von Positionen des Patriotismus und des Internationalismus, die Mobilisierung der Jugend zu hohen Leistungen bei der Arbeit, dem Lernen und Studieren und dem militärischen Schutz der DDR, die Berücksichtigung der Wünsche und Interessen der Jugend nach mehr Wissen, sportlicher und kultureller Betätigung, nach Abenteuern, Fahrten u. a. Freizeitbetätigungen wieder.

Aus der langen Reihe früher gefaßter Beschlüsse zur Jugendpolitik der SED ragt er vor allem durch zwei Merkmale hervor.

Er verdient wirklich das Prädikat „Parteibeschluß", denn er hat in erster Linie die Verantwortung der Leitungen, Organisationseinheiten und Mitglieder der SED – und nicht wie bisher vorrangig die der FDJ – zum Inhalt.

Meines Wissens werden erstmalig die wesentlichen Ursachen für den unbefriedigenden Stand der Wirkung der Partei- und FDJ-Bestrebungen in der ungenügenden Arbeit der Partei gesehen und benannt. Noch sei die „Partei in ihrer Gesamtheit nicht durchdrungen von der Erkenntnis der absoluten Notwendigkeit und vom Willen, täglich und stündlich auf allen Wegen und mit allen geeigneten Mitteln, mit allem Verständnis und aller Hingabe auf die Entwicklung des Bewußtseins der Jugend einzuwirken, die heranwachsende Generation zu neuen, sozialistischen Menschen zu erziehen, zu Menschen mit hoher Arbeitsmoral, starkem Staatsbewußtsein, unbeugsamer Vaterlandsliebe und Verteidigungsbereitschaft, zu kulturvollen, gebildeten, bescheidenen Menschen, die Vorbild im gesellschaftlichen und persönlichen Leben sind". Die Verwirklichung eines solchen Programms der patriotischen Erziehung – und das unter dem verschärften Ringen auch des Klassenfeindes um die Herzen und Hirne der jungen Generation – erfordert zwingend die Konsequenz, eine rasche „Wendung der gesamten Partei zur Jugend hin" zu vollziehen und sie für die Erziehung der Jugend zu mobilisieren.

Nachfolgend enthält der Beschluß einen ganzen Katalog verpflichtender Aufgaben für alle Ebenen der SED und die Mitglieder, vor allem auch in den staatlichen, wirtschaftsleitenden Organen und in den Leitungen aller Massenorganisationen.

Ein zweites beachtenswertes Merkmal sehe ich darin, daß von der allgemeinen Einschätzung, die jetzt lebenden Mädchen und Jungen zur ersten deutschen Generation gehören, die in einem Arbeiter- und Bauernstaat aufwächst, der Versuch unternommen wird, eine differenzierte Darstellung der Lage der unterschiedlichen sozialen Schichten und arbeitenden oder lernenden Gruppen vorzunehmen. Daraus ließen sich konkretere Schlüsse für die politisch-ideologische Arbeit und die Interessenvertretung ableiten. Dies wurde zu einem Anliegen aller Kräfte der Gesellschaft erklärt.

Mit dem Beschluß wurde auch die Antwort auf die Frage nach der Rolle und dem Platz der FDJ gegeben. Es gab keine Herabminderung, keine Teilung der Verantwortung, sondern vielmehr eine besondere Hervorhebung des Jugendverbandes. Seinen Ausdruck findet das in der Passage des Beschlusses, in der es heißt: Die „Entwicklung junger Menschen zu nützlichen Gliedern der sozialistischen Ge-sellschaft besteht am besten in der FDJ. Ihr widmet die Partei ihre ganze Hilfe, weil sie die Schule der Demokratie und des Sozialismus für die junge Generation Deutschlands ist. Die FDJ ist der nächste Helfer und die Reserve der Partei für die Heranbildung neuer bewußter Parteimitglieder."

Der Sinn dieses Politbürobeschlusses war es, eine grundsätzliche Orientierung für die Jugendpolitik zu geben und die zu ihrer Lösung erforderlichen Maßnahmen zu treffen.

Der darauffolgenden Zentralratstagung war die Aufgabe gestellt, sich direkt an die Jugend zu wenden und die innerverbandlichen Voraussetzungen für die Verstärkung ihres Masseneinflusses zu verbessern. Der „Ruf" sollte einen Brückenschlag von der Vorhut der jungen Generation zu den noch nicht in der FDJ organisierten Jugendlichen sein.

Nur wenn man das bedenkt, versteht man das unterschiedliche Herangehen in Inhalt und Stil des Rufs „An Euch alle, die Ihr jung seid" zu „Der Jugend unser Herz und unsere Hilfe". Die grundsätzliche Übereinstimmung beider Dokumente erweist sich am ehesten, wenn danach gefragt wird, was der Zentralrat der Jugend eigentlich anbietet. Er ruft zur Diskussion über den Sozialismus, die Perspektive der deutschen Jugend, über Recht und Unrecht in Geschichte und Gegenwart des deutschen Volkes und zu anderen interessierenden Themen. Er ruft dazu auf, „das Neue mit neuem Schwung" zu erbauen und gemeinsam eine sinnvolle Freizeit zu gestalten. Er ruft dazu auf, Jugendausschüsse zu bilden und an der Planung ihrer Veranstaltungen aktiv teilzunehmen.

Bewußt verzichtet der „Ruf" auf in FDJ-Beschlüssen gängige Termini, wie „Propaganda des Marxismus-Leninismus und Agitation über Grundfragen der Politik", und vermeidet, von der Absicht der patriotischen Erziehung zu sprechen, obwohl dies das Ziel blieb. Die Sprache sollte gewinnend sein und nicht den Eindruck vermitteln, daß jetzt die FDJ kommt, um zu erziehen. Das hätte keine Brücken schlagen, sondern nur neue Barrieren errichten können.

Nun interpretieren manche zeitgenössischen Historiker den Politbürobeschluß als Ausdruck des „Dogmatismus des sturen Ulbricht", dagegen der „Ruf" die liberalere Auffassung und eine „weiche Linie" Karl Schirdewans sei. Die Vorgeschichte paßt nicht in dieses vorgefertigte Klischee. Diese Sicht widerlegt Karl Schirdewan selbst mit seinem Diskussionsbeitrag auf der 12. Zentralratstagung. Er sprach dort zu den Absendern des „Rufs" und zu den Anforderungen an das Aktiv des Verbandes, die sich aus ihm für sie ergeben. Leiten ließ er sich dabei von dem Leninschen Grundsatz: „Je breiter unsere Bewegung, um so fester muß die Organisation sein."

Er sah die Entwicklung breiter Formen der Jugendarbeit nicht als Zweck, sondern als ein Mittel, dem höheren Zweck, dem Sozialismus, mit neuem Schwung unter Einbeziehung aller Kräfte zu entsprechen.

Karl Schirdewan dazu wörtlich: „Wir müssen sehr breit auftreten, müssen viel Rücksicht nehmen auf das Niveau mancher Schichten der Jugend, dürfen sie zuerst nicht überfordern, dürfen nicht die grundsätzlichen Fragen an den Anfang stellen, sondern müssen dort anknüpfen, wo uns die Jugend versteht."

Das ist für ihn nicht der End-, sondern lediglich der Ausgangspunkt.

Er betont: „Die Liebe zu neuen Formen, die Liebe zum Jazz, das sind alles sehr interessante Sachen, es ist aber noch nicht die Liebe zur proletarischen Ideologie." Deshalb erhob er die Forderung, dafür zu sorgen, „daß die Antwort, die wir geben, immer einen prinzipiellen Kern enthält und immer in die Richtung der Weckung des Enthusiasmus, der Weckung des Gefühls der Sicherheit, der Weckung der Perspektive geht, dann ist die Sache gewonnen."

Deshalb gehe es in der FDJ darum, sich den Marxismus-Leninismus anzueignen und ein festes, ideologisch standhaftes Aktiv zu schaffen. Ein solcher fester Kern des Verbandes sei „die große organisatorische Kraft, die Euch alles sichert und alles garantiert, daß alles zu unseren Gunsten und unserem Erfolg der Arbeiterklasse ausschlägt". Er erwartet von den Verbandsaktivisten, daß sie keine Träumer vom Sieg des Sozialismus bleiben, sondern Kämpfer dafür werden.

Freilich, nimmt man solche Standpunkte nicht zur Kenntnis, dann kommt man unweigerlich zu Fehlurteilen oder zu gewollten Ent- oder Unterstellungen. Liest man, daß „Schirdewan noch die Macht hatte, seine Vorstellungen gegen Walter Ulbricht durchzusetzen, da die von ihm verkündete Linie völlig den Intuitionen Ulbrichts widersprachen", so dient dies vorgefaßten Urteilen und nicht der Wahrheitsfindung. Wer also zu diesem Zeitpunkt tiefe Meinungsverschiedenheiten in der SED-Führung ausmacht, dem kann man nur empfehlen, die jugendpolitischen Reden sowohl von Ulbricht, wie auch von Schirdewan erneut zu lesen. Auch das Vordatieren späterer Ereignisse führt zu keinem anderen Schluß.

In den nächsten Wochen und Monaten standen die Beschlüsse auf dem unerbittlichen Prüfstein Praxis. Die Resultate fielen mager aus. Dies nicht zuletzt deshalb, weil die realen objektiven und subjektiven Voraussetzungen für die Gewinnung der ganzen jungen Generation für den Sozialismus nicht gegeben waren. Dazu kamen die sich überschlagenden politischen Ereignisse auf der internationalen Bühne.

Das waren geistige und praktische Einschnitte in der sozialistischen und kommunistischen Weltbewegung und des Weltfriedens.

Die FDJ in den Turbulenzen des Jahres 1956

Das markanteste Ereignis, das die Haltung und das Leben der Jugend stark beeinflußte, war der XX. Parteitag der KPdSU und in seinem Gefolge schwere Erschütterungen des Sozialismus in Polen und Ungarn sowie die Aggression Großbritanniens, Frankreichs und Israels gegen Ägypten.

Es entwickelte sich die reale Gefahr des Übergangs des Kalten Kriegs in einen „heißen".

Für die SED brachte die Entlarvung der Verbrechen Stalins durch Nikita Chruschtschow auf dem Parteitag der sowjetischen Kommunisten und die danach einsetzenden heftigen Auseinandersetzungen in den Bruderparteien eine schwere Belastung und eine harte Prüfung mit sich. Es ging dabei nicht nur um die Sicherung ihrer führenden Rolle in der Gesellschaft, sondern um den Bestand der DDR.

Die Parteiführung war von den Enthüllungen über Stalins Verbrechen völlig überrascht worden, nicht aber von den Tatsachen. Viele Funktionäre der Führung, die in der sowjetischen Emigration waren, wußten von Stalins verhängnisvoller Machtpolitik, sprachen aber nicht darüber. Aber sie mußten reagieren, und das sehr schnell, zumal die westlichen Medien ein regelrechtes Trommelfeuer eröffneten und bald die „Geheimrede Chruschtschows" in Umlauf brachten.

Für die SED-Mitglieder blieb sie geheim, und nur tröpfchenweise erfuhren sie davon.

Als ich durch unsere Delegierten, die an der 3. Parteikonferenz der SED teilgenommen hatten, den Umfang dessen erfuhr, was in einer geschlossenen Sitzung dazu verlesen worden war, erschien mir das Gehörte einfach unmöglich, unglaublich.

So ging es der Mehrheit der Parteimitglieder, den Funktionären und Mitgliedern des Verbandes, vielen Bürgern, die in Freundschaft mit der Sowjetunion verbunden waren. Es führte zu tiefen Erschütterungen und unzähligen Fragen und Diskussionen.

Damit fertigzuwerden, war für mich und für viele andere nicht leicht. Eine echte Hilfe gab uns in dieser Situation Karl Schirdewan, der in einer Parteiversammlung versuchte, den Mitarbeitern des Zentralrats Zusammenhänge zu erklären. Er wertete die Vorgehensweise der KPdSU-Führung in „einem historisch großen Augenblick prinzipiell, kritisch und kühn die gesamte Tätigkeit der Partei seit Lenins Tod einer Prüfung zu unterziehen und tiefgreifende Veränderungen vorzunehmen", als einen mutigen Schritt. Er riet uns, sich sehr einfühlsam zu den Fragen der Jugendfreunde über das komplizierte Thema „Personenkult um Stalin" zu verhalten. Seine Würdigung der Rolle und der Person Stalins als einen „klugen und erfahrenen Marxisten, der sich vor, während und nach der Oktoberrevolution große Verdienste erwarb", linderte den Schmerz und nagenden Kummer. Er brachte in Erinnerung, daß unsere Anerkennung und Achtung für August Bebel, Karl Liebknecht und Rosa Luxemburg nicht geschmälert werden durch die Irrtümer, die sie begingen. Bei Stalin gelte es Fehler aufzudecken, die uns hemmen.

Für uns deutsche Kommunisten war nicht Stalin nicht nur eine Person, unser Lehrer, sondern die Partei. Unsere Lehre war und ist der Marxismus-Leninismus. Das gilt es auch unter der Jugend zurechtzurücken. In der Leitung der Partei geht es nicht um eine Person, nicht um einen Marxisten. Der Kompaß ist das große Kollektiv der Partei. Dazu muß man kühl und sachlich Haltung beziehen. Unsere Stellung zur Persönlichkeit in der Geschichte gewinnt erst den richtigen Maßstab in Verbindung mit den Leistungen der Partei und der Volksmassen. Es gilt ein Verhältnis herzustellen, das vom Vertrauen zu den führenden Persönlichkeiten ausgeht, aber zugleich auf Vertrauen zur Partei als Ganzes beruht.

Ich lasse diese Ausführungen wertungsfrei im Raume stehen, vermitteln sie uns doch damals den Versuch einer Argumentation.

Auf alle Fälle war sie aufschlußreicher als die labidare Feststellung Walter Ulbrichts, „Stalin war kein Klassiker des Marxismus-Leninismus". War das noch dem erfahrenen Genossen einleuchtend, so machten seine Ausführungen auf der Bezirksdelegiertenkonferenz der SED Berlin vom 16. bis 18. März sehr betroffen. Faktisch lastete er den jungen Genossen die Verantwortung dafür an, daß sie eifrig Stalin studiert hatten und die Stalin-Biographie besser kennen würden als alle Mitglieder des Politbüros zusammen genommen, daß sie im Parteilehrjahr bestimmte Dogmen auswendig gelernt hatten, die nicht mehr zum Leben paßten. Die Empfindungen vieler Genossen auf eine derartige Sichtweise artikulierte der Schriftsteller und ZK-Mitglied Willi Bredel in seinem Diskussionsbeitrag auf der 3. Parteikonferenz der SED (24. bis 30. März 1956).

Bei ihm habe – im Unterschied zu den Zuhörern auf der Berliner Konferenz – diese Passage der Rede Walter Ulbrichts keine „Heiterkeit" ausgelöst, wie das das „Neue Deutschland" vermerkt hatte. Er wolle eine andere Frage stellen:

„Wenn unsere jungen Genossen Stalin Seite für Seite und Wort für Wort in sich aufgenommen haben, ist es dann ihre – und zwar ihre alleinige Schuld? Ist es nicht auch und vor allem unsere Schuld, die der älteren Genossen? ... Wir sollten, so meine ich, jetzt weniger die jungen Genossen dafür auslachen, sondern etwas mehr Selbstkritik üben."

Aber Selbstkritik war in der Parteiführung nicht gefragt und Willi Bredel wurde ob seines „gegen-den-Stachel-löcken", gleich am nächsten Tag auf der ZK-Tagung zurechtgewiesen.

Das wirft ein bezeichnendes Licht auf das Herangehen der SED-Führung an unangenehme Vorgänge. Man wollte schnell von diesem brisanten Thema wegkommen und zur Tagesordnung übergehen. Bestimmend und keinen Widerspruch duldend, erklärte Walter Ulbricht vor dem ZK:

„Wir werden nicht über die Fragen der geschlossenen Sitzung des XX. Parteitags berichten, wie wir überhaupt keine Parteiinformation über diese Frage durchführen wollen. Es liegt gar kein Grund dafür vor."

Keine Fehlerdiskussion – Lösung bestehender Probleme im Vorwärtsschreiten! Und das hieß, die Aufgaben zu verwirklichen, die die Parteikonferenz auf volkswirtschaftlichem Gebiet und zur Entwicklung der sozialistischen Demokratie gestellt hatte.

Notwendig anerkannte Veränderungen galt es „ohne große Störungen in der Republik und ohne Verletzung der Einheit der Partei" durchzuführen.

Das konnte für die Arbeit unter der Jugend nicht ausreichen, und es reichte vielen Jugendlichen nicht, um Antwort auf ihre berechtigten Fragen zu finden.

Es war zutreffend, was Kurt Hager, Sekretär des ZK, sagte, daß die Jugendlichen in eine psychologische Krise mit den Enthüllungen über Stalin geraten seien.

Für Hunderttausende drehte es sich ja nicht nur darum, daß sie die Stalin-Biographie studiert hatten oder zu denen gehörten, die eine der vielen Gruß- oder Glückwunschadressen an Stalin unterschrieben hatten, sondern darum, daß sie als Aktivisten der FDJ mit entsprechenden Unterschriftenlisten von Mann zu Mann gegangen waren und aus Überzeugung dafür geworben hatten. Sie glaubten, was sie sagten, sie sahen in Stalin den „Lenin von heute", den „weisen Führer der Völker, des Weltproletariats und der Friedensbewegung", unseren „Lehrer und unseren Vater".

Wie viele hatten, wie ich auch, vor drei Jahren bei seinem Tode mit Tränen in den Augen und Trauer im Herzen an seinem Bildnis Ehrenwache gehalten und ihm ewige Treue gelobt? Das sollte jetzt alles mit einer Handbewegung weggewischt werden? Das war mir und vielen anderen nicht möglich.

Bei der Arbeiter- und Landjugend ging die Rechnung der SED scheinbar auf, aber unter den Studenten begann es zu brodeln. Sie ließen sich mit allgemeinen Reden nicht abspeisen. Sie wollten es genauer wissen.

Ihre Fragen nach den Ursachen des Personenkults stießen vor bis zu gesellschaftlichen Ursachen im System des Sozialismus und zur Lehre von der „Partei neuen Typus", wie sie unter Stalin praktiziert worden war. Zu einem dominierenden Thema wurde die Rolle der Demokratie in Partei und Staat. Die vom XX. Parteitag vorgenommene Korrektur bestimmter theoretischer Leitsätze und früherer politischer Entscheidungen wurde weniger als neue wissenschaftliche Erkenntnis als vielmehr eine Korrektur von Fehlern einer „unfehlbaren Partei", der KPdSU, gesehen. In Frage gestellt wurde damit die Unfehlbarkeit des Marxismus-Leninismus, der „einzig wissenschaftlichen Lehre von den Gesetzmäßigkeiten der

Entwicklung in Natur und Gesellschaft". Gläubigkeit und Vertrauen wurden nicht nur zur sowjetischen Partei und in die sowjetische Politik erschüttert, sondern ebenso in die SED. Hatten sie von der 3. Parteikonferenz eine Bewertung der SED-Politik in der Stalinära erwartet und eine selbstkritische Haltung der deutschen Protagonisten dieser Politik, vor allem von Walter Ulbricht, zu hören gewünscht, so sahen sie sich bitter enttäuscht. Mit zunehmender Deutlichkeit und Hartnäckigkeit verlangte man seine Ablösung.

Ein Brief mit dieser Forderung war von Studenten der TH Dresden an das ZK gesandt worden. Die Reaktion darauf: Typisch für die Verspießerung, mangelndes Vertrauen in die führende Kraft des Arbeiter- und Bauernstaates, der für sie alles tut.

Natürlich hatte sich die Hochschulgruppenleitung der FDJ damit zu befassen. Ich erlebte in der Beratung, wie ernsthaft um eine Position dazu gerungen und nach einem Weg gesucht wurde, wie man unter der Studentenschaft in die Offensive gehen kann. Das Aktiv der FDJ wurde mobilisiert. Eine Aktivtagung dazu verlief stürmisch. Meine Argumente für Ulbricht stießen auf Gegenargumente. Aber wir setzten uns durch. Als Verbündete versuchten wir die Assistenten, die der FDJ angehörten, zu gewinnen. In einer gut besuchten Veranstaltung reagierten sie auf entsprechende Appelle recht kühl, um nicht zu sagen, abweisend.

Eine langwierige Auseinandersetzung war unumgänglich.

Die FDJ war, und nicht nur an der TH Dresden, in ideologischer Hinsicht gefordert, wie selten zuvor. Sie war dem nicht gewachsen. Das Aktiv des Verbandes verhielt sich weitestgehend passiv und stand auf Grund fehlender Informationen den Attacken ihrer Freunde oft hilflos gegenüber. So blieb es Parteifunktionären überlassen, sich mit diesen auseinanderzusetzen. Das führte erneut zu scharfer Kritik an der FDJ. Sehr deutlich, ja ungehalten äußerte sie Otto Grotewohl auf einem Studentenforum der Humboldt Universität am 27. April 1956. „Ich bin mit der Arbeit der FDJ unter den Studenten nicht zufrieden. ... Sie scheint mir ein gemütlicher Verein zu sein. ... Die FDJ müßte doch hier an der Universität ein führender Kern für Eure politische Arbeit sein. ... Statt dessen muß ein alter Mann hierher kommen und Euch das erzählen. Das ist kein gutes Zeichen." Was für ein gutes Zeichen aber wäre es gewesen, das Aktiv wenigstens, gar die ganze FDJ mit ausreichenden Informationen zu versorgen! Auch hier Kritik und Schuldzuweisung an andere, anstelle Selbstkritik an die eigene Adresse.

Mitten in diese Diskussion über den XX. Parteitag der KPdSU und die Auswertung der 3. Parteikonferenz der SED platzte eine Anordnung des Staatssekretariats für das Hochschulwesen mit einem de facto Verbot von Westreisen der Studenten in ihren Sommerferien. Anlaß dazu waren die Bewerbungen für entsprechende Reisegenehmigungen, die drohten, die beachtlichen Zahlen des Vorjahres – da waren es 4600 Studenten und etwa 20 % der Oberschüler – zu übersteigen.

Sie wirkte wie Öl ins Feuer gießen. Wieder war es die TH Dresden, an der die Proteste dagegen zuerst und am massivsten aufflammten. Nach einer heftigen Protestversammlung zogen einige Hundert vor das Rektorat und forderten die Rücknahme der Anordnung. Die Wellen schlugen hoch, und ich war erneut in die Bestrebungen, die „Lage zu klären", hineingezogen. Überall mußten sich die FDJ-Aktivisten heftig geführten Diskussionen stellen. Ihre Überzeugungskraft war begrenzt. Da half uns eine Mitteilung, daß in Westdeutschland für die ostdeutschen Kommilitonen finanzielle Mittel bei ihrem Aufenthalt in der BRD bereitgestellt würden. Nun war die Absicht klar: „Abwerbung angehender Fachkader, Gewinnung für Spionage- und Agententätigkeit." War manches auch aufgebauscht, so war es doch nicht völlig von der Hand zu weisen. Immerhin wird nach westlichen Quellen der Abgang von 2700 Professoren, Dozenten und Lehrbeauftragten sowie von 32 000 bis 35 000 Studenten bis zur Schließung der Grenze angegeben.

Überzeugend wirkten diese Argumente gegen die geplanten Westreisen allerdings kaum. Die Auflehnung der Dresdner Studenten und das Bemühen der SED-Führung, es nicht zu einer Ausweitung demonstrativer Aktionen kommen zu lassen, führte zu einem schrittweisen Rückzug: von politischen auf administrative Maßnahmen und schließlich zur stillschweigenden Aufhebung.

Die Vorgänge an der TH Dresden hatten auf der Delegiertenkonferenz der SED im Dezember noch ein Nachspiel. Ich erwähne es wegen der Rolle, die dabei Karl Schirdewan spielte. Der Prorektor für Studentenangelegenheiten, Genosse Turski, der die größte Last in der Angelegenheit Westreisen zu tragen hatte, erklärte dort die Notwendigkeit der ideologischen Auseinandersetzung und der Prüfung jedes Antrags auf Exmatrikulation von Studenten. Karl Schirdewan äußerte sich dazu: „Was heißt hier prüfen? Erst wird exmatrikuliert, dann kann man prüfen!" Diese Worte kommen mir immer wieder in den Sinn, wenn ich etwas über den liberalen Schirdewan höre oder lese.

Obwohl in diesem Jahr die Aktion gegen die Westreisen mit einem Rückzieher der Initiatoren endete, so brachte sie doch gewisse Ergebnisse in einer ganz anderen Richtung: Die Diskussionen unter den Studenten erhielten einen anderen Drall. Anstelle über KPdSU und SED, über Stalin und Ulbricht traten Diskussionen über das deutsch-deutsche Verhältnis, die Heimtücke Adenauers und seines Ministers für gesamtdeutsche Fragen, Jakob Kaiser, in den Vordergrund. War das so gewollt? Oder sollte es neue Akzente für eine Änderung der „gesamtdeutschen Arbeit" von SED und FDJ setzen?

Beides kann angenommen werden. An die Stelle geförderter Einzelkontakte von DDR-Bürgern zu Bürgern in der BRD wurde der „verstärkte organisierte Kampf" gesetzt. Dies ergäbe sich, so Erich Glückauf, Abteilungsleiter für die Westarbeit im ZK der SED, nach NATO-Mitgliedschaft, neuer Wehrgesetzgebung und KPD-Verbot in der BRD. Erforderlich sei nun der „Volkskampf gegen das Adenauer-Regime".

Das sollte die Westarbeit der FDJ gegenüber den verschiedenen Jugend- und Studentenorganisationen nachhaltig beeinflussen.

Unter der Losung des Kampfes gegen den Dogmatismus, zu dem die SED-Führung aufgerufen hatte, startete Prof. Dr. Robert Havemann eine Attacke gegen eine traditionelle Form der politisch-ideologischen Arbeit der FDJ, gegen die Bedingungen zum Erwerb des „Abzeichens für gutes Wissen". Er entfachte in der „Jungen Welt" eine Diskussion unter dem Thema „Wer ist der Beste?", bei der er eine rigorose Veränderung der Bedingungen für den Erwerb des „Abzeichens für gutes Wissen" forderte. Anstelle poli-

tischer Fragen sollten in Zukunft solche auf naturwissenschaft-
lich-technischem Gebiet gestellt werden. Das lief auf eine Entpoliti-
sierung der FDJ hinaus. Da sich die Vorschläge mit Behauptun-
gen, wie, die bisherigen Bedingungen seien geschaffen „für Un-
freie und Nichtehrliche, die keine eigene Meinung haben, für Kar-
rieremacher, Nachplapperer und Unehrliche, die schnell eine hand-
voll Phrasen auswendig lernen und sich sonstige Vorteile verschaffen", verbanden, richteten sie sich gegen die Sache als solche. Das
„Abzeichen für gutes Wissen", 1950 geschaffen, hatte durchaus
einen Sinn, und Zehntausende ehrlicher und nichtkarrieristischer
Funktionäre und Mitglieder der FDJ waren durch die Bedingungen
an das Lesen von Büchern, marxistisch- theoretischen, schöngeisti-
gen und anderen überhaupt erst herangeführt worden. Sicherlich
waren die Prüfungen nicht frei von Routine und Schematismus,
aber sie reichen für die Beschimpfung derer, die das Abzeichen
bisher erworben hatten, wahrlich nicht aus. Trotz des hohen Ansehens des Professors als Mitglied der SED, als mutiger antifaschistischer Widerstandskämpfer und als Mitglied des Redaktionskollegiums der populärwissenschaftlichen Zeitschrift des Zentralrats
der FDJ „Wissenschaft und Fortschritt", das er zu dieser Zeit noch
dominierte, konnten wir uns im Sekretariat des Zentralrats diesen
Ideen nicht anschließen. Und wie ich heute noch meine, aus gu-
tem Grund und zurecht.

Eine Attacke ähnlicher Art starteten auf dem „II. Kongreß Junger Künstler" Ende Juni vier Schriftsteller. Ihr Diskussionsbeitrag
in „vier Akten" kann als Widerspiegelung der unter Künstlern
und Kulturschaffenden anzutreffenden „Schwankungen und Auf-
weichungen" gewertet werden. Heinz Kahlau, Manfred Bieler, Jens
Gerlach und Manfred Streubel nutzten die Tribüne vor den versammelten jungen Künstlern und Kunststudenten, ihre abweichen-
den Positionen zur Politik in der DDR darzulegen. Unter Berufung auf seinen polnischen Kollegen Jan Kott führte Heinz Kahlau
u. a. aus:

Der Sozialismus sei ein Regime der „Mythen und der Inquisi-
tion". Wir in der DDR hätten „alles verloren, was unser revolutionärer Geist ist", sie erkenne nicht mehr die Wahrheit, der Sozialismus sei billigen Scheinwahrheiten geopfert worden. Es herrschten

und herrschen noch Absolutismus und Mythologie, die von den Menschen Gehorsam, Gläubigkeit und Anbetung abverlange und es dementsprechend kei-ne praktische und geistige Freiheit geben kann. Es sei ein Zustand eingetreten, der unschöpferisch und deshalb kunstfeindlich sei.

Kunst brauche geistige Freiheit und Toleranz. Da die Arbeiterklasse verspießere und dem stärker werdenden Kleinbürgertum erläge, sei Gewissen und Verantwortung nur von denjenigen zu erwarten, deren Existenz von der geistigen Freiheit abhängt. Das seien im stärksten Maße die Künstler. Revolutionär kann daher nur sein, wer nicht zu den Zweifeln, Fehlern, Erfolgen und Leistungen seiner Zeit schweigt. Auf dieser politisch-ideologischen Basis agierten auch die anderen drei.

Aber es zeugt von der politisch-ideologischen Verfassung der Teilnehmer am Kongreß, daß sie hingenommen wurden und die Auseinandersetzung mit derartigen Ansichten dem Sekretär des ZK der SED, Paul Wandel, und dem Vorsitzenden des Kongresses, dem Zentralratsmitglied Konrad Wolf, später Präsident der Akademie der Künste, überlassen blieb. Nicht merkwürdigerweise traten Kritiker um so eifriger in den Wandelgängen von Parteigebäuden auf. Das Auftreten der Künstler gegen die politische Linie der SED und der FDJ war gepaart mit berechtigter Kritik an ihrer Arbeit unter den jungen Intellektuellen und mit Vorschlägen und Forderungen zu ihrer Behebung. Der Zentralrat kam manchen davon nach und gab zum Beispiel eine spezielle Zeitschrift, die „Junge Kunst" heraus. Auch die Berliner Verbandsleitung und Hans Modrow engagierten sich verstärkt und riefen den „Klub junger Künstler" ins Leben. Ihm war jedoch keine lange Existenz beschieden, da sich die Diskussionen stark auf dem Niveau der „Vier" bewegten. Diese rebellischen Positionen, die im Klub vertreten und verbreitet wurden, können bei den über diesen Kongreß und den Klub angestellten Betrachtungen nicht außeracht gelassen werden. Wenn auf der 20. Zentralratstagung im März 1958 Hans Modrow deshalb zur Selbstkritik aufgefordert wurde, dann nicht, weil er sich in Fragen der Kultur und Kunst „zu weit aus dem Fenster gelehnt" habe. Es ging schon um inhaltlich prinzipiellere Fragen im Umgang mit solchen Auffassungen junger Künstler..

Dies gab den Rahmen ab für die 13. Zentralratstagung, die zur gleichen Zeit in Rostock zusammentrat.

Das Sekretariat nahm eine kritische Beurteilung der bisherigen Ergebnisse nach dem Beschluß „Der Jugend unser Herz und unsere Hilfe" sowie vor allem des Rufs „An Euch alle, die Ihr jung seid" vor, ging aber auf die politischen Ereignisse der vergangenen Monate nicht ein. Sie wurden im „Vorwärtsgang" unter dem Titel „Denken und leben für den Sozialismus" gewissermaßen abgehakt.

Mit der Entschließung wurden die ideologischen Eckpunkte der zukünftigen Arbeit abgesteckt. Das war von prinzipieller Bedeutung. Diesen Sinn erkannten manche Mitglieder des Zentralrats nicht, oder akzeptierten ihn nicht.

Wie auch immer, jedenfalls polemisierten vor allen Dieter Schmotz, Mitglied des ZK und des Kollegiums der „Jungen Welt", und Hans Modrow dagegen. Was konkreteres, abrechenbareres wurde gesucht. Die Entschließung wurde jedoch einmütig gebilligt.

Im Zusammenhang mit der späteren Bewertung der Jugendpolitik der Parteiführung und der FDJ-Arbeit in diesem Zeitabschnitt halte ich einen Fakt für beachtenswert. Diese Entschließung wurde in Vorbereitung der Entscheidung über den sozialistischen Charakter der FDJ von Walter Ulbricht als vorbildliche Grundlage angesehen. Dabei muß man wissen, daß ausgerechnet dieses Papier vorher nicht in der Parteiführung abgesegnet worden war. Die Verantwortung dafür hatte einzig und allein Karl Schirdewan übernommen. Wo waren damals „zwei gegensätzliche Linien in der Jugendpolitik"? Der Gleichklang der Sichten von Ulbricht und Schirdewan findet auch seine Bestätigung in Ausführungen Walter Ulbrichts auf einem Jugendforum nur wenige Tage danach in Rostock. Zwei Jahre später, bei der „Abrechnung mit dem Opportunismus Schirdewans" erinnerte sich daran allerdings niemand mehr.

Mit dem zu Ende gehenden Sommer kehrten die Studenten in die Hörsäle der Universitäten und Hochschulen zurück. Eingedenk der Diskussionen im Frühjahr, richtete das Sekretariat des ZK Anfang September einen Brief an die Parteileitungen der Universitäten und Hochschulen mit der Aufforderung, „das Verhältnis jedes einzelnen Genossen zur Partei so zu vertiefen, daß er in jeder

Situation für unsere Sache kämpft". Gleichzeitig wurden sie aufgefordert, sich im besonderen Maße für die Entwicklung des FDJ-Lebens unter den Studenten verantwortlich zu fühlen und dem Jugendverband größtmögliche Unterstützung zu gewähren. Das war auch gerade zu Beginn eines neuen Studienjahres besonders geboten, da durch den Übergang in neue Semester viele FDJ-Leitungen erst wieder konstituiert werden mußten. Die Labilität kommt auch in den Zahlen zum Ausdruck: Von 105 Leitungen der Grundeinheiten waren 36 und von 1608 Gruppen 513 nicht arbeitsfähig.

Wie zu erwarten, flammten die alten Diskussionen über die nicht geklärten Fragen sofort wieder auf. Sie waren angereichert mit den mitgebrachten Westerfahrungen, aber auch durch die Entwicklungen in Polen und Ungarn. Dort hatte es nach dem XX. Parteitag der KPdSU eine gewisse Liberalisierung im politisch-geistigen Leben gegeben, die mit Sympathie aufgenommen wurde. Gleichzeitig hatten sich die Ereignisse in Poznań Ende Juni herumgesprochen, wo es zu schweren Zusammenstößen zwischen streikenden Arbeitern und den bewaffneten Kräften der Staatsmacht gekommen war. Es floß Blut, und es gab Tote. Das erregte nicht wenige Kommilitonen. Aus Ungarn kam die Nachricht von der Ablösung des „ungarischen Stalin", Mátyás Rákosi, und von den Diskussionen in den vom ungarischen Jugendverband gebildeten „Petöfi-Klubs" und den dort erhobenen Forderungen einer grundsätzlichen Änderung der Politik.

Angesichts dieser Vorgänge in sozialistischen Ländern und des zunehmenden Drucks aus westlichen Hemisphären drohte der SED ein „Zwei-Fronten-Krieg". Außerdem konnten dadurch auch in der DDR Geister gerufen werden, die ihre Unzufriedenheit mit der Politik der SED artikulieren und zu unberechenbaren Aktionen schreiten würden. Insofern barg die Lage ein Gefahrenpotential für die Führung und den sozialistischen Weg.

Zunächst verliefen die Diskussionen zwar schärfer als im Frühjahr, aber unspektakulär. Eine jähe Zuspitzung trat im Zusammenhang mit einem Plenum des ZK der Polnischen Vereinigten Arbeiterpartei vom 19. bis 21. Oktober 1956 ein. Die alte Parteiführung wurde abgelöst und Wladislaw Gomułka übernahm die

Führung. War schon die Tatsache, daß der ehemalige, verurteilte und verhaftet gewesene Generalsekretär wieder eingesetzt wurde, sensationell, so erregte der Umstand, daß der erfolgreiche Heerführer der Roten Armee Rokossowski, gebürtiger Pole, maßgeblich beteiligt an der Befreiung Polens, als Verteidigungsminister Polens abgesetzt wurde, allergrößte Aufmerksamkeit. Gomułka hatte mit seiner Rede weitgehende Reformen angekündigt. Die Westmedien stürzten sich darauf und berichteten darüber in großer Aufmachung, auch mit der Absicht, DDR-Wirkung zu erreichen.

Die SED schwieg sich darüber – wie gehabt – aus. Nur die „BZ am Abend" hatte in Berlin Auszüge abgedruckt. Schon ausgelieferte Exemplare wurden wieder eingezogen. Das ging wie ein Lauffeuer durch die Stadt. Es rief bei Studenten helle Empörung hervor und wirkte ein berühmte Funke im Pulverfaß. Auf Zusammenkünften und in Flugblättern wurden die Forderungen nach Pressefreiheit, nach objektiven Informationen, die Abschaffung einer Zensur und ähnliches laut. Aufgerufen wurde zu einer Protestkundgebung. Das alles mischte sich mit den Ereignissen in Budapest, die am 23. Oktober begannen. Die Proteste gegen die oben genannten Maßnahmen verbanden sich mit Solidaritätsbekundungen mit den „aufständischen" ungarischen Arbeitern und Studenten. Die Lage eskalierte und die Vorgänge erhielten eine neue Dimension. Angesichts der offenen Einmischung von Westberlin aus war höchste Wachsamkeit und Umsicht geboten. Die Parteiführung der SED ließ die Kampfgruppen der Arbeiterklasse demonstrieren. Das verhinderte Ausschreitungen.

Aber nicht nur in Berlin, sondern landesweit erhoben Studenten, darunter auch FDJ-Kollektive und einzelne Leitungen immer lauter ihre Forderungen. Wie eine Springflut erreichten sie den Zentralrat, Regierungsstellen und das ZK der SED. Faßt man sie zusammen so erstrecken sie sich auf fünf Punkte:

– Abschaffung des „Gesellschaftswissenschaftlichen Grundstudiums", das seit Januar 1951 obligatorisch den Marxismus-Leninismus behandelte;
– Abschaffung des obligaten Sprachunterrichts in russisch, bzw. der Prüfungen in diesem Fach;

– Herabsetzung der Pflichtstunden, Einführung der 45-Stunden-Woche auch für die Studenten;
– Demokratische Mitbestimmung der Studenten bei der Studienplanung und -gestaltung, bei der Regelung sozialer und kultureller Angelegenheiten;
– Ersetzung der FDJ durch einen von der SED unabhängigen, selbständigen Studentenverband.

Ihre Reaktion darauf war differenziert und hektisch. Die reinen Hochschulfragen wurden zur Entscheidung an die staatlichen Stellen delegiert. Beim Russischsprachunterricht wurde Handlungsbedarf bestätigt, wobei seine Abschaffung nicht in Betracht gezogen wurde. Schnell wurde den Studenten zugesichert, sie mehr in die Entscheidung und Durchführung sie berührender sozialer und kultureller Fragen einzuziehen. Von der Abschaffung des gesellschaftswissenschaftlichen Grundstudiums konnte aber keine Rede sein.

Die heikelste Frage war die nach einem selbständigen Studentenverband anstelle der FDJ. Dies hätte das Ende der einheitlichen Jugendorganisation und zumindest die teilweise Preisgabe der Führung durch die SED bedeutet.

Die Parteiführung lavierte und es kam zu harten Auseinandersetzungen.

Was spielte sich ab?

Zunächst hinsichtlich der studentischen Organisation.

Am 29. Oktober erhielt das Sekretariat des Zentralrats von Walter Ulbricht den verbindlichen Auftrag, unverzüglich an die Bildung eines „Studentenrats der DDR" zu gehen, dem die Bildung von Studentenvertretungen an den Universitäten und Hochschulen folgen sollte.

So lautete auch ein Beschluß des Politbüros vom 30. Oktober. Er enthielt zugleich die Festlegung über die Beendigung der gewerkschaftlichen Tätigkeit unter den Studenten. Die betreffenden Fragen sollten in einer Vereinbarung der Gewerkschaft Wissenschaft mit den Studentenvertretern geregelt werden.

Wir beriefen das Büro des Zentralrats zur Bestätigung dieses Schrittes ein und erteilten am gleichen Abend auf einer Beratung der Studentensekretäre der Bezirksleitungen der FDJ den Auftrag, ihn durchzuführen. Ging die Beschlußfassung im Büro glatt über die Bühne, so lehnten sich verschiedene Bezirkssekretäre dagegen auf. Natürlich gab es für uns kein Zurück. Aber schon am nächsten Tag wurde der Beschluß des Politbüros durch eine Informa-tion der Abteilung Wissenschaften des ZK vom 1. November zurück-genommen. Die Gegenstimmungen, auch seitens verschiedener Professoren, ließen die Bildung einer Studentenvertretung in der augenblicklichen Situation als unzweckmäßig erscheinen. Sie wür-de es der FDJ unmöglich machen, ihren Einfluß unter den Studen-ten zu erhalten. Empfohlen wurde die Ausarbeitung eines Pro-gramms der FDJ für die Studentenschaft und die Veränderung ihrer Arbeitsweise.

Der Vollstrecker dieser einsichtsvollen Änderung wurde Karl Schir-dewan. Das sollte ihm später zum Verhängnis werden. Als er auf der 35. Tagung des ZK der SED wegen Opportunismus und frak-tioneller Tätigkeit angeklagt wurde, rechtfertigte er sich für diesen Vorgang und schilderte den Hergang. Damals habe er auf eigene Verantwortung ein Chiffretelegramm an die Bezirke geschickt und erklärt, daß man in der Frage der Studentenräte nicht weitergehen darf.

Der Zentralrat hat sich praktisch gewendet, weil von den Uni-versitäten Signale kamen, daß dies in dieser Situation gefährlich war. Es hat sich auch bestätigt, daß es nicht richtig gewesen wäre. Aber dieser Vorschlag über Studentenräte wurde ja nicht von mir gemacht, sondern in einer Sitzung gemeinsam mit der Abteilung Wissenschaften und Propaganda unter Leitung des Genossen Walter Ulbricht. Als diese Signale kamen, haben wir gesagt: Erledigt. Ich konnte Genossen Walter Ulbricht nicht erreichen, und Zeit war nicht zu verlieren. Politisch war diese Entscheidung aber notwen-dig und richtig.

Das wußten wir damals im Sekretariat des Zentralrats nicht, aber wir waren erleichtert.

Werner Felfe brachte die Schlußfolgerung vor der Bezirksleitung Berlin dann am 17. November auf den Punkt: „Ein Studentenrat wird erst dann gebildet werden, wenn wir die Dinge an den Uni-versitäten in der Hand haben. Er wird vom Zentralrat gebildet. Eher machen wir die Sache nicht."

So geschah es dann auch im Sommer des folgenden Jahres.

Auch beim Vorgehen an der Humboldt Universität gab es zwei unterschiedliche Konzeptionen.

Walter Ulbricht und mit ihm Erich Honecker und Alfred Neumann als 1. Sekretär der Berliner SED-Bezirksleitung favorisierten ein scharfes Vorgehen mit administrativen Mitteln, da die Handlungen von Studenten der Medizinischen und Veterinärmedizinischen Fakultät und des gebildeten „12er" und „56er Rats" auf eine von Westberliner Seite und von den amerikanischen und englischen Agenturen gelenkte Aktion, auf eine „konterrevolutionäre Provokation" hinausliefen.

Karl Schirdewan schätzte die Sache offensichtlich anders ein und setzte auf die Kraft der Argumente.

So ging er am 1. November zu einer Studentenversammlung.

Er bereitete sich darauf gründlich vor. Er ließ den Schriftsteller Paul Wiens in den Zentralrat kommen, um mit ihm und uns gemeinsam seine Argumentation auszuarbeiten. Er bot den Studenten an, sich über alle sie bewegenden Fragen auszusprechen, deshalb zu demonstrieren lohne sich aber nicht. Er versuchte, ihnen die Augen für die Machenschaften Westberliner Politiker zu öffnen, die „unter geschickter Angleichung ihrer Losungen an die Kritik und an die Wünsche der Studenten nur Unruhe stiften, die Studiendisziplin durchbrechen, politische Aktionen entfalten und einen Bruch zwischen Arbeiterklasse und Studentenschaft erreichen wollen". Eindeutig forderte er, den Zusammenhang von Haltung zur FDJ und zur Arbeiter- und Bauernmacht zu erkennen. Die Bildung einer selbständigen Studentenorganisation lehnte er ebenso ab wie die Abschaffung des Grundstudiums der Gesellschaftswissenschaften.

Sein Ziel, die Studenten von der geplanten Demonstration in der Nähe des Brandenburger Tors abzuhalten, erreichte er nicht. Das schafften die eingesetzten Kampfgruppen. Erich Honecker leitete diese Aktion.

Dies war übrigens seine erste Amtshandlung nach seiner Rückkehr von der Moskauer Parteischule und in seiner neuen Funktion als Sekretär der eben gebildeten Sicherheitskommission des ZK.

Blickt man auf den Herbst 1956 zurück, so vollbrachte die Parteiführung unter den komplizierten Bedingungen einer offenen Grenze zum imperialistischen Weltsystem eine große, eine historische Leistung. Sie sicherte den Frieden nach innen und nach außen. Jeder kann sich ausmalen, wohin es geführt hätte, wäre es hier in Mitteleuropa, beim bis an die Zähne bewaffneten Gegenüberstehen der Streitkräfte der beiden Militärblöcke, zu ähnlichen Ereignissen wie in Ungarn gekommen.

Der Friede wurde erhalten.

Das war das eine.

Das andere aber war, daß der offen auftretenden Opposition nicht mit Argumenten zu begegnen war, sondern mit Staatsgewalt eingedämmt werden mußte. Die unmittelbare Gefährdung des Sozialismus konnte abgewendet werden. Es war aber kein Sieg der Ideologie. Die Konflikte und Widersprüche wurden damit nicht aus der Welt geschaffen. Sie blieben bis zum Ende der DDR bestehen und traten auch in Abhängigkeit vom Weltgeschehen und dem internationalen Kräfteverhältnis unterschiedlich scharf hervor.

Auf der Suche nach neuen Wegen in der Jugendpolitik

Als vom 12. bis 14. November 1956 das 29. Plenum des ZK der SED zusammentrat, standen die Ereignisse des Jahres 1956 und die sich daraus ergebenden Schlußfolgerungen auf der Tagesordnung.

Den Bericht des Politbüros erstattete Karl Schirdewan. Dies ist bemerkenswert. Angesichts der Auseinandersetzungen, die der Tagung im Politbüro vorausgegangen waren, erhebt sich die Frage, warum ausgerechnet er damit beauftragt wurde. Es gab damals noch keine festgelegte Reihenfolge für die Berichterstatter, wie es bei Erich Honecker dann nach dem Alphabet geschah.

Die spätere Bewertung dieses Berichts und seiner Vorgeschichte, wonach er zwei grundlegende Fehler beinhaltet hätte, läßt den Verdacht aufkommen, es handele sich dabei um die Prüfung eines Widersachers.

Bei den im Entwurf kritisierten Aussagen handelt es sich um eine falsche Einschätzung der Lage, wobei die NATO-Politik und der umfassende Versuch der deutschen Militaristen, die DDR zu unterminieren, unterschätzt und gleichzeitig viel von Demokratisierung geredet worden sei, aber nicht von der Notwendigkeit, gegen diese Politik der Feinde die entsprechenden Sicherungsmaßnahmen zu treffen.

Aufgrund des „nichtklassenmäßigen Herangehens an die Frage der Macht und die führende Rolle der Partei" sowie den „kleinbürgerlichen Größenwahn Schirdewans", so das Urteil Erich Honeckers auf der 35. ZK-Tagung Anfang Februar 1958, sei eine interne Klärung im Politbüro nicht möglich gewesen und habe statt dessen zur Ausweitung der konträren Positionen geführt.

Die langanhaltenden Auseinandersetzungen haben sich um eine umfangreiche Liste grundsätzlicher Fragen gedreht. Karl Schirdewan wurde zur Last gelegt, den XX. Parteitag der KPdSU opportunistisch ausgelegt und sich kurzsichtig gegenüber der materiellen und ideellen Diversionstätigkeit des Feindes verhalten zu haben; gezeigt habe sich eine Unterschätzung der bürgerlichen Ideologie, die bis in die Reihen der Partei eingedrungen war; er habe nicht die Gefahren erkannt, die aus der illusionären Auffassung erwachsen, die Einheit Deutschlands um jeden Preis herbeizuführen; er wollte das Tempo der Entwicklung in der DDR drosseln und gegenüber Westdeutschland eine Politik der „Öffnung von Ventilen" betreiben; in Organisationsfragen sei er dogmatisch gewesen. Um seine Meinung durchzusetzen, die Linie der Politik der SED und die Führung zu verändern, habe er einen prinzipienlosen Kampf gegen Walter Ulbricht betrieben und zusammen mit dem Minister für Staatssicherheit, Wollweber, und dem Wirtschaftssekretär des ZK, Ziller, eine fraktionelle Gruppe gebildet. Unterstützung hätte sie bei dem Politbüro-Mitglied Oelßner und dem ZK-Mitglied Fritz Selbmann gefunden.

Herauszufinden, was davon Wahrheit und was Dichtung ist, erfordert eine gründliche objektive, wissenschaftlich begründete Untersuchung. Sie ist bis heute meines Wissens nicht erfolgt.

Was ich glaube beurteilen zu können, das sind die Auswirkungen dieser Auseinandersetzungen auf die Jugendpolitik und die Arbeit des Zentralrats der FDJ.

Beginnen möchte ich mit der Behandlung dieses Problemkreises auf der 29. Tagung des ZK der SED.

Im Bericht des Politbüros gab Karl Schirdewan eine sehr verallgemeinerte Einschätzung der politischen Lage unter der Jugend. Danach besitze die Partei einen gewissen Einfluß auf die Arbeiterjugend, einen stärkeren auf die Lehrlinge, einen schwächeren auf Jugendliche aus kleinbürgerlichen Verhältnissen, auf die junge Intelligenz und Studenten, sowie auf Mädchen und junge Frauen. Als wesentliche Ursachen nannte er dafür die Zerstörung von Idealen durch die Kritik an Stalin, daß der Jugend zu wenige, deren Enthusiasmus und die Begeisterung herausfordernde Aufgaben gestellt werden, den starken Abfluß von guten FDJ-Kadern und den geringen Einfluß der Gewerkschaften und anderer gesellschaftlicher Kräfte auf die sozialistische Erziehung und die Herausbildung des Klassenbewußtseins der heranwachsenden Generation. Schlußfolgernd daraus, schlug er die Ausarbeitung eines Programms für die allseitige Erziehung der Jugend durch Partei, die staatlichen Organe und die gesellschaftlichen Organisationen vor.

In der Diskussion äußerten sich von den 33 Rednern, 13 direkt zum Thema Jugend. Die Meinungen dazu waren sehr unterschiedlich, widersprüchlich und streitbar – damals ein noch parteidemokratisches Kennzeichen der Plenartagungen des ZK, das ab 1971 völlig verloren ging –, Wertungen und Vorschläge drifteten weit auseinander. Sie reichte von der moderaten Einschätzung Hans Rodenbergs, „die FDJ führt heute die Jugend nicht auf den Weg, auf dem sie die Partei sehen möchte", bis zu der dramatischen Einschätzung von Alfred Neumann, „die Lage unter der Jugend ist der gefährlichste Punkt". Kurt Hager verwies auf Pessimismus und Resignation, auf Unglaube in die Stärke der Friedenskräfte und das weitere Anwachsen des Sozialismus. In seiner unverwechselhaften Art agitierte Albert Norden über den Widerspruch zwischen unseren Worten über die Freiheit in unserem Staat und der erlebten Unfreiheit in der Praxis. Wir würden uns „selbst betrügen, wenn wir glaubten, die Jugend merke ihn nicht. Sie merken ihn sehr und die Gefahr besteht, daß sie jene Unfreiheit", die durch so manche Heimordnung von Lehrlingswohnheimen, die an „Kasernenhofordnungen und Ordnungen für Strafvollzugs- und Haftanstalten erinnern, als das Wesen unserer Arbeiter- und Bauernmacht betrachten".

Einigkeit herrschte über den inhaltlichen Kernpunkt der künftigen Arbeit unter den Jugendlichen, wie ihn Walter Ulbricht betonte: Die Hauptfrage ist die Klärung der Perspektive. Man muß der Jugend „eine Vorstellung von dem geben, was wir wollen, wie wir uns Deutschland vorstellen. Ohne dem kann man die Jugend nicht gewinnen." Diese zu klären, erfordere aber eine schärfere Auseinandersetzung mit allen bürgerlichen Ideologien und revisionistischen Auffassungen. Bei letzterem richtete sich der Blick vor allem nach Polen.

Bei weitem nicht so einheitlich war die Auffassung über den Platz und die Rolle der FDJ. Sehr verschwommen wurde „von neuen Formen der Jugendarbeit außerhalb der FDJ", „von neuen Organisationsformen, wobei es nicht gleich mehrere Jugendverbände geben müsse wie in Polen", gesprochen. Andererseits wurde zum Beispiel von Heinz Keßler und Karl Mewis eindringlich die Festigung der Einheit des Jugendverbandes gefordert, eines Verbandes, der sich kämpfend für den Sozialismus einsetzt.

Zum Abschluß der Tagung wurde auf Vorschlag von Hans Rodenberg eine Jugendkommission gewählt. Sie sollte den direkten Einfluß der Partei auf die Jugend erhöhen. Ihr Vorsitzender wurde Karl Schirdewan. Ihre Besetzung war hochkarätig. Ihr gehörten Hermann Matern, Alfred Neumann und Erich Honecker (der damit wieder unmittelbaren Einfluß auf die Jugendpolitik gewann) vom Politbüro an, sowie 11 weitere Mitglieder bzw. Kandidaten des ZK. Sie tagte häufig, das erste Mal bereits am 10. Dezember 1956. Charakteristisch war es, daß Fragen über Fragen gestellt wurden, aber Antworten ausblieben. So verliefen sie wie das berühmte Hornberger Schießen. Am Ende wurden Arbeitsgruppen gebildet, Untersuchungen gestartet und Analysen angefertigt, bewegt wurde nichts.

Zunächst ging es wieder einmal nur um die FDJ, diesmal um die Vorbereitung einer Zentralratstagung.

Damit waren wir im Sekretariat eigentlich schon seit September befaßt. Aber die Arbeit verzögerte sich nicht nur durch die politischen Ereignisse, sondern durch fortlaufende Einwände Karl Schirdewans. Einmal waren es inhaltliche, dann terminliche und schließlich immer neue inhaltliche Einwände. Es zog und zog sich in die Länge. Unsere fast ausschließliche Beschäftigung bestand im Beschreiben von Papier. Ohne Übertreibung umfaßten die x-verschiedenen Entwürfe für das Referat, den Beschluß und das Studentenprogramm mehrere tausend Seiten. Immer wieder wurden Karl Namokel, das Sekretariat oder einzelne Sekretäre zu Karl Schirdewan gerufen, nach meinen Aufzeichnungen mindestens ein Dutzendmal in den vier Monaten, wo er uns passagenweise, scheinbar aus dem Stegreif, die Fassungen des Beschlußentwurfs diktierte. Was am Montag seine Linie war, hatten wir am Donnerstag falsch aufgeschrieben. Diese Zeit war nicht nur die unproduktivste in meiner gesamten Tätigkeit, sie war auch entnervend. Wir standen am Rande der Resignation. Da halfen auch solche Sprüche aus dem „Großen Haus" nichts, wie „Wenn ihr jeden Tag eine gute Idee habt, dann habt ihr schon euer Geld verdient". Es blieb ja immer die Frage, wer sie anerkennt, verwertet oder verwirklicht.

Es wurde unter uns oft die Frage gestellt, was hier eigentlich gespielt wird. Eine Antwort fanden wir zunächst nicht.

Nach der „Entlarvung" Schirdewans erschien sie einfach. Es war die Widerspiegelung seiner opportunistischen, revisionistischen Plattform. Heute bin ich der Meinung, daß dies eine sehr vereinfachte Deutung ist.

Sicherlich wollte er in der Politik vieles anders als die Mehrheit des Politbüros um Walter Ulbricht. Aber ich habe keinen Beleg dafür gefunden, daß er auch wußte, wie es anders gehen sollte. Eine Plattform oder eine Gegenstrategie kann ich bis heute nirgendwo entdecken. Er hatte sie am allerwenigsten auf jugendpolitischem Gebiet. Offensichtlich trifft das zu, was Karl Schirdewan selbst dazu schreibt. Er spürte anfangs und wußte später, daß etwas gegen ihn läuft. Das verunsicherte ihn, und er war bestrebt keine Fehler zu machen, oder durch den Sektor Jugend oder den Zentralrat machen zu lassen, die ihm persönlich angelastet werden könnten. Daher glich er nach den Sitzungen des Politbüros oder Sekretariats des ZK seine Anleitung uns gegenüber immer dem letzten Stand der Erkenntnis an. Natürlich war das kein Niveau und ein unerträglicher Leitungsstil.

Mitte März 1957 zeigte sich ein Hoffnungsschimmer am Horizont: Unser Entschließungsentwurf wurde mit der Unterschrift Karl Schirdewans dem Politbüro vorgelegt. Das ganze Sekretariat wurde zur Behandlung geladen. Lange mußten wir vor der Tür warten. Als wir endlich gerufen wurden, eröffnete uns Walter Ulbricht, daß sich das Politbüro schon über unser Dokument verständigt habe und Karl Schirdewan uns die Meinung mitteile.

Es war abgelehnt worden.

Aber, uns eigenartig anmutende Beschlüsse wurden gefaßt: Die Tagung des Zentralrats solle trotzdem stattfinden, der nicht bestätigte Beschlußentwurf solle als Grundlage für „einen offenen Meinungsaustausch über die Grundfragen der FDJ dienen, der einer weiteren Tagung zur Beschlußfassung vorgelegt wird". Der Entwurf des Hochschulprogramms wurde für eine Diskussion innerhalb der Hochschuleinrichtungen freigegeben.

Am nächsten Tag wurden die Beschlüsse durch das Sekretariat des ZK um einen weiteren Punkt ergänzt: Kaderveränderungen.

Werner Felfe, 2. Sekretär des Zentralrats, Edith Brandt, Sekretär für Agitation, Propaganda und Kultur, Werner Gerbeth, Sekretär für Studenten, wurden abgelöst und durch Konrad Naumann, Heinz Kimmel und Horst Schröder ersetzt.

Auf Vorschlag Walter Ulbrichts wurde des weiteren festgelegt, daß an den in dieser Zeit stattfindenden Bezirksdelegiertenkonferenzen der FDJ einige Mitglieder des Politbüros teilnehmen. Dies geschah auch durch Friedrich Ebert in Berlin, Hermann Matern in Neubrandenburg, Erich Mückenberger in Potsdam. Fred Oelßner in Frankfurt/Oder und – was wohl der Sinn der ganzen Übung war – Walter Ulbricht in Leipzig. Für ihn wurde der Termin so gelegt, daß er dort als Initiator der 16. Zentralratstagung und der durch sie zu treffenden Entscheidung auftreten konnte. Es war also eine abgestimmte Regie.

Nachdem Versuche, vor allem von den neuen Sekretären gestartet, die 15. Zentralratstagung doch noch mit einem Beschluß beenden zu können, mißlangen, rief Walter Ulbricht das Sekretariat des Zentralrats an seinen Tisch. Es geschah das, was Karl Schirdewan, der seinen Jahresurlaub in der Sowjetunion angetreten hatte, als eine Handlung „hinter meinem Rücken" bezeichnete.

Als wir am 8. April bei Walter Ulbricht erschienen, trafen wir im Vorzimmer auf die Politbüromitglieder Friedrich Ebert, Hermann Matern und Alfred Neumann, auf den Intimus von Walter Ulbricht, den Chef des Staatlichen Rundfunkkomitees, Gerhart Eisler, und Horst Klemm, Sektorenleiter Jugend beim ZK. Eingangs erheiterte sich Walter Ulbricht über unseren „Versuch, das Politbüro zu erpressen", und zerpflückte dann den Entwurf. Merkwürdigerweise begann er damit von hinten, und seine Bemerkungen betrafen Details und Formulierungen. Ich dachte schon, deswegen ein solcher Aufstand? Vor dem politischen Hauptabschnitt legte er das Papier aus der Hand und behauptete zu meinem und sicher unser aller Erstaunen, es sei nicht klar, was die FDJ eigentlich sei! Er forderte zur Diskussion auf. Am engagiertesten war Gerhart Eisler. Von ihm stammten die Formulierungen, die sich im Beschluß der 16. Zentralratstagung wiederfinden: Die FDJ „vereint in ihren Reihen alle Jugendlichen, die treu zur Arbeiter- und Bauernmacht stehen, die die Kühnheit besitzen, unermüdlich dafür zu kämpfen, daß alle jungen Menschen in einem sozialistischen Deutschland leben". Aber Walter Ulbricht bohrte weiter, bis Horst Klemm die „Erleuchtung" kam, und er sagte, dann müssen wir die FDJ zum sozialistischen Jugendverband erklären.

Daraufhin beendete Walter Ulbricht die Debatte und erklärte, daß er eine solche Formulierung im Entwurf seiner Strategierede auf der 30. ZK-Tagung stehen hatte, sie aber wieder strich, „da man mich damals vielleicht nicht verstanden hätte". Nun war auch mir klar, daß er mit dieser Definition im Kopf, mit diesem Ziel vor Augen, unsere formulierten Vorstellungen verwarf. Daß ihn Schirdewan daran behinderte oder behindern würde, stand für uns damals nicht zur Debatte und ist für mich auch heute noch zweifelhaft.

Da er auf Besonnenheit eingestellt war, oder um es mit den Worten seiner Kritiker zu sagen, „auf die Drosselung des Tempos", kam ihm die Lösung des Knotens in der FDJ auf diese „offensive" Weise gar nicht in den Sinn.

Für Walter Ulbricht aber war es ein zusätzlicher Triumph, daß die entscheidende Formel von einem Mitarbeiter aus Schirdewans Bereich unterbreitet worden war.

Schon am nächsten Morgen erhielt Karl Namokel Gelegenheit, die „Erkenntnisse der Genossen im Zentralrat" im Politbüro vorzutragen. Er kam nach kurzer Zeit mit dem Beschluß in der Tasche zurück, der lautete: „Das Politbüro ist prinzipiell mit folgender Formulierung einverstanden: Die FDJ ist die sozialistische Jugendorganisation der DDR."

Nun ging alles zügig und unkompliziert weiter. Walter Ulbricht nutzte die Tribüne der Leipziger Bezirksdelegiertenkonferenz des Verbandes, die Öffentlichkeit auf das Kommende einzustimmen. Der neue Beschlußentwurf passierte fast unverändert das Politbüro, und die 16. Tagung des Zentralrats konnte kurzfristig einberufen werden.

Für uns war das Monate andauernde Hin und Her damit beendet.

Die Freie Deutsche Jugend – Sozialistische Jugendorganisation der Deutschen Demokratischen Republik

Der 25. April 1957 gilt als der Tag, an dem der Charakterwandel der FDJ von einer „antifaschistisch demokratischen" zu einer „sozialistischen" Jugendorganisation festgeschrieben wird.

Wie jeder andere Vorgang auf jugendpolitischem Gebiet kann auch dieser nicht isoliert von grundsätzlichen Entscheidungen betrachtet oder beurteilt werden. Er steht im untrennbaren Zusammenhang mit der Strategiedebatte der SED, die sie nach der Entstehung einer „neuen Lage" vom Sommer 1955 bis Januar 1957 führte und mit dem 30. Plenum des ZK am 1. Februar abschloß.

Die entscheidende Aussage beinhaltet die weitere sozialistische Entwicklung in der DDR, unabhängig vom weiteren Weg, den die BRD einschlagen wird. Das war die Konsequenz aus der Beurteilung des „Charakters unserer Epoche, als die des weltweiten Übergangs vom Kapitalismus zum Sozialismus". Das implizierte die Gesetzmäßigkeit des Sieges des Sozialismus in der DDR und letztendlich auch im Westen Deutschlands.

Diesen Ausgangspunkt verdeutlichte Walter Ulbricht bei seiner ausführlichen Begründung für den neuen Charakter des Jugendverbandes. Es war die sozialistische Perspektive, für ihn stets das non plus ultra seines Denkens, die ihm zugrunde lag. Die Jugend müsse sich der geschichtlichen Lehre bewußt sein, daß das Volk nur leben kann, wenn die friedliebenden und demokratischen Kräfte, wenn der Sozialismus in Deutschland siegt.

Der Jugend klar zu machen, daß es sich um die Lebensfrage der Nation handelt, das ist die Aufgabe der FDJ. Nicht mit zwei Perspektiven im Kopf, sondern nur mit der Gewißheit des Sieges der sozialistischen Idee kann sie richtig leben, arbeiten und kämpfen.

Als erster Mann der führenden Partei würdigte er die vorliegende Entschließung als ein „Programm für den Feldzug der Jugend für die sozialistische Gestaltung unseres Vaterlandes, für die Meisterung der modernen Technik und für die Aneignung der sozialistischen Kultur". So ausgerüstet stehe sie im Einklang mit der Entwicklung und nur dadurch sei die FDJ im Stande, ihre Rolle als Avantgarde der jungen Generation zu erfüllen.

Wie so oft hatte er dabei auch noch eine andere Absicht, nämlich den Jugendverband als Avantgarde für die Entwicklung der anderen Massenorganisationen in der DDR zu nutzen. So hob er kurze Zeit später hervor:

„Selbstverständlich bedeuten die Beschlüsse des 30. Plenums eine Wendung in der Arbeit der Massenorganisationen. Die FDJ war die erste Massenorganisation, die diese Wendung durchgesetzt hat." Und noch ein weiterer Gesichtspunkt muß genannt werden: Auf der Zentralratstagung hatten auch jene Mitglieder zugestimmt, die anderen Parteien angehörten. Das war mit Billigung der leitenden Gremien geschehen. Damit konnte die „politisch moralische Einheit des Volkes" auf einer höheren Stufe weiterentwickelt und gefestigt werden.

Selbstverständlich hatte der Beschluß der Zentralratstagung für eine derartige Höherentwicklung des Verbandes eminent große Bedeutung. Noch war aber die neue Definition nur eine Deklaration. Was bedeutete das aber für die Praxis? Die Arbeit zur Überzeugung und Erziehung der Jugend auf dem Fundament der sozialistischen, materialistisch-dialektischen, atheistischen Weltanschauung wurde noch stärker als zuvor betont. Aktive und initiativreichere Teilnahme an der Lösung der Aufgaben auf allen Gebieten und in allen Bereichen wurden erwartet, ja gefordert. Für das Lernen galten neue Maßstäbe und in das frohe Jugendleben zog ein neuer Geist.

Den höheren Erwartungen stellte sich der Zentralrat auf den nachfolgenden Tagungen. Wurden sie auch nicht alle verwirklicht, so war ein Mobilisierungsschub unverkennbar.

Da die Beschlüsse der 16. Zentralratstagung „hinter dem Rücken" Karl Schirdewans gefaßt worden waren, stellte sich die Frage, wie er nach Rückkehr aus dem Urlaub auf sie reagieren würde. Er verbarg seine Verärgerung darüber nicht, beließ es aber bei dem hingeworfenen Satz: „Da hättet ihr auch gleich einen KJVD gründen können." Dieser Gedanke war nicht einmal abwegig. In Ungarn war z. B. nach den blutigen Auseinandersetzungen im Herbst 1956 ein kommunistischer Jugendverband als einheitliche Organisation gebildet worden.

In der Literatur wird die Entscheidung der 16. Zentralratstagung sehr unterschiedlich bewertet.

In der „Geschichte der FDJ" wird sie als Beginn eines „neuen Abschnittes in der Entwicklung" gesehen. Autoren von der antikommunistischen Flanke behaupten: „Nichts neues", da die FDJ schon immer ein „deutscher Komsomol" gewesen sei. Andere sehen darin einen „Bruch, da nicht von einer Weiterentwicklung der Programmatik" die Rede sein könne.

Die Deklarierung der FDJ zum sozialistischen Jugendverband stellt natürlich keinen einmaligen Schöpfungsakt dar. Ihr Wandel kann nur als ein lange während Prozeß betrachtet werden. Die entscheidende Zäsur erfolgte viel früher, für mich im Jahre 1948.

Ein Blick auf die Entwicklung verdeutlicht das.

Die Gründung der FDJ als einer antifaschistisch-demokratischen einheitlichen Jugendorganisation erfolgte mit Zustimmung der damals bestehenden vier Parteien, der KPD, SPD, CDU und LDP. Nach der Vereinigung der beiden Arbeiterparteien zur SED versuchte nicht nur sie, in der FDJ Dominanz zu erreichen und sie für parteipolitische Ziele dienstbar zu machen. Einfluß auf die Jugend wollten alle Parteien nehmen. Die SED hatte darüber sehr klare Vorstellungen und auch die stärkste Position und auch die Macht. Ihr Leitfaden der Jugendpolitik war von Anfang an der Leninsche Grundsatz, wonach der Jugendverband von der Partei geführt werden muß. Daß dies der SED gelang, wurde später als das „wichtigste Ergebnis der Jugendpolitik der KPD" gewertet.

Schon auf der ersten jugendpolitischen Tagung der SED in Kühlungsborn im Juli 1946 betonte der Parteivorsitzende Wilhelm Pieck:

„Die SED läßt der FDJ die breiteste Unterstützung angedeihen, weil sie in ihr die Möglichkeit sieht, nunmehr die Jugend über alle Gegensätze hinweg zu erfassen und für die großen Aufgaben zu gewinnen, die heute vor unserem deutschen Volk stehen." Paul Verner, damals einer der paritätischen Jugendsekretäre im Parteivorstand, wurde deutlicher: „Die Politik der FDJ wird im wesentlichen von uns bestimmt. Es ist die allgemeine Politik der SED, die auch für die FDJ maßgebend ist und keine andere Politik." In diesem Zusammenhang definierte er die Parteisicht auf die Begriffe „überparteiliche, überkonfessionelle und einige Jugendorganisation". Er sagte, daß „Überparteilichkeit der FDJ kein neutralsein bedeute, die FDJ ist eine revolutionäre Organisation in dem Sinne, daß sie sich aktiv nicht nur beim Wiederaufbau unseres Landes einsetzt, sondern auch aktiv bei der gesellschaftlichen Umgestaltung der gegenwärtigen Verhältnisse mithilft, daß sie sich in diesen Prozeß einreiht". Im Zusammenhang mit den bevorstehenden ersten demokratischen Wahlen im Herbst 1946, bei denen die Kandidaten auf Parteilisten gewählt wurden, habe die „FDJ ihre besonderen politischen Aufgaben. Sie ist daran interessiert, daß die SED aus diesen Wahlen als Sieger hervorgeht, und wir können ganz offen sagen: Die Arbeit, die die FDJ in den nächsten Wochen leisten wird, liegt durchaus im Interesse der SED." Diese Linie galt es vor allem über die in der FDJ tätigen Genossinnen und Genossen zu realisieren. Sie mußten die Schlüsselfunktionen von der Zentrale bis in die Kreise besetzen.

Wie die Entwicklung zeigt, gelang das, und sie erfüllten in dieser Zeit den nicht einfachen „Parteiauftrag". Das schuf günstige Bedingungen für weiterführende Schritte, die in Verbindung mit der Herausbildung der SED zu einer „Partei neuen Typus" zu sehen waren.

Indem 1948 besonders im Zusammenhang mit dem Übergang zur langfristigen zentralen Wirtschaftsplanung dieser Prozeß forciert wurde, erhielt dieses Jahr das Gewicht eines „politischen Schaltjahres" für die weitere Entwicklung im Osten Deutschlands.

Nunmehr wurde die Frage nach der führenden Rolle der SED in der Gesellschaft „scharf gestellt", wie es im damaligen Jargon hieß. Harte Konflikte, ja eine Krise im antifaschistisch-demokratischen Block brachen aus.

Diese Vorgänge widerspiegeln sich nachvollziehbar in der Jugendpolitik und in der FDJ.

Die offene Vertretung von SED-Positionen zu den im Block strittigen Fragen durch die leitenden Funktionäre der FDJ führten zu einer Konfrontation mit Vertretern der LDPD und der CDU im Zentralrat. Im Januar nahmen Geisler, Jansen und Magda Lindner,

Mitglieder der LDPD, die „einseitige Unterstützung der sowjetischen Deutschland-Politik, die sie nicht mittragen können", zum Anlaß oder besser gesagt, zum Vorwand, um ihre Mitgliedschaft im Zentralrat und seinem Sekretariat aufzukündigen.

Das geschah just in dem Moment, als die amerikanische Deutschland-Politik zur offenen Vorbereitung eines westdeutschen Separatstaates überging.

Im Juli erklärten CDU-Mitglieder ihren Austritt aus dem Zentralrat, da sie nicht dem Beschluß zustimmen könnten, in dem es heißt: „Der Zentralrat der FDJ begrüßt den von der SED vorgeschlagenen Wirtschaftsplan auf das lebhafteste!"

An verschiedenen Orten, besonders an den Universitäten, versuchten „reaktionäre Kräfte" ihre konträren Positionen zu halten. Sie wurden unter starker Anwendung administrativer Mittel ausgeschaltet. Die Studentenratswahlen, bei denen die FDJ nur schwache Positionen besaß und eindeutig unterlag, wurden ab 1949 unterbunden. An den höchsten Bildungseinrichtungen wurden die Gruppen der LDPD und der CDU aufgelöst, es gab Verhaftungen von Studenten, die sich dem widersetzten.

Als eine Zäsur für den Charakter der FDJ ist die Parteivorstandssitzung der SED vom Oktober 1948 anzusehen, auf welcher der aus der SPD kommende gleichberechtigte Partner von Paul Verner im Jugendsekretariat der Partei, Ernst Hoffmann, die rhetorische Frage stellte, die er auch gleich selbst beantwortete:

„Hat die FDJ ihre Aufgabe als Reserve für die Partei erfüllt? Jawohl, das hat sie, wenn auch noch nicht ausreichend. Ist die FDJ das Instrument der Partei für die Einwirkung auf die Jugend, die sich außerhalb der FDJ befindet? Jawohl, sie ist es, denn wenn sie es nicht wäre, könnten wir diese Organisation auflösen, denn wir würden sie nicht gebrauchen können. ... Für den Zentralrat sind die grundlegenden Beschlüsse der Partei in seiner Arbeit richtungsweisend gewesen, wie kaum für eine andere Massenorganisation." Da finden sich also zum erstenmal offen ausgesprochen die Worte von der FDJ als Helfer und Reserve der Partei. Im veröffentlichten Beschluß dieser Tagung wird es noch verklausuliert, indem vom Jugendverband als „Instrument und der Reserve der fortschrittlichen Kräfte des Volkes" geschrieben wird.

Die FDJ legte erstmalig im Grußschreiben an den III. Parteitag der SED ein Bekenntnis zur führenden Rolle der Arbeiterklasse und ihrer Partei ab.

Seitdem bürgerte es sich unter den Jugendfunktionären ein von „unserer Partei" zu sprechen, wenn es sich um die SED handelte.

Seit dem IV. Parlament 1952 enthält auch die Verfassung – später wieder Statut – der FDJ einen entsprechenden Passus.

Alles in allem sprach die 16. Zentralratstagung das aus, was sich seit 1948 herausgebildet hatte.

Der Zeitpunkt wurde zu einem Politikum in Verbindung mit der neuen strategischen Grundorientierung der SED.

Ein Blick in die Vergangenheit verdeutlicht die Einschnitte auf den hauptsächlichsten Gebieten der Entwicklung und der Arbeit der FDJ.

In der politischen Zielsetzung trat 1952 an die Stelle des Kampfes um die Einheit Deutschlands der „unermüdliche und entschlossene Kampf für die Stärkung, Festigung und Verteidigung der DDR als Hauptvoraussetzung für eine antiimperialistische Entwicklung" in der BRD und für eine spätere Wiedervereinigung Deutschlands. Dabei betrachtete sich die DDR als ein fester Bestandteil des von der Sowjetunion geführten Lagers des Friedens, der Demokratie und des Sozialismus.

Auf ideologischem Gebiet werden mit der 1. Funktionärskonferenz der FDJ im November 1950 die bisher geltenden allgemein demokratischen und humanistischen Inhalte durch das Studium des Marxismus-Leninismus ersetzt bzw. aufgesogen. Bildhaft begründete Walter Ulbricht die dafür bestehende Notwendigkeit mit den einprägsamen Worten: „Ein Mensch, der schöpferische Arbeit leisten will, muß den Weg nach vorn kennen, sonst gleicht er einem Blinden, der mühsam mit dem Krückstock den Weg sucht." Dementsprechend wurde das gesamte Schulungssystem gestaltet, was heute allgemein als System der ideologischen Indoktrination eingestuft wird.

Bereits mit der Verfassung der FDJ vom III. Parlament 1949 erfolgte bei den Erziehungszielen eine immer größer werdende Angleichung an die der SED. Stand am Anfang die „Umerziehung", die Befreiung des jugendlichen Denkens vom Ungeist der Nazi-

Ideologie und die „Vermittlung der großen Ideale der Freiheit, des Humanismus, einer kämpferischen Demokratie, des Völkerfriedens und der Völkerfreundschaft", so wurde daraus die Erziehung im Geiste des sozialistischen Patriotismus und proletarischen Internationalismus, die Heranbildung junger sozialistischer Persönlichkeiten.

Analoges ist bei den Pflichten des Mitglieds des Verbandes feststellbar. Gab es im ersten Statut von 1946 derartige Festlegungen überhaupt nicht, so wurde bereits in der Verfassung des III. Parlaments ein umfangreicher Katalog aufgenommen, der in der Folgezeit nicht nur quantitativ anwuchs, sondern sich durch höhere qualitative Ansprüche unterschied. Sie beinhaltete, „überall für die richtungsweisenden Entscheidungen der SED, der Regierung der DDR und der Nationalen Front einzutreten und sie verwirklichen zu helfen". Detailliert aufgeführt hieß das, „aktiv bei der Festigung der Arbeiter- und Bauernmacht mitzuarbeiten, das Volkseigentum zu festigen, zu mehren und zu schützen, wachsam gegenüber den Anschlägen der Feinde des Friedens und des Sozialismus zu sein, Staats- und Militärgeheimnisse zu wahren, sich vormilitärische und militärtechnische Kenntnisse und Fähigkeiten anzueignen, überall offen und parteilich für die sozialistische Sache einzutreten, Erscheinungen kapitalistischer Unmoral zu bekämpfen" und weiteres mehr.

Da diese sehr hochgeschraubten Ansprüche an ein FDJ-Mitglied als Vorbild für das Denken und Verhalten aller Jugendlichen angesehen wurden, waren sie auch für diese als Maßstab ihres Verhaltens vorgegeben.

Auf organisatorischem Gebiet regelte das Statut des I. Parlaments 1946 lediglich den Organisationsaufbau von unten nach oben „unter Ablehnung jedes Ausschließlichkeitsanspruchs gemäß des demokratischen Mitbestimmungsrechts aller Mitglieder". In die Verfassung von 1949 gingen bereits die Prinzipien des demokratischen Zentralismus ein. Das war quasi die Umkehrung der Bewegungsrichtung. Jetzt galt alles von „oben" bis zur letzten Organisationseinheit ganz „unten". Damit einher ging die Veränderung der Struktur der Leitungsorgane. Zwischen Zentralrat und Sekretariat wurde ein „Büro" geschaltet. Es nahm die aus dem Sekretariat gedrängten Vertreter der anderen Parteien auf und diente in der Praxis als Aushängeschild der „Einheit der Jugend". Zum Sekretariat gehörten fortan nur noch Mitglieder der SED.

Die Wahl der Leitungen und der Sekretäre aller Ebenen erfolgte bald nicht mehr allein auf Vorschlag der Mitglieder oder Delegierten, sondern entsprechend der eingeführten Kadernomenklatur auf Vorschlag der übergeordneten Leitung. Daß dies seitdem auch nicht mehr ohne vorherige Beschlußfassung der entsprechenden Leitung der SED geschah, habe ich auch an meinem eigenen Beispiel dargestellt.

Der Verband verlor mehr und mehr seine inhaltliche und organisatorische Selbständigkeit.

Selbst die Einberufung einer Leitungstagung bedurfte der Zustimmung der Parteiinstanz. Auf statuarische Fristen wurde dabei keine Rücksicht genommen. Auszubaden hatten es dann immer die Sekretariate. Mit der Zeit bürgerte sich ein, daß der Zentralrat nur noch zur Auswertung von ZK-Tagungen zusammentrat. Das wurde sogar als eine Errungenschaft gepriesen. Mit dieser Praxis ging auch die Pflicht der Rechenschaftslegung verloren oder wurde auf eine Formalie gestutzt. Die innerverbandliche Demokratie geriet zu einer Farce.

Schließlich und endlich verlor die FDJ das Recht auf eine eigene Programmatik. Erwiesen sich die 1946 verkündeten „Grundrechte der jungen Generation" als ein wahrhaftiges, die Massen erfassendes und zur revolutionären Umgestaltung im Osten Deutschlands beitragendes Programm, das Anfang 1959 noch als Leitbild für das „Programm der jungen Generation für den Sieg des Sozialismus" diente, so war schon Ende des Jahres damit Schluß gemacht worden. Mit der Ausarbeitung des „Siebenjahrplanes" der Volkswirtschaft der DDR wurde vom Sekretariat des ZK der SED dieser Plan zum Programm der FDJ erklärt. Weil der Zentralrat an dem Programm des VI. Parlaments, also des höchsten Beschlußorgans der Organisation, festhielt, erfolgte eine scharfe Zurechtweisung des Sekretariats des Zentralrats „wegen Überhöhung des ‚Programms der jungen Generation' gegenüber Parteidokumenten".

Das Programm wurde Makulatur. Es fand kaum noch Erwähnung, geschweige denn, daß auf dem nächsten Parlament eine Rechenschaftslegung über seine Verwirklichung erfolgte. Von nun an galt: Die FDJ als Helfer und Kampfreserve der SED braucht kein eigenes Programm. Für sie gelten die Parteibeschlüsse „unverfälscht". Weitere „programmatische Ausrutscher" unterblieben.

Wie das Leben zeigt, bekam das dem Jugendverband in keiner Weise.

Die FDJ auf sozialistischen Bahnen unter Leitung von Walter Ulbricht und Karl Schirdewan

Die im Jahre 1956 angestauten Jugendfragen wurden in rascher Abfolge durch die Partei geklärt. Aus meiner Sicht geschah das in einvernehmlicher Arbeitsteilung zwischen Walter Ulbricht und Karl Schirdewan.

Nach der 16. Zentralratstagung fand der IV. Arbeiterjugendkongreß in Magdeburg statt. Er erhob die Arbeiterjugend zum „politischen Kern" des Jugendverbandes.

Sie wurde zum Wegbereiter einer höheren Form der marxistisch-leninistischen Propaganda, der „Zirkel junger Sozialisten". Ausführlich argumentierte dazu Karl Schirdewan.

Auf der Abschlußkundgebung sprach Walter Ulbricht.

Verabschiedet wurde durch die 17. Zentralratstagung im September 1957 das III. Hochschulprogramm der FDJ. Es gab die Orientierung für den Verband in der sozialistischen Hochschulreform und zog einen Schlußstrich unter die Diskussion über den Platz der FDJ in den höchsten Bildungseinrichtungen. Sie blieb der alleinige Interessenvertreter der Studentenschaft. Beim Zentralrat wurde ein Studentenrat als beratendes Gremium gebildet.

Im Dezember verabschiedete in Anwesenheit Walter Ulbrichts der III. Landjugendkongreß ein neues Landjugendprogramm. Es rief die Landjugend auf, den Weg in die „Landwirtschaftlichen Produktionsgenossenschaften" zu gehen und für einen Aufschwung in der Feld- und Viehwirtschaft zu sorgen.

Durch eine Arbeitsgruppe unter Leitung Karl Schirdewans wurden für das Politbüro Entscheidungen über die weitere Entwicklung der Pionierorganisation „Ernst Thälmann" vorbereitet, die am 8. Oktober 1957 ohne nennenswerte Veränderungen getroffen wurden. Beschlossen wurde deren Zukunft als sozialistische Kinderorganisation der DDR.

Das Ziel bestand darin, den direkten Einfluß der Arbeiterklasse und ihrer Partei auf die sozialistische Erziehung der Jüngsten zu verstärken. Die Ausprägung des sozialistischen Charakters der Organisation galt es durch die Verbreitung der marxistischen Weltanschauung, die Vermittlung der revolutionären Traditionen der Arbeiterbewegung und der „Roten Jungpioniere" von vor 1933, die Anerziehung einer vorbildlichen Einstellung zum Lernen, zur körperlichen Arbeit, die Ausprägung eines sozialistischen Kollektivbewußtseins und durch die Beeinflussung des gesamten Lebens der Kinder im Wohngebiet, in Heimen und Horten, in Klubs und allen außerschulischen Einrichtungen zu erreichen. Dabei durfte es keine Pause geben, nicht an den Nachmittagen, nicht an Sonn- oder Feiertagen, vor allem auch nicht in den Ferien.

In den Zusammenkünften der Kommission war von Karl Schirdewan nichts revisionistisches zu hören. Im Gegenteil, er wetterte über derartige Erscheinungen im Volksbildungswesen. Auch durch seine Auffassungen kam es zu einer Radikalisierung der ideologischen Beeinflussung wie auf kaum einem anderen Gebiet.

Im Dezember 1957 wurde eine selbständige Zentrale Pionierleitung berufen. Sie unterstand der Anleitung durch die Abteilung Volksbildung des ZK der SED. Vorsitzender der Pionierorganisation wurde durch die persönliche Einflußnahme Karl Schirdewans ein ehemals führender Funktionär des KJVD, Robert Lehmann. Sie waren alte Bekannte. Er erhielt vielleicht aufgrund seiner kommunistischen Erfahrungen den Vorzug vor dem, von der Abteilung vorgeschlagenen Karl Wildberger, Sekretär der Bezirksleitung der SED in Frankfurt/Oder und dem 1. Stadtsekretär der SED in Dresden, Heinz Kubach.

Auch für andere Gruppen der Jugend erfolgte eine differenzierte Aufgabenstellung.

Die Oberschüler und ihre FDJ-Organisationen erhielten mit dem Übergang zur zehnklassigen Polytechnischen Oberschule ein erweitertes Betätigungsfeld.

Auf einer Mädchenkonferenz stellte der Zentralrat seine Vorstellungen zur stärkeren Berücksichtigung spezieller Interessen der Mädchen und zur Entwicklung der sozialistischen Frauenpersönlichkeit vor. Das trug wesentlich dazu bei, daß die Aktivität der Mädchen und jungen Frauen im Verband wuchs und sie zunehmend die Leitungen in den Grundorganisationen übernahmen.

Einen Aufschwung nahm die Arbeit der FDJ unter den sorbischen Jugendlichen, die durch die nationale Organisation, die Domowina, unterstützt wurde.

Ein besonderes Problem stellte die Einbeziehung religiös gebundener Jugendlicher in die FDJ-Arbeit dar. Generell ist festzustellen, daß der Beschluß über den sozialistischen Charakter der Organisation dem wenig Abbruch tat. Schwerwiegender waren sektiererische Haltungen und Handlungen, besonders in einer oft vulgären atheistischen Propaganda. Sie brachten der FDJ keinen Gewinn, sondern Verluste.

Die FDJ war bestrebt, junge Christen in ihren Reihen zu vereinen, da dies nicht nur dem Anliegen der Gewinnung aller Mädchen und Jungen entsprach, sondern weil ihre Mitgliedschaft auch ein besonders deutlicher Ausweis für die Verkörperung der Einheit der Jugend in der FDJ war. Sich ergebende Schwierigkeiten waren unterschiedlicher Natur. Einerseits machte es die ideologisch-weltanschauliche Linie – Ablehnung jeglicher ideologischer Koexistenz durch die FDJ – sowohl der FDJ selbst, wie auch wirklich gläubigen Jugendlichen schwer, zueinander zu finden, andererseits leisteten Kirchenleitungen, Jugend- und Studentenpfarrer, „Organisationseinheiten" der „Jungen Gemeinde" und der „Studentengemeinde" eine aktive Arbeit gegen die FDJ. Es kann nicht ausgeklammert werden, daß die aktiven Positionen in politischen Auseinandersetzungen zugunsten reaktionärer, ja unmenschlicher Auffassungen zum Ausdruck kamen. Erinnert sei hier nur daran, was Bischof Dibelius verkündete: „Die Anwendung einer Wasserstoffbombe ist vom christlichen Standpunkt aus nicht einmal so eine schreckliche Sache, da wir alle dem ewigen Leben zuschreiten. Und wenn zum Beispiel eine einzelne Wasserstoffbombe eine Million Menschen töte, so erreichen die Betroffenen um so schneller das ewige Leben."

Daß gegen solche Auffassungen und ihre Verbreitung in der DDR Front gemacht wurde, kann man ihr wahrlich nicht zum Vorwurf machen. Bei der Gewinnung junger Christen setzte die FDJ deshalb besonders stark auf das gemeinsame Interesse an der Sicherung des Friedens, der Ächtung der Massenvernichtungswaffen und auf die Abrüstung.

Auf dem VI. Parlament brachte dies der neu ins Büro des Zentralrats rückende Leipziger Theologe Hans Moritz mit den Worten zum Ausdruck: „Ich glaube, daß viele Schwierigkeiten, die zwischen christlichen und atheistischen Freunden auftreten können, dadurch bereinigt werden, wenn wir uns an den Satz des bekannten französischen Friedenskämpfers Abbé Boullier halten: Darüber, ob es einen Himmel oder eine Hölle gibt, werden unsere Meinungen auseinander gehen, aber darin, daß die Erde nicht zu einer Hölle werden soll, sind wir uns einig."

Trotz aller Anstrengungen blieb das Verhältnis zwischen jungen Christen und der FDJ gespannt.

Intensiv widmete sich in dieser Zeit Karl Schirdewan der Verwirklichung seines auf der 29. Tagung des ZK unterbreiteten Vorschlags, einen umfassenden Beschluß zur allseitigen Erziehung der jungen Generation durch die SED, die staatlichen Organe und die gesellschaftlichen Organisationen auszuarbeiten. Damit beschäftigte sich bei zwei Zusammenkünften die Jugendkommission des ZK. Am 3. September 1957 wurde ein entsprechendes Dokument bestätigt. Es trat an die Stelle von „Der Jugend unser Herz und unsere Hilfe". Erich Honecker lobte diesen neuen Beschluß besonders eifrig und bezeichnete den vorhergehenden als „einen Schuß in den Ofen". Bewirkt hat der neue Beschluß allerdings nicht mehr als der alte.

Eine besondere Erwähnung verdienen die beiden letzten Beratungen, zu denen Karl Schirdewan das Sekretariat des Zentralrats eingeladen hatte. Die eine diente der Schlußredaktion des Beschlusses der 19. Zentralratstagung, die der Auswertung der Moskauer Beratung der Kommunistischen- und Arbeiterparteien vom November 1957 gewidmet war. Interessant ist dabei das Datum: es war am 16. Dezember 1956, zwei Tage nach einer harten Auseinandersetzung im Politbüro, auf der es schon um die „fraktionelle Tätigkeit" Schirdewans ging und nachdem sich eines der vermeintlichen Mitglieder der Fraktion, Gerhard Ziller, erschossen hatte. Nichts deutete auf eine außergewöhnliche Stimmung oder Situation hin. Sachlich unterbreitete er uns seine Abänderungsvorschläge und wünschte unserer Tagung einen guten Verlauf, auf der dann übrigens Hermann Matern, Politbüromitglied und Vorsitzender der Zentralen Parteikontrollkommission, referierte.

Die letzte Begegnung mit Karl Schirdewan fand am 21. Januar 1958 statt, also schon nach seiner im Politbüro beschlossenen Enthebung von seiner Funktion als Sekretär des ZK. Wie immer erteilte er uns Aufträge, diesmal besonders zur Erziehung der Kader und zur Propagierung des dialektischen Materialismus. Wir ahnten nichts von der getroffenen Entscheidung. Vielleicht war es Sarkasmus, als er uns mit den Worten verabschiedete: „Vergeßt bei allem Ernst das Lachen nicht!"

So endete die „Ära Schirdewan" für die FDJ. Der Hauptgrund lag gewiß nicht in Konflikten auf jugendpolitischem Gebiet zwischen Ulbricht und ihm.

Als am 3. Februar 1958 das 35. Plenum des ZK zusammentritt, fällt für ihn der Vorhang auf der zentralen politischen Bühne.

Die Entmachtung Schirdewans

Betrachte ich die drei Jahre unter Karl Schirdewan aus heutiger Sicht, lese die offiziellen Unterlagen und meine Mitschriften interner und öffentlicher Reden, die er in dieser Zeit zur Jugendpolitik hielt, so finde ich keine, von der Linie der Jugendpolitik der SED abweichende oder gar entgegengesetzte Haltung oder Weisung. In dieser Einschätzung bestärkt mich die Tatsache, daß weder im Bericht des Politbüros an die 35. ZK-Tagung, noch im Schlußwort Walter Ulbrichts, noch in dem „Parteiinternen Material des ZK an die Grundorganisationen" zu diesem Plenum eine Schuldzuweisung an Karl Schirdewan zur opportunistischen Entstellung der Politik auf diesem Gebiet zu finden ist. Auch in der umfangreichen Diskussion spielt es nach einer entsprechenden Aufforderung von Karl Mewes, des Ratgebers für Karl Namokel, er solle sagen, wie es der FDJ ergangen sei, nur in einem Beitrag eine Rolle. Es war der von Werner Felfe, dem 2. Sekretär der FDJ. Die Beiträge Karl Namokels und Wolfgang Steinkes gingen als nicht gehaltene in das Protokoll ein.

Vergleicht man ihre Beiträge, so ergibt sich die gleiche Grundaussage: Karl Schirdewan ist das, als was er vom Politbüro bezeichnet wurde. Sieht man sich die Begründungen für dieses Urteil an, so stimmen sie im wesentlichen überein. Dennoch ist eine genaue Betrachtung sinnvoll.

Der Ausgangspunkt läßt sich in dem uneingeschränkten Vertrauen in die Weisheit der kollektiven Parteiführung und in den damit verbundenen wahren Erkenntnissen finden.

Nun endlich wurden die Ursachen für das Hin und Her der vergangenen Jahre klar, wurde erklärlich, warum Walter Ulbricht eingreifen mußte, warum die 16. Zentralratstagung unter Ausschaltung Schirdewans stattfand, worauf seine zweideutige Reaktion auf den sozialistischen Jugendverband zurückzuführen ist. Mit anderen Worten, alles, was wir erlebten, was uns widerfahren war, wurde auf seine Person reduziert, wurde zur revisionistischen und opportunistischen Entstellung der Jugendpolitik hochgespielt.

Bei der Beweisführung dafür handelt es sich um eine Ableitung von der im Politbüro getroffenen Einschätzung. Die Bewertung zutreffender Fakten und richtig wiedergegebener Äußerungen Schirdewans erfolgt mit den Worten: „Wenn man es heute betrachtet", dann ... ja dann war seine Aufforderung, bestimmte Vorgänge in der BRD nicht „schwarz-weiß zu malen", ein Ausdruck für das Fehlen „jeglichen Klassenstandpunktes zu den beiden deutschen Staaten" mit derartiger „Verflachung aber ist die Jugend nicht zu erziehen" (Werner Felfe); ja dann war ein Gespräch über Ursachen der Republikflucht Ausdruck „seiner Ventilpolitik" (Karl Namokel); dann ist seine Überlegung, kleine Maschinen an die Einzelbauern zu verkaufen, „eine opportunistische Position zur sozialistischen Umgestaltung der Landwirtschaft" (Wolfgang Steinke). Anders ausgedrückt, es erfolgte der Transfer einer Aussage aus einem Zusammenhang in einen völlig anderen.

Es handelte sich um nichts anderes als eine Rückkoppelung von Wertungen auf frühere Vorgänge in der Jugendpolitik. So diente vor allem der Ruf „An Euch alle, die Ihr jung seid" als Korpus delicti. Auch hier beginnt Karl Namokel seine Polemik mit den Worten: „Heute ist mir klar, daß die Beschlüsse der 12. Zentralratstagung ... dem Verband eine einseitige Orientierung gaben."

Vergessen waren die anderen Beschlüsse dieser Tagung, die Rede Schirdewans zu den Voraussetzungen, die für die Breitenarbeit in der Organisation zu schaffen sind, vergessen auch die eindringlichen Worte Walter Ulbrichts zum frohen Jugendleben, dessen Erfindung der Jugendausschüsse sowie die „ketzerische Rede" Albert Nordens am Anfang der „Einseitigkeit". Nun war nur einer schuldig, Karl Schirdewan, nur er ganz allein.

Werner Felfe schien die Fragwürdigkeit einer solch einäugigen Sicht bewußt zu sein, denn er schwächte sie durch eine selbstkritische Bemerkung ab, „die Vorschläge Walter Ulbrichts auf dem V. Parlament nicht richtig berücksichtigt zu haben". Die Gefahr, die durch die Linie Schirdewans heraufbeschworen worden sei, bestand nach Wolfgang Steinke in der politisch-ideologischen Aufweichung der FDJ und dem Verlust ihrer ideologischen und organisatorischen Festigkeit.

Schließlich sei noch auf folgendes hingewiesen. Jeder Sekretär des Zentralrats hatte mit Karl Schirdewan seine ganz persönlichen, nicht immer nur positiven Erfahrungen gemacht. Sie flossen in die Reden zur Verurteilung Schirdewans ein. Bei Karl Namokel wurde die mangelnde Aufmerksamkeit für seine persönlichen Probleme angeführt, von Werner Felfe das Verschweigen längst getroffener Entscheidungen über seine Ablösung, Wolfgang Steinke führte ein „hinterhältiges Gespräch über Erich Honecker" ins Feld. So ergab sich eine Mischung von berechtigter Kritik mit der angebracht erscheinenden persönlichen Abrechnung.

Die Art und Weise des Ausschaltens Schirdewans und ihrer Vorgeschichte trägt unverkennbare Züge eines innerparteilichen Machtkampfes. Nicht nur der gefährlich erscheinende Schirdewan wurde beiseitegeschoben, sondern auch andere „aufsässige Geister", wie Fred Oelßner und Fritz Selbmann.

Die Positionen Walter Ulbrichts konnte nun keiner mehr gefährden. Größten Nutzen zog daraus Erich Honecker. Der größte Opponent seiner Wahl zum Sekretär des ZK war ausgeschaltet, sie erfolgte ebenso postwendend wie sein Aufrücken zum Mitglied des Politbüros.

Vor dem Zentralrat stand die Aufgabe, zu den Auswirkungen der „fraktionellen, revisionistischen Tätigkeit Schirdewans" auf die FDJ Stellung zu beziehen.

Im Bericht, den Karl Namokel erstattete, wurde selbstredend von einem ursächlichen Zusammenhang des Einflusses Schirdewans auf den Zentralrat und der nicht rosigen Lage des Verbandes ausgegangen. Die zu untersuchende Frage war nun, wie es zu dessen Einfluß kommen konnte, welche Personen ihn besonders ermöglichten, wer den Auffassungen Schirdewans besonders zugetan war?

Das Sekretariat bekannte sich zu seiner kollektiven Verantwortung, wobei die Auseinandersetzungen, die es in ihm darüber gegeben hatte, Erwähnung fanden. Das war ein normaler Streit, um das Suchen nach „bestmöglicher Umsetzung der Parteibeschlüsse". Zu einer Bildung von Fraktionen kam es dabei nicht. Dafür waren auch die Standpunkte der einzelnen Sekretäre viel zu unterschiedlich. Ins Feuer der Kritik gerieten drei Mitglieder des Zentralrats. Joachim Herrmann als entschiedener Verfechter der „Breitenarbeit", Dieter Schmotz, der auf der gleichen Wellenlänge agierte und dessen persönliche Position zum XX. Parteitag noch erschwerend ins Gewicht fiel, und Hans Modrow wegen seiner schon geschilderten Haltung zum Kongreß junger Künstler.

Das Motiv für die mit diesen drei geführten Auseinandersetzungen war nicht, Prügelknaben zu finden, sondern sie für die Erziehung – sprich Disziplinierung – der hauptamtlichen Kader der FDJ zu nutzen. Dafür eignete sich die Auswertung des „Falls" Dieter Schmotz besonders gut. Nur darüber wurde noch eine Zeitlang geschrieben und geredet.

Einmütig beschlossen, bekundete der Zentralrat der FDJ in einem Brief seine Treue zum ZK der SED mit Walter Ulbricht an der Spitze.

Danach setzte eine weitere Auseinandersetzung über die Folgen Schirdewanschen Einflusses auf den Verband ein. Erst jetzt wurden zu den auf der 35. ZK-Tagung getroffenen Wertungen solche wie die „Gewinnung der Jugend um jeden Preis", eine „prinzipienlosen Breitenarbeit", die „Verhinderung des konsequenten Kampfes gegen das Eindringen der bürgerlichen Ideologie", was zu „Aufweichungserscheinungen führte", die „Orientierung auf den zurückgebliebendsten Teil der Jugend" hinzugefügt. Der Ausschmückung zur „Entlarvung der Rolle der opportunistischen und revisionistischen Fraktion" dienten noch manche ähnliche Vokabeln.

Angesichts dieser Enthüllungen hielt ich dennoch die Ablösung von Schirdewan für richtig. An seiner Stelle übertrug das ZK nunmehr Paul Verner die Anleitung der FDJ. Da wir ihn für einen guten und erfahrenen Funktionär hielten, erhofften wir uns bessere Zeiten vor allem durch mehr Klarheit.

Die Beratungen bei ihm waren orientierend und produktiv. Anstelle allgemeiner Philosophiererei standen praktische Probleme und Unterstützung. In der Zeit seiner Zuständigkeit für die FDJ, bis Sommer 1963, stellten wir aber auch fest, daß er nicht zu den Entscheidungsfreudigsten zählte. Alles mußte abgesichert sein. Auseinandersetzungen über die FDJ mit anderen Parteifunktionä-

ren wich er gern aus. Als sich Karl Mewis, 1. Sekretär der Bezirksleitung der SED in Rostock, bei ihm über „ideologische Aufwei-
chungen" im Sekretariat des Zentralrats beschwerte, weil wir seine
Auffassungen und sein Vorgehen in zwei ganz konkreten Fragen –
dem Betreiben von Kirchenaustritten von FDJ-Funktionären und
Mitgliedern sowie der Einführung roter Fahnen und Wimpeln in
den FDJ-Grundeinheiten und -gruppen – nicht mitmachten, schob
uns Paul Verner den Beschwerdebrief mit den Worten über den
Tisch „klärt das mal!"

So fuhren Karl Namokel und ich zu einer Sitzung des Büros der
Bezirksleitung der Partei nach Rostock, auf der wir uns weitere
Anschuldigungen anhören mußten. Zum Glück teilten nicht alle
Rostocker seine Meinung und unterstützten unsere Haltung.

Sehr verwunderte uns der Wechsel Paul Verners von einem engagierten Mitautor des „Programm der jungen Generation für den
Sieg des Sozialismus" im Frühjahr zu einem der schärfsten Kritiker
im Herbst. Er bezog voll und ganz die Linie Erich Honeckers und
damit unausgesprochen eine gegen Walter Ulbricht. War das schon
das Präludium später folgender Auseinandersetzungen über die Jugendpolitik und den Gesamtkurs der Partei, der im Mai 1971 zur
Absetzung Walter Ulbrichts führte?

Die neue Losung: Der Sozialismus siegt!

Als Delegierte und Gäste des V. Parteitags der SED am 10. Juli 1958 die „Werner Seelenbinder Halle" betraten, leuchtete ihnen die Losung entgegen: „Der Sozialismus siegt!"

Sie allein vermittelte schon die Größe der zu treffenden Entscheidungen. Das große Ziel der revolutionären Arbeiterbewegung seit ihrem Entstehen rückte in greifbare Nähe, sollte nunmehr zu einer zu realisierenden Tagesaufgabe werden.

Damit wurden die Konturen der sozialistischen Alternative zur kapitalistischen Gesellschaft in der BRD noch klarer gezogen. Hatte die bisherige Entwicklung in der DDR das Leben der Menschen auf vielen Gebieten positiv verändert, so wurden nun viel weiterreichende Ziele abgesteckt. Lagen die bisherigen Verbesserungen vor allem auf geistigem Gebiet, erinnert sei hier an die Brechung des früheren Bildungsmonopols und die Öffnung der Tore zu höherer Bildung unabhängig vom Geldbeutel der Eltern, an die Erschließung der Quellen der Kultur für breiteste Bevölkerungskreise oder an die grundlegend veränderte Stellung der Frauen und der Jugend in der Gesellschaft, so wollte jetzt die DDR zum Wettbewerb mit der BRD um ein höheres materielles Lebensniveau antreten. Der V. Parteitag beschloß folgerichtig die „ökonomische Hauptaufgabe". Sie lautete: „Die Volkswirtschaft der DDR ist innerhalb weniger Jahre so zu entwickeln, daß die Überlegenheit der sozialistischen Gesellschaftsordnung der DDR gegenüber der Herrschaft der imperialistischen Kräfte im Bonner Staat eindeutig bewiesen wird und infolge dessen der Pro-Kopf-Verbrauch unserer werktätigen Bevölkerung mit allen wichtigen Lebensmitteln und Konsumgütern den Pro-Kopf-Verbrauch der Gesamtbevölkerung in Westdeutschland erreicht und übertrifft."

In typisch revolutionärer Ungeduld sollte dies in 1000 Tagen, also im Jahre 1960 erreicht sein.

Als Voraussetzung wurden die Weiterentwicklung der sozialistischen Produktionsverhältnisse und die rasche Steigerung der Arbeitsproduktivität genannt.

Dabei erkannte die SED früher als andere Bruderparteien die eminent große Bedeutung der Wissenschaft und des technischen Fortschritts. Sie verwandte, selbst unter Protest der KPdSU, bald den Begriff von der wissenschaftlich technischen Revolution.

Die Hauptaufgabe wurde, wie alle bedeutenden Maßnahmen sozialistischer Entwicklung in der DDR, in einen Zusammenhang mit dem Kampf um den Frieden und die Lösung der nationalen Frage gestellt. Das war kein Kunstgriff. Der Kalte Krieg wurde mit zunehmender Schärfe geführt, in der BRD die Remilitarisierung – und wenn möglich – mit Atomwaffen vorangetrieben, Bundeswehr und Bundesterritorium spielten in der strategischen Planung der USA eine dominierende Rolle. Sie diente als günstige Ausgangsbasis für das „roll back" des Kommunismus.

Die Auseinandersetzung um die Zukunft Deutschlands war unvermindert hart und international mit dem von der Sowjetunion wiederholt vorgeschlagenen Abschluß eines deutschen Friedensvertrages gekoppelt. Ein solcher Vertrag jedoch stieß auf absolute Ablehnung der drei westlichen Siegermächte und der Regierenden in der BRD. Aus der Sicht der SED galt es, „die Mauer, die durch die Remilitarisierung in Westdeutschland und durch die Eingliederung in die NATO errichtet wurde, mit Hilfe des Entwurfs eines Friedensvertrages zu beseitigen, damit die Wiedervereinigung möglich wird".

Im November 1958 ergriff die Sowjetregierung eine Initiative, um am neuralgischsten Punkt des Ost-West-Konflikts in Berlin eine Entspannung zu erreichen. Westberlin sollte in eine freie, entmilitarisierte Stadt, in eine selbständige politische Einheit umgewandelt werden. Natürlich ließen sich die Westmächte auf diesen Vorstoß noch weniger ein, als auf die Offerte, einen Friedensvertrag mit Deutschland abzuschließen. Die Konfrontation verschärfte sich.

Die SED-Führung zog daraus jedoch Konsequenzen, um auf jede Eventualität vorbereitet zu sein. Es erfolgte eine völlige Neubesetzung des Berliner Sekretariats. Paul Verner wurde zur Verstärkung als 1. Bezirkssekretär eingesetzt. Für die SED-Genossen in den 12 Westberliner Stadtbezirken wurde eine spezielle Leitung installiert. Sie sollte von den realen Bedingungen ausgehen, die sich ja grundlegend von denen im Ostteil der Stadt unterschieden, eine gezieltere Arbeit zur Verstärkung des politischen Einflusses auf die Bürger erreichen. Damit endete zugleich eine spezifische Form der Berliner Parteiarbeit, der Einsatz von „Ost-Genossen" zur Agitation in Westberlin. Besonders in politischen Kampagnen – und deren gab es nicht wenige – stiegen sie treppauf und treppab, klingelten an fremden Wohnungstüren und trugen ihr Anliegen vor. Kaum, daß sie Gehör fanden, schwebten sie in ständiger Gefahr, von der Stummpolizei festgesetzt zu werden. Nicht selten geschah dies auch. Erfolg hatten diese Aktionen kaum.

Wie üblich, zog jede Veränderung im Organisationsaufbau oder der Leitungsstruktur der SED adäquate Veränderungen auch in der FDJ nach sich. Waren SED und FDJ in ganz Berlin formal noch eine Einheit, so erfolgte nach dem Mauerbau im November 1962 die Verselbständigung. Zunächst konstituierte sich die SED Westberlin und im Februar 1969 die SEW als selbständige Partei. Auch beim Jugendverband erfolgte eine analoge Entwicklung.

Wie Organisation und Leitung auch gestaltet wurden, einen Masseneinfluß erreichten sie in Westberllin nicht.

Der sozialistische Jugendverband der DDR war nach dem V. Parteitag herausgefordert, mit stärkerer Aktivität und Initiative in allen Bereichen an die Verwirklichung der neuen Aufgaben heranzugehen.

Die FDJ beantwortete sie mit einer originellen Idee, der „Kompaßbewegung mit der Marschrichtungszahl 60". Alle Gruppen und Grundeinheiten, alle Jugendproduktions- und Lernkollektive, ja alle Jugendlichen wurden aufgefordert, in die Kompaßfelder ihre Verpflichtungen einzutragen, mit denen sie zur Verwirklichung der Parteitagsziele beitragen wollten. Die Idee kam diesmal an. Im Verlauf der nächsten Zeit hatten rund 75 % der Kollektive und über 100 000 Jugendliche, vor allem FDJ-Mitglieder, ihren Kompaß. Unterstützt wurde diese Bewegung in einem bisher nicht gekannten Umfang von den staatlichen Organen, allen Massenorganisationen und den Ausschüssen der Nationalen Front.

Als Methode fand die Kompaßbewegung höchstes Lob. Nicht nur einmal bezog sich Walter Ulbricht darauf. Seltenheitswert allerdings kommt den Äußerungen Nikita Chruschtschows zu, der zu Leipziger FDJlern sagte, sie sei auch für den Komsomol interessant und beweise, daß die Jugend der DDR in die richtige Richtung marschiert.

Die Verpflichtungen waren vielfältig, erstreckten sich auf politisch-ideologische Aktivitäten, auf ökonomische Leistungen, auf gute Lernergebnisse und ein interessantes und vielseitiges Leben in der Freizeit, bei Kultur, Sport, Wandern und geselligem Beisammensein.

Summiert man Aktivitäten und Initiativen des Verbandes und seiner Mitglieder, so kommt man auf bemerkenswerte Ergebnisse.

In Industrie und Landwirtschaft, im Bau- und Verkehrswesen und im Handel nahm die Bildung von Jugendbrigaden, -abteilungen, -zügen und –verkaufsstellen in raschem Tempo zu. Bald wurde die Zielstellung von 15 000 erreicht. Einen ähnlichen Aufschwung nahmen die „Kontrollposten der FDJ", die vor allem materielle und geistige Reserven in der Produktion aufstöberten, Bürokratismus und Schlendrian aufdeckten. Die erfolgreiche Tätigkeit der „Klubs junger Techniker", die unter dem Motto „Technik, Tempo, tausend Tage" vor allem technische Neuerungen entwickelten, führten zur 1. „Messe der Meister von Morgen" im Oktober 1958. Daraus erwuchsen Impulse für das Knobeln und Forschen von jungen Ingenieuren und Agronomen, von jugendlichen Neuerern und Rationalisatoren, von Studenten und Schülern mit beträchtlichem ökonomischem Nutzen. Die „MMM" wurde zur einmaligen und größten Bewegung schöpferischen Schaffens der Jugend in der deutschen Geschichte.

Ein „Konto junger Sozialisten" wurde eingerichtet, auf welches zusätzlich erbrachte Leistungen Jugendlicher verbucht wurden. Von den sich bald summierenden Millionenbeträgen flossen Mittel in die Freizeitstätten und Erholungslager der Jugend. Das war eine Form des materiellen und moralischen Anreizes zu höheren Leistungen. Was die Jugend zusätzlich schuf, kam ihr auch zugute.

Bedeutende Investitionsvorhaben und Großprojekte wurden der FDJ als Jugendobjekte übertragen. Erwähnt sei hier nur der Ausbau des Zentralflughafens Schönefeld durch den Berliner Verband oder die Errichtung von Chemieanlagen durch die FDJler von

Halle. Die Neulanderschließung in der Magdeburger Wische, die Urbarmachung der „Großen Friedländer Wiese", das Jugendobjekt „Rhin-Havelluch", die Milchader Berlin gehörten dazu.

Alles diente auch dem Ziel, die Bevölkerung gut und stabil mit Produkten der einheimischen Landwirtschaft zu versorgen und gleichzeitig der Jugend sinnvolle und anspruchsvolle Aufgaben zu geben. Waren dies alles Leistungen, die der „Hauptaufgabe", dem Ein- und Überholen Westdeutschlands verpflichtet waren, so spielte die FDJ auch bei der „Vervollkommnung der sozialistischen Produktionsverhältnisse", besonders bei der vollständigen Umgestaltung der Landwirtschaft, eine große Rolle. Als im April 1960 „vorfristig" die „Vollgenossenschaftlichkeit" verkündet wurde, da konnte der Verband darauf verweisen, daß dazu auch mehr als zehntausend junge Genossenschaftsmitglieder zählen, die den „Schritt vom ich zum wir" getan hatten.

Ein solcher Schritt vollzog sich auch in den Betrieben, wenn auch auf eine andere Art. Er trug hier den Namen „Sozialistisch arbeiten, lernen und leben".

Mit einem entsprechenden Aufruf trat am 3. Januar 1959 die Jugendbrigade „Nikolai Mamai" aus dem Elektrochemischen Kombinat Bitterfeld (EKB) an die Öffentlichkeit. Termin – der Geburtstag Wilhelm Piecks – und Ort – ein Chemiebetrieb – waren von FDJ und Gewerkschaften mit bedacht ausgewählt. Da kurz zuvor auf der „1. Deutschen Chemiekonferenz" von Walter Ulbricht dieser Industriezweig „zum Kernstück der ökonomischen Hauptaufgabe" erklärt worden war, da Chemie Brot, Wohlstand und Schönheit bringt, paßten politische und volkswirtschaftliche Motive ausgezeichnet zusammen.

Diese neue Art des sozialistischen Wettbewerbs fand eine überschwengliche Wertschätzung durch die Führung. Die Rede war von einer „objektiv notwendigen und der Entwicklung entsprechenden gesetzmäßigen Erscheinung unseres sozialistischen Aufbaus", vom „Schlüssel zur Lösung aller wichtigen Aufgaben der neuen Etappe unserer Entwicklung", vom „goldenen Fond des Siebenjahrplanes".

Die Brigadebewegung mit diesem Anspruch hat zur Lösung vieler volkswirtschaftlichen Probleme der DDR beigetragen, entwikkelte staatsbürgerliche Verantwortung und formte Charakter und Lebensauffassungen ungezählter Menschen. Die Brigaden gaben vielen ein Gefühl menschlicher Geborgenheit und Sicherheit. Das alles hat seine Gültigkeit trotz vieler formaler Züge und Schönfärberei, die mit dieser Massenbewegung verbunden war.

In dieser Zeit belebte sich auch die kulturelle und sportliche Freizeitgestaltung unter der Jugend.

Fachliche Qualifizierung und das Lesen schöngeistiger Literatur wurden kräftig angeregt. Die Räume der Volkshochschulen, Abend- und Jugenduniversitäten füllten sich mit Mädchen und Jungen. Die Zahl junger Leser in den Volks- und Betriebsbibliotheken stieg stark an. Die FDJ startete eine Aktion zum Verkauf von einer halben Million Bücher in den Dörfern. Der Verlag „Neues Leben" gründete eine Jugendbuchgemeinschaft, der über 25 000 junge Leser angehörten. Die Buchauflagen der Verlage stiegen sprunghaft an. Der 1949 gegründete „Kinderbuchverlag" brachte innerhalb von fünf Jahre 670 Titel mit einer Gesamtauflage von über 14,5 Millionen heraus. Im Verlag „Neues Leben" erschienen im gleichen Zeitraum 482 Neu- und 379 Nachauflagen mit über 16 Millionen Exemplaren.

Die DDR wurde ein Leseland.

Von der FDJ angeregt, entstanden ein „Theateranrecht der Jugend", Jugendkonzertreihen, Filmmatinees und Museumstage der Jugend. Sie wurden von Oberschülern und Studenten, von jungen Arbeitern und zunehmend auch von jungen Genossenschaftsbauern in Anspruch genommen.

Mit Unterstützung des Rundfunks und Fernsehens der DDR rief die FDJ zur Suche nach jungen Talenten.

Jahr für Jahr nahmen Zehntausende Mädchen und Jungen an den Wettbewerben auf den unterschiedlichen Gebieten der Kultur und der Volkskunst teil, um am „Fest der jungen Talente" in Leipzig dabei zu sein. Wieviele junge Talente auf diesem Wege zu populären Künstlern wurden, vermag vor allem einer der Väter und Förderer dieser Bewegung, Heinz Quermann, zu sagen. Nicht wenige treten noch heute auf.

Wer zählte je die Sänger in Kinder- und Jugendchören, in Volkskunstgruppen der verschiedenen Art, wer kann heute noch die

Zahl der Musikanten des FDJ-Musikchorps nennen? Aber würde man all jene befragen, die sich auf diese Art und Weise schöpferisch oder als Interpret betätigten, wir würden von allen hören, daß sie diese Zeit nicht missen möchten.

Die FDJ unterstützte Sport und Touristik, wurde zum Organisator vieler volkssportlicher Wettbewerbe, wie der „Kleinen Friedensfahrt", die vom Nimbus eines „Täve" Schur lebte und stets neue Auflagen erfuhr, oder den „Treffpunkt Olympia", der von Walter Ulbricht und dem ehemaligen Zehnkämpfer Alfred Neumann mit aus der Taufe gehoben wurde. Geschaffen wurde ein spezielles Komitee für Wandern und Touristik.

Noch manches wäre dem hinzuzufügen. Nicht alles hatte Bestand, anderes wurde zu einem festen Bestandteil im Leben junger Menschen, wurde weiterentwickelt und verbreitert.

So gesehen, konnte der Zentralrat auf dem VI. Parlament im Mai 1959 eine gute Bilanz vorweisen. Nur mit der Gewinnung großer Teile der jungen Generation für den Verband und für die politischen Ziele der Partei und einer sozialistischer Gesellschaft war eine Trendwende, war ein Durchbruch nicht zu verzeichnen. Aber war das Erreichte nicht eigentlich erfolgreiche Jugendarbeit, oft veranstaltet und finanziert durch die FDJ?

Mit dem „Programm der jungen Generation" und neuen innerverbandlichen Maßnahmen hofften wir, in den nächsten Jahren die FDJ als Organisation zu stärken.

Wenn vom VI. Parlament die Rede ist, müssen die Veränderungen an der Spitze der FDJ benannt werden, auch mit dem Ziel, eine Verbesserung in der FDJ und ihrem Wirken herbeizuführen.

Nach vier Jahren ernsthafter Bemühungen und großem Einsatz wurde Karl Namokel von der Funktion des 1. Sekretärs des Zentralrats der FDJ entbunden. Es gibt nicht wenige, die von einem Rausschmiß, von seiner Absetzung oder „in die Wüste schicken" reden. Das entspricht nicht der Wahrheit. Ich erlebte die Behandlung dieser Personalfrage im Politbüro mit und ich war sehr beeindruckt, auf welch anständige und menschliche Art und Weise dies durch Walter Ulbricht geschah. Er erinnerte daran, daß vor vier Jahren das Politbüro gegen den Willen von Karl Namokel diese Entscheidung getroffen hatte, und daß die Überforderung, die er damals selbst befürchtete, eingetreten war. Es waren aufrichtige Worte des Dankes, die ausgesprochen wurden. Natürlich war es für ihn schmerzlich. Die Entgegennahme des „Vaterländischen Verdienstordens in Gold" für den Gesamtverband mag ihm dafür eine Entschädigung gewesen sein. Übrigens wäre hier nachzutragen, daß eine derartige Ehrung für die FDJ zum zehnjährigen Bestehen der FDJ, also nach Abschluß der Tätigkeit Erich Honekkers als Vorsitzender, vom Politbüro abgelehnt worden war.

Karl Namokel, der in Berlin nicht heimisch wurde, kehrte an die Ostseeküste zurück und übernahm die Leitung der Lehrlingsausbildung im Schiffbau der DDR.

Mit der Wahl von Horst Schumann, Sohn des von den Nazis hingerichteten KPD-Funktionärs und antifaschistischen Widerstandskämpfers Georg Schumann, zum 1. Sekretär des Zentralrats trat ein langjähriger Jugendfunktionär an seine Spitze. Horst Schumann, der in der Widerstandsgruppe seines Vaters am Widerstandskampf beteiligt war, besaß Ansehen und Autorität unter den Funktionären und in der Partei.

Auf ihm ruhten nunmehr die Hoffnungen für eine grundlegende Wende in der FDJ-Arbeit, um einen stärkeren Einfluß auf die gesamte Jugend zu erreichen.

Eine neue Generation nach zehn Jahren DDR

Am Vorabend des zehnten Jahrestags der DDR demonstrierten Zehntausende Mitglieder der FDJ durch die Straßen Berlins und erneuerten das Gelöbnis von 1949. Als ich in ihre Gesichter sah, sah ich kaum noch einen der „Fackelträgern" von 1949.

Aus den Mädchen und Jungen von damals waren Frauen und Männer geworden. Sie waren jedoch nicht nur auf der Lebensleiter einige Sprossen nach oben gestiegen, sie hatten auch in ihrer beruflichen und gesellschaftlichen Entwicklung solche genommen. Dabei und dadurch hatten sie auch das Gesicht dieses jungen Staates verändert.

„Seht was aus uns geworden ist", hieß es in einem Lied. Aus den Lehrlingen und jungen Arbeitern von damals waren „Meister ihres Fachs" geworden. Ihre gediegenen fachlichen Kenntnisse, ihr Elan und Tatendrang bildeten eine gesunde und zukunftsträchtige Ergänzung zu den Erfahrungen und dem Können, zur Reife und Abgewogenheit des Denkens und Handelns der Älteren in den Arbeitskollektiven.

Eine solche Paarung war eine gute Voraussetzung für die Bewältigung der anspruchsvoller werdenden Produktionsaufgaben. Dabei erwiesen sich die Jungen als eine kräftige Stütze und, wie man sie nannte, Schrittmacher.

Die jungen Landarbeiter, die jungen Bäuerinnen und Bauern bildeten immer mehr einen wesentlichen Bestandteil der neu entstehenden Klasse der Genossenschaftsbauern.

Die Studenten aus der Gründerzeit der DDR hatten sich zu Intellektuellen entwickelt, die dort ihren Platz einnahmen „wo sie die Gesellschaft am dringendsten brauchte". An der Seite der erfahrenen Intelligenz wandten sie sich in den sozialistischen Betrieben der Industrie und Landwirtschaft der Lösung von Aufgaben der wissenschaftlich-technischen Revolution zu, womit die „Stunde für die jungen Ingenieure und Techniker, Agronomen und Veterinäre gekommen war".

Ihren Platz in den Hörsälen und Seminarräumen, in den Universitäten, Hochschulen und Fachschulen hatten die Schüler von damals besetzt und bereiteten sich auf eine Laufbahn vor, die schon voll und ganz vom Sozialismus/Kommunismus bestimmt wurden. So jedenfalls dachte ich damals.

Ging ich an eine Schule, so traf ich hier in der neuen „Polytechnischen Oberschule" auf Lehrerinnen und Lehrer meines Alters und Jüngere, die den Mädchen und Jungen eine solide Bildung vermittelten und die bemüht waren, sie zu aufrechten und ehrlichen Menschen zu erziehen. Sie schauten auch in ihrer Freizeit nicht auf die Uhr, ging es um die Interessen ihrer Schüler. So waren sie für viele Schüler ein Vorbild für das weitere Leben.

In der Nationalen Volksarmee stellten meine Altersgefährten das Gros des Offizierbestandes. Nicht anders war es beim Personalbestand der Schutz- und Sicherheitsorgane.

Wohin ich auch schaute, wohin ich auch kam, überall traf ich die „Fackelträger" als tragende und bestimmende Kräfte der neuen Gesellschaft.

War das die Sonnenseite, auf der auch die Leistungen der FDJ-Arbeit strahlten, so war doch gleichzeitig die andere, die Schattenseite, nicht zu übersehen. Auf ihr waren die Spuren derer zu verfolgen, die nicht unseren Weg gegangen waren, sondern die Seite gewechselt hatten und ihr Leben und ihre Existenz in dem anderen deutschen Staat führten. Es waren viele, zu viele, die wir nicht erreicht, nicht überzeugt hatten. Was auch immer die Motive des Einzelnen gewesen sein mögen, die zu seinem Weggang geführt hatten, sie waren gewollt oder ungewollt eine Entscheidung gegen die DDR. Das schmerzte mich auch persönlich. Was hatten wir mit ihnen verloren an Kraft, an Geist, aber auch an menschlicher Nähe. Sie suchten ihr Glück auf „der anderen Seite". Ob sie es gefunden haben? Die Antwort darauf könnte nur jeder selbst geben. Der DDR fehlten diese Menschen. Vielleicht dachten auch manche von ihnen an uns und vermißten so manches, was sie bei uns besaßen, vor allem an zwischenmenschlichen Beziehungen. Welch ein Verlust dies sein kann, das habe ich als den größten nach der Wende 1989 empfunden.

An all das dachte ich jedoch am Abend im Oktober 1959, als die Mädchen und Jungen in den blauen Blusen und Hemden der FDJ das Gelöbnis von 1949 erneuerten und der DDR ihre Treue gelobten, nicht.

Für sie hatte dieses Gelöbnis sicherlich einen anderen Sinn als für mich, war doch dieser Staat für sie schon etwas anderes. Er war für sie nicht mehr der Kontrast zu erlebter Vergangenheit, deren Spuren aber überall noch sichtbar waren, sondern er war etwas selbstverständliches, die gegebene Normalität, in der sich ihr Leben vollzog, auf die sich ihre Existenz gründete. Sie waren zum Zeitpunkt seiner Gründung bestenfalls Schulkinder gewesen, manche erst nach dem Krieg, gewissermaßen in die neue Zeit hineingeboren und unter deren gesellschaftlichen Verhältnissen herangewachsen. Die Existenz zweier deutscher Staaten war eine gegebene Realität, und in die Auseinandersetzung zwischen ihnen waren sie hineingestellt. Das mußte ihre Sicht auf die DDR und ihre Entwicklung, auf das Erreichte und Geschaffene anders sein lassen, als die unsrige. Sie standen auf neuen Positionen im Leben und das bestimmte ihren Blickwinkel.

Die Parteiführung war über manche Erscheinung unter den jungen Leuten beunruhigt. „Teile der Jugend, die abseits stehen, sich in politischen Fragen labil verhalten und mitunter sogar der Hetze und Irreführung des Gegners auf den Leim gehen", bereitete ebenso Sorgen wie das Anwachsen der Zahl der Jugendlichen, die die „Fronten wechselten" und die DDR verließen. Dazu kam ein beträchtlicher Rückgang an Mitgliedern der FDJ auf etwa 42 %. Dagegen stieg die Kriminalität unter den Jungerwachsenen an. Die meisten Delikte ereigneten sich in der Freizeit, und daran waren Mitglieder jugendlicher „Banden", „Cliquen" oder „Meuten" beteiligt. Sie wurden mit besonders scharfem Blick beobachtet, trugen sie doch Namen, die eine Identifikation mit westlichen „Vorbildern" bedeuteten.

Kostproben davon: „Vorposten der freien Welt", „Jugendkampfbund", „Club der Unterwelt", „Texasbande" u. ä.

Liest man das heute, so könnten eventuell Assoziationen zu heutigen Verbrechen und ihrer Statistik entstehen. Davon kann nicht die Rede sein, lagen sie, sowohl was Schwere als auch Umfang sowie das Alter der Täter betrifft, davon weit entfernt.

Alles zusammengenommen veranlaßte das Politbüro, sich erneut umfassend mit der Jugendproblematik zu befassen. Zufälligerweise geschah es auf den Tag genau fünf Jahre nach der Beschlußfassung über „Der Jugend unser Herz und unsere Hilfe" und den „Ruf an Euch alle, die Ihr jung seid". Was kein Zufall war, ist die Analogie inhaltlicher Fragestellungen und der Vorgehensweise. Der Beschluß war eine Direktive für die Parteileitungen und die Funktionäre in den verschiedenen gesellschaftlichen und staatlichen Bereichen. Sie gab unter dem Titel „Die Jugend der DDR, ihre Zukunft und die sozialistische Gesellschaft" die Richtung der gewollten Veränderungen an. Es war aber nur ein neuer Text zu altbekannter Melodie. Der Refrain: Die ganze Jugend muß gewonnen, für die Ziele der Politik der Partei mobilisiert, im Geiste des Marxismus-Leninismus unter Einsatz aller Mittel erzogen werden.

Auch diesmal wurde ein zweiter Beschluß veröffentlicht: Ein Kommuniqué des Politbüros zu Jugendfragen – kurz „Jugendkommuniqué". Es war ein Text, ein Aufruf, der sich an die gesamte Öffentlichkeit wandte. Der „dringende Appell", sich verstärkt der sozialistischen Erziehung der Jugend zuzuwenden und mitzuwirken an der Bewältigung „verschiedener brennender Probleme in der Arbeit mit der Jugend", wirkte wie ein Hilferuf. Er war auch einer.

Der geistige Vater beider Papiere war Walter Ulbricht. Ursprünglich hatte Paul Verner die Jugendkommission beauftragt, einen Beschluß nur zur Eindämmung der Jugendkriminalität auszuarbeiten. Bei der Einreichung des umfassenden Beschlußentwurfs berief sich Paul Verner auf die vorhergegangene Konsultation und Empfehlung Walter Ulbrichts. Dem aber waren Anlage und Absicht offenkundig zu kleingeraten und obendrein zu defensiv. Die Idee zu einem Jugendkommuniqué unterbreitete er erst im Ergebnis der umfassenden Diskussion des Beschlußentwurfs. Das dürfte zwei Gründe gehabt haben: Einmal, aus der bekannten Situation heraus die Öffentlichkeit in eine Diskussion einzubeziehen, und zum anderen gingen seine Vorstellungen über inhaltliche Fragen, über den Platz der FDJ bei der Lösung der Probleme und über die Vorgehensweise hinaus, als die Bereitschaft anderer Mitglieder des Politbüros derartige Entscheidungen zu treffen. Sie beinhalten vor allem das Mitgliedsalter im Jugendverband auf 22 Jahre zu begrenzen. Dies bedeutete die Verringerung des Anteils junger Arbeiter – des „politischen Kerns" der FDJ, eine Reduzierung der Rolle des Verbandes in der Arbeitssphäre, auf eine Organisation der Lernenden, Studierenden und Auszubildenden.

Dann hätte er seine Rolle, Helfer und Kampfreserve der Partei in allen Fragen und in allen Bereichen zu sein, verloren. Trotz entsprechender Beschlüsse, wurde an ihre Verwirklichung nie ernsthaft herangegangen.

Bei der Debatte ging es eigentlich um die ewige Frage, wie die Partei ihre führende Rolle in der Jugendpolitik verwirklicht.

Unter ihrer Führung sollte die Öffentlichkeit nun an die Arbeit gehen. Walter Ulbricht wollte es demokratisch. Er wollte eine breite öffentliche Diskussion, natürlich unter Führung der Partei. Aber er rechnete damit, die Klugheit anderer zu erschließen und in den Dienst der Jugenderziehung stellen zu können. Dabei hatte er sicherlich einen noch weitergehenden Effekt im Auge. Getreu seiner „Programmatischen Erklärung", im neugebildeten Staatsrat auftretende Probleme bei der Entwicklung der sozialistischen Gesellschaft „rechtzeitig zu durchdenken, zu beraten und zu entscheiden", wollte er den demokratischen Charakter der Entscheidungsfindung unterstreichen. Vielleicht war das Ganze auch als Zeitgewinn angelegt. Sicherlich hatte er weiterreichende Pläne im Kopf, als er sie am Anfang des ereignis- und schicksalsschweren Jahres 1961 aussprach. Letzteres sind nur Vermutungen. Gewiß aber ist eines, von hier aus nehmen die internen Auseinandersetzungen in der Führung der SED zur Jugendpolitik für fast ein Jahrzehnt kein Ende mehr.

Eine schicksalhafte Wende: Der 13. August 1961

Die weitere Tätigkeit der FDJ in den ersten Monaten nach Veröffentlichung des Jugendkommuniqués wurde durch zwei Faktoren der Weltpolitik mitbestimmt: Von der Verschärfung der internationalen Lage und der krisenhaften Entwicklung in der DDR.

Seit dem sowjetischen Vorschlag im November 1958, Westberlin in eine „freie, entmilitarisierte Stadt" umzuwandeln und einen deutschen Friedensvertrag abzuschließen, hatte sich das internationale Klima bis zum Gefrierpunkt abgekühlt.

Beide Seiten, die Sowjetunion wie die USA, demonstrierten ihre Stärke und ihre Handlungsentschlossenheit, ihre politischen Ziele durchzusetzen. Dabei wurde die Möglichkeit eines atomaren Krieges nicht ausgeschlossen.

Als Zeichen der Überlegenheit des Sozialismus war der Flug des ersten Menschen in den Weltraum, die Umkreisung der Erde durch den sowjetischen Kosmonauten Juri Gagarin am 12. April 1961 zu verstehen. Demonstrativ und zeitlich genau berechnet, folgte schon am 6. August der Kosmonaut German Titow.

Die andere Seite holte zum Schlag gegen Kuba aus. Die Invasion in der Schweinebucht endete jedoch mit einem Fiasko des Aggressors.

Natürlich bewegten diese Ereignisse die junge Generation der DDR außerordentlich stark. Partei und Jugendverband knüpften daran an, um diese Ereignisse für die Beweisführung der Stärke und Überlegenheit des Sozialismus, ja seiner Unbesiegbarkeit zu nutzen. Das Beispiel Kuba, die Namen Fidel Castro und Che Guevara begeisterten die Jugend. Gleichzeitig sollte ein Haßgefühl gegen Imperialismus und Kriegsbrandstifter entfacht werden. Klar wurde, wieviel Sprengstoff die internationale Lage in sich barg. Realistisch kann festgestellt werden, daß die Gefahr eines atomaren Infernos über der Menschheit schwebte. In den NATO-Stäben wurde an Plänen gearbeitet, wie auf eine weitere Eskalation des Kalten Krieges und seinen Übergang in einen heißen reagiert werden soll. Dabei spielte die Absicht, Atomwaffen einzusetzen, eine exponierte Rolle. Franz Josef Strauß, damals Verteidigungsminister der BRD, schildert in seinen Memoiren „Die Erinnerungen", wie er nach „lukrativen" Zielen für Atombombenabwürfe über dem Territorium der DDR befragt, „einen Truppenübungsplatz, den ich kannte, auf dem große Mengen russischer Truppen konzentriert waren", dafür vorschlug. Es ist schon der Gipfel des Zynismus, daß es sich dabei um einen Platz in der Nähe von Dresden handelte. Gleichzeitig gierten die Bundeswehrgenerale nach Atomwaffen, um den verbündeten Partnern ebenbürtig zu sein. Welche Gefahren daraus für die DDR entstanden, bedarf keiner weiteren Erläuterung.

Selbstverständlich wurden durch diese Großwetterlage alle Gebiete der deutsch-deutschen Beziehungen schwer belastet. Eine Signalwirkung hatte die Ankündigung der BRD, zum Jahresende das gültige Handelsabkommen zwischen der DDR und der BRD zu kündigen. Das hatte nicht nur „klimatische" Auswirkungen, sondern drohte alle Wirtschaftspläne der DDR über den Haufen zu werfen. Zu groß war die Verflechtung der Volkswirtschaft der DDR mit der der BRD und damit ihre Abhängigkeit von den Lieferungen an Material und Ausrüstungen. Um sich von den damit verbundenen politischen Einflußmöglichkeiten zu befreien, mußte sie sich auf ökonomischem Gebiet „störfrei machen". Das erforderte die Umstellung der Volkswirtschaft, die Veränderung aller Jahrespläne und die Erschließung einer größeren Hilfe von der Sowjetunion durch Rohstofflieferungen, Kredite und deren Rückzahlung durch erhöhte Exportleistungen. Unter diesen Bedingungen war der Traum vom Einholen und Überholen der BRD endgültig geplatzt. Als eigentlich der errungene Sieg verkündet werden sollte, mußte das Scheitern dieses politischen und wirtschaftlichen Ziels durch die 12. ZK-Tagung im März 1961 eingestanden werden. Die Situation erschütterte nicht nur die Wirtschaft, sondern vor allem die Vertrauensbasis im Volk. Da die Auswirkungen der Umstellung bis in jeden Betrieb, in der Versorgung, in jedem Haushalt spürbar wurden und gleichzeitig der konjunkturelle Aufschwung in Westdeutschland für die DDR-Bürger sichtbar war, stieg die Republik-flucht dramatisch an.

Wo lag da der Ausweg? Mit Moskau, mit dem RGW und dem Warschauer Vertrag wurde er gesucht und schließlich Anfang August endgültig gefunden: In der Abriegelung der Grenzen der DDR zur BRD – und das betraf vor allem Westberlin. Hier lag das dramatischste Spannungsfeld zwischen der Sowjetunion und den USA. Erst nachdem sich Nikita Chruschtschow bei seinem ersten Zusammentreffen mit dem neugewählten amerikanischen Präsidenten J. F. Kennedy in Wien davon überzeugt hatte, wie die USA darauf reagieren würden, konnte einem solchen Plan näher getreten werden. Die von Kennedy verkündeten „drei essentials" – Fortsetzung der westlichen Präsenz in Westberlin, Sicherung des freien Zugangs nach Westberlin, Selbstbestimmungsrecht für Westberlin – zeigten der Sowjetunion die Grenzen einer „Westberlin-Lösung", aber zugleich den Spielraum für ihr Handeln in Ostberlin.

Von alledem hatten wir im Zentralrat nicht den Schimmer einer Ahnung. Auch das nichtssagende Kommuniqué über eine Beratung der 1. Sekretäre der Parteien der Warschauer Vertragsstaaten am 6. August machte uns nicht wissender. Daß etwas Bedeutendes im Gange ist, signalisierten mir zwei Vorgänge. Das eine war eine Tagung des Ältestenrats der Volkskammer am Abend des 10. August. Er hatte den Beschluß der am nächsten Tag stattfindenden Volkskammertagung zu beraten. Es war schon außergewöhnlich, daß der Entwurf dafür nicht vorlag, sondern erst während der Sitzung von Peter Florin, dem Abteilungsleiter für Internationale Beziehungen im ZK der SED, in seiner Eigenschaft als Vorsitzender des Außenpolitischen Ausschusses der Volkskammer mündlich vorgetragen wurde. Als einzelne Mitglieder des Ältestenrats einige kleine Textverbesserungen vorschlugen, reagierte der sonst so konziliante Friedrich Ebert barsch und bestand auf Bestätigung des Vorgetragenen.

Das nächste war die Aufforderung Walter Ulbrichts an Horst Schumann während der Volkskammertagung am 11. August, auf der die Regierung ermächtigt wurde, alle „Maßnahmen vorzubereiten und durchzuführen, die sich aufgrund der Festlegungen der Warschauer Vertragsstaaten als notwendig erweisen", Berlin nicht zu verlassen und am Sonnabend zum Döllensee (Erholungssitz des Staatsrats) zu kommen.

Das versetzte das Sekretariat in erhöhte Einsatzbereitschaft. In der Nacht zum Sonntag erfuhren wir von Schumann, was seit Mitternacht im Gange war: Die Sicherung der Staatsgrenze zu Westberlin, der Bau der Mauer.

Die „Mauer" zog sich nicht nur durch Berlin. Sie wurde für fast drei Jahrzehnte zum Symbol für die Teilung der Welt. Die Mauer war eine Grnze zwischen den großen Weltsystemen und keine Erfindung der DDR, eine Grenze, die völkerrechtlich akzeptiert wurde. Das Problem bestand zunehmend darin, daß kein reales Konzept bestand, wie sie wieder und in welcher Zeit abgebaut werden könnte Auch deshalb, weil jeder Tote an der Mauer zur tragischen Seite der Mauer gehörte und auch von mir bedauert wird.

Je nach dem, auf welcher Seite man stand oder steht, fällt das Urteil über ihre Berechtigung, ihre Funktion, ihre Sinn und Zweck aus. Ein sachlicher Hinweis auf die Bedingungen, die zu ihrer Entstehung führten oder auf die auch positiven Wirkungen, die sie damals bewirkte, wird als Argument für ihre dauerhafte Existenz scharf zurückgewiesen. Ich bin mir bewußt, mich gleicher Anschuldigungen auszusetzen, wenn ich daran erinnere, mit welcher Erleichterung NATO-Politiker, allen voran der US-Präsident J. F. Kennedy, die Nachricht von der Errichtung der Mauer aufnahmen. Daraus erklärt sich auch die besonnene, zurückhaltende Reaktion der Schutzmächte Westberlins und die erfolgte Zügelung mancher „Heißsporne" in Westdeutschland und Westberlin nach dem 13. August. Sie erkannten offenbar eher als andere die sich damit eröffnenden Chancen für ein verändertes Agieren auf der weltpolitischen Bühne.

Was ergaben sich für uns im Zentralrat der FDJ an diesem schicksalhaften 13. August 1961 und unmittlbar danach für Aufgaben? Als erstes erließ das Sekretariat einen „Kampfauftrag an die Bezirksorganisationen". Seine elf Maßnahmen waren die erste Reaktion auf die neu entstandene Lage. Wenn sie heute als Schaffung „eines Ausnahmezustandes in der FDJ" bezeichnet werden, dann ist das der Ehre zu viel. Denn sie erwiesen sich als nicht zeitgemäß und brachten dem Zentralrat eine herbe Kritik des Sekretariats des ZK ein. Zeitgemäß war ein Aufgebot zur Mobilisierung der jungen Generation. Es bekam den Namen „Das Vaterland ruft! Schützt die sozialistische Republik!"

Das Echo darauf war lebhaft und positiv. Die folgenden Tage bewiesen die Aktionsfähigkeit des Leitungssystems im Verband. Die Tatsache, daß innerhalb von 14 Tagen 49 749 Jungen über 18 Jahre ihre Bereitschaft erklärten, freiwillig den „Ehrendienst" in der Nationalen Volksarmee zu leisten, kann als deutliche Zustimmung zu den getroffenen Sicherungsmaßnahmen der DDR gewertet werden. Am Vorabend der Kommunalwahlen am 17. September hatten 174 284 Jugendliche ihre Bereitschaft, in den bewaffneten Organen zu dienen, erklärt. Öffentlich wurden „FDJ-Regimenter" unter Anteilnahme der Bevölkerung verabschiedet.

Das Aufgebot des Verbandes erfüllte zwei wesentliche Aufgaben. Zum einen wurde der erforderliche Kaderzugang für die Armee und die anderen Schutz- und Sicherungsorgane gewährleistet, zum anderen schuf es eine psychologische Basis für die Beschlußfassung eines „Verteidigungsgesetzes der DDR" am 20. September 1961 und die Einführung der Wehrpflicht am 24. Januar 1962.

Die FDJ organisierte gemeinsam mit der GST die erste „Woche der Verteidigungsbereitschaft". Sie wurde zu einer alljährlich stattfindenden Tradition.

Auch die „Ordnungsgruppen der FDJ" wurden zahlenmäßig vergrößert, straffer organisiert und von der Volkspolizei ausgebildet.

Man kann sich die Reaktion im Zentralrat vorstellen, als gerade in dieser Zeit eine unserer Zeitungen, die Zeitschrift „Junge Kunst", mit einem Titel erscheinen sollte: „Schmelzt ein die Kanonen, schießt mit Zitronen". Nur weil wir wußten, wieviel Vorlauf die Zeitschrift von der Drucklegung bis zum Erscheinen hatte, bewahrte die Redaktion vor Konsequenzen. Im übrigen konnte sie sich auf die Abrüstungsvorschläge Chruschtschows berufen.

Der 13. August leitete eine neue Phase der Arbeit ein, die sich unter veränderten Bedingungen, abgeschirmt durch die Mauer, vollzog.

So dicht die Mauer auch war, sie konnte das Durchdringen der westlichen Rundfunk- und Fernsehsendungen nicht verhindern.

Wie immer in zugespitzten Situationen, wuchs unter den DDR-Bürgern das Bedürfnis, sich „objektiv" zu informieren. Man hörte sich an, was „Freund und Feind" zu sagen hatten, um dann die eigene Wahrheit irgendwo in der Mitte zu finden. Da der Feind nichts Gutes an unseren Sicherungsmaßnahmen ließ, wollte die FDJ der Hetze einen Riegel vorschieben. Dafür hatte sie auch noch einen weiteren Grund: den großen Zuspruch, den die „fetzige" Musik von „Radio Luxemburg" unter der Jugend fand.

So erfanden wir im Sekretariat des Zentralrats eine „Kampfaktion auf ideologischem Gebiet": „Blitz kontra NATO-SENDER". Schwindelfreie Mitglieder wurden auf die Hausdächer geschickt, um jene Antennen zu demontieren, die auf West-Sender ausgerichtet waren. Nach einem ihrer Standorte, dem Ochsenkopf im Harz, erhielten sie den entsprechenden Beinamen.

Wer sich der Ausrichtung seiner Antenne auf „Friedenssender" widersetzte, kam an den Pranger.

Diese grotesken Handlungen brachten der FDJ keinen Ruhm und der Sache keinen Erfolg. FDJler und Jugendliche wandten sich von der FDJ ab, nicht aber von den für sie interessanten Sendern. Es war eine sinnlose Aktion. Es ist einfach unmöglich, derartige Probleme im Zeitalter der Elektronik mit der Axt oder der Kneifzange lösen zu wollen. Auch eine gewisse Kriminalisierung brachte nichts ein. Es war eine echte Befreiung aus der sich entwickelten Schizophrenie, als Erich Honecker Anfang der siebziger Jahre das Hören und Sehen der „Westsender" legalisierte. Allerdings bekam nicht allen Konsumenten die ideologische oder „unpolitische" Kost aus den westlichen Kanälen gut. Sie erzielte vielmehr auch dadurch Wirkung, daß es uns an einer guten, interessanten, anregenden Informations- und Nachrichtengebung mangelte, die ideologische Überzeugung bei weitem nicht so offensiv war, wie sie sich bezeichnete und daß die Argumentation des „Schwarzen Kanals" oftmals kontraproduktiv wirkte.

Das „Neue ökonomische System" (NÖS) und „Der Jugend Vertrauen und Verantwortung"

Bereits in Vorbereitung des VI. Parteitags der SED (Januar 1963) ließ Walter Ulbricht neue Denkansätze in der sozialistischen Wirtschaftsführung erkennen. Diese reiften zu einem „Neuen ökonomischen System der Planung und Leitung", das auf einer großen Wirtschaftskonferenz im Juni des gleichen Jahres verkündet wurde. Sein Anliegen bestand, kurz zusammengefaßt, darin, eine wissenschaftlich fundierte Leitung der Volkswirtschaft anstelle der überzentralisierten Steuerung und des kleinlich administrativen Dirigismus der Betriebe aufzubauen. Zukünftig sollte sich die zentrale Planung auf die Ausarbeitung von Prognosen und die längerfristige Planung beschränken. Durch ein in sich geschlossenes System ökonomischer Hebel und der materiellen Interessiertheit der Produzenten sollten sich die Triebkräfte für die ökonomische Entwicklung entfalten. Das Ziel war, auf diese Art und Weise eine rasche Steigerung der Arbeitsproduktivität zu erreichen, Wissenschaft und Technik effektiver als Produktivkraft zu nutzen und eine durchgehende Rentabilität des Wirtschaftens zu sichern. Dazu galt es, die Eigenverantwortung der Betriebe zu erhöhen und ihnen die Möglichkeit zu geben, über ihren Gewinn weitgehend selbst zu entscheiden, und ihnen die Pflicht aufzuerlegen, die erforderlichen Mittel für erforderliche Investitionen selbst zu erwirtschaften.

In der Entscheidungsphase des NÖS berührte mich die Sache recht wenig, betrachtete ich sie doch als eine Angelegenheit vorwiegend von und für Ökonomen und Wirtschaftsfachleute. Das war ein Trugschluß. Schon im Januar 1963 wurde mit einer einschneidenden Veränderung in der Leitungsstruktur der SED begonnen. Auf allen Ebenen, vom ZK bis zu den Kreisleitungen, wurden neue Leitungsorgane in Gestalt von Büros für Industrie und Bauwesen, für Landwirtschaft und Ideologische Kommissionen gebildet.

Durch sie sollte eine sachkundigere und differenziertere Leitung der Parteiorganisationen als bisher durch die Sekretariate erreicht werden. Diese Umstellung in der SED wurde auch auf die FDJ übertragen und berührte mich damit persönlich. Als Sekretär für Agitation und Propaganda wurde mir die Leitung der Ideologischen Kommission des Zentralrats übertragen. Das schloß die Verantwortung für Kultur und Sport ein. Informativ für mich wurde die Mitgliedschaft in der Ideologischen Kommission beim Politbüro, die unter Leitung von Kurt Hager stand.

In der Ausarbeitungsphase des NÖS fand das VII. Parlament der FDJ (Mai 1963) statt. Die weitreichenden Ideen dieses neuen Systems erreichten uns bei der Formulierung des Referats von Horst Schumann und des Entwurfs des Beschlusses noch nicht. Dies war vor allem dem Umstand geschuldet, daß der Inspirator, Walter Ulbricht, außer Landes zur Kur weilte und eine unmittelbare Konsultation nicht möglich war. So traten die Entwürfe unserer Dokumente immer eine Reise an: Berlin–Karlovy Vary–Berlin, und manche von ihnen nicht nur einmal. Da wir Ulbrichts Grundidee nicht kannten, blieb uns der Sinn für so manchen Änderungsvorschlag, der uns erreichte, verschlossen. Das klärte sich zum Teil erst nach dem Parlament.

Die Rede Walter Ulbrichts auf dem Parlament war natürlich schon auf Konsequenzen, die sich aus dem neuen Wirtschaftssystem für die Jugendarbeit ergaben, gerichtet. Allzu deutlich wurde er allerdings nicht. Die Offenbarung kam erst danach.

Schon zur nächsten turnusmäßigen Sitzung des Politbüros wurde unser Sekretariat zur Auswertung des Parlaments eingeladen. Obwohl dies Tagesordnungspunkt 1 war, saßen wir wieder einmal lange vor der Tür. Der Grund wurde uns sogleich mitgeteilt: Walter Ulbricht hatte in einem Brief an das Politbüro seine Überlegungen und Vorschläge zur weiteren Gestaltung der Jugendpolitik unterbreitet. Darüber hatten sich die Mitglieder intern verständigt. Mich verwunderte zwar ein solch ungewöhnliches Vorgehen Walter Ulbrichts, war doch gerade das Parlament mit seiner Rede zu Ende gegangen. Aber in der Diskussion gab es verschiedene Äußerungen, die uns aufhorchen ließen, deren ganze Tragweite uns jedoch erst in den nächsten Wochen und Monaten bewußt wurde. Es ging um das uns nicht bekannte „Neue ökonomische System".

Im Mittelpunkt der Konzeption Ulbrichts stand die Erkenntnis, daß das NÖS nur funktionieren kann, wenn Initiativen und Aktivitäten der Massen entfaltet werden. Dies erforderte nicht nur strukturelle Veränderungen in der Leitung, sondern einen anderen Stil der Partei- und Jugendarbeit, ein anderes, qualifizierteres Herantreten an die Menschen, eine lebendige, mit den Erfahrungen der Menschen verbundene ideologische Tätigkeit. Die angestrebte höhere Überzeugungskraft verlangte ein höheres geistiges Niveau, mehr Sachkenntnis und die Überwindung aller Erscheinungen des Dogmatismus und der Verkrustung von Agitation und Propaganda. Wie so oft, erschien Walter Ulbricht das Feld der Jugendarbeit besonders dafür geeignet, hier den Durchbruch am ehesten zu erreichen. War es denn nicht schon von den Klassikern des Marxismus-Leninismus gesagt worden, daß die Jugend dem Neuen besonders aufgeschlossen gegenübersteht und sie der Partei der Neuerer am ehesten folgt? Nicht nur davon war Walter Ulbricht fest überzeugt, sondern auch, daß eine offene Darlegung aller Probleme, deren Lösung anstand, nötig war. Er suchte die Öffentlichkeit, und die brauchte er nicht nur in der Jugendpolitik, sondern vor allem für das Funktionieren des NÖS.

Er verfocht diesen Weg, der schon zwei Jahre vorher mit dem ersten Jugendkommuniqué vorgezeichnet war, jetzt mit noch größerer Energie. Dabei stieß er, was wir nicht wußten, und ich nicht im entferntesten ahnte, auf Widerstand in den eigenen Reihen.

Meine Naivität beruhte vor allem darauf, daß ich das Neue als eine von der kollektiven Weisheit der Führung einmütig getragene geradlinige Weiterentwicklung, bestenfalls als „einen dialektischen Sprung in eine höhere Qualität" ansah. Bruchstellen zur Kontinuität erkannte ich nicht. Diese gab es aber. Sie berührten Grundfragen, in deren Zentrum die Frage nach der führenden Rolle der Partei, der Allwissenheit und Allmacht ihrer Führung, des Politbüros, stand.

Wozu also die Einbeziehung der Öffentlichkeit, von Spezialisten und Außenstehenden, wenn man doch selbst alles weiß? Warum rütteln an den bisherigen Leitsätzen und Gepflogenheiten, wo das doch alles gut geordnet und funktionstüchtig zu sein schien? Das Drängen Walter Ulbrichts auf neue Problemstellungen, auf weite Räume für schöpferische Arbeit, die Attacken gegen das Administrieren auf ideologischem Gebiet und für immer wieder „neue, lebendige Aufgabenstellungen" war nicht nur unbequem, sondern barg auch Gefahren gerade für das Macht- und Wahrheitsmonopol der Partei in sich. Die Verteidigung des gewohnten oder, wie es im Parteideutsch hieß, „bewährten" war also nicht unbegründet.

Ein zentraler Punkt der internen Diskussion im Politbüro betraf den Platz und die Rolle des Jugendverbandes bei der Jugenderziehung. Walter Ulbricht hielt die Zeit für gekommen, der FDJ das Monopol zu entziehen und die Jugendarbeit auf breitere Schultern zu verlagern. Er hatte dabei besonders die Gewerkschaften als die Klassenorganisation der Arbeiter im Blick. Deshalb auch sein erneuter Druck darauf, die Tätigkeit der FDJ sogar auf die 14- bis 18jährigen zu begrenzen. Gegen die damit verbundene Demontage des Jugendverbandes mußten sich zwei der Gründungsväter der FDJ, Erich Honecker und Paul Verner, wenden.

Nach den Vorstellungen Walter Ulbrichts wäre damit das Hauptfeld der Tätigkeit des Jugendverbandes aus den Betrieben an die Schulen, in die Ausbildungsstätten und in die Wohngebiete verlagert worden. So aber konnten sie sich die FDJ nicht mehr als das vorstellen, was sie in ihren Augen immer war und immer zu sein hatte: Der Helfer der Partei in allen Bereichen der Gesellschaft.

Eine solche Beschneidung des Wirkungsfeldes bedeutete zugleich eine Verlagerung des inhaltlichen Schwerpunkts auf die Freizeitgestaltung, dem in seiner Bedeutung eher gering geschätzten „frohen Jugendleben". Letzteres strebte Walter Ulbricht bewußt an. Für ihn bestand, wie ich in all den Jahren meiner Arbeit im Zentralrat festgestellt hatte, ein unlöslicher Zusammenhang von Jugend- und Kulturpolitik. Er setzte darin große Hoffnungen bei der Erziehung der Jugendlichen.

Diese „Ehe" von politisch-ideologischer Erziehung und kulturell-künstlerischer und sportlicher Freizeitgestaltung sollte nun durch die neugebildete Ideologische Kommission des Zentralrats geschlossen werden. Das war für mich kein leichtes Unterfangen. Manches wurde dazu unternommen, manches gelang, aber der erwartete Umschwung wurde nicht erreicht. Nicht zuletzt standen dem divergierende Orientierungen über die inhaltliche Ausstattung dieses Verhältnisses im Wege. Seine tragische Offenbarung fand dies auf der 11. Tagung des ZK im Dezember 1965. Es ging als „Kahlschlagplenum" auf dem Gebiet der Kulturpolitik in die SED-Geschichte ein.

Nachdem sich Walter Ulbricht mit seiner Konzeption erst einmal durchgesetzt hatte, suchte er nach Leuten, mit denen er sie realisieren konnte.

Bei einer der Beratungen über ein neues Jugendgesetz stellte Walter Ulbricht an Horst Schumann die Frage, wer denn eigentlich die gute Zeitung „Forum" mache. Der Name Kurt Turba wurde genannt. Er war der geeignet erscheinende Mann für die Verwirklichung der „neuen Linie". So wurde er zum Leiter der Jugendkommission (bisher Paul Verner) und zum Leiter der Abteilung Jugend (bisher Arno Göde). Die Verantwortung für beides zog Walter Ulbricht an sich. Damit blieb für Erich Honecker nur die Einflußmöglichkeit über das Sekretariat des ZK. Sie war groß und er nutzte sie rigoros.

Die Auseinandersetzungen wurden permanent geführt, und sie drehten sich vor allem um das zweite Jugendkommuniqué „Der Jugend Vertrauen und Verantwortung". In ihm waren von der Jugendkommission unter Leitung von Kurt Turba die Intentionen Walter Ulbrichts festgeschrieben worden. In einer ausführlichen Rede auf einer Jugendkundgebung im damaligen „Zentralen Jugendklub" erläuterte Walter Ulbricht seine Vorstellungen.

Während das Kommuniqué landesweit zustimmend aufgenommen wurde, begann die Unterwanderung durch zentrale Funktionäre schon am Tag nach seiner Veröffentlichung. Natürlich erfolgte kein offener Angriff, sondern anfangs waren es Nadelstiche. Treffen diese aber auf besonders empfindliche Stellen, so sind sie bekanntlich sehr schmerzhaft. Solch Punkt war u. a.; die Bezeichnung der Jugend als „Hausherren von morgen". Zunächst wurde argumentiert, das verleite die Jugendlichen zur Überheblichkeit, sie dünkten sich schon heute als Hausherrn, dann sah man darin einen künstlichen Generationskonflikt, denn es richte sich gegen jene, die das Haus errichtet hatten und als deren berechtigte Herren sie sich betrachteten. Schließlich wurde ins Feld geführt, es rüttle an der führenden Rolle der Partei. So etwas Walter Ulbricht zu unterstellen, ging natürlich nicht. Deshalb wurden die Verfasser des Kommuniqués zur Zielscheibe.

Befremdet, ja teilweise erbost reagierte man auf die Kritik an leitenden Funktionären der Wirtschaft und des Staates. Das untergrabe deren Autorität. Auf Ablehnung stieß der Gedanke der frühzeitigen Talenteförderung wegen seiner Nähe zur Begabtentheorie vergangener Zeiten. Da half weder die Berufung auf sowjetische Erfahrungen, noch auf eigene. Die Forderung nach selbständigem, mutigem Denken und die Überwindung von Dogmatismus und Schematismus in der ideologischen Arbeit, von Gängelei und Bevormundung im Alltag stieß auf den Widerstand derer, die die Jugendlichen an der kurzen Leine führten und weiter führen wollten. In der Auffassung, die Jugendlichen nicht nach ihren Äußerlichkeiten wie Kleidung, Mode, Tanzschritten oder deren Frisuren zu beurteilen, löste den Vorwurf aus, damit der „westlichen Unkultur" und Dekadenz Tür und Tor zu öffnen und so dem Abgleiten von Jugendlichen auf eine schiefe Bahn Vorschub zu leisten.

Vielfältig waren Einwände, Vorbehalte und Widerstand gegen das Jugendkommuniqué.

Eine der Hauptopponentinnen war Margot Honecker. Sie sprach bei jeder sich bietenden Gelegenheit das aus, was andere nicht so offen von sich geben konnten, vor allem nicht ihr Gatte Erich. Eine bevorzugte Tribüne dafür waren die Sitzungen der Ideologischen Kommission unter Leitung von Kurt Hager, in der genügend Multiplikatoren zur Verbreitung ihrer Auffassungen zusammensaßen.

Noch konnten aber diese Argumente das Jugendkommuniqué nicht aus dem Weg räumen.

Im Gegenteil. Unter der Jugend löste es eine Bewegung aus, wie sie schon lange nicht mehr zu erleben war. Vor allem das „Stiefkind" Freizeitgestaltung begann aufzublühen. Wie in einem Schaufenster präsentierte sich das Neue beim Deutschlandtreffen, Pfingsten 1964 in Berlin. Politisch engagiert wurde unter freiem Himmel bis in die Nacht hinein diskutiert, versammelten sich Mädchen und Jungen bei lebhaften Diskussionen „über Gott und die Welt", präsentierten sich 4600 Berufs- und Laienkünstler; über 1000 Kulturgruppen

ge-stalteten Programme fast rund um die Uhr, sportliche Massen-
wettbewerbe ergänzten eine Sportschau, von der Friedrichstraße bis
zum Strausberger Platz wurde getanzt und gesungen. Das Ganze war
eine Demonstration, wie man sich Jugendleben in allen Orten
vorstellen konnte.

Der aus Anlaß des Treffens geschaffene Jugendsender DT 64 (DT
= Deutschlandtreffen) wurde zum meistgehörten Sender und war
bis zu seinem Ende nach der Wende der beliebteste.

Zugleich wollte man auf dem Treffen Eindruck auf die über 43 000
Teilnehmer aus der BRD und Berlin/West machen.

In einer sehr eingehenden Aussprache Walter Ulbrichts mit Jugendlichen aus dem Westen erläuterte er ausführlich die Politik der
DDR und die Alternativen für die westdeutsche Jugend. Dazu diente das Jugendkommuniqué und das Anfang Mai beschlossene 2.
Jugendgesetz der DDR. Er forderte seine Zuhörer und Diskussionspartner auf, selbst Vergleiche zwischen dem, was die DDR aufzuwei-
sen hat und was sie als Weg für die ganze deutsche Jugend ansieht,
mit der bundesdeutschen Realität anzustellen. Das, was die DDR erreicht habe, wäre auch in der BRD möglich. Als Preis müsse dort
nur mit dem Verzicht auf Aufrüstung und Militarisierung bezahlt
werden. Ein wesentlicher Punkt aber, die Reisefreiheit blieb unberührt.

Als sich das Politbüro mit dem Verlauf und den Ergebnissen des
Deutschlandtreffens beschäftigte, war alles eitel Freude und scheinbar alles in vollständiger Übereinstimmung. Es wurde hervorgehoben, wie richtig es war, in den Mittelpunkt des Treffens die Losung
des Jugendkommuniqués „Vertrauen und Verantwortung" zu stellen.
Vertrauen müsse sich in der Übertragung verantwortungsvoller
Aufgaben bei der weiteren Ausgestaltung des sozialistischen Hauses ausdrücken. Als besonders gelungen bezeichnete Walter Ulbricht
die Verquickung von großen Leistungen und Initiativen in der Arbeit mit wirklicher Fröhlichkeit, hohem Kulturniveau und künst-
lerischer Selbstbetätigung. Also: Weiter so!

So sahen es allerdings nicht alle Mitglieder der Parteiführung.
Das erlebten wir bei den Begegnungen mit Erich Honecker immer
wieder. Ein für mich gravierendes Erlebnis datiert auf den 23. April
1965. In Vertretung von Horst Schumann wurde ich zu einer Aus-

sprache zu ihm bestellt, um eine Reihe Fragen der laufenden Arbeit zu besprechen. Unter anderem ging es um die Auflösung des Produktionsprinzips in der Leitung der FDJ. Befragt nach dem Stand der Arbeit in der FDJ, berichtete ich über unsere Erfahrungen bei den offenen Diskussionen und Foren zu den die Jugendlichen bewegenden Fragen, auf denen auch politisch brisante Themen nicht ausgespart wurden, selbst wenn ihre Quelle beim „Klassenfeind" sprudelte. Seine Reaktion war knapp und scharf. „Macht nur weiter so, ihr werdet den Verband schon kaputt machen." Ich erschrak, denn das war nie unser Ziel und ich wähnte mich in Übereinstimmung mit dem Jugendkommuniqué. Kurt Turba, der bei diesem Gespräch zugegen war, nahm mich anschließend mit in sein Arbeitszimmer, wo eine regelrechte Gardinenpredigt über mir niederging. Die Reihe von Fragen und Argumenten zu unserer Arbeit im Zentralrat gipfelten in dem Schuldspruch: Ihr habt von Anfang den Umgang mit dem Jugendkommuniqué nicht richtig angefaßt, deshalb klappt die ganze Jugendpolitik nicht. Das, was er mir dann auftrug, was wir zu tun und zu lassen haben, empfand ich nicht als Fortsetzung des Gesprächs bei Erich Honecker, sondern eher als das Gegenteil. Mich deprimierte das sehr und es löste sehr widersprüchliche Gedanken und Gefühle in mir aus.

Meine Beziehungen zu Kurt Turba, den ich noch aus meiner Erfurter Zeit recht gut kannte, wurden dadurch mehr als getrübt. Die sich verstärkende negative Meinung über ihn behielt ich nicht für mich. Sie nahm ihren Weg über Konrad Naumann, inzwischen Sekretär in der Bezirksleitung der Partei in Berlin auch zu Paul Verner. Wahrscheinlich war dort noch nicht die Endstation.

Ein scharfer Konflikt bahnte sich an. Er entlud sich auf einer Sondersitzung des Sekretariats des ZK am 11. Oktober, die speziell zur Jugendproblematik einberufen worden war. Als Ausgangspunkt für den offenen Angriff gegen die bisherige Linie der Jugendpolitik diente Erich Honecker, der die Sitzung leitete, der Auftritt von Beatgruppen bei einem Jugendfest in Gera, die durchweg englische Namen trugen, sowie diverse Zeitungsartikel und Sendungen des Jugendsenders „DT 64", die alle das Anliegen des Jugendkommuniqués verfolgten. In der fünfstündigen Aussprache bewiesen verschiedene Redner im Detail und im Allgemeinen, daß prinzipielle Fragen der Jugendpolitik ins Rutschen gekommen seien. Meine Aufzeichnungen von dieser Beratung zeigen mir, daß es dabei um einen direkten Angriff gegen die gesamte Linie der beschlossenen Jugendpolitik ging. Zurückhaltend ausgedrückt, las es sich im Beschluß, den das Sekretariat abschließend faßte, als „Korrektur der Entstellungen der Jugendpolitik".

Das Ende erfolgte auf der 11. ZK-Tagung im Dezember 1965, auf der im Bericht des Politbüros, Berichterstatter war Erich Honekker, der Zusammenhang dieser Entstellungen mit den „besorgniserregenden Vorgängen unter Schriftstellern und Künstlern" hergestellt wurde. Somit wurde es nicht nur auf kulturellem, sondern auch auf dem Gebiet der Jugendpolitik zu einem „Kahlschlagplenum".

Der Bericht suggerierte durch die komprimierte Aufzählung und Aufbauschung „bestimmter Erscheinungen der Zersetzung und der Verletzung der Moral und des Anstandes unter der Jugend" die Notwendigkeit, die Zügel, besonders in Politik und Ideologie, fester zu ziehen. Die negativen Tendenzen seien eine Folge von „Entstellungen" bei der Durchführung des Jugendkommuniqués, die zu überwinden, die Wiederherstellung der „richtigen und erfolgreichen" jugendpolitischen Linie des VI. Parteitags erfordert. Sie beruht auf der marxistisch-leninistischen Erziehungslehre, nach der das Vertrauen der Partei in die Jugend darin besteht, an sie hohe politische, fachliche und moralische Anforderungen zu stellen. Die daraus abgeleiteten Schlußfolgerungen kulminierten in der Feststellung, daß „der sozialistische Jugendverband unerläßlich für die Lösung der großen Aufgaben, die heute vor der Jugend stehen", ist und deshalb eine „höhere Festigkeit und Organisiertheit" seiner Reihen erreicht werden muß. Der im Bericht hinzugefügte Satz „Leider wurde in letzter Zeit zugelassen, daß mancherorts die Rolle der FDJ herabgemindert wurde", zielte genau auf die Initiatoren und Verfechter der bislang geübten Politik. Denn dieses weitläufig auslegbare Wort von „mancherorts" betraf das Politbüro und dessen ersten Mann, es betraf Walter Ulbricht, der kapitulierte und sein Engagement für die Jugendpolitik aufgab. Ein sichtbarer Beleg dafür ist, daß er auf dem VIII. Parlament der FDJ im Mai 1968 zum ersten Mal an einem Parlament der

FDJ nicht teilnahm und das Feld seinem Widersacher, der sich durchgesetzt hatte, Erich Honecker, überließ. Als „Bauernopfer" blieb Kurt Turba auf der Strecke. Er war von Walter Ulbricht wie eine heiße Kartoffel fallengelassen worden.

Die Jugendarbeit wurde fortan mit fester Hand von Erich Honecker geführt, der in Paul Verner und Kurt Hager stabile Stützen besaß. Letzterer war auch federführend bei der Vorbereitung eines neuen jugendpolitischen Beschlusses vom 3. Mai 1966.

Der Zentralrat hatte nach gebührender Selbstkritik das Ruder bereits wieder auf den „bewährten Kurs" umgelegt.

Ich selbst befand mich bei der ganzen Angelegenheit in einer miserablen Lage. Viele der Kritikpunkte fielen nicht nur indirekt sondern unmittelbar in meine Verantwortung. Wurde der Jugendsender „DT 64" als die Kritikwelle der DDR bezeichnet, das Jugendbuch von Gerd Bieker „Sternschnuppenwünsche" verboten, die Beatveranstaltung in Gera als „Nacht der heißen Rhythmen" als ideologische Aufweichung und als Ausdruck amerikanischer Lebensweise verurteilt, immer betraf es meinen, den Ideologiebereich. Meine Reaktion darauf war, wie in solchen Fällen wahrscheinlich nicht die Ausnahme, besonders extrem. Ich zog die mir zur Verfügung stehenden Register, um mit der „Knüllerpolitik" Schluß zu machen und statt dessen eine harte Linie der prinzipiellen Propagierung des Marxismus-Leninismus und der straffen parteimäßigen Erziehung der Kader in den Redaktionen der Verbandspresse und bei den Bezirkssekretären durchzusetzen. Bei Schwankungen und Schwenkungen liegen die Extreme besonders dicht beieinander. Deshalb ist es nicht verwunderlich, mich in die Kategorie der Dogmatiker einzugruppieren. Als solcher stand ich allerdings nicht allein auf weiter Flur und ich empfand mich selbst nicht als solcher. Vielmehr handelte es sich um eine vom Sekretariat des Zentralrats notwendige Korrektur einer fehlerhaften Position, und ich sah mich verpflichtet, eine entsprechende Haltung zu beziehen. Im übrigen wog der Vorwurf ein Dogmatiker zu sein bei weitem nicht so schwer wie der, zu den Revisionisten gezählt zu werden. Es gab also in meiner Zeit als Sekretär des Zentralrats immer wieder Höhen und Tiefen und Wendungen in die ich verstrickt war. Unabhängig davon näherte sich meine Tätigkeit im Jugendverband ihrem Ende.

Von der Jugendorganisation zur Partei

Mein Wechsel vom Zentralrat der FDJ in die Bezirksleitung Berlin der SED erfolgte unvermittelt. Obwohl erwartet, kam der Zeitpunkt überraschend.

Über den Grund sprach Konrad Naumann – seit Mitte 1964 Sekretär der Bezirksleitung – mit mir ganz offen.

Erich Honecker wollte die seit der Ablösung Kurt Turbas nur kommissarisch geleitete Jugendabteilung im ZK nun mit Siegfried Lorenz neu besetzen. In ihm sah er einen Mann seines Vertrauens. Sie kannten sich aus gemeinsamer Arbeit im Zentralrat der FDJ, in dem er die Studentenabteilung geleitet hatte. Inzwischen leitete er jedoch die Abteilung Parteiorgane in der Berliner Bezirksleitung. Seine Zustimmung zum Wechsel von Siegfried Lorenz in das ZK verband er mit der Forderung, mich dafür zu bekommen. Ich war also ein Tauschobjekt.

Das Angebot erfreute mich. Es war mein Wunsch, im Parteiapparat zu arbeiten, entsprach auch dem normalen Kaderweg, ohne die Vorstellung einer konkreten Funktion damit zu verbinden.

Daß mein Einsatz in Berlin erfolgte, kam mir sehr entgegen. Hier war ich in den zurückliegenden elf Jahren heimisch geworden und hatte viele Freunde gefunden, Funktionäre der Stadt und aus zentralen Leitungen kennengelernt. Zugleich war mir bewußt, wie „glatt das Parkett" hier ist. Berlin hatte den Ruf, ein besonders schwieriges Pflaster zu sein.

In vielerlei Hinsicht hatte Berlin aber seinen Reiz, seine Besonderheiten und seine Einmaligkeit.

Berlin, bald 750 Jahre alt, einst Hauptstadt Preußens und nach der Reichseinigung 1871 Hauptstadt des Deutschen Reiches.

Eine Stadt, die danach aufblühte. Industrie, Wissenschaft und Kultur entwickelten sich. Berlin wurde Weltstadt. Eine Stadt auch der Gegensätze und Widersprüche. Arm und Reich prallten hier heftig aufeinander. Berlin wurde zu einem Zentrum des zur Macht strebenden Bürgertums und der sozialistischen und kommunistischen Ar-beiterbewegung, deren Traditionen es zu bewahren und zu pflegen galt.

Hier standen 1848 Barrikaden, wurde in der Novemberrevolution 1918 eine Sozialistische Republik ausgerufen.

Nur 15 Jahre später marschierten aber Hitleranhänger durch das Brandenburger Tor, danach die ersten Siegerparaden, als von Berlin aus Nazideutschland den Zweiten Weltkrieg auslöste und die Stadt nach zwölf Jahren als Trümmerfeld hinterließ.

In dieser Zeit kämpften und starben in dieser Stadt mutige Antifaschisten.

Berlin wurde 1945 eine Vier-Sektoren-Stadt, die Siegermächte waren für alles zuständig, und das Besatzungsstatut wurde eigentlich erst nach der Wende, mit dem Abzug der Soldaten, beendet.

Der Kalte Krieg führte zur Spaltung der Stadt in Ost- und Westberlin, und wie immer der Status Westberlin, ein ewiger Streitpunkt großer Politik, gewesen sein mag, Ost-Berlin wurde Hauptstadt der DDR. Hier in Berlin trafen nach Kriegsende zwei sich feindlich gegenüberstehende Gesellschaftssysteme direkt aufeinander. Die zunehmenden Spannungen führten dann 1961 zum Mauerbau mit all seinen Folgen.

Der Hauptstadt der DDR Berlin war nun die Aufgabe gestellt, den Vormarsch des Sozialismus auf deutschem Boden besonders deutlich zu demonstrieren. Sie sollte beispielhaftes und nachahmenswertes auf allen Gebieten vollbringen. In der Industrie sollte der wissenschaftlich-technische Fortschritt Einzug halten und eine überdurchschnittliche Steigerung der Produktion und der Arbeitsproduktivität erreicht und das neue Stadtzentrum zum Anziehungspunkt der ganzen Republik ausgebaut werden. Wissenschaft, Kultur, Kunst und Bildung galt es zu Spitzenleistungen zu führen.

Im Zusammenleben der Berlinerinnen und Berliner sollten die Werte des Sozialismus, Harmonie und gegenseitige Hilfe zu Hause sein.

Eine anspruchsvolle Forderung des ZK und der Regierung, der auch ich mich zu stellen hatte, denn die Zuständigkeit für die Erreichung all der Erwartungen in die Stadt konzentrierte sich bei der Bezirksleitung der SED. Meine Tätigkeit begann in der Stabs-abteilung des Sekretariats.

Ich wurde zuständig für die Verbindungen zu den Kreisleitungen, die Parteiinformation, die Sektoren Kader und Mitgliederbewegung, für Großveranstaltungen und die Städtepartnerschaft. Diese Funktion bot gute Möglichkeiten, die Partei und ihr Funktionieren von innen her kennenzulernen. Zwar hatte mir die Mitgliedschaft in der Ideologischen- und der Agitationskommission des Politbüros sowie die Zusammenarbeit mit verschiedenen Abteilungen des ZK schon manchen Blick in die Arbeit des Parteiapparats gestattet, aber es war eben doch der Blick eines Außenstehenden.

Da ich meine neuen „Chefs" kannte, erhoffte ich mir einen leichteren Anfang. Paul Verner, 1. Sekretär der Bezirksleitung, hatte ich in seiner Funktion als verantwortlicher Sekretär des ZK für Jugendfragen als einen sachlichen, korrekten, allerdings etwas ver- und teilweise unentschlossenen Mann kennengelernt.

Konrad Naumann kannte ich schon seit 1951. Auf der Komsomolhochschule in Moskau hatten wir mit zwei sowjetischen Genossen ein halbes Jahr lang ein Zimmer geteilt, danach begegneten wir uns häufig bei Konferenzen und zentralen Beratungen und schließlich gehörten wir sechs Jahre dem Sekretariat des Zentralrats an. Ich schätzte seine ausgeprägte Fähigkeit auf organisatorischem Gebiet. Er verstand es wie kaum ein anderer, Aufgaben zu verteilen, unterschiedliche Charaktere zu produktiver Arbeit zusammenzuführen und für sich nutzbar zu machen. Sein Talent, komplizierte politische Probleme auf pragmatische Art zu erklären, war beeindruckend, nahezu verführerisch. Seine Reden zeugten von Geist und Witz und seine Zuhörer wußten von vornherein, daß sie bei seinen Auftritten auf ihre Kosten kommen würden. Nicht alle in seiner Umgebung fanden das gut und äußerten sich abfällig über die FDJ-Manieren. Ihn störte das aber nicht im geringsten.

Ich kannte auch seine Ecken und Kanten, oder meinte wenigstens, sie zu kennen. Er verstand es, sich in den Mittelpunkt zu stellen, und er strebte stets nach Höherem. Rivalen oder Konkurrenten verstand er auszuschalten, wobei er bei der Wahl der Mittel nicht fein war. Sarkasmus und Ironie setzte er gekonnt ein, um gegen andere vorzugehen. All das schreckte mich nicht, und ich glaubte, damit fertig zu werden. Lange Zeit gelang es mir auch.

Die Arbeit in der Bezirksleitung der SED begann ich in dem Bewußtsein, nun den Maßstäben gerecht werden zu müssen, die an die „führende Kraft der ganzen Gesellschaft" gestellt werden. So sah ich ihre Rolle. Sie entsprach meinem Parteiverständnis, das sich auf die Lehre der „Partei neuen Typus" gründete und deren Grundsätze.

Für mich gab es an der Gültigkeit dieser Regeln keinen Zweifel. Die monolitische Einheit der Führung der SED stand außerhalb jedes Zweifels. Aber grau ist jede Theorie. Hatte es diese Einheit je gegeben, existierte sie nunmehr jedoch nicht mehr. Das allerdings blieb mir noch längere Zeit verborgen.

Zwei Linien in der „einheitlichen" Parteiführung

Verfolgt man mit den heutigen Kenntnissen die Geschichte des „Neuen ökonomischen Systems" (NÖS) und der sogenannten „Parteireform", so werden schon frühzeitig unterschiedliche Sichten auf dieses Unterfangen sichtbar.

Die Achse, um die sich Meinungsverschiedenheiten drehten, anwuchsen und letztlich aufbrachen, entstanden durch zwei Widersprüche, zwei Gegensätze: Dem NÖS mit seinen sich selbst regulierenden Systemen und die führende Rolle der Partei mit dem demokratischen Zentralismus als oberstes Organisationsprinzip. Das eine schloß das andere de facto aus.

Für Walter Ulbricht stellte die Wirtschaftsreform den Ausgangspunkt für die Bestimmung der Rolle der Partei dar. Sie hatte der Durchführung des NÖS zu dienen. Dazu bedurfte es einer anderen Struktur – das Produktionsprinzip – und eines anderen Inhalts der Parteiarbeit. Er sah ihn darin, die Einheit von marxistisch-leninistischer Ideologie und der Leninschen Lehre über die Leitung der sozialistischen Wirtschaft herzustellen. Die Überzeugungsarbeit gelte es auf die Erklärung der Wirkungsweise der ökonomischen Gesetze in allen Industriezweigen und Betrieben zu konzentrieren. Im Ergebnis dessen sollte der wissenschaftlich-technische Höchststand, eine beträchtliche Steigerung der Arbeitsproduktivität, eine bessere Qualität der Erzeugnisse und niedrigere Kosten erreicht werden.

Mit dem Produktionsprinzip der Leitung versprach er sich, bessere Bedingungen für die einheitliche und kontinuierliche Lösung der wirtschaftlich-organisatorischen Aufgaben und der politisch-ideologischen Erziehung der Menschen zu schaffen.

Es ging ihm also als Inspirator und Schutzherrn des NÖS keinesfalls um die Abschaffung der führenden Rolle der Partei, aber er interpretierte sie anders als bislang.

Die Führung ging weiter vom Zentrum – als das er zunehmend sich selbst verstand – aus, aber begrenzte sich auf strategische Fragen. An die Stelle kleinlicher administrativer Einmischung in alles sollte eine schöpferische, sachbezogene Führungsarbeit treten. Dazu war die Bildung der „Büros" und der Ideologischen Kommission gedacht, deren konkrete Arbeit die „allgemeine Leitung" durch das Sekretariat ersetzen sollte. Anstelle des allwissenden Parteiapparats wollte Walter Ulbricht das Wissen und die Kenntnisse von Spezialisten und Fachleuten der Partei und von Parteilosen ausschöpfen, den hauptamtlichen Apparat reduzieren und an seiner Stelle eine breite ehrenamtliche Tätigkeit entwickelt sehen.

Wer sich von diesen Neuerungen am meisten betroffen und getroffen fühlen mußte, war Erich Honecker, der über das von ihm geleitete Sekretariat seinen Einfluß auf alle Abteilungen des ZK und über die Bezirksleitungen sicherstellte. Die Aufwertung der Büros erfolgte auch durch die Schaffung spezieller Sektoren für die organisatorische und ideologische Parteiarbeit ihrer Bereiche und in den ihnen zugeordneten Grundorganisationen. Wie das den Stellenwert der Sekretariate und das innerparteiliche Gefüge veränderte, brachte Walter Ulbricht besonders gegenüber der Bezirksleitung Berlin zum Ausdruck.

Das Berliner Sekretariat tat sich bei der Einführung des Produktionsprinzips schwer und zögerte die Umstellung hinaus. Das geschah vielleicht nicht zufällig, war Paul Verner doch ein treuer Gefolgsmann Erich Honeckers. Das rief die Kritiker des ZK und Walter Ulbricht selbst auf den Plan. Das Politbüro wandte sich im Juli 1963 in einem speziellen Brief an die Mitglieder und Kandidaten der Bezirksleitung Berlin, in dem die sichtbar gewordenen Rückstände klipp und klar angesprochen wurden. Bei der Behandlung des Briefs war auch Walter Ulbricht anwesend. Seine Sicht auf die neue Rolle der Partei machte er in seiner Rede drastisch deutlich.

Als in einem Beitrag auf herkömmliche Weise von dem 2. Sekretär die Rede war – den es vor dem Produktionsprinzip in den Bezirken und Kreisen gegeben hatte –, konterte er: „Ich kenne in der Bezirksleitung nur einen 1. Sekretär, den Leiter des Büros für Industrie und Bauwesen, den Leiter des Büros für Landwirtschaft, den Leiter der Ideologischen Kommission und dann kann es noch einen 5. Sekretär geben, der die Abteilung Parteiorgane leitet." Das stellte wahrlich nicht nur eine Degradierung des Funktionärs oder dieser Funktion dar, sondern unterstrich, wer das Sagen hat.

In einem Leitungsorgan, das nicht nur für das Wohl und Wehe der eigenen Partei Verantwortung trug, sondern über das der ganzen Gesellschaft, dürfte ein Meinungsstreit über den richtigen Kurs und die zweckmäßigsten Methoden seiner Realisierung nichts ungewöhnliches sein. Im Gegenteil, er wäre Ausdruck für eine hohe Kultur des politischen Stils. Wird er jedoch nicht offen ausgetragen, wird mit verdeckten Karten gespielt, mit Worten das Gegenteil von dem ausgedrückt, was tatsächlich angestrebt wird, dann nennt man das schlicht und einfach Intrigantentum, ein Spiel um die Macht.

Genau das war die Vorgehensweise von Erich Honecker und anderen Opponenten gegen das NÖS und das Produktionsprinzip der Leitung in der Partei. Die wahren Absichten wurden durch einen Redeschwall der Zustimmung zur beschlossenen Politik vernebelt. Mehr und mehr wurden die Angriffe gegen sie institutionalisiert, in dem Erich Honecker für seine Zwecke das Sekretariat des ZK nutzte. Die Wiederherstellung dessen Rolle bedeutete für ihn, wieder mehr Einfluß und Macht zu erlangen. Seine Version von der Ausübung der führenden Rolle der Partei schließlich durchzusetzen, gelang Dank der Schützenhilfe, die er durch den Sturz des sowjetischen „Reformators" Nikita Chruschtschow im Oktober 1964 erhielt. Die neue KPdSU-Führung um Leonid Breshnew reorganisierte den Parteiaufbau und liquidierte mit einer der ersten Maßnahmen das Produktionsprinzip. Das begünstigte die schon eingeleitete Rückkurbelung in der SED außerordentlich. Nunmehr konnte mit dem Argument der Anpassung an die Führungsstruktur des „großen Bruders" die Rückkehr zum alten Führungsstil betrieben werden.

War das Produktionsprinzip nach dem Beispiel der KPdSU eingeführt worden, so lag es nicht fern, es nach dem gleichen Beispiel wieder zu beenden. Schon 1965 wurde es sang- und klanglos beerdigt.

Für die Gegner des NÖS war das ein wichtiger Schritt, ihrem

Ziel näher zu kommen. Noch waren die Positionen Walter Ulbrichts und seine Autorität nicht zu erschüttern.

So war bei meinem Arbeitsbeginn die „Allmacht" des Sekretariats wieder hergestellt und auch für Konrad Naumann kam bald alles wieder ins Lot.

Durch die Auflösung der Ideologischen Kommission geriet auch ich in das Getriebe der Reorganisation. Das Angebot von Paul Verner, mich als Sekretär für Agitation und Propaganda einzusetzen, lehnte ich ab. Da mußte Paul Verner in eine andere Kategorie greifen und Hans Modrow, den 1. Sekretär der Kreisleitung Köpenick, in diese Funktion einsetzen.

Die „Parteitagsdiskussion" und das „Ökonomische System des Sozialismus" (ÖSS)

Mit den am 1. Oktober 1966 beginnenden Parteiwahlen in Vorbereitung des VII. Parteitags der SED wurde traditionsgemäß eine öffentliche „Parteitagsdiskussion" gestartet. Mit dieser Art innerparteilicher Demokratie und der Einbeziehung der Werktätigen, die eine Form von Bürgerdemokratie darstellte, sollten schon frühzeitig die Konturen der zukünftigen Entwicklung sichtbar gemacht werden, um allen die Gelegenheit zu geben, sich auf neue Anforderungen an ihre Arbeit einzustellen.

Neue Ansprüche an die Leitungstätigkeit stellte die „2. Etappe des NÖS", mit der die ökonomischen Regelungen in den Betrieben erfolgen sollten. Ihre Stellung in der Volkswirtschaft wurde erhöht, ihre Eigenverantwortung für die Produktion und die Eigenwirtschaftung der für die erweiterte Reproduktion erforderlichen Mittel beträchtlich angehoben. Zu diesem Thema initiierte Walter Ulbricht einen Berliner Beitrag zur Parteitagsdiskussion. Am 2. Dezember veröffentlichte das „Neue Deutschland" einen Artikel des Genossen Gerhard Kast, Meister aus dem Funkwerk Berlin-Köpenick, unter dem Titel „Unser Betrieb darf nicht auf Kosten anderer leben". Er sprach damit den seit längerer Zeit anhaltenden Zustand der nicht kontinuierlichen Planerfüllung, der weit vom Weltniveau entfernt liegenden Qualität der Erzeugnisse und der zu hohen Kosten der Fertigstellung an. Diese Merkmale trafen nicht nur auf diesen Betrieb zu, sondern auf eine Vielzahl und nicht nur in Berlin. Die Verantwortung dafür wurde den Leitern und ihrem alten, administrativen und bürokratischen Leitungsstil angelastet. Nur bei Überwindung der bisherigen Methodik und der Ablösung von vertraglichen Regelungen durch ökonomische, so zum Beispiel bei der Materialbereitstellung oder den Zulieferungen, konnten eine dauerhafte Stabilisierung der Betriebe und Voraussetzungen für die Erfüllung der Pläne, für die Durchführung komplexer Rationalisierung, für neue technologische Lösungen und für die Automatisierung von Produktionsprozessen gesichert werden.

Deshalb legte Gerhard Kast den Finger auch auf solche wunden Stellen wie fehlende Weltstandsvergleiche, die Behandlung der betrieblichen Rationalisierungskonzeption als „Geheime Verschlußsache" und die Ausschaltung der Belegschaft von ihrem demokratischen Recht, an den Entscheidungen über die Zukunft des Betriebes teilzunehmen. Er forderte deshalb, allen Kollegen die Wirtschaftspolitik der Partei gründlich zu erläutern und dadurch ihre schöpferischen Potenzen zur Geltung zu bringen. Das zielte bewußt auf die Entwicklung der sozialistischen Demokratie im Betrieb, um so Triebkräfte für die Veränderung der Lage freizusetzen. Dementsprechend konstatierte Gerhard Kast am Schluß seines Artikels: „Wir können die Dinge selbst in Ordnung bringen, wir selbst haben die Kraft dazu."

Welchen Umfang die in Berlin zu lösenden Probleme, welches Ausmaß das hatte, was aus eigener Kraft in Ordnung zu bringen war, verdeutlichten nackte Zahlen beim Jahresabschluß 1966. Von 224 volkseigenen Industriebetrieben waren 15 Planschuldner mit einem Volumen von 215 Millionen Mark. Fiel schon dies bei der volkswirtschaftlichen Gesamtrechnung ins Gewicht, so wogen die fehlenden Erzeugnisse noch weitaus schwerer. Fehlende Starkstromkabel oder fehlende elektrische Leitungen vom Berliner Kabelkombinat verursachten Störungen erheblichen Ausmaßes. Der gängige Spruch „Nichts dreht sich, nichts bewegt sich ohne Kabel vom KWO" fand vielerorts eine unrühmliche Bestätigung. Nicht gelieferte oder funktionsuntüchtige Transformatoren aus dem Berliner Transformatorenwerk (TRO) gefährdeten das Energieprogramm der Republik. Ähnliches wäre von den Relais aus dem Elektroapparate Werk in Treptow, den Turbinen von Bergmann Borsig u. a. zu konstatieren.

Hinsichtlich des geforderten wissenschaftlich-technischen Höchststandes der Erzeugung und der Erreichung eines „Vorlaufs" bei neuen Erzeugnissen gegenüber dem schon international Existierenden sah es trüb aus. Von 36 Haupterzeugnissen in „strukturbestimmenden" Betrieben entsprach nur eines diesen Parametern. Bei 17 gab es dagegen Rückstände bis zu 5 Jahren.

Durch Berliner Betriebe wurden Exportrückstände in Höhe von rund 30 Millionen Valuta – sprich West-Mark – verursacht. Rote Zahlen im Betriebsergebnis schmälerten die Einnahmen im Staatshaushalt. Hier schlug besonders die ungünstige Kostenentwicklung des Berliner Bauwesens zu Buche. Bei strikter wirtschaftlicher Rechnungsführung stand mancher Betrieb vor dem Konkurs. Der aber wurde durch staatliche Subventionen abgefangen und damit verdeckt. Diese schützende und einlullende Decke wegzuziehen, war ein Ziel der Parteitagsdiskussion und des Beitrages von Gerhard Kast.

Daher galt es, sein Beispiel zu verbreitern, zu verallgemeinern.

Es folgten maßgeschneiderte Wortmeldungen aus anderen volkswirtschaftlichen Bereichen, so von Bruno Gehring aus dem Wohnungsbaukombinat. Sie entstanden nicht allein aus innerem Antrieb der Genossinnen und Genossen. Überall mußte nachgeholfen werden, um den Punkt aufs i zu setzen. Überhaupt war es ein Trugschluß, die Wortmeldungen in der Parteitagsdiskussion auf eine spontane Initialzündung zurückzuführen. So erbrachte eine Umfrage des Meinungsforschungsinstituts, das es tatsächlich zu dieser Zeit gab, daß zwei Monate nach der Veröffentlichung des Artikels von Gerhard Kast in zehn Berliner Betrieben die Hälfte der Befragten ihn noch nicht einmal gelesen hatten.

In der Parteitagsdiskussion wurde der 9. Februar 1967 für mich zu einem besonderen Tag.

Unter Leitung Walter Ulbrichts traf sich eine Gruppe von Mitgliedern des Politbüros und des ZK – Erich Honecker, Friedrich Ebert, Paul Verner, Günter Mittag, Werner Jarowinsky, Werner Lamberz und Werner Lorenz (Stellvertretender Minister für Volksbildung) – mit dem Sekretariat der Bezirksleitung, um, wie es Walter Ulbricht ausdrückte, in Berlin in der Parteitagsdiskussion mitzumischen.

Begegnungen mit Mitgliedern der Parteiführung waren mir nicht fremd. Hier aber spürte ich eine eigenartige Atmosphäre, eine besondere Anspannung und Kühle. Sie resultierte sicherlich daraus, daß allgemein bekannt war, daß Walter Ulbricht mit der Hauptstadt eine politische Zweckliebe verband und daß zwei Mitglieder des Politbüros, Paul Verner und Friedrich Ebert, sowohl zur Abordnung Walter Ulbrichts gehörten aber gleichzeitig Berlin zu vertreten, oder genauer gesagt, zu verteidigen hatten.

Friedrich Ebert hielt sich als Oberbürgermeister der Stadt sehr zurück und überließ Paul Verner das Feld. Als dieser die Lage in Berlin einschätzte und das sehr selbstkritisch tat, war seine nervöse Anspannung unübersehbar. Die Ursache lag nicht in der Anwesenheit Walter Ulbrichts, mit dem er ja täglich zusammentraf, sei es in den Sitzungen des Politbüros, beim Mittagessen in der 7. Etage des ZK oder beim nächtlichen Spaziergang in der Wandlitzer Waldsiedlung, sondern in dessen ausgesprochen kritischer Einstellung zu Berlin.

Paul Verner warf offene Probleme auf, für deren Lösung zentrale Entscheidungen erforderlich waren, bewegte sich bei den Schlußfolgerungen für die eigene Arbeit in dem abgesteckten Rahmen. Neue Wege aufzuzeichnen, blieb Walter Ulbricht vorbehalten. Dies tat er in großer Manier.

Zunächst setzte er die Zielmarke, die als Maßstab und Orientierungspunkt zu dienen hatte: Berlin muß bei der Verwirklichung des Sozialismus in der DDR an die Spitze! Seine Funktion ist es, Schaufenster für den erreichten Entwicklungsstand der Republik nach außen, besonders nach dem Westen, zu sein. Das beinhaltet, in jedem Betrieb den wissenschaftlich-technischen Höchststand zu erreichen, das Stadtzentrum neu zu errichten, vorbildliches in der Lebenshaltung der Bevölkerung, bei Kultur und Bildung, in Wissenschaft und Forschung zu schaffen. Nur das Weltniveau gilt.

Von diesen ehrgeizigen Zielen war Berlin jedoch weit entfernt. Das Erreichte auf ökonomischem Gebiet lag unter dem Durchschnitt der DDR.

Für diesen Zustand ließ Ulbricht keine objektiven Gründe gelten. Berlin ist vergleichbar mit jedem anderen großen Bezirk oder jeder anderen Großstadt der Republik. Seit der Schließung der Staatsgrenze zu Westberlin gibt es keine Argumente mehr für eine „besondere Lage". Deshalb ist mit den ideologischen Überresten einer solchen Sicht aufzuräumen.

An die Seriosität einer solchen Lagebeurteilung ist freilich erheblicher Zweifel anzumelden. Ausgesprochen hat ihn jedoch niemand.

Zwar hatte der Mauerbau das direkte Grenzgängertum beendet, aber gegen das geistige konnte damit keine Barriere errichtet werden. Die Fäden, die die Menschen Ost-Berlins mit den Westberlinern verbanden, waren tausend-, ja hunderttausendfach. Die Zementierung der Spaltung der Stadt war und konnte nicht verschmerzt werden und führte zu immer wiederkehrenden Diskussionen über die damit verbundenen Härten in den zwischenmenschlichen und familiären Beziehungen. Als 1963/64 zum Jahreswechsel ein befristetes Passierscheinabkommen zum Besuch Westberliner in der Hauptstadt der DDR abgeschlossen wurde, war dies für die Politik der DDR durchaus ein Erfolg, bei den Berlinern jedoch brachten die 730 000 Besucher neue Diskussionen über die „unmenschlichen Folgen" der Teilung. Sie minderten nicht den Druck, sondern verstärkten ihn vielmehr.

Hierin äußerte sich deutlichund sehr verständlich, wie sich der „Kampf der beiden Systeme, auf engstem Raum ausgetragen", in den Köpfen der Berliner widerspiegelte.

An die Bezirksparteiorganisation wurde die Aufforderung gerichtet, den vorhandenen und immer neu hinzukommenden Argumenten der Menschen nicht auszuweichen, sondern ihnen offensiv zu begegnen.

Aber was helfen Argumente gegen eine erlebte Wirklichkeit?

Ein weiter wirkender Faktor waren die politischen und ideologischen Einflüsse, die von den nunmehr in die Arbeitskollektive der volkseigenen, halbstaatlichen und genossenschaftlichen Betriebe eingegliederten Frauen und Männer, die kürzere oder längere Zeit in Westberliner Betrieben oder Senatsdienststellen gearbeitet hatten. Ihre Zahl belief sich mit denen aus den Randgebieten Berlins auf über 96 000. Sie waren bis August doppelte Nutznießer der offenen Grenze. Sie verdienten gute Westmark und genossen alle sozialen Vorteile des Sozialismus. Ihrem Verlust trauerten sie natürlich nach und liebäugelten weiter mit Westberlin, und sei es nur wegen den in den Konzernbetrieben und bei den Senatsdienststellen, in denen sie tätig waren, weiterlaufenden Rentenansprüchen.

Nicht überwunden waren bei älteren Bürgern die Ideen und Auffassungen, die sich aus der besonderen Lage Berlins als Vier-Sektoren-Stadt, aus dem Fortbestehen der SPD in West- und Ostberlin – hier bis zu ihrer Selbstauflösung im August 1961 – ergaben. Tief saßen bei ihnen auch bittere Erfahrungen, die mit der Berlinkrise von 1948/49 verbunden sind.

So, wie für viele die deutsche Frage offenblieb, betrachteten viele auch den Zustand in Berlin nach 1961 als nicht endgültig. Administrative Regelungen, die zur Beseitigung des Sonderstatus' von Ostberlin getroffen wurden, so u. a. die Abschaffung der Regelung, daß alle DDR-Gesetze vom Magistrat extra übernommen werden mußten sowie die Errichtung einer Stadtkommandantur der Nationalen Volksarmee, hatten natürlich keine Wirkung auf das Denken und die Stimmung der Menschen. Erst mit dem „Vierseitigen Abkommen über Berlin/West" im September 1971 wurde ein gewisse zeitweilige Beruhigung erreicht.

Um dieser nicht akzeptierten, aber real vorhandenen besonderen Lage Berlins zu begegnen, reichte eine intensivere politisch-ideologische Aufklärungsarbeit nicht aus. Dem konjunkturellen Aufschwung Westberlins und der sichtbaren besseren Lebenslage seiner Bewohner mußten vor allem handfeste Tatsachen entgegengesetzt werden.

Darauf zielten die Überlegungen und Vorschläge Walter Ulbrichts bei der Beratung am 9. Februar 1967.

Für erforderlich hielt er die Ausarbeitung einer Prognose der Entwicklung Berlins bis zu den Jahren 1985–1990, davon rückgerechnet einen Perspektivplan für den Zeitraum bis 1975 und die Ausarbeitung eines kybernetischen Modells der Leitung der Stadt.

Diese Grundideen und viele Einzelprobleme bestimmten die Arbeit der Bezirksleitung und des Magistrats über einen längeren Zeitraum.

Aber Walter Ulbricht drängte zur Eile. Er schloß die Beratung mit dem Auftrag an den anwesenden Erich Honecker, „morgen in der Sitzung des Sekretariats des ZK Maßnahmen zur Durchführung der besprochenen Linie festzulegen". Damit schienen es aber weder Erich Honecker noch Paul Verner besonders eilig zu haben. Weder am darauffolgenden Mittwoch noch später findet sich in den Protokollen der Sekretariatssitzungen auch nur die geringste Spur ob und wie dieser Auftrag erfüllt wurde.

War es ein stiller, nicht ausgesprochener Widerspruch zu der festgelegten Linie? Ausgeschlossen ist es nach dem Verlauf später bekannt gewordener Denkrichtung von Honecker und Verner nicht.

Walter Ulbricht aber trieb die Sache voran und nutzte vor allem die Berliner Bezirksdelegiertenkonferenz Mitte März 1967, um seine Ideen in die Parteiorganisation zu tragen.

Zur vollen Entfaltung gelangten sie nach der Beschlußfassung über die Gestaltung des entwickelten Systems des Sozialismus auf dem VII. Parteitag der SED vom 17. bis 22. April 1967.

Der VII. Parteitag wird durch die Weiterführung des NÖS zum Ökonomischen System des Sozialismus charakterisiert. Manche bezeichneten es auch als „3. Etappe des NÖS". Damit sollte die Kontinuität der Systementwicklung vom VI. Parteitag über die Wirtschafskonferenz im Sommer 1963 in die fernere Zukunft unterstrichen werden.

Das von der Parteiführung immer hervorgekehrte „Neue" bestand, ausgehend von der ökonomischen Basis, in der angestrebten Vernetzung der Teilsysteme Wirtschaft, Wissenschaft, Technik, Bildung, Kunst und Kultur, Sport und Erholung zu einem Gesamtsystem, zu einem entwickelten sozialistischen Gesellschaftssystem.

Diese Systematisierungen hatten nicht so sehr etwas ordnendes, sondern eher verwirrendes an sich.

Das Ziel bestand darin, durch eine Verbindung ökonomischer Regelungen mit der wissenschaftlich-technischen Revolution und den ideologisch-erzieherischen Komponenten die Vorzüge des Sozialismus zu entfalten und ihn zu voller Blüte zu führen. Das sollte mit einem möglichst geringen Aufwand in historisch kürzester Frist erreicht werden.

Bei der Beratung mit dem Bezirkssekretariat hatte Walter Ulbricht das Jahr 1975 im Blick. Alles was dazu unternommen wurde, hatte einem Zweck zu dienen, der Herausbildung einer allseitig gebildeten und entwickelten sozialistischen Persönlichkeit.

Mit der Entwicklung der Systemtheorie ging auch die Vervollständigung des wissenschaftlichen Instrumentarismus zur Leitung der gesellschaftlichen Prozesse einher.

Dazu zählte in erster Linie die Prognostik. Sie wurde als ein neues Element der wissenschaftlichen Führungstätigkeit, als ein schöpferischer Denk- und Arbeitsprozeß bezeichnet. Sie galt es permanent zu betreiben, um die Entwicklung der volkswirtschaftlichen Hauptfaktoren und der einzelnen Teilsysteme, wie des ÖSS, der Arbeits- und Lebensbedingungen der Menschen, des Bewußtseins, der Bildung und Kultur, der Demokratie u. a. bis in die nächsten Jahrzehnte, schließlich bis zu der faszinierenden Jahrtausendwende vorausschauend zu bestimmen.

Davon abgeleitet oder, wie es hieß, „zurückgerechnet", sollten im Perspektivplan die Ziele bis 1975 festgelegt werden. Er sollte als Hauptsteuerungsinstrument für die volkswirtschaftliche Entwicklung fungieren. Damit verloren die Jahrespläne an Bedeutung.

In die gesellschaftlichen Leitungsprozesse sollten die Heuristik, als Wissenschaft von den Methoden, Regeln und Prinzipien des Entdeckens und Erfindens, sowie die Kybernetik, als Regelungstheorie, Eingang finden.

Die Rede war von der Organisationswissenschaft.

Die Netzwerktechnik, für Investitions- und Bauabläufe gut geeignet, sollte auch bei der Führung von Parteiaktionen, wie z. B. bei den Parteiwahlen oder dem Parteilehrjahr angewandt werden.

Wie stets nach einem Parteitag begann für die Kader die gründliche Durcharbeitung der Materialien, um sich die neuen Erkenntnisse anzueignen und in die Tat umzusetzen. Auf Konferenzen, Lehrgängen und in Seminaren erläuterten Mitglieder des Politbüros „einheitlich und geschlossen" den Sinn der neuen Aufgaben. Ein Lehrbuch zum ÖSS erschien, und im Oktober 1969 wurde eine Akademie für marxistisch-leninistische Organisationswissenschaft in Berlin-Karlshorst eingerichtet, die regelmäßige Lehrgänge für Partei-, Staats- und Wirtschaftsfunktionäre durchführte.

Das alles wurde zwar nicht immer begeistert, aber doch diszipliniert auf- oder hingenommen. Das konnte auch gar nicht anders sein, handelte es sich doch um eine vom höchsten Gremium der Partei einstimmig beschlossene, „in sich geschlossene Konzeption" der weiteren sozialistischen Entwicklung. Unterbreitet war sie vom ZK und dessen Politbüro als einhellige Auffassung worden. Daß es sich dabei um ein Gemeinschaftswerk der kollektiven Führung handelt, wurde noch dadurch unterstrichen, daß auf dem Parteitag erstmalig als ihr alleiniger Sprecher der Erste Sekretär, Walter Ulbricht, auftrat. Um so eifriger sprachen danach ausnahmslos alle

Mitglieder der Parteiführung über die richtungsweisende Bedeutung der Rede Walter Ulbrichts.

Außer Zweifel erweckende Sticheleien, die ich z. B. von Paul Verner über das Netzwerk zu den Parteiwahlen oder zu der Ulbrichtschen Losung „vom Überholen ohne Einzuholen" vernahm, war erst einmal nichts Gegenteiliges zu vernehmen. Vielmehr ging es an die Verwirklichung der von Walter Ulbricht erteilten Aufträge.

Berliner Modellbau nach Netzwerktechnik

In der Praxis zeigte sich, daß die auf den „neuen wissenschaftlichen Erkenntnissen" beruhenden Vorhaben manches Sinnvolle aber auch viel Unsinniges, Unrealisierbares beinhalteten.

Sinnvoll war die Anwendung der Netzwerktechnik und der elektronischen Datenverarbeitung bei der Projektierung des großräumigen Stadtzentrums am und um den Alexanderplatz. Auch für die Prognose brachte es Vorteile.

Es entstanden ein neuer Generalbebauungs- und ein neuer Generalverkehrsplan. Manche Teile der beabsichtigten Flächennutzung blieben im Plan, viele jedoch fielen dem Kurswechsel auf dem VIII. Parteitag mit der vorrangigen Entwicklung des Wohnungsbaus zum Opfer.

Eine Gesamtvorausschau für die Stadtentwicklung war und blieb Illusion. Zu viele Unbekannte, begonnen mit der Prognose der verschiedenen Wirtschaftszweige, hinterließen unüberbrückbare Lücken. Der Perspektivplan für das Territorium wurde zu einem kleinen Abschnitt der folgenden Fünfjahrplandirektive zusammengestrichen.

Am meisten Kraft, Zeit und Intelligenz wurden in die Erarbeitung eines „Modells der Leitung der Stadt und der Stadtbezirke Berlins" investiert.

Die Absicht, die Vielstufigkeit in der Leitungspyramide abzubauen und dadurch Doppelarbeit zu vermeiden und eine größere Nähe zu den Bürgern und ein rascheres Reagieren auf ihre Sorgen und Nöte zu erreichen, war lobenswert. Verschiedene Wege galt es dazu einzuschlagen.

Einer davon war die Konzentration der Kapazitäten der zersplitterten Versorgungs- und Dienstleistungsbetriebe in Kombinate. So entstand ein Kombinat für den Personennahverkehr, das den Straßenbahn-, Omnibus-, U-Bahn- und die Taxibetriebe umfaßte und außerdem die Weiße Flotte. Das erbrachte Nutzen in vielerlei Hinsicht, so bei der Strecken- und Fahrplanoptimierung.

Die Leitung des gesamten Personennahverkehrs durch eine Zentrum – ausgenommen war nur die S-Bahn als Teil der Deutschen Reichsbahn, die nach dem Potsdamer Abkommen der vier Siegermächte als einheitlicher Betrieb unter DDR-Hoheit bestehenblieb – brachte den Fahrgästen Zeiteinsparungen und einen besseren Komfort.

Gebildet wurde für einen Großteil des Güterumschlags das „Kombinat Autotrans". Es übernahm den gesamten Baustoffumschlag für die Großbaustelle Berlin. Zum Vorteil gereichte dem Kombinat die generelle Linie, einen großen Teil der Massengüter per Schiene mit der Eisenbahn oder per Schiff mit der Binnenschiffahrt umzuschlagen. Eine zukunftsorientierte, auch ökologisch interessante Maßnahme.

Für die Versorgung der Bevölkerung wurden Kombinate für Obst/Gemüse/Speisekartoffeln, für alkoholfreie Getränke und Bier, für Fleisch und Wurstwaren sowie für Brot und Kleingebäck geschaffen. Letzteres brachte den Berlinerinnen und Berlinern nicht nur wahre Freude.

Die Kombinatsbildung insgesamt, hier wurden nur Beispiele genannt, verfolgte natürlich auch den Zweck, die Regelungen des ÖSS besser und effektiver zu nutzen.

Ein weiterer Weg, der erfolgreich eingeschlagen wurde, war die Herstellung vertraglicher Beziehungen zum Berliner Umland für die Belieferung mit Produkten aus den Volkseigenen Gütern und Landwirtschaftlichen Produktionsgenossenschaften.

Für die örtlich geleiteten, in der Regel kleinen – noch meist privaten oder „halbstaatlichen" – Industriebetriebe wurde eine Effektivitätserhöhung durch eine qualifizierte Erzeugnisgruppenarbeit angestrebt.

Das Modell für Leitungsprozesse entstand nur schleppend. Wissenschaftler aus den Akademien und Ministerien wurden herangezogen. Nach der Meinung Walter Ulbrichts brauchten sie nicht Berlin zu kennen, dafür aber die Methodik des Modellierens und der Netzwerktechnik.

Trotzdem ging es nicht voran. Der Magistrat wurde zu einer Berichterstattung ins Politbüro gerufen. Es gab Kritik und – als Rettung aus der Not – eine große Kommission, zu deren Leiter sich Walter Ulbricht selbst einsetzte, gebildet, der weitere Mitglieder und Kandidaten des Politbüros, so Günter Mittag, Gerhard Grüneberg, Paul Verner, Werner Jarowinsky, Vertreter der Staatlichen Plankommission und Ministerien angehörten. Sie leitete diverse „Unterkommissionen" an. Intensiv wurde beraten, gesessen, formuliert und diskutiert. Was herauskam waren Berge von Papier, Schemata, Netzwerke – nur kein funktionstüchtiges Modell der Leitung der Stadt.

Was jedoch gleichzeitig entstand, das war eine Abneigung gegen die „Modellbauerei". Immer deutlicher trat der Widerspruch zwischen den drückenden Alltagsproblemen und dem Denken in einem abstrakten Modell zutage. Ein Stadtrat, der zur „Großen Kommission" gehörte und mit Leib und Seele an der Arbeit beteiligt war, stellte eines Tages resignierend fest: „Die Modelle sind wunderschön, nur die Menschen mit ihren Sorgen und Nöten stören sie."

Immer neue Erfindungen und Überdrehungen der Systeme, die ihren Ausgangspunkt bei Walter Ulbricht hatten, bereiteten einen guten Nährboden für die sich bildende Barriere gegen alles, was nur nach „NÖS" roch. Aus dem ZK-Gebäude nahm bald ein Witz seinen Lauf: Was unterscheidet einen Langholzwagen vom NÖS? Beim Langholzwagen ist das dicke Ende vorn und die rote Fahne hinten. Beim NÖS ist es umgekehrt.

Aus dem Berliner Modell wurde nichts. Damit scheiterte auch die Absicht, gleiches für andere Städte zu schaffen.

Parallel wurde an Methoden zur Qualifizierung der Führungstätigkeit der Bezirksleitung der SED gebastelt.

Sie richteten sich vor allem auf die wirkungsvollere Gestaltung der politisch-ideologischen Überzeugungsarbeit. Es wäre verfehlt, wollte man annehmen, daß durch die starke Betonung der ökonomischen Hebel etwa die erzieherischen Momente durch Walter Ulbricht in den Hintergrund gedrängt würden. Nie vergaß er, den sozialistischen Ideengehalt in Agitation und Propaganda und verstärkt in Kunst und Literatur zu betonen. Dementsprechend sah er in Schriftstellern und Künstlern wichtige Multiplikatoren bei der weltanschaulichen Bildung und Erziehung der Menschen. Um wirkungsvoller die Entwicklung sozialistischer Persönlichkeiten zu fördern, galt es, den erreichten Bewußtseinsstand der verschiedenen Schichten und Gruppen der Bevölkerung einzuschätzen. Mit großer Mühe wurde versucht Bewußtseinsanalysen anzufertigen.

So interessant die Absicht auch gewesen sein mag, sie ließ sich nicht verwirklichen. Die unternommenen Versuche erschöpften sich in einer groben, nur umrißartigen Darstellung der Meinungsäußerungen zu Grund- und aktuellen Themen der Politik. Sie gingen über eine Momentaufnahme kaum hinaus. Dabei konnten auch Erhebungen des 1964 geschaffenen Meinungsforschungsinstituts nichts grundsätzliches ändern. Sollten die Einschätzungen nicht statisch bleiben, so würde eine permanente Verfolgung der Reaktion der einzuschätzenden Bevölkerungsgruppen zu den zu beurteilenden Themen erfolgen müssen. Das jedoch benötigte Zeit und hatte keinen unmittelbaren Effekt. Da man weder Zeit noch Kräfte für eine solch aufwendige Analyse aufzubringen bereit war, verlief die ganze Sache bald im Sande. Kurze Zeit nach dem VIII. Parteitag wurde auch das Meinungsforschungsinstitut aufgelöst. Seine Befragungen brachten zu viel Unerfreuliches zutage. Bei der Grundeinstellung der Verantwortlichen, nur das Positive zur Kenntnis nehmen zu wollen, paßte das Ganze nicht mehr in die Landschaft. In welchem Widerspruch die Aussagen zu dem Idealbild standen, offenbarte mir Joachim Herrmann, Mitglied des Politbüros, mit den Worten: „Das wäre Munition für den Gegner."

Der Versuch, einen „Perspektivplan der ideologischen Arbeit" zu erstellen, scheiterte.

An Stelle dieser Idee wurde es mit einem „Langfristigen Plan der Parteiarbeit" versucht.

Seine Funktion wurde darin gesehen, der Bezirksleitung und den nachfolgenden Organisationen der SED eine Konzentration auf Schwerpunkte und einen Vorlauf für erforderliche Entscheidungen zu ermöglichen. Nach dem VII. Parteitag wurde ein solcher Plan auch von der Bezirksleitung beschlossen.

Intern wurde zu seiner Ergänzung eine perspektivische Entwicklung der sozialen und altersmäßigen Zusammensetzung der Bezirksparteiorganisation hinzugefügt. Dabei wurde nicht eine allgemeine, rein zahlenmäßige Vergrößerung des Mitgliederbestandes anvisiert, sondern die gezielte Verstärkung des Parteieinflusses an wichtigen Stellen des gesellschaftlichen Lebens. Dazu zählten alle Produktionsbereiche. Im Vergleich zu anderen Bezirken und Arbeiterzentren war der Organisierungsgrad der Berliner Arbeiter in der SED gering. So waren von den Produktionsarbeitern kaum jeder Zehnte Mitglied oder Kandidat der SED. Dadurch und infolge der Konzentration von Verwaltungen und Dienststellen, von kulturellen- und Wissenschaftseinrichtungen betrug der Arbeiteranteil in Berlin nur 22 % gegenüber 40 % im Durchschnitt der Gesamtpartei. Erhöht werden sollte der Anteil der Mitglieder in den „intelligenzintensiven" Bereichen, besonders in den Forschungs- und Entwicklungsabteilungen der Betriebe, in den EDV-Zentren, und unter den Künstlern und Kulturschaffenden. Die Struktur der Zusammensetzung der Bezirksparteiorganisation änderte sich jedoch nicht grundlegend.

Intern blieben auch die Arbeiten an einem Kaderperspektivplan. Die Grundlage bildete dafür die „Kadernomenklatur", die entsprechend dem Prinzip des demokratischen Zentralismus die Verantwortungsebenen genau absteckte. Die Konzentration lage vor allem auf der qualifizierten Besetzung der Kreissekretariate und der Planstellen in den bedeutendsten Grundorganisationen aller Bereiche. Größtes Gewicht besaß dabei die Ausbildung dieser Funktionäre an Schulen der Partei und die rechtzeitige Heranziehung und Qualifizierung von Nachwuchskadern.

Bei aller Langfristigkeit der Planung dieser oder jener „Systemregelung", die operativ zu lösenden Alltagsprobleme blieben. Um diese konnte sich die Bezirksleitung nicht nur allgemein kümmern, sondern sie wurden als politische Probleme außerordentlich wichtig genommen und entsprechend behandelt. Das entsprach bestimmt nicht den theoretischen Vorstellungen von der Rolle der Partei, die „Entwicklung der Gesellschaft politisch zu leiten", hatte aber auf die Stimmung der Werktätigen und die Bürger Berlins größeren Einfluß als alle strategischen Modelle.

Im Vordergrund stand die tägliche Erfüllung des Plans in den Betrieben. Ob in Industrie oder Bauwesen, es gab immer wieder Rückstände. Die Verantwortung wurde in erster Linie den Leitern angelastet. Sie würden den Reproduktionsprozeß nicht beherrschen. Danach kam die jeweilige Parteileitung in die Kritik. Sie leiste nicht die erforderliche ideologische Arbeit, führe die Gewerkschafts-

und Jugendorganisation nicht richtig, vernachlässige den sozialistischen Massenwettbewerb und die Neuererarbeit.

In jeder dieser Anschuldigungen steckte das berühmte Körnchen Wahrheit. Es traf jedoch nur die Erscheinung, nicht aber die tiefer liegenden Ursachen. Auf einen Nenner gebracht, bestanden sie in dem für die DDR-Wirtschaft chronischen Mangel. Es fehlten Rohstoffe aller Art, sie mußten für teures Geld oder Ware gegen Ware importiert werden. Es mangelte an neuen Maschinen und Aggregaten, die vor allem zur Bezahlung der Importe exportiert werden mußten.

Am häufigsten mangelte es an Zulieferungen und Ersatzteilen. Bilanzen gerieten durch die Konzentration auf strukturbestimmende Zweige und Betriebe aus den Fugen. Die Folge davon war ein stotternder Produktionsablauf. Gab es am Anfang des Monats Leerlauf, so türmte sich die Arbeit am Monatsende und forderte Überstunden und Sonderschichten. Das alles hatte nicht nur Folgen für die ungesunde Kostenentwicklung, sondern untergrub Arbeitsmoral und -disziplin. Es wurde gepfuscht und der Ausschuß stieg. Da die Gründe dafür gesehen wurden, aber keine Änderungen erfolgten, machte sich Mißstimmung und Resignation breit. Abgesehen davon, daß dadurch das ausgeknobelte ökonomische System nicht funktionieren konnte, untergrub es das Vertrauen in die Fähigkeit des Staates und der Partei, die Probleme grundsätzlich zu lösen. Denn jedem war klar, die durch Feuerwehreinsätze mit der Autorität von Parteiinstanzen gestopften Löcher an der einen Stelle rissen Löcher an einer anderen Stelle auf. Da tatsächlich eine Sache nur dann zu einem guten Ende geführt werden konnte, wenn sie die Partei in die Hand nahm, wurde die Leitungtätigkeit der zuständigen staatlichen oder Wirtschaftsleiter übernommen. Der Autorität der Leiter bekam das nicht. Wie sie unter solchen Bedingungen die Eigenverantwortung des Betriebes wahrnehmen und erhöhen sollten, war eigentlich nicht vorstellbar.

Ähnlich vollzog sich die Tätigkeit der Bezirksleitung auch auf anderen Gebieten. Die Zeit und die Kraft von Mitarbeitern, die dafür aufgewendet wurde, daß das tägliche Brot bis zum Feierabend ausreichend in den Kaufhallen vorhanden war, daß Gemüse und Obst aus der Umgebung frisch auf den Ladentisch kamen, daß vor allem an den Wochenenden ausreichend alkoholfreie Getränke und Bier angeboten werden konnten, war nicht zu bemessen.

Das, was mir anfangs als ein aus der Not geborener Umstand erschien, erwies sich jedoch als ein Dauerzustand. Die Konsequenz: Die Parteileitungen übernahmen die Verantwortung und die Aufgaben der staatlichen oder betrieblichen Leitungen. Diese Entmündigung konnte der Sache in keiner Weise dienlich sein. Denn die ökonomischen Details konnten durch die Partei nicht besser, sondern dauerhaft nur schlechter gelöst werden. Dieser Stil der Leitung bürgerte sich so fest ein, daß sich schließlich alle daran gewöhnten.

Bruchstellen der Reformpolitik

Der erste und einzige tatsächliche Reformversuch in der DDR in der zweiten Hälfte der sechziger Jahre scheiterte. Die gedachte, geplante und beschlossene Wende trat nicht ein. Die Gründe dafür sind mannigfaltig. Versucht man die wesentlichen Ursachen dafür zu benennen, so hält man viele Fäden in der Hand, die sich zu einem Knäuel von inneren und äußeren, von objektiven und subjektiven Faktoren verbinden.

Ich möchte vor allem dem Faden folgen, der zu dem Ausgangs- und Endpunkt, ins Politbüro und Sekretariat des ZK der SED, zu Walter Ulbricht und Erich Honecker führt.

Von Anfang an war der Reformkurs mit dem Engagement und der Autorität Walter Ulbrichts verbunden. Ihn zu beenden, setzte die Untergrabung seiner Stellung in der Partei und ihrer Führung ebenso voraus, wie seine Diskreditierung bei den Hauptverbündeten der SED und der DDR, bei der Sowjetunion und deren Führung.

Zwischen dieser inneren und der äußeren Vorbedingung besteht eine Kausalität.

Dafür lieferte die KPdSU ein als klassisch zu bezeichnendes Vorbild mit dem Sturz Nikita Chruschtschows durch das Politbüro im Oktober 1964. Damit wurde der Rückwärtsgang gegen die Reformbestrebungen auch in der Sowjetunion eingelegt. Erich Honecker dürfte zu den gelehrigen Schülern dieses Vorgangs gezählt werden. Dazu wird ebenso beigetragen haben, daß Erich Honekker bei den wiederholten DDR-Besuchen von Leonid Breshnew stets als sein Ehrenbetreuer fungierte. Bald dürfte diese beiden Männer mehr als gemeinsame Jagdbegeisterung verbunden haben.

Schon im Laufe des Jahres 1965 erreichten Erich Honecker Informationen über Korrekturen der Politik der KPdSU, die weit über die Abschaffung des Produktionsprinzips der Leitung der Partei hinausgingen. Sie betrafen bezeichnenderweise die Kultur und die Jugendfrage. Bücher, von Chruschtschow gefördert, verschwanden aus der Öffentlichkeit. Es begann die Auseinandersetzung mit „Erscheinungen von Passivität, Skeptizismus, politischer Unreife, Verletzung der Arbeitsdisziplin, Trinkerei u. a. unter der Jugend". Als Ursache für derartiges wurde u. a. die Erschütterung des Weltbilds der jungen Sowjetbürger durch die Kritik an Stalin ausgemacht. Mit derartigen Erscheinungen der Aufweichung und der Schwankungen galt es durch eine verstärkte marxistisch-leninistische Ideologiepropaganda aufzuräumen. Darüber gab es auch exakte Abstimmungen zwischen den beiden Chefideologen der KPdSU und der SED.

War dies nicht der Anstoß, so doch eine willkommene Schützenhilfe für die auf der 11. Tagung des ZK der SED 1965 im Bericht des Politbüros gestarteten Angriffe gegen Erscheinungen auf dem Gebiet der Kultur und der Jugend. Die Identität zur KPdSU beschränkt sich nicht nur auf das Feld der Auseinandersetzung, sondern auch deren Bewertung, ja selbst der Wortwahl. An Hand von Veröffentlichungen in der DDR, von Büchern, Filmen, Fernsehsendungen, die nicht mit der Parteilinie übereinstimmten, forderte er zum Kampf gegen „die Ideologie des spießbürgerlichen Skeptizismus, gegen halbanarchische Lebensgewohnheiten" auf. Auf die Lage unter der Jugend eingehend, schildert er „Vorfälle, die unsere besondere Aufmerksamkeit erforderten. Einzelne Jugendliche schlossen sich zu Gruppen zusammen und begingen kriminelle Handlungen; es gab Vergewaltigungen und Erscheinungen des Rowdytums. Es gibt mehrere Fälle ernster Disziplinverstöße beim Lernen und in der Arbeit.".Die als Einzelerscheinungen aufgezählten Beispiele wurden als Folge einer Entstellung der politischen Linie bewertet.

Als eine der entscheidenden ideologischen Ursachen benannte Erich Honecker die „Verkennung des schöpferischen Charakters der Beschlüsse des XX. Parteitags der KPdSU".

Ich hatte dieses Plenum erlebt, als ich noch im Zentralrat der FDJ arbeitete, und es vor allem als eine Tagung für den Kultur- und Jugendbereich aufgefaßt. Vielleicht auch durch meine eigene Verantwortung für diese Bereiche im Jugendverband engte sich mein Blickwinkel auf diesen Aspekt ein.

Aber es war mehr als ein Angriff auf die Kultur- und Jugendpolitik. Das Plenum wandte sich gegen die Grundlinie der von Walter Ulbricht vertretenen Politik überhaupt und des NÖS im speziellen, denn der Boden für die Erscheinungen der Aufweichung war doch den „Philosophen des Widerspruchs", wie sie Erich Honecker bezeichnete, durch die Herabminderung der Rolle der Partei und der Ideologie des Marxismus-Leninismus, ihr Ersatz durch sich selbstregulierende Systeme, durch Öffnung für andere Denk- und Verhaltensweisen, durch eine gewisse Liberalisierung bereitet worden. Wenn die führende Rolle der Partei herabgemindert wird, so wird der Garant für den Sozialismus geschwächt, so erhielten andere Kräfte – und das konnten nach gängiger Lesart nur antisozialistische Kräfte sein – Handlungsspielraum. Sie maßten sich an, die Fähigkeit für sich allein gepachtet zu haben, Konflikte aufzuspüren und zu verallgemeinern. Dazu aber war doch nur die führende Partei imstande und berechtigt. Wer daran rüttelte, der erschütterte das Allerheiligste. So konnte die Quintessenz bei Erich Honekker im Bericht des Politbüros vorgetragen werden: „Der Sozialismus ist und bleibt das Werk der von ihrer marxistisch-leninistischen Kampfpartei geführten Arbeiterklasse im Bunde mit allen Werktätigen, einschließlich der Intelligenz." Angesagt war damit die Stärkung und der Ausbau der führenden Rolle der SED und ihrer Entscheidungszentrale, des Politbüros und des Sekretariats des ZK.

Die Demontage Walter Ulbrichts schritt voran. Am Ende des Plenums gab er dem Druck nach. Um nicht in die Isolierung zu geraten, setzte er sich an die Spitze eines sich verhärtenden Kurses und des Kampfes gegen diejenigen, die „ein freies Spiel der Kräfte" betrieben und für sich eine „absolute Freiheit" der Kritik an Partei und Staat einforderten. Mit diesen Zugeständnissen sicherte er sich den Spielraum für sein weiteres politisches Vorgehen in Vorbereitung des VII. Parteitags der SED.

Waren die Auseinandersetzungen auf dem 11. Plenum des ZK der SED ein wuchtiger Hieb gegen das NÖS von innen, so verursachten die Ereignisse in und um die ČSSR im Jahre 1968 einen noch stärkeren von außen. Die militärische Niederwerfung der unter der Bezeichnung „Prager Frühling" bekannten Reformbestrebungen in unserem Nachbarland im August des Jahres zeigten nicht nur Dubček und der tschechischen Führung, sondern den Anhängern jeglicher Reform des Sozialismus die Grenzen von Reformbestrebungen. Da sie hier über den Rahmen von Veränderungen im Wirtschaftsbereich hinausgegangen waren und sich auch auf andere Bereiche der Gesellschaft ausdehnten, wurden sie als eine Untergrabung des Sozialismus und der Blockräson im Warschauer Vertrag bewertet. Der Sozialismus mit menschlichem Antlitz, der von dem einheitlichen Modell sowjetischer Prägung abwich, wurde durch den realen Sozialismus ersetzt, was nichts anderes als die Rückkehr zu den gleichgeschalteten Entwicklungswegen bedeutete.

Das mußte auch Walter Ulbricht, der mit NÖS und ÖSS eine „nationale" Wirtschaft gestalten wollte, hart treffen. Er verstand offensichtlich die Zäsur recht gut und war um Schadensbegrenzung für seine Linie bemüht. Das belegt sein beharrliches Auftreten vor dem August und danach, wonach die Ursachen für die Krise in der ČSSR in der falschen Politik des Vorgängers von Dubček, bei Antonyn Novotny liegen, denn er habe, so Ulbricht, mit seinem dogmatischen Festhalten an überholten Methoden die Lösung der objektiv herangereiften Probleme, wie den Kampf um den wissenschaftlich-technischen Höchststand, die Durchführung der Wirtschaftsreform und des sozialistischen Bildungswesens nicht rechtzeitig aufgegriffen und durch den eintretenden Zeitverlust einen Aufweichungsprozeß im Lande hervorgerufen.

Die Argumentationslinie ist übersichtlich. Da in der DDR dank Ulbrichts Initiative dies alles rechtzeitig eingeleitet wurde, gibt es bei uns keine „Aufweichung" und auch keine Gefahr für den Sozialismus. Also hatte er damit auch die Begründung für die Fortsetzung des eingeschlagenen Weges. So wurde es auch in der Oktobertagung des ZK der SED beschlossen. Dabei mag ihm zugute gekommen sein, daß er als der mächtige Mann an der Spitze eine Gefährdung der Arbeiter- und Bauernmacht niemals zulassen würde.

Über die ganze Tragweite der Beendigung des „Prager Frühlings" sind sich im Jahre 1968 nicht allzu viel Mitglieder und Funktionäre der SED bewußt gewesen. Die Ereignisse bewiesen zweierlei:

Zum einen, daß Reformen in der Wirtschaft zwangsläufig solche in der Politik und in der Machtausübung nach sich ziehen und zum anderen, daß solche nicht machbar sind bzw. nicht gestattet werden, da sie als Gefahr für das sozialistische Regime angesehen werden.

Das Fazit der Ereignisse in der CSSR brachte die schmerzliche aber unwiderrufliche Erkenntnis, daß der „reale Sozialismus" nicht reformierbar ist. Sollte eine solche Möglichkeit jemals bestanden haben, gab es sie jetzt nicht mehr. Das Haupthindernis bestand weniger in der stets heraufbeschworenen Gefährdung des Sozialismus durch das Wirken des Imperialismus, als viel mehr in den festverankerten Auffassungen über das Wesen der Diktatur des Proletariats und der führenden Rolle der marxistisch-leninistischen Partei.

Vielleicht hat sich Walter Ulbricht gegen solche Schlußfolgerungen gewehrt, hat sie von sich gewiesen, hat sich derartigen Erkenntnissen verschlossen, seine Gegenspieler haben sie offensichtlich gut verstanden.

Es dürfte nicht zufällig und nur aus persönlichen Sympathien oder Antipathien herrühren, daß zu diesem Zeitpunkt der Frontwechsel von Günter Mittag, einem der Hauptbetreiber des NÖS zu ihrem Gegner, offenkundig wurde. Erich Honecker wußte jedenfalls sehr genau, was die Glocke geschlagen hatte und stellte sich voll und ganz auf Breshnew ein. Er konnte sicher sein, daß er bei der Regelung der Vorgänge in der SED und der DDR seine Unterstützung finden würde.

Die Situation in der Führung spitzte sich zu, der Schwung Walter Ulbrichts ließ nach. An die Stelle konstruktiver Arbeit traten immer stärker subjektiv gefärbte Wunschträume, deren Realisierbarkeit in den Sternen stand.

Ich erinnere mich dabei an die viel bespöttelte Losung vom „überholen ohne einzuholen", womit der wissenschaftlich-technische Höchststand der fortgeschrittensten kapitalistischen Länder gemeint war. Dies sollten Großforschungszentren zuwege bringen. Der sozialistische Massenwettbewerb erhielt so wissenschaftlich hochgeschraubte Formulierungen, die die Werktätigen nicht mehr verstanden. Das untergrub das Ansehen Walter Ulbrichts.

1969 – das Jahr der 20. Wiederkehr der Gründung der DDR – schien aber geradezu geschaffen, neue Großtaten mit dem ÖSS zu vollbringen.

Die Anstrengungen konzentrierten auf 87 ausgewählte Automatisierungsvorhaben in der Produktion und auf die Errichtung der Stadtzentren in Berlin und weiteren 12 Städten.

Ersteres geschah über den Plan hinaus, außerhalb jeglicher volkswirtschaftlicher Bilanzierung. Ihre Übergabe bzw. Inbetriebnahme zum Jubiläum wurde triumphal gefeiert. In Wahrheit hatte es schwere, nicht zu vertretende Belastungen der Volkswirtschaft verursacht. Trotzdem sollte diese Linie mit derartigen Vorhaben im großen Stil fortgesetzt werden.

Auch das zweite erforderte einen enormen – und wie sich herausstellen sollte – nicht verkraftbaren Aufwand.

Bei dem Gespräch mit dem Bezirkssekretariat offenbarte Walter Ulbricht seine Gedankenverbindung von der Errichtung der Stadtzentren und dem Sieg des Sozialismus. Die neuen Stadtzentren waren für ihn das Zeichen des erreichten gesellschaftlichen Entwicklungsstandes. Gerade in Berlin sollte die neue Silhouette den Bürgern unseres Landes und den zahlreichen Besuchern aus nah und fern Zeugnis davon ablegen. Zum 20. Jahrestag der DDR galt es, die Bebauung des Alexanderplatzes so weit abgeschlossen zu haben, daß er ein Bild vom zukünftigen Berlin vermittelt. Die Ergebnisse angestrengter Arbeit der Bauleute, Architekten, Städteplaner und Künstler, die Leistungen hunderter Zulieferbetriebe beeindruckten die ins neue Zentrum strömenden Besucher. 365 Meter in die Höhe ragte der neue Fernsehturm als Wahrzeichen des neuen Berlin. Viele Berliner erklärten ihren Gästen voller Stolz, was hier geschaffen wurde.

Walter Ulbricht beseelte eine Leidenschaft für das Bauwesen. Er sah sich auch als der oberste Bauherr der Republik. Paul Verner stand dem nicht viel nach. Die Berliner Bauleute, Städteplaner und Architekten können davon ein Lied singen. Es war vor allem den Wochenenden vorbehalten, an denen er am Modell Straßenführungen und Häuser hin und her schob und sich bei jedem Detail der Bauaus- und -durchführung die eigene Entscheidung vorbehielt. In einer stillen Stunde gestand er, hätte er ein zweites

Leben, er würde Architekt. Das erklärt sein Engagement für das Bauen noch aus einer ganz persönlichen Motivation heraus.

In diesem Zusammenhang erinnere ich mich an folgende Begebenheit. Am Ende einer Sekretariatssitzung schlug er außerhalb der Tagesordnung vor, bis zum 20. Jahrestag der DDR das Kronprinzenpalais Unter den Linden neu zu errichten. Es war, wie so viele historische Bauten, im Zweiten Weltkrieg zerstört worden. Da es keinerlei Bauunterlagen mehr gab, auch sie waren Opfer der Flammen geworden, hatte er bereits mit dem renommierten Architekten Paulik gesprochen, der sich bereiterklärte, nach historischen Graphiken und Gemälden eine technische Konstruktion dafür zu entwerfen. Natürlich habe er bei einem seiner nächtlichen Spaziergänge „ganz zufällig" Walter Ulbricht getroffen, den er für diese Idee erwärmt hatte. Freudige Zustimmung des Sekretariats – bis auf ein Mitglied, den Vorsitzenden der Bezirksplankommission. Ein solches Millionen-Objekt stehe nicht im Plan und sei zusätzlich nicht einzuordnen. Eine heftige Debatte entbrannte. Schließlich kam es zu einer „Kampfabstimmung", der einzigen, die ich erlebte. Ergebnis: Beschlossen mit einer Gegenstimme. Zu den Feierlichkeiten des Jubiläumsjahrestags öffnete das Palais als Gästehaus des Magistrats seine Pforten. Es beherbergte als erste Gäste Repräsentanten der Partnerstädte Berlins.

Das blieb es auch, bis es, von Erich Honecker veranlaßt, vom Staatsrats übernommen wurde.

Der Aufbau des Stadtzentrums mit solchen „Extras" hatte seinen Preis. Er war nicht nur in Mark auszuweisen. Sie verschlangen die knappen Kapazitäten und Investitionen, so daß darunter der Wohnungsbau arg zu leiden hatte. Dieser Planteil wurde sowohl in Berlin wie auch im Republikmaßstab nicht erfüllt. Das dämpfte die Freude. Die Schuld wurde Walter Ulbricht angekreidet.

Die außerplanmäßigen Wunder hatten die wirtschaftliche Leistungsfähigkeit der Republik überfordert. Die DDR-Wirtschaft geriet in eine krisenhafte Situation. Sie bereitete den Boden für die Beendigung des NÖS und für eine Wende in der Politik.

Mehr und mehr wurde Realitätssinn gefordert.

Das NÖS und seine Systeme gerieten in den Hintergrund. Das letzte Mal war auf einer Tagung des ZK im Juni 1970 davon die Rede.

Ende Juni/Anfang Juli kam es im Politbüro zu Auseinandersetzungen. Ulbricht war entschlossen, sich von seinem eigenen Zögling Erich Honecker zu trennen und ihn zur Qualifizierung auf eine Parteischule zu schicken. Die drohende Entmachtung wurde aber mit tatkräftiger Unterstützung Leonid Breshnews abgewendet.

Von nun an liefen die Uhren noch schneller gegen Walter Ulbricht.

Die Absetzung Walter Ulbrichts

Obwohl der 1. Sekretär von Berlin, Paul Verner, über die Vorgänge im Politbüro nicht nur genauestens informiert, sondern an der Seite Erich Honeckers sehr aktiv an der Ablösung Ulbrichts beteiligt war, ließ er nicht das geringste über die Diskussionen, die politischen Auseinandersetzungen und die Kaderfragen verlauten. Er ließ uns, wie es Konrad Naumann bezeichnete, „dumm sterben".

Die Disziplin eines lange in der Illegalität lebenden Parteifunktionärs war ihm zur Natur geworden. Er konnte Geheimnisse hüten. Wenn er etwas aus dem Politbüro übermittelte, so merkten wir es nur daran, daß er zu seinem kleinen roten Notizbuch griff, das er für derartige Eintragungen extra führte.

Es war ein reiner Zufall, der mich hellhörig machte. Am 25. August 1970 gratulierten Konrad Naumann und ich Erich Honecker zu seinem Geburtstag. Er empfing uns in blendender Stimmung. Er war gerade von seinem Jahresurlaub auf der Krim und von Beratungen in Moskau zurückgekehrt. In einer kurzen Unterhaltung sprach er unverblümt darüber, daß die Wirtschaftspolitik grundlegend verändert werden muß, da es so nicht mehr weitergehen kann. Das stehe heute auch in der Politbürositzung zur Debatte. Was dann folgte, war der „Korrekturbeschluß" des Ministerrats vom 17. September 1970. Automatisierungsvorhaben wurden gestoppt, Investitionsobjekte zurückgestellt, das Bauwesen auf den Wohnungsbau orientiert, die Planung auf die proportionale Entwicklung aller Zweige der Volkswirtschaft gelenkt.

Worüber Erich Honecker wohlweislich kein Sterbenswörtchen verlauten ließ, aber bestimmt der Hauptgrund für seine gehobene Stimmung darstellte, das waren Gespräche, die er während der Tagung des Politisch Beratenden Ausschusses des Warschauer Vertrages hinter dem Rücken Walter Ulbrichts mit Leonid Breshnew geführt und das eine Ergänzung am Krankenbett des KPdSU-Chefs fand. Das Ergebnis war klar: Die DDR mußte den Gleichklang ihrer Politik mit der der Sowjetunion wiederherstellen und die Sonderwege Walter Ulbrichts in der Wirtschafts- und Deutschlandpolitik beenden. Erich Honecker konnte sicher sein, daß er sich der Gunst des ersten Mannes der KPdSU erfreute und alle Veränderungen in der SED über ihn laufen würden. Mit Zufriedenheit dürfte er in seinem Notizbuch die Wertschätzung vermerkt haben: „Die Leitung der Parteiarbeit wird sich immer mehr in deiner Hand vereinigen ... Alles konzentriert sich in deiner Hand. Die Frage ist schon entschieden. Er (gemeint ist Walter Ulbricht) kann noch zwei bis drei Jahre arbeiten – als Präsident. Es ist sein Alter. Man muß jetzt die Frage lösen. Verstehst du? Die Leitung der Parteiarbeit sie ist schon eine entscheidende Frage. Man muß die Schwachen festigen ... Er (d. h. Walter Ulbricht) soll die Frage im Politbüro stellen. Ich kann zur Sitzung kommen." Soweit die persönliche Notiz Erich Honeckers.

Darüber durfte und wollte er das Politbüro allerdings nicht informieren. Nur die Vertrauten Breshnews, Stoph, Matern, Lamberz sollten ins Bild gesetzt werden.

Von nun an wurde die Ablösung Walter Ulbrichts konsequent und organisiert betrieben.

Das 14. ZK-Plenum im Dezember 1970 stellte Walter Ulbricht ins Abseits. Die Redner waren Erich Honecker über das Ergebnis des Umtausches der Parteidokumente, Willi Stoph über den Entwurf des Volkswirtschaftsplanes 1971 und als Berichterstatter des Politbüros – nicht zufällig – Paul Verner. Das Schlußwort Walter Ulbrichts, das dessen Nichteinverständnis mit der Linie der Redner sichtbar machte, durfte auf Beschluß des Politbüros nicht veröffentlicht werden. Mit der Wahl von Hermann Axen und Werner Lamberz zu Kandidaten des Politbüros kamen enge Vertraute Erich Honeckers in dieses Entscheidungsgremium.

Noch gab sich Walter Ulbricht jedoch nicht geschlagen. Er versuchte, auf dem schnell folgenden 15. Plenum das Blatt zu seinen Gunsten zu wenden. Er hielt das Hauptreferat zur „Politischen Vorbereitung des VIII. Parteitags". Darin erkannte er verbal das vorhergehende Plenum an, setzte aber andere Akzente, die in der vorgesehenen Tagesordnung des Parteitags zum Ausdruck kommen. Sein Referat sollte den Titel tragen „Das entwickelte gesellschaftliche System des Sozialismus in den 70er Jahren". Willi Stoph sollte über die Rolle des Staates und Erich Honecker über die Partei in diesem System sprechen.

Was ich anschließend von Konrad Naumann über den Verlauf der Tagung erfuhr, erinnert schon an obskures Theater. Walter Ulbricht erklärte eingangs, er könne wegen Erkältung das Referat nicht vortragen und beauftragte mit der Verlesung des Textes – ausgerechnet einen der Hauptkritiker – Werner Lamberz. Zweiter Referent war Erich Honecker zur Vorbereitung der Parteiwahlen. Obwohl er inhaltlich nicht mit dem Hauptreferat übereinstimmte, gab es keine Diskussion. Auch die Tagesordnung für den Parteitag und die vorgesehenen Referenten wurde ohne Debatte angenommen. Die Regie ist übersichtlich. Der kleine Kreis der Eingeweihten wußte, daß schon das nächste ZK-Plenum ganz andere Beschlüsse fassen wird.

Vorsorglich hatte Erich Honecker in einem Brief vom 21.1.1971 an die sowjetische Parteiführung, der in der weiteren Tätigkeit Walter Ulbrichts eine Gefährdung der Einheit der SED und des weiteren abgestimmten Vorgehens von SED und KPdSU gegenüber der BRD skizzierte, die Unterschriften weiterer 12 Mitglieder und Kandidaten des Politbüros (von 20) eingeholt.

Das Politbüro der KPdSU handelte, durch die Vorbereitung des eigenen Parteitags belastet, nicht sehr schnell, aber doch rechtzeitig genug, um dem VIII. Parteitag ein anderes Konzept zu ermöglichen. Erstaunt nahm ich, wie sicherlich die Mehrheit der Parteimitglieder und -funktionäre eine Mitteilung im „Neuen Deutschland" zur Kenntnis, daß Leonid Breshnew am Rande des KPdSU-Parteitags Walter Ulbricht und Erich Honecker zu getrennten Gesprächen empfangen hatte. Nun also waren die Würfel gefallen. Am 27. April reichte Walter Ulbricht dem Politbüro der SED sein Rücktrittsgesuch ein, dem am 3. Mai durch das ZK stattgegeben und Erich Honecker zu seinem Nachfolger berufen wurde.

Das hatte auch sehr schnelle und merkwürdige Auswirkungen. Der 1. Mai stand bevor. Die Demonstration der Werktätigen sollte wie immer mit den Bildern der Mitglieder der Parteiführung angeführt werden, wobei das Porträt Walter Ulbrichts größer als die der anderen, vorangetragen werden sollte. So war es üblich. Nach besagter Politbürositzung rief Paul Verner Hans Modrow und mich zu sich. Das große Bild Walter Ulbrichts solle verschwinden und in der Größe der anderen alphabetisch in die kollektive Führung eingereiht werden.

Der Hinweis, daß doch die Entscheidung des ZK-Plenums ausstehe, wurde beiseite geschoben.

Mich erinnerte das an einen Vorgang, der sich 1953 vor dem 1. Mai ergeben hatte. Damals wurde ich in Geraer Betriebe geschickt, um eine Anweisung Walter Ulbrichts zu übermitteln, daß bei der Demonstration keine Bilder von Franz Dahlem mitzuführen sind. Auch ihn hatte das Politbüro seiner Mitgliedschaft enthoben, worüber der Beschluß des ZK erst Wochen später gefaßt wurde.

Solch eine Verfahrensweise war also nichts einmaliges, es war eine Methode der Ausschaltung unliebsam gewordener Spitzenfunktionäre aus den eigenen Reihen.

Was für die Öffentlichkeit – und nicht nur für die der DDR – als ein natürlicher Übergang der Leitungsfunktion von einem Alten auf einen Jüngeren erschien, erwies sich im Nachhinein als Resultat eines abgekarteten Intrigenspiels. Die „demokratische" Entscheidung traf nicht der in Kürze zusammentretende Parteitag, nicht einmal das ZK, ja selbst das Politbüro brauchte für diese die Absegnung der führenden Partei, der KPdSU.

Bei einer späteren Unterhaltung mit Horst Sindermann, inzwischen Ministerpräsident, nannte er den Vorgang bei dem Namen, den er verdient: Fraktionelle Arbeit gegen den Ersten Sekretär des ZK der SED.

Nun ist sie laut Parteistatut eines der größten Vergehen und hätte entsprechend hart und scharf geahndet werden müssen. Nichts geschah, denn diesmal waren die „Fraktionellen" die Sieger.

Über all das wurde der Mantel des Schweigens gehüllt. Mir wurde manches erst durch die in ein braunes Leder gebundene Dokumentensammlung, die Erich Honecker im Februar 1989 den Mitgliedern des Politbüros – vielleicht als warnende Lektüre: „Seht, ich weiß wie man Führer stürzt" – übergab.

Über die Gründe und Zusammenhänge dieser Vorgänge habe ich lange nachgedacht:

Vordergründig drehte sich die Auseinandersetzung um die Reformen in der SED und in der DDR, die untrennbar mit dem Namen Walter Ulbricht verbunden waren. Dabei handelte es sich um eine Politik, die von zwei Parteitagen, dem höchsten Gremium der Partei, beschlossen wurde, und das einstimmig. Über sieben Jahre gab es keine Tagung des ZK der SED, auf der nicht über Reformen gesprochen und Beschlüsse zu ihrer Weiterführung, Vervollkommnung und Vertiefung gefaßt wurden, alle ohne Gegenstimme. Einmütigkeit wurde auch im Politbüro bis in das Jahr 1970 hinein zur Schau gestellt. Korrekturen wurden stets als einheiliger Wille der Führung präsentiert. Es gab keinen Grund für die Annahme, die Systeme und Etappen des NÖS, die Automatisierungsobjekte oder die Errichtung der Stadtzentren seien Entschlüsse eines einzelnen Herrn. Ganz im Gegenteil, sie wurden mit der Autorität der kollektiven Führung verkündet und um ihre Verwirklichung gerungen.

Es mag viel an den innen- und außenpolitischen Vorstellungen Walter Ulbrichts streitbar sein, aber warum ließ man ihn gewähren? Konnten darüber nicht in einem offenen, parteilichen Meinungsstreit Positionen und Argumente geprüft und abgewogen werden? Das wäre doch einer „marxistisch-leninistischen Partei der Arbeiterklasse" gemäß. Vielleicht reiften die Erkenntnisse auch nur langsam und sehr spät. Der Gang der Dinge läßt einen anderen Schluß zu. Walter Ulbricht hatte sich bei den Auseinandersetzungen mit seinen Widersachern gewiß auf die taktische These Ernst Thälmanns berufen: Erst zuschlagen, wenn der Konfliktstoff „ausgereift ist". So handelten jetzt seine Gegner.

Den Kurs Walter Ulbrichts, der im Namen eines besseren Sozialismus begründet und durchgeführt wurde, zu diesem Zeitpunkt anzugreifen, hätte mit Sicherheit zu keinem guten Ende geführt. Dafür mußte die Zeit erst „reif werden".

Aber drehte es sich im Kern der Sache tatsächlich um dieses Thema? Meiner Meinung nach: nein! Es drehte sich dabei um die Verteidigung bzw. Wiederherstellung der im Denken und Handeln tief verwurzelten Auffassungen vom Charakter des Sozialismus, dem Wesen und der Rolle der Diktatur des Proletariats und der führenden Rolle der Partei, wie sie vor allem durch die Interpretation Stalins verstanden wurde. Ihre Durchsetzung in der DDR war nur im „unverbrüchlichen Bruderbund mit der führenden Kraft der internationalen kommunistischen Bewegung, der KPdSU" denkbar. Die Reformen drohten – gewollt oder ungewollt – diese Bastion zu erschüttern. Dies zu verhindern, ergab die Basis, auf der sich die unterschiedlichen Geister und Charaktere vereinten, die den Brief an Leonid Breshnew unterzeichneten.

Mancher unterzeichnete, wie ich das beispielsweise von Erich Mückenberger weiß, aus Überzeugung, damit der „Einheit der Partei und ihrer Führung" einen guten Dienst zu erweisen. Dazu kam die Furcht vor Angriffsflächen, die dem Gegner geboten werden könnten. Die Grundauffassung, „keine Fehlerdiskussionen", saß tief. Begünstigend dürfen bei manchen auch Unstimmigkeiten und persönliche Verärgerungen, wie sie von Gerhard Grüneberg und Herbert Warnke bekannt waren, gewirkt haben. Auch purer Opportunismus und Karrierismus sind z. B. bei Günter Mittag einzukalkulieren.

Eine Frage, die mich all die Jahre seit dem Lesen dieser Dokumente bewegte und heute noch bewegt, ist, warum konnten die anstehenden Probleme nicht „auf parteimäßige Art und Weise" geklärt werden, woraus ergab sich ein fraktioneller Kampf?

Die Antwort, die ich gefunden habe, führt zum Selbstverständnis der Akteure über die Rolle der Persönlichkeit an der Spitze der Partei und vor allem des Politbüros als politisches Zentrum der Macht. Das Schauspiel vollzog sich so nicht zum ersten Mal. Erinnert sei an die Ausschaltung der „Fraktion Zaisser/Herrnstadt" im Sommer 1953 und der „Fraktion Schirdewan, Ziller, Wollweber u. a." Anfang 1958. Immer ging es dabei um die Person des 1. Sekretärs des ZK der SED, Walter Ulbricht.

Immer ging es um die Begrenzung oder Zügelung seiner Macht, um die Einbindung in das Kollektiv der Leitung. Immer unterlagen seine Gegner. Nicht nur die Person, sondern auch die Linie und der Stil Walter Ulbrichts setzten sich durch. Immer hatte er es verstanden, seine Position im Politbüro zu behaupten oder wie 1953 so lange zu diskutieren, bis er sie wieder errungen hatte. 1953 kam ihm die sowjetische Führung zu Hilfe, 1958 ließ sie ihm freie Hand. Immer bedurfte es aber der Rückversicherung. Das alles hatte Erich

Honecker als Beteiligter erlebt, dabei seine Erfahrungen gesammelt und diese verinnerlicht. Er wußte also, wie eine Entmachtung organisiert wird.

Immer fielen die Würfel über das Schicksal von Personen und die von ihnen favorisierte Politik nicht auf Parteitagen, nicht im gewählten ZK. Sie fielen immer im Politbüro. Es ließ sich die getroffenen Entscheidungen nur nachträglich bestätigen. Hier offenbart sich ein Wesenszug des praktizierten demokratischen Zentralismus und seiner degenerierten Anwendung.

Der Wechsel an der Spitze der Partei wurde von mir positiv aufgenommen. Das hatte drei Gründe. Zuerst wegen der einleuchtenden Korrektur der Wirtschaftspolitik, wie sie die 14. ZK-Tagung beschlossen hatte, und der Hoffnung auf eine veränderte Politik Erich Honeckers. Seit geraumer Zeit sahen wir in ihm den langfristig aufgebauten und gewollten Nachfolgen Walter Ulbrichts. Dann kam der sichtbare Abbau Walter Ulbrichts. Als er zum 25. Jahrestag des Vereinigungsparteitags von SPD und KPD zur SED am 21. April 1971 die Festansprache hielt, präsentierte er sich in einer schlechten Verfassung. Er las die Rede, hinter dem Rednerpult sitzend, holpernd, sich oft versprechend, ab. Mitleidig fragten Augenzeugen, wie lange das Politbüro eigentlich diesem alten verdienten Genossen noch solche Strapazen zumuten will.

Diesen Eindruck verstärkte seine Teilnahme an der Bezirksdelegiertenkonferenz der SED von Berlin, schon als Ehrenvorsitzender der Partei. Sein Verhalten war nahezu befremdend, seine Rede erschütternd. Als letzter Redner in der Diskussion, richteten sich über eintausend Augenpaare auf ihn. Da man seine Auftritte bei vorhergehenden Anlässen als orientierend, originell und erfrischend kannte, zückten die Teilnehmer erwartungsvoll ihre Schreibutensilien. Aber bald legten sie diese wieder zur Seite. Was sie zu hören bekamen, war eine alte Rede mit seinen Lieblingsvokabeln über die „sozialistische Menschengemeinschaft", die „Systeme" für Information, Handel, Bauen und die Hebung der Aktivität und der Initiative der Werktätigen. Die einsetzende Verwunderung der Delegierten über den hochgeachteten Funktionär nahm damit erst ihren Anfang. In der geschlossenen Sitzung zur Wahl der neuen Bezirksleitung bat er nach der Aufstellung der Kandidatenliste ums Wort, um mitzuteilen, daß Paul Verner, „da er hauptamtlich als Sekretär des ZK tätig sein soll, nicht mehr für die Bezirksleitung kandidiere". Das wußten die Delegierten bereits aus den vorhergegangenen Delegationsberatungen. Was sie aber verwunderte, es gab kein Wort der Anerkennung oder des Dankes für die Arbeit, die Paul Verner, immerhin 12 Jahre und 4 Monate an der Spitze der hauptstädtischen Parteiorganisation, geleistet hatte. Keiner ahnte, was dem zugrunde lag, wußte doch keiner etwas von den vorhergegangenen Auseinandersetzungen im Politbüro und der Position, die dabei Paul Verner gegen ihn eingenommen hatte.

Als sich die neugewählte Bezirksleitung zur Konstituierung zurückzog, leerte sich das Präsidium. Nur ein Stuhl blieb besetzt, mit Walter Ulbricht. Einsam hörte er sich die Lieder des „Oktoberklubs" an und bot ein traurig-tragisches Bild eines alten, starrköpfigen, alleingelassenen Mannes.

An meiner Achtung für die historische Leistung, die Walter Ulbricht an der Seite Wilhelm Piecks, gemeinsam mit Otto Grotewohl für die SED und die DDR vollbracht hatte, änderte sich dadurch nichts. Die Sicht war jetzt aber kritischer und wurde durch die letzten persönlichen Eindrücke überschattet. Sie bereiteten auch den Boden für die einsetzende direkte Kritik an den falschen Positionen und der daraus resultierenden fehlerhaften Politik der falschen Darstellung des „Sozialismus als selbständige Gesellschaftsformation", des „System"-wustes, des Verlassens marxistisch-leninistischer Wertung der Klassenstruktur in der DDR und des Geredes von der sozialistischen Menschengemeinschaft, eigenmächtiger Wege in den Beziehungen zur BRD und der SPD u. a. m.

Die Stunde der Abrechnung mit seinen theoretischen Auffassungen und seiner politischen Praxis stand erst noch bevor. Auf einer Konferenz der Gesellschaftswissenschaftler im Oktober 1971 forderte Kurt Hager alle auf diesem Gebiet Tätigen auf, sich den theoretischen Reichtum des VIII. Parteitags anzueignen, und lieferte ihnen Stichpunkte für die notwendigen Berichtigungen Ulbrichtscher Auslegungen der Theorie. Unter dem Strich lief alles darauf hinaus, daß davon die Existenz der SED als marxistisch-leninistische Partei abhängt, denn: Indem Walter Ulbricht in den Sprachgebrauch der Partei Begriffe aus den Spezialwissenschaften, wie der Kybernetik, eingeführt habe, „hört die Partei auf, eine marxistisch-leninistische zu sein".

Ungewöhnlich ist es nicht mehr aus heutiger Sicht, daß ich in der Zeit meiner Parteiarbeit über die Sitzung des Politbüros am 26. Oktober 1971, auf der Walter Ulbricht von den Mitgliedern des Politbüros alles nur erdenkliche und unvorstellbare vorgeworfen wurde, nichts erfahren habe. Die Anwürfe lauteten zusammengefaßt:

Mißtrauen gegen Erich Honecker, fraktionelle Tätigkeit auf wirtschaftspolitischem Gebiet, Interesse an einer Fehlerdiskussion, Kompromißbereitschaft gegenüber der BRD, Unterschätzung der Gefahr des Maoismus und Betreiben einer Maklerrolle zwischen der KPdSU und der KP Chinas, Bemühungen um eine politische Beilegung des Konflikts mit Dubček, Überheblichkeit gegenüber Gomulka, Schädigung des Ansehens der DDR in der sozialistischen Staatengemeinschaft.

Zieht man alles in Betracht, was Walter Ulbricht in seinem langen politischen Leben geleistet hat, so stößt einem eine derartige Debatte nicht nur bitter auf, sie war unwürdig. Im Grunde handelt es sich um verleumderische Entstellungen, und einen machtbesessenen Subjektivismus.

Walter Ulbricht verschwand trotz Ehrenvorsitz in der SED und Vorsitzender des Staatsrats der DDR (diese Funktion wurde amtierend von Friedrich Ebert wahrgenommen) von der Bildfläche. Walter Ulbricht war nicht nur im Bewußtsein der DDR-Bürger, ob sie für oder gegen ihn waren, eine bedeutende historische Persönlichkeit. Dies bestätigten Zehntausende, die am Tage seiner Beisetzung am 6. August 1973 die Straßen vom Werderschen Markt bis nach Friedrichsfelde säumten, um Abschied von ihm zu nehmen.

Was die SED und die DDR an ihm hatte und was sie mit ihm verlor, wird sich erst aus weiter Distanz erweisen. Dies verdeutlicht der erst später mögliche Vergleich seiner Arbeit, seines Stils der Leitung und seines Charakters mit dem seines Nachfolgers.

Begann mit der Ära Honecker eine tatsächliche Wende in der DDR und in der Partei?

Die personellen Veränderungen an der Spitze der SED und der damit verbundene Abgang Paul Verners aus der Berliner Leitung zogen weitere Verschiebungen nach sich. Konrad Naumann wurde zum 1. Sekretär gewählt und ich rückte auf seinen Platz, wurde 2. Sekretär.

Der Aufstieg Konrad Naumanns erscheint bilderbuchhaft, war es aber nicht. Im Politbüro hatte Paul Verner gegen ihn votiert. Er hielt ihn für diese verantwortliche Spitzenfunktion nicht reif genug. Darauf war es auch zurückzuführen, daß er auf dem VIII. Parteitag nicht ins Politbüro gewählt wurde, sondern bis Oktober 1973 darauf warten mußte. Das vergaß ihm Naumann sein Leben lang nicht.

Dazu kam eine Gardinenpredigt schon am ersten Arbeitstag bei Erich Honecker. Den Anlaß dafür gab ein Brief der Bezirksdelegiertenkonferenz an das Zentralkomitee, in dem Walter Ulbricht der Dank für seine jahrzehntelange erfolgreiche Tätigkeit an der Spitze der Partei ausgesprochen wurde. Das brachte Konrad Naumann die Frage ein, ob er denn nicht wisse was die Glocke geschlagen hätte und ob sich die neue Führung eigentlich auf ihn wirklich verlassen könne.

So etwas diszipliniert und schafft die richtige Einstellung zu einer Rangordnung. Dennoch wurde ihm höchste Gunst erwiesen, indem er das Recht erhielt, nicht nur an den Sitzungen des Politbüros, sondern auch des Sekretariats des ZK teilzunehmen. Die Stellung des Sekretariats sollte bald die des Politbüros überragen. Somit konnte sich Konrad Naumann schon zu diesem Zeitpunkt über jene erhaben fühlen, die „nur" dem Politbüro angehörten. Für seinen Charakter und sein Verhalten war das gewiß nicht förderlich.

Der VIII. Parteitag der SED und die „Wende" in der Politik

Die Berliner Werner-Seelenbinder-Halle war der Veranstaltungsort für Großveranstaltungen aller Art und die traditionelle Tagungsstätte der SED-Parteitage.

An vielen hatte ich teilgenommen, aber noch nie hatte ich die Halle mit einer solch innerlichen Anspannung betreten wie am Morgen des 15. Juni 1971, dem Eröffnungstag des VIII. Parteitags der SED. Dabei machte ich mir weniger Gedanken über die großen, zur Entscheidung stehenden Fragen, als vielmehr darüber, wie ich als Leiter der Berliner Delegation die Regieanweisungen zur Begrüßung des Präsidiums verwirklichen sollte. Sie sahen vor, Walter Ulbricht nicht mit stehenden Ovationen zu empfangen, sollte doch der neue Erste Sekretär im Mittelpunkt der Huldigung stehen. Alles war mit den Delegierten vorher besprochen, aber wer garantiert schon für Emotionen?

Der Sympathiebonus unter den Delegierten, viele hatten an mehreren Parteitagen teilgenommen, für Ulbricht war unverändert groß. Dazu kam noch, daß die Berliner erstmalig in der Mitte des Saales, direkt im unmittelbaren Blickfeld des Präsidiums plaziert waren. Es war eine Erleichterung für mich, als mir wenige Minuten vor der Eröffnung mitgeteilt wurde, Walter Ulbricht könne wegen Erkrankung nicht erscheinen. In diesem Moment dachte ich nicht darüber nach, ob dies der wahre Grund war, oder es sich um einen Boykott der neuen Führung und ihres Kurses handeln könnte.

In seinem Referat begründete Erich Honecker sachlich und verhalten die künftige Politik. Vermieden wurde jegliche Polemik mit der Vergangenheit und seinem Vorgänger. Im Gegenteil, sie erweckte den Eindruck der kontinuierlichen Fortsetzung dessen, was unter der Bezeichnung „Ökonomisches System des Sozialismus" auf dem VII. Parteitag beschlossen worden war. Das Wort tauchte häufig auf. In der Entschließung zum „Rechenschaftsbericht des ZK" wird

„die politische Linie und die praktische Tätigkeit des ZK voll und ganz gebilligt". Das entsprach der althergebrachten Devise: Keine Fehlerdiskussion. Sie schade der Partei und bediene nur den Feind. Also wurde nichts an der Linie geändert, sondern nur auf die Höhe neuer Anforderungen gehoben.

Diese wurden aus den Erkenntnissen abgeleitet, die der kurz zuvor stattgefundene XXIV. Parteitag der KPdSU vermittelt hatte. Die Würdigung dieses Ereignisses als „welthistorisch" und der KPdSU als „Avantgarde der internationalen Arbeiterbewegung und der gesamten Menschheit" dürfte den anwesenden Generalsekretär dieser Partei, Leonid Breshnew, als Beweis für den Stolz der SED darauf, „mit einer so kampfgestählten und erfahrenen Partei wie der KPdSU aufs engste verbunden zu sein", gedient haben. Nun war Schluß mit der eigenbrötlerischen und auch gegenüber dem Führer dieser Partei anmaßenden Haltung, die Walter Ulbricht an den Tag gelegt hatte. Nun konnte man sicher sein, daß die SED „unbeirrt" an der Seite der KPdSU die „abgestimmte Politik" durchführen werde. In der Tat bestand in dieser Grundaussage einer der wesentlichen Punkte des Parteitags. Zumindest für die folgenden Jahre handelte die SED als der getreue Gefolgsmann der Sowjetunion auf allen Gebieten.

Den Ausgangspunkt für die Neubegründung der Wirtschafts- und Sozialpolitik, künftig als untrennbare Einheit betrachtet, bildete die deklaratorische Feststellung: „Wir kennen nur ein Ziel, das die gesamte Politik unserer Partei durchdringt: Alles zu tun für das Wohl des Menschen, für das Glück des Volkes, für die Interessen der Arbeiterklasse und aller Werktätigen. Das ist der Sinn des Sozialismus. Dafür arbeiten und kämpfen wir."

Der Weg dahin wurde mit „Hauptaufgabe des Fünfjahrplanes" bezeichnet. Sie besteht „in der weiteren Erhöhung des materiellen und kulturellen Lebensniveaus des Volkes auf der Grundlage eines hohen Entwicklungstempos der sozialistischen Produktion, der Erhöhung der Effektivität, des wissenschaftlich-technischen Fortschritts und des Wachstums der Arbeitsproduktivität".

Es bestünden die Voraussetzungen dafür, dem gesetzmäßigen Zusammenhang zwischen Produktion und Bedürfnissen der Menschen unmittelbaren Ausdruck zu verleihen. Dementsprechend sollen die

Früchte der Arbeit nicht erst den Enkeln, sondern den jetzt Lebenden zugute kommen, die sie jetzt schaffen. Eine langfristige Grundlage boten neben den eigenen Leistungserhöhungen vor allem stabile Wirtschaftsbeziehungen zur Sowjetunion und die fortschreitende ökonomische Integration im „Rat für Gegenseitige Wirtschaftshilfe" (RGW). Die weitere Planung beruhte also auf der festen Einbindung der DDR in die „sozialistische Staatengemeinschaft".

Logischerweise ergab sich daraus auch die Identität der außenpolitischen Ziele mit denen der KPdSU, die Beziehungen zur BRD eingeschlossen. Damit wurde jedem Gedanken für einen Sonderweg, den zu beschreiten Walter Ulbricht unterstellt wurde, abgeschworen.

Zu nationalen Fragen erklärte der Parteitag, daß die Geschichte bereits ihr Urteil gesprochen habe und objektiv eine „immer schärfere Abgrenzung der sozialistischen DDR und der imperialistischen BRD" erfolge. Begonnen habe in der DDR der Prozeß der Herausbildung der „sozialistischen Nation". Zur BRD kann es keine besonderen „innerdeutschen Beziehungen", sondern nur Beziehungen der friedlichen Koexistenz geben. Die Bereitschaft, entspannte Beziehungen zu Westberlin herzustellen, wurde bekundet.

Die Rede Erich Honeckers verkündete die Rückkehr der SED in den Schoß der „reinen Lehre" des Marxismus-Leninismus. In der Politik und Wissenschaft solle es keinen Platz mehr für „pseudowissenschaftlichen Anschauungen wie vom Sozialismus als einer relativ selbständigen Gesellschaftsformation" geben. Nur wenn sich die SED von den Lehren von Marx, Engels und Lenin sowie von der Weiterentwicklung des Marxismus-Leninismus durch den schöpferischen Beitrag der Partei Lenins leiten läßt, kann sie den neuen Herausforderungen gerecht werden. Die SED werde dies meistern und damit die Partei auf eine neue Stufe ihrer führenden Rolle in der sozialistischen Ge-sellschaft heben. Dies und nur dies sei der Garant für die erfolgreiche Entwicklung in die Zukunft.

In der geschichtlichen Wertung durch die SED-Historiographie nimmt der VIII. Parteitag einen beachtenswerten Rang ein. Wurde er zunächst als eine „Wende in der Politik, besonders auf wirtschafts- und sozialpolitischem Gebiet" gewertet, so verschwand diese Einschränkung bald. Nach und nach wurde er zu dem Parteitag überhaupt hochstilisiert, und einige Interpreten verstiegen sich so weit, als habe damit die eigentliche Geschichte der Partei überhaupt erst angefangen. Die immer stärkere Hervorkehrung der Rolle Erich Honeckers ging damit einher.

Die Beschlüsse des VIII. Parteitags fanden in der Partei und der Öffentlichkeit durchaus ein breites, zustimmendes Echo. Sie lösten neue Initiativen zur Steigerung der Leistungen auf vielen Gebieten au,s und sie wurden in Erwartung versprochener sozialpolitischer Verbesserungen erbracht.

Auch das Bezirkssekretariat beflügelte die neue Linie und der neue Stil der Parteiarbeit. Die Charakterisierung dafür stammt von Konrad Naumann. In seinem Diskussionsbeitrag erwies er Erich Honecker auch dadurch seine Reverenz, indem er hervorhob, in dessen Rede sei nicht nur das WAS der Aufgaben neuartig, sondern auch das WIE ihrer Lösung enthalten. Er sparte nicht mit solchen Attributen wie „realistische Einschätzung der Lage, kluges Abwägen der Erfolge und der noch vorhandenen Hemmnisse, hohe Sachlichkeit, Leninsche Ausgewogenheit, eine allen verständliche Sprache".

Die Autorität Erich Honeckers war zu Beginn seiner Amtsausübung als Erster Sekretär des ZK nicht vergleichbar mit der Walter Ulbrichts. Er war im Kollektiv der Parteiführung einer unter anderen und kam nur mit deren Hilfe an die Spitze. In ihm mußte sich seine führende Position erst herausbilden und festigen. Bis dies erreicht war, blieb er ein Gleicher unter Gleichen, auch wenn er dabei der Erste war. Ich kenne aus Schilderungen Konrad Naumanns, daß er sich auch im Politbüro und Sekretariat des ZK so verhielt, zumindest erschien es so.

Wir spürten in der Bezirksleitung eine veränderte Einstellung der Parteiführung zu Berlin und unseren Problemen. Bewegte sich Walter Ulbricht kritisch und besserwisserisch nur in den Führungsetagen, so drängte Erich Honecker auf Begegnungen mit Parteiaktivisten und Werktätigen der Hauptstadt. Dabei kam uns auch seine Haltung entgegen, er sei aufgrund seiner, zwar nur kurzen, Tätigkeit in Berlin während seines illegalen Kampfes gegen den Faschismus ja auch ein Berliner und seit 1945 hier für die Partei tätig.

Den ersten Anlaß bot die Eröffnung des Parteilehrjahrs am 24. September 1971. Für seine sachliche, konkrete und leicht faßbare Rede erhielt er zustimmenden Beifall. Was uns überraschte, er hatte danach Zeit für ein paar Stunden zwangsloser Unterhaltung mit den Mitgliedern des Bezirkssekretariats. Selbst die lange Gedienten des Kollektivs konnten sich an etwas ähnliches nicht erinnern.

Bedeutsamer waren sein Besuch auf der Wohnungsbaustelle im Köpenicker Amtsfeld, dem späteren Allende-Viertel, und sein Auftritt auf einer Zusammenkunft der Parteiaktivisten des Berliner Bauwesens am 10. Mai 1972.

Drei Episoden am Rande mögen die Atmosphäre andeuten, die für den „neuen Stil" stand.

Die Visite begann mit einer Zusammenkunft von Bauarbeitern in einer Baracke, auf der Brigadiere und Gewerkschaftsvertrauensleute über die Arbeitsergebnisse im sozialistischen Wettbewerb berichteten. Da es sich um die Frühstückszeit handelte, waren die Tische mit belegten Brötchen und Buletten eingedeckt. Bei seiner Begrüßungsrede bemerkte Benno Radtke, ein angesehener Brigadier und Parteiaktivist, die staunenden Blicke Erich Honeckers, ob der kulinarischen Dekoration. Spontan erklärte er dem Gast den Zusammenhang und fügte hinzu, daß dies das übliche zum Frühstück sei, nur gäbe es heute eben „Honecker-Buletten". Betretenes Schweigen, ein Augenaufschlag des Brigadiers und die Erklärung: „Unsere Kumpel haben sie so getauft, da sie heute größer sind als sonst." Schallendes Gelächter, und er setzte seine Rede fort.

Nach intensiver Baustellenbegehung, Besuch im Betonwerk und Beratung über die Modernisierungspläne der Altbauten am Arnim-Platz im Prenzlauer Berg nutzte Erich Honecker ein gemeinsames Mittagessen, um bei den anwesenden Bauleuten bestimmte Passagen der Rede zu testen, die er auf der Aktivtagung halten wollte. Neben lebhafter Zustimmung gab es aber auch Einwände. Kein Blatt nahm besonders der als Durchreißer bekannte Brigadier Herbert Kohlmann vor den Mund. Von Erich Honecker gab es dazu keinen Kommentar, aber wir merkten, wie er die offene Debatte ernst nahm und auf Widersprüchliches in seiner Rede verzichtete. Schließlich versetzte die tausend Teilnehmer eine ganz beiläufige Wendung in der Rede in Erstaunen. Es waren nur die Worte: „Mit Konni ist es abgestimmt ..." Diese nahezu privat anmutende, vertrauliche Anrede verwunderte nicht wenige, auch im Ver-gleich zu Ulbrichts kalter, unpersönlicher Art.

Aber wie sich bald zeigte, war von dem neuen Stil der Parteiarbeit bald nicht mehr die Rede, und schließlich verflüchtigte sich auch sein Geist.

Als seinen Endpunkt kann man unschwer den IX. Parteitag der SED ausmachen, als sich Erich Honecker zum Generalsekretär wählen ließ und danach auf Empfehlung Leonid Breshnews Staatsoberhaupt der DDR wurde.

Berlin und die „Hauptaufgabe"

Nach dem VIII. Parteitag der SED wuchs die Bedeutung Berlins als Hauptstadt der DDR. Ihre internationale Bedeutung wuchs.

Die Entspannung im Ost-West-Konflikt führte zu dem „Vierseitigen Abkommen über Berlin(West)" vom 3. September 1971, das seinerseits zur weiteren Entspannung beitrug. Mit ihm wurde durch die drei Westmächte Berlin/Ost offiziell als Hauptstadt der DDR anerkannt. Andererseits akzeptierte die Sowjetunion den Status Westberlins und die drei „essentials" der USA – weitere Anwesenheit ihrer Truppen, freier Zugang für ihre Versorgung, freie Entscheidung der Westberliner über die Zukunft ihres Teils der Stadt. Das beschleunigte die Herstellung diplomatischer Beziehungen zur DDR. Gab es vor dem Abschluß des Abkommens lediglich 30 diplomatische Vertretungen in Berlin, so waren es bis zur gleichzeitigen Aufnahme der beiden deutschen Staaten in die Vereinten Nationen im September 1973 bereits etwa 100. Danach folgten noch weitere 30. Hinzu kamen Kulturzentren und zahlreiche akkreditierte ausländische Journalisten.

Zu den X. Weltfestspielen der Jugend und Studenten im Sommer 1973 wurde das sozialistische Berlin zum Treffpunkt der friedliebenden, antiimperialistischen Jugend der Welt. Für Millionen aus aller Herren Länder und der DDR wurde „Berlin eine Reise wert". Berlin erhielt den Nimbus einer „weltoffenen Stadt".

Nun galt es, den erreichten Entwicklungsstand der Republik und die Ergebnisse der neuen Politik auf wirtschafts- und sozialpolitischem Gebiet, die Entfaltung des geistig-kulturellen Lebens besonders eindrucksvoll zu repräsentieren. Vor allem sollte hier der Weltöffentlichkeit der gewachsene Leistungswille und die Leistungsfähigkeit der herrschenden Arbeiterklasse und ihrer Verbündeten, besonders der Intelligenz, vorgeführt werden.

In der Produktion war keine Rede mehr von einem Zurückbleiben Berlins, sondern die positiven Resultate des Wirtschaftens rückten in den Vordergrund der Publizistik.

Den höheren Anforderungen gerecht zu werden, war das Bestreben unserer Leitungstätigkeit, die sich besonders auf die republikweit bedeutsamen Betriebe und Kombinate der Elektrotechnik/Elektronik, des Werkzeugmaschinen- und Anlagebaus, der Leichtchemie und der Konfektion konzentrierte. Sie waren hier traditionell beheimatet und besonders stark vertreten. Ihre Produkte waren für die gesamte Volkswirtschaft und den Export von erstrangiger Bedeutung. Bei manchen Erzeugnissen hing die ganze Republik von ihnen ab. So war Berlin Alleinhersteller von Schwarz/weiß- und Farbbildröhren, Röntgenfilmen und Insulin. Das Kombinat NARWA mit seinem Stammbetrieb Berliner Glühlampenwerk brachte Licht in jede Wohnung, jede Einrichtung und die Straßen. Das Kabelkombinat KWO deckte den Bedarf an Kabeln und Leitungen, von denen mit dem zunehmenden Wohnungsbau ein extrem steigender Bedarf entstand. Elektrokohle Berlin hatte das Monopol bei der Versorgung der chemischen Industrie mit technischer Kohle, Bremsausrüstungen für Schienenfahrzeuge kamen fast zu 100 % aus dem Berliner Bremsenwerk, vormals die berühmte „Knorrbremse". Die Liste derartiger Erzeugnisse ließe sich noch verlängern, was nur die Einbindung in den Kreislauf der DDR-Volkswirtschaft unterstreicht.

Gerade im Zusammenhang mit der Politik der Hauptaufgabe kam Betrieben der metallverarbeitenden Industrie bei der zusätzlichen Ersatzteilproduktion große Bedeutung zu. Schließlich sei noch erwähnt, daß 12 % der Herrenober- und 21 % der Damenoberbekleidung der DDR in Berlin geschneidert wurden. Herrensakkos und -anzüge, Damenkleider und -mäntel wurden nicht nur hierzulande gekauft, sondern wurden zu einem Schlager bei Neckermann und Quelle (trotz mancher Kritik, was das modische betraf).

Für die Berlinerinnen und Berliner wurden Leistungen aus dem umfangreichen sozialpolitischen Programm spürbar. Die materielle Lebenslage verbesserte sich durch die Erhöhung der Löhne und Gehälter sowie der Renten und Zuwendungen aus gesellschaftlichen Fonds. Das höhere Realeinkommen konnte durch umfangreiche zusätzliche Importe in Höhe von rund einer Milliarde DM auch mit Waren bedient werden. Berlin als die größte Industriestadt der Republik profitierte von der bevorzugten Warenbereitstellung für die industriellen Ballungsgebiete. Die Regale füllten sich mit importierten Salamander-Schuhen und Damenstiefeln, mit Miederwaren und Strumpfhosen von Triumph, mit Artikeln der bisher knappen Kinder- und Berufsbekleidung und der doppelten Menge von Südfrüchten zur Weihnachtszeit.

War manches auch nur ein Tropfen auf den heißen Stein, so gab es doch eine gewisse Zufriedenheit. Aber wie überall im Leben schuf ein befriedigtes Bedürfnis ein neues. Die Ansprüche stiegen und überstiegen oft die vorhandenen Möglichkeiten. Die SED stand in der ständigen Pflicht, auf anspruchsvoller werdende Wünsche der Konsumenten zu reagieren.

Um die steigende Kaufkraft der Bevölkerung abzuschöpfen, galt es, hochwertige technische Konsumartikel in das Angebot zu bringen. Der Ausstattungsgrad der Haushalte stieg und erreichte 1975 pro 100 Haushalte bei Haushaltskühlschränken 85 (gegenüber 56 im Jahr 1970) bei Fernsehempfängern 82 (69), bei Waschmaschinen 73 (54). Bis zum Jahre 1985 konnte eine fast vollständige Ausstattung aller Haushalte erreicht werden.

Anders war die Situation bei Personenkraftwagen. Trotz bevorzugter Belieferung Berlins nahm die Zahl des legendären „Trabi" und des begehrten „Wartburg" viel langsamer zu. Auf 100 Haushalte kamen 1975 26 Pkw, und der Bedarf wuchs schneller als die Produktion. Die Wartezeiten verlängerten sich auf fünf, sieben, ja zehn Jahre. Auch die Importe einiger tausend „Mazda", „Golf" oder „Volvo" änderten an dieser Lage nichts, ebensowenig die Importe von Pkw aus der Sowjetunion, Polen, Rumänien und der ČSSR.

Im Verlauf des ersten Abschnitts der Hauptaufgabe erhöhte sich bis 1975 der Einzelhandelsumsatz bei stabilen Preisen für 80 % der Konsumgüter um ein Drittel. Dabei wurde zu diesem Zeitpunkt erstmalig mehr für Industriewaren als für Nahrungs- und Genußmittel ausgegeben. Dieser Trend setzte sich in den folgenden Jahren fort.

Die umfangreichen Maßnahmen der gesundheitlichen und sozialen Betreuung kamen vor allem den Müttern und den kinderreichen Familien zugute. Das Ziel bestand in der Förderung der Familie. Was auf diesem Gebiet nach 1971 geleistet wurde, hielt allen internationalen Vergleichen stand, war zum Teil einmalig. So sei hier nur der zinslose Kredit für junge Ehepaare als Starthilfe für die Familiengründung und die günstigen Rückzahlungsbedingungen erwähnt. Die Rückzahlung wurde bei Geburt eines Kindes verringert bzw. nach dem dritten Kind ganz erlassen. Von den rund 300 Millionen ausgereichten Krediten wurden den Familien über 85 Millionen Mark erlassen. Der Schwangerschaftsurlaub wurde stufenweise von ursprünglich 14 Wochen auf 26 Wochen bei Fortzahlung des Nettodurchschnittsverdienstes verlängert. Eine bezahlte Freistellung der Mütter mit zwei und mehr Kindern bis zur Vollendung des 18. Lebensmonats folgte.

Die Geburtenfreudigkeit wurde mit Beihilfen von 1000 Mark pro Kind gefördert. Trotz der geregelten Unterbrechung der Schwangerschaft erblickten 1970 in Berlin 14 469 Babys das Licht der Welt, 1988 stieg die Zahl auf 17 880.

Die Säuglingssterblichkeit sank von 19,6 Promille auf 10,9 und erreichte damit einen internationalen Spitzenplatz.

All diese sozialen Leistungen wurden als Vorschuß für noch zu erbringende Leistungen bei der Intensivierung der gesellschaftlichen Produktion für höhere Produktion und Produktivität verausgabt. Verbunden damit war die Erwartung, daß dies durch die Werktätigen bald honoriert werde. Eine zielgerichtete Stimulierung erfolgte zusätzlich durch die massenweise Verleihung von Orden und anderen, auch finanziell gut dotierten Auszeichnungen. Erstmalig erhielt eine größere Anzahl von Arbeitern höchste staatliche Auszeichnungen wie den „Karl Marx Orden", den „Vaterländischen Verdienstorden" sowie den Ehrentitel „Held der Arbeit". Das unterstrich nicht nur die Wertschätzung für die vollbrachten Leistungen, sondern auch die vom Parteitag betonte Rolle der Arbeiterklasse und die Ernsthaftigkeit der verkündeten Arbeiterpolitik. Seine politische wie produktionsfördernde Wirkung verfehlte es zu dieser Zeit nicht.

Kern des sozialpolitischen Programms: Die Lösung der Wohnungsfrage als soziales Problem

Keine soziale Frage belastete die Menschen der Republik und ihrer Hauptstadt so sehr, wie die existierenden Wohnverhältnisse. Im Rahmen der Politik des „Überholens ohne einzuholen" und der Konzentration auf strukturbestimmende Industriezweige, der Errichtung von Stadtzentren war der Wohnungsbau ins Hintertreffen geraten. Die Zahl der neugebauten Wohnungen ging von Jahr zu Jahr zurück und sank 1969 auf das Niveau von 1950. Die Ziele des Fünfjahrplans 1966–1970 wurden nur mit 91 % erfüllt. Das traf auch auf Berlin zu. Dazu kam, daß mit den neuen Wohnungen kaum ein wohnungspolitischer Effekt erzielt wurde, da der Zuwachs fast vollständig durch den Abriß noch bewohnter und bewohnbarer Altbauten im Zentrum eliminiert wurde.

Die Lage war durch die gewaltigen Kriegszerstörungen in den Wohnvierteln des Berliner Ostens besonders prekär. In 25 Nachkriegsjahren konnten von den 185 000 in Schutt und Asche gesunkenen Wohnungen noch nicht einmal zwei Drittel ersetzt werden. Von den 1,1 Millionen Bewohnern der Stadt lebten über 700 000 in einer Wohnung, die vor dem Zweiten Weltkrieg und die Hälfte davon sogar in einer, die vor dem Ersten Weltkrieg erbaut worden war. Dementsprechend niedrig war ihre Ausstattung. 80 % der Wohnungen wurden mit dem Ofen beheizt und hüllten im Winter die Stadt in eine Wolke von Kohlendioxyd. Jede fünfte Wohnung verfügte über keine Innentoilette und fast nur jede zweite über ein Bad oder eine Dusche. Berlin lag im Vergleich derartiger Parameter mit den 14 Bezirksstädten auf Platz 9 bzw. 11. Zudem waren über die Hälfte des Bestandes Ein- oder Zweiraumwohnungen.

Der Vergleich mit dem Westteil der Stadt fiel ebenfalls negativ aus. Seit Anfang der fünfziger Jahre lag dort die Neubauquote, besonders aber in den sechziger Jahren bedeutend über der in der Hauptstadt der DDR.

Angesichts dieser Ausgangslage hatte die Entscheidung des Parteitags, in den kommenden fünf Jahren anstelle von 365 000 Wohnungen 500 000 neu zu bauen bzw. zu modernisieren, großes Gewicht und fand hohe Aufmerksamkeit und breite Zustimmung. Auch für Berlin wurden gleich hohe Zuwachsraten vorgesehen. So war bei Neubauwohnungen eine Erhöhung von 23 600 auf 30 000 bis 31 000 und bei den zu modernisierenden Altbauwohnungen von 8000 auf 10 000 geplant. Damit konnten die Wohnverhältnisse von 120 000 Bürgern verbessert werden. Das war Grund genug, daß sich die Bezirksleitung der SED und der Magistrat voll dieser beschlossenen Aufgaben widmeten. Bald machte unter Genossen und Bauschaffenden ein Spruch die Runde: Der 1. Sekretär heißt zwar Naumann, aber ist ganz und gar ein Baumann. Er behandelte die damit im Zusammenhang stehenden Fragen ernsthaft und konsequent. Sie wurden zu einer kollektiven Angelegenheit des Sekretariats. Das jedes Wochenende durch Paul Verner veranstaltete „Häuserrücken" an städtebaulichen Modellen war vorbei, Naumann hatte einen anderen Stil, auch diktiert von dieser großen Aufgabe.

Die Erfolge blieben nicht aus. Der Plan im Wohnungsbau wurde republikweit erfüllt, sogar überboten.

Das machte Mut für weiterreichendere Zielsetzungen. Schon Ende 1972 erklärte Erich Honecker, wie sich zeigen sollte, sehr voreilig, die Politik der Hauptaufgabe habe die Probe im Leben bestanden. Sie fortzusetzen war logisch, die einsetzenden Höhenflüge jedoch weniger. Ende Mai 1973 wurde auf der 9. Tagung des ZK der SED die Zeit für reif befunden, an die Verwirklichung einer bisher in der Geschichte unbewältigte Aufgabe heranzugehen: An die Lösung der Wohnungsfrage als soziales Problem. Als Termin wurde das Jahr 1990 festgeschrieben. Der Wohnungsbau wurde zum Kernstück des sozialpolitischen Programms.

Die Maßstäbe dafür sollten in der Hauptstadt gesetzt werden. Zu einem wichtigen Datum dafür wurde der 27. März 1973. An diesem Tag entschied das Politbüro über den Wohnungsbau in Berlin in den Jahren 1976–1980.

Wie es dazu kam, kann ich aus eigenem Erleben schildern. Kurze Zeit davor wurde ich von Konrad Naumann aufgefordert, mit ihm am Abend zu Wolfgang Junker, dem Bauminister der DDR, zu gehen. Einen Grund nannte er nicht, aber es verwunderte mich nicht, waren Beratungen mit ihm über das Bauen in Berlin eine Selbstverständlichkeit. Er empfing uns in seinem Arbeitszimmer, in dem sich auch der Chefarchitekt des Wohnungsbaukombinats, Heinz Graffunder, befand. Sehr bald vergrößerte sich der Kreis, und auch Erich Honecker erschien.

Nun weihte uns Wolfgang Junker in den Anlaß für das Zusammentreffen ein. Er und andere Bauleute hätten sich Gedanken über den Parteitag 1976 gemacht und seien zu der Meinung gekommen, daß dazu eine neue, dem Ereignis und seiner Größe angemessene neue Tagungsstätte geschaffen werden müßte. Wie Erich Honekker waren auch wir überrascht. Heinz Graffunder stellte das sich im Nebenraum befindliche Modell vor. Eine lebhafte Diskussion schloß sich an, an deren Schluß Erich Honecker sich sehr beeindruckt zeigte, aber erklärte, daß er damit im Politbüro nicht durchkäme, sei er doch derjenige, der sich gegen repräsentative Gesellschaftsbauten gewandt habe. Im Vordergrund stehe der Wohnungsbau und davon gibt es kein zurück. Da erhob sich Wolfgang Junker und holte aus seinem Schreibtisch ein umfangreiches Aktenpaket. Er reichte es Erich Honecker. Es war der ausgearbeitete Plan des Wohnungsbaus für Berlin im nächsten Fünfjahrplan. Nach seiner Durchsicht entschied er, diesen als Vorlage fertigzustellen, dem Politbüro zuzustellen und in der 2. Etage des ZK für Dienstag das Modell des Palastes aufzubauen.

Geschickt in das Wohnungsbauprogramm für die Hauptstadt eingepackt, passierte das Projekt die Hürde des Politbüros.

Mir ist noch ein Detail aus der zwanglosen Unterhaltung in Erinnerung. Erich Honecker bedauerte eine weit zurückliegende Aktion zur Beseitigung des Denkmals Friedrich II. Unter den Linden und überlegte, ob man es nicht wieder an seinem alten Standort aufstellen könnte. Daran erinnerte ich mich, als das im Oktober 1980 geschah. Gleichzeitig spielte er mit dem Gedanken, dem Gendarmenmarkt seinen historischen Namen, zu dieser Zeit Platz der Akademie, wiederzugeben. Er zögerte, weil er den Widerspruch der Akademie fürchtete. So geschah die Umbenennung erst nach seiner Zeit.

Mit dieser Entscheidung über das Berliner Bauprogramm waren auch die Würfel für die Ausarbeitung des Wohnungsbauprogramms der DDR bis zum Jahr 1990 gefallen. Schon am 2. Oktober wurde es von Wolfgang Junker auf der 10. Tagung begründet und vom ZK beschlossen.

Zu errichten bzw. zu modernisieren waren 2,8 bis 3 Millionen Wohnungen sowie für die Bewohner, vom Baby bis zum Greis, erforderlichen Einrichtungen der sozialen und kulturellen Infrastruktur. Dafür wurden Kosten in Höhe von 200 Milliarden Mark veranschlagt. Um sich von dieser Riesensumme ein Bild machen zu können, seien folgende Zahlen genannt: Das produzierte Nationaleinkommen belief sich 1976 auf 141 Milliarden, der bis 1989 erreichte Zuwachs lag unter dieser Summe. Geld ist aber nur der rechnerische Vergleichswert, demgegenüber müssen Produkte und Leistungen stehen.

Die sich daraus ergebenden Konsequenzen waren für mich nicht sogleich überschaubar. Erst nach und nach wurde mir bewußt, daß es sich dabei um eine die ganze Volkswirtschaft verändernde Entscheidung handelte, deren Auswirkungen nicht abzusehen waren. Nicht nur das Bauwesen, sondern alle Industriezweige und der Außenhandel waren gezwungen ihre Berechnungen neu vorzunehmen, sich auf neue Erfordernisse einzustellen.

Sieht man sich nur in seinen eigenen vier Wänden um, so läßt sich unschwer die lange Liste der in den Neubauten steckenden Produkte aufstellen. Es handelt sich um Tonnen von Zement und Kies, von Stahl und Gips und anderen Baustoffen, um Rohre aus Plaste und Metall, um Kabel und Leitungen für Strom, Wärme und Telefon von etlichen Kilometern, um nicht wenige Quadratmeter Fensterglas, Fliesen und Kacheln, um Lüftungen und Heizkörper, um Tapeten, Farben, Fußbodenbelag aus Holz, Plaste oder Stoffen, um Gardinen und Teppiche, um Möbel für Küche, Wohn-, Schlaf- und Kinderzimmer, um Gas- oder Elektroherde, um Kühlschrank, Waschmaschine, Fernseher und Radio. Jedem ist es freigestellt, die Liste zu vervollkommnen und am Ende mit 3 Millionen zu multiplizieren. Diesen anfallenden Bedarf zu decken, erforderte Investitionen für neue Zement- und Plattenwerke, neue Glasfabriken, für Kräne und Bagger und andere Maschinen und

Aggregate und vieles andere mehr. Dazu kommt all das, was sich technische Infrastruktur nennt und dem Auge der Mieter meist verborgen bleibt, da es unter der Erde liegt. Allein in Berlin wurden verlegt: 700 km Leitungen für Energie- und Nachrichtenversorgung, 400 km für das Fernheiznetz, 800 km Wasser- und 450 km Abwasserleitungen. Benötigt wurden 30 neue Umspannwerke und neue Fernmeldeämter. Die Neubaugebiete mußten verkehrstechnisch erschlossen werden. Dazu bedurfte es 450 km neuer Straßen, teils mit Straßenbahnschienen belegt. 30 km neue S-Bahnstrecke und 10 km neue U-Bahnstrecke wurden geschaffen. 20 neue Bahnhöfe wurden errichtet, darunter 2 große Fernbahnhöfe. Für den schienengebundenen Verkehr wurden 330 Tatrastraßenbahnzüge und 100 neue U-Bahnwagen benötigt. Für den straßengebundenen Verkehr wurden über 500 Omnibusse neu in Betrieb gestellt. Neue Tankstellen waren für den zunehmenden Individualverkehr erforderlich. Zu den notwendigen Investitionen gehörte die Errichtung größerer und kleinerer Heizwerke, die Rekonstruktion des Kraftwerks Klingenberg, von Pumpstationen und Kläranlagen. Auch hier ist die Aufzählung nur auf das wichtigste beschränkt. Rechnet man das für die ganze Republik hoch, so ergibt sich daraus eine beängstigende materielle Anforderung, die alle Industriezweige herausforderte. Nur mit Mühe und Not wurden sie dem gerecht. Die Planung war überreizt und unreal. Abstriche von den ursprünglichen Vorstellungen wurden im Laufe der Zeit erforderlich.

Die Staatskasse wurde schwer belastet, da die Mieten niedrig, auf dem Niveau von 1936 eingefroren blieben. Jede neu hinzukommende Wohnung erforderte beachtliche, ständig steigende staatliche Subventionen.

Zur gleichen Zeit, in der diese Belastungen für die DDR-Volkswirtschaft beschlossen wurden, erfolgte auf den internationalen Märkten eine Explosion der Rohstoffpreise. Für unsere auf Rohstoffimporte angewiesene Republik hatte das zu diesem Zeitpunkt noch nicht abschätzbare Folgen. Sie hinterließen in den kommenden Jahren verheerende Wirkungen. Warnungen, die von Sachkundigen ausgesprochen wurden, verhallten ungehört. Überlegungen, wie die des Vorsitzenden der Staatlichen Plankommission,

Gerhard Schürer, das beschlossene Konzept neu zu berechnen, es auf eine beherrschbare Größe zurückzunehmen und die niedrigen Mieten etwas näher an die Kosten heranzuführen, galten als ein Angriff auf die Generallinie, auf den Kurs der Einheit von Wirtschafts- und Sozialpolitik. Ich entsinne mich an einen Ausspruch von Konrad Naumann Mitte der siebziger Jahre: Wenn heute das Politbüro den Vorstellungen von Gerhard Schürer gefolgt wäre, gäbe es kein Wohnungsbauprogramm mehr.

Ein damals gebräuchliches Argument für die uneinsichtige und unrealistische Haltung sei noch hinzugefügt. Dem Parteiaktiv wurde versucht, plausibel zu machen, daß die Aufwendungen für das Wohnungsbauprogramm nicht zur Konsumtion von Nationaleinkommen zu rechnen seien, da es ja durch die Verbesserung der Wohnverhältnisse „neue Triebkräfte für die Steigerung der Produktion hervorbringe". Das lag natürlich weit neben jeder politökonomischen Erkenntnis. Diese These war für die weitere Entwicklung verhängnisvoll, richtete sie sich doch letztendlich gegen die unabdingbar erforderliche Erhöhung der produktiven Investitionen für die erweiterte Reproduktion. Sie sägte an dem Ast – den erforderlichen Zuwachs an Nationaleinkommen –, auf dem das Wohnungsbauprogramm begründet war.

Das Berlin-Programm der SED

Unmittelbar vor der Bezirksdelegiertenkonferenz der Berliner Parteiorganisation legte Erich Honecker am 3. Februar 1976 eine 101 Seiten umfassende Vorlage dem Politbüro vor: Das Programm zur
Entwicklung der Hauptstadt der DDR bis zum Jahre 1990. Seine
gängige Bezeichnung – das „Berlin-Programm".

Es beinhaltete die Grundzüge wie sich Berlin in den bevorstehenden eineinhalb Jahrzehnten als politisches, ökonomisches, wis-
senschaftliches, geistig-kulturelles Zentrum des Staates und zu
einer Metropole des Sozialismus an der Trennlinie der beiden Gesellschaftssysteme weiter entwickeln sollte.

Es umfaßte alle Bereiche und skizzierte die Hauptrichtungen der
Ausgestaltung von Industrie, Verkehrs- und Bauwesen, der Landwirtschaft und Nahrungsgüterwirtschaft, der Arbeits-, Wohn- und
Lebensbedingungen, des Handels und der Dienstleistungen, der Wissenschaft, Bildung und Kultur, des Gesundheitswesens, des Sports
und der Touristik. Es war die Verkörperung der „Hauptaufgabe in
ihrer Einheit von Wirtschafts- und Sozialpolitik".

Die Orientierung des Berlin-Programms für die Industrie und andere produzierende Bereiche fand ihre sachliche Auflösung in den
folgenden drei Fünfjahrplänen. Es vollzog sich eine quantitative
und qualitative Entwicklung. Die in Berlin beheimateten Großbe-
triebe wurden zu Stammbetrieben entsprechender Kombinate. Das
erhöhte ihr gesamtvolkswirtschaftliches Gewicht.

Fruchtbar gestalteten sich die engen Beziehungen des großen Wis-
senschaftspotentials der Hauptstadt mit den Betrieben zur Entwicklung und Überleitung neuer Erzeugnisse. Für Zukunftstechno-
logien konnte die produktive Basis verbessert werden. Besonders
durch die Forcierung der Mikroelektronik nach dem Plenum des
ZK der SED vom Juni 1977 wirkte sich das bei der Lichtleitertech-
nik, der Herstellung von Siliziumscheiben, elektronischer Bauele-

mente u. a. leistungsfördernd aus. Große Pläne entstanden zur Entwicklung der Biotechnologie und der Genforschung, die jedoch nicht mehr zum tragen kamen.

In die Errichtung neuer und die Rekonstruktion bestehender Produktionsstätten flossen umfangreiche Investitionen. So wurden aus Japan die Anlagen für die Produktion von Farbbildröhren und Allgebrauchslampen importiert. Eine Reihe neuer Werkanlagen entstanden. Für den größten Luftverschmutzer Berlins, Elektrokohle Lichtenberg, wurde ein umfassendes Programm des Umweltschutzes realisiert. Der Hauptweg der Produktionssteigerung war die Intensivierung. Ihren Ausdruck fand sie in der Kennziffer Arbeitsproduktivität. Sie wuchs in der Berliner Industrie schneller als die Produktion. Der Rückstand zu vergleichbaren Betrieben des Westens konnte jedoch nicht verringert werden, sondern vergrößerte sich noch. Neben den materiellen Bedingungen, die sich im Verlaufe der achtziger Jahre immer mehr verschlechterten, galt es vor allem „Reserven zu erschließen", die im Schöpfertum der Menschen gesehen wurden. Der Haupthebel dazu war der sozialistische Wettbewerb, getragen von den Gewerkschaften. Er konnte aber weder die erforderliche Erneuerung der Grundfonds noch eine qualifizierte Leitungstätigkeit ersetzen.

Um gute Initiativen von Werktätigen zu propagieren, veranstalteten wir die jährlich stattfindende „Bestarbeiterkonferenz". Im „Palast der Republik" versammelten sich an die 4000 Werktätige aller Bereiche, um über die neuesten Erfahrungen und die besten Ergebnisse im sozialistischen Wettbewerb zu berichten. Fast immer war Günter Mittag, als der höchste Wirtschaftslenker zugegen und hielt die „richtungsweisenden" Reden. Da sich diese Methode – zumindest anfangs – lohnte und sie in höchster Gunst stand, fand sie Nachahmung in allen Bezirken. Leider wurde sie zunehmend ihres nützlichen Inhalts entleert und zu einer Tribüne der Selbstdarstellung leitender Funktionäre, zu einer Tribüne von Ergebenheits- und Treuebekundungen gegenüber „dem Zentralkomitee der SED und ihrem Generalsekretär Erich Honecker".

Jährlich führte der Bezirksvorstand des FDGB Konferenzen zur Regelung offener Probleme der Arbeits- und Lebensbedingungen in Betrieben durch. Mängel und Schwächen wurden offen ausgesprochen und zumindest teilweise gelöst. Mit Unterstützung aus dem „Großen Haus" war dabei nicht zu rechnen.

Nicht unerwähnt sollen Schöpfertum und Aktivität der FDJ-Mitglieder bleiben. Von Jahr zu Jahr widerspiegelte sich in der „Messe der Meister von Morgen" die Hinwendung junger Arbeiter, Studenten und Angehöriger der jungen Intelligenz zu neuen Wissensgebieten und Technologien.

Die Menschen leisteten ihren Beitrag zur Verwirklichung des Berlin-Programms, und an ihnen lag es nicht, daß die Volkswirtschaft der DDR den Anforderungen und den Belastungen nicht standgehalten hat.

Im Mittelpunkt des Berlin-Programms stand die städtebauliche Entwicklung. Sie umfaßte sowohl die weitere Gestaltung des Zentrums als auch ein noch nie gekanntes Wohnungsbauprogramm.

Natürlich sollte im Herzen des Landes, in der größten Industriestadt, in der bevölkerungsreichsten Stadt die Lösung der Wohnungsfrage als soziales Problem auf besonders eindrucksvolle Weise die Richtigkeit der Politik der SED unter Beweis stellen. Dazu waren bis 1990 200 000 bis 230 000 Wohnungen neu zu errichten und 100 000 bis 130 000 Altbauwohnungen zu modernisieren, um- oder auszubauen. Zeitgleich galt es, die erforderlichen Einrichtungen fertigzustellen, um so komplexe Wohngebiete zu gestalten. Zu dem, was planerisch als Gemeinschaftseinrichtungen bezeichnet wurde, zählten die Einrichtungen zur Betreuung der Kinder von der Geburt bis zum Schulbeginn, die Schulen, Kaufhallen, Klubgaststätten, Dienstleistungseinrichtungen, Feierabendheime und Jugendklubs, die Gestaltung von Grünanlagen, Kinderspielplätzen und sportlicher Betätigungsfelder.

Was hierzu das Politbüro beschloß, betraf nicht nur Berlin, es betraf die ganze Republik und ihre Bürger. Das, was hier zu schaffen war, konnte nur das Werk aller sein und es sollte auch allen direkt oder mittelbar zum Nutzen gereichen.

Eine der ersten Fragen ergab sich aus der Standortbestimmung für die neu zu errichtenden Wohnungen. Die nun vorgesehene Größenordnung erforderte eine generelle Überarbeitung des Generalbebauungs- und Verkehrsplanes. Waren sie bisher von einem stetigen Wachstum ausgegangen und sahen eine Bebauung vom Stadtzentrum entlang der Magistralen zum Stadtrand vor, so erwies sich der dafür vorhandene Platz für nicht ausreichend. Wollte man hier die erforderliche Baufreiheit schaffen, wären erneut viele Altbauwohnungen wegzuräumen gewesen. Aber es galt, einen hohen Zuwachs an Wohnungen zu erreichen. Also stellte sich als akzeptable Alternative nur die Bebauung an der Peripherie, am nördlichen und östlichen Rand der Stadt. Aber auch dort war keine willkürliche Ausdehnung möglich, da der verbliebene Rest des einstigen Kontrollrats der Alliierten von Westberlin darüber wachte, daß die von ihm 1945 gezogene Stadtgrenze nicht überschritten wird. So wurde zunächst ein neuer Stadtbezirk, Marzahn, geschaffen. Schließlich kamen dann zwei weitere, Hellersdorf und Hohenschönhausen, dazu.

Das aber bedeutete, völlig neu zu beginnen, denn es konnte weder auf Stadttechnik oder Verkehrsanlagen zurückgegriffen werden. Das Baugelände war in keiner Weise erschlossen. Es sollten auf der „grünen Wiese" drei neue Städte entstehen.

Ebenfalls standen die Standorte für die Modernisierung der Altbausubstanz zur Entscheidung. Der Bedarf war in allen Stadtbezirken groß. Vorrang kam aber den beiden ältesten Stadtbezirken, Berlin Mitte und Prenzlauer Berg zu. Letzterer war außerdem der dicht besiedeltste. Hier wohnten auf knapp 11 Quadratkilometern weit über 200 000 Menschen. Die Hinterlassenschaft aus den Gründerjahren, auf engstem Raum errichtete Wohnbauten mit Quer- und Hinterhäusern mit düsteren Hinterhöfen, wo weder in sie, noch in die Wohnungen Licht und Sonne kamen, war hier am deutlichsten. Vorgesehen wurde die sogenannte Entkernung und die Anlage von schönen Innenhöfen. Damit wurde ein anderer Weg der Modernisierung als im Stadtzentrum durch Abriß und Neubau eingeschlagen. Die Wohnqualität erhöhte sich, aber dennoch waren Ersatzwohnungen bereitzustellen.

Also zunächst kein Zuwachs an Wohnungen. Obwohl schon der Politbürobeschluß umfangreiche planerische Aufgaben notwendig machte, erfolgte eine Erweiterung durch die in den achtziger Jahren vorgenommene Aufstockung des Programms durch ein „Kaufhallen-Programm" und eine „Beschleunigung des Wohnungsbaus", in dem 1985 und 1986 je 10 000 Wohnungen zusätzlich zu schaffen waren. Ohne diese Erweiterung wäre die Lösung der Wohnungsfrage in weite Fernen gerückt. Nicht zuletzt ergab sich eine solche Aufgabe durch das Anwachsen der Bevölkerungszahl von nahezu 200 000 Menschen.

Von Anfang an stellte sich das Problem, welche Kapazitäten zur Realisierung eines solchen Mammutprogramms erforderlich sind? Darauf gab es eine klare Antwort. Es erforderte eine außerordentliche Erweiterung der Bau-, Montage- und Ausrüstungskapazitäten in Berlin sowie einen bedeutenden Einsatz von Baustoffen und Materialien aller Art und von Arbeitskräften aller Bezirke in Berlin. Die Belastungen waren also für alle groß. Nur unter dem Strich war die Bilanz unterschiedlich: Während Berlin vor allem davon profitierte, verloren die Bezirke nicht wenig. Da tröstete die Betroffenen auch nicht der Hinweis darauf, daß in den Jahren davor etwa ein Drittel der Berliner Bauleistungen in anderen Bezirken, so beim Bau der Stahlwerke in Eisenhüttenstadt und Henningsdorf, des Rostocker Hafens oder des Rüdersdorfer Zementwerkes eingesetzt worden waren.

Die Verwirklichung des Berlin-Programms war mit einer Fülle konfliktreicher Widersprüche behaftet:

Die Errichtung einer so großen Zahl von neuen Wohnungen in einer so kurzen Frist war nur durch die Anwendung industrieller Bauweise möglich. Der Bau mit Großplatten hatte Ende der fünfziger/Anfang der sechziger Jahre begonnen. Die dafür geschaffenen Vorfertigungsstätten waren auf eine Kapazität von etwa 6000 Wohnungen pro Jahr ausgelegt. Sie mußten erheblich erweitert werden. Dazu kamen Importe aus der Sowjetunion und Finnland. Die Bauakademie der DDR entwarf einen rationellen Typ von mehrgeschossigen Wohnhäusern, die „Wohnungsbauserie 70" (WBS 70). Sie wurde zum Standart in der DDR. Geringfügige Veränderungen, die jedem Hersteller gestattet wurden, konnten die Monotonie der Häuser, ganzer Wohngebiete, Stadtbezirke, ja Städte nicht verhindern.

Tatsächlich ging das Spezifische eines Kietzes, oder ganzer Stadtteile verloren. Das rief viele Einwände sowohl bei Fachleuten als auch bei vielen Bürgern hervor. Sie wurden mit dem Hinweis auf die Vordringlichkeit der Lösung der Wohnungsfrage zurückgewiesen. Das führte auch zu einem negativen soziologischen Effekt. Die Bewohner vermißten eine gewisse Intimität, etwas Individuelles. Viele von ihnen suchten und fanden sie außerhalb der Stadt auf ihren Datschen. Nach den jeweiligen Möglichkeiten und dem Geschmack wurden sie nicht selten komfortabler als ihre Stadtwohnungen eingerichtet.

Da die Häuser wie ein Ei dem anderen glichen, machten sich Bauleute Gedanken darüber, wie trotzdem eine individuelle Note eingebracht werden kann. Vor allem sollten sie Kindern, die noch keine Straßennamen oder Hausnummern kannten, helfen ohne fremde Hilfe den richtigen Hauseingang zu finden. Der Malerbrigadier Helmut Kohnke kam auf die Idee, jeden mit einem anderen Motiv, seien es Märchengestalten, Tiere oder Pflanzen zu gestalten. Die Monotonie zu überwinden, war auch eine Herausforderung an die Architekten, abwechslungsreichere Elemente zu entwickeln, die aber vorgefertigt werden konnten. In einigen Straßenzügen kann man das Ergebnis ihrer Bemühungen erkennen. Insgesamt war ihren Ideen jedoch ein sehr enger Rahmen gesetzt. In entsprechende Lösungen wurden neben den Baufachleuten und den Architekten auch zunehmend bildende Künstler einbezogen. Tempo und Quantität standen aber über den durchaus vorhandenen Ideen der Architekten. Die gemeinsamen Anstrengungen konnten also den Ruf der „Betonsilos" nicht aufbessern. Die Reaktion der Menschen war geteilt. Viele freuten sich über das neue Zuhause, waren mit der Verbesserung ihrer Lebensbedingungen zufrieden, andere hingegen versuchten schon kurze Zeit später, durch Tausch in eine Altbauwohnung, die schon modernisiert war, zu ziehen.

Die Standardisierung des Montagebetriebs führte zu immer kürzeren Bauzeiten beim Errichten der Häuser. Bald gab es für den Bau von Fünfgeschossern eine 77-Tage-Technologie. Das schuf Disproportionen zu den Ausbaugewerken, den Installateuren, den Malern, den Fußbodenlegern usw. Um den Widerspruch zu lösen, wurde versucht, so viel an manueller Arbeit wie irgend möglich in die Vorfertigung zu verlegen. Natürlich gelang dies nur in begrenztem Umfang. Also wurde der Druck auf die Arbeiter verstärkt. Von ihnen hing letztendlich die fristgemäße Übergabe der Wohnungen an die Mieter ab. An jedem Monatsende saßen ihnen die Termine im Genick. Selbst bei bestem Willen der Handwerker blieb mancher Qualitätsanspruch auf der Strecke. Wo es gar nicht anders ging, und bald ging es überhaupt nicht mehr anders, wurden Arbeitskräfte aus den stadtbezirklichen Baubetrieben Berlins abgezogen. Damit fehlten sie bei der Modernisierung oder der Rekonstruktion von Altbauwohnungen und vor allem für fällige Reparaturen. Beides ging zu Lasten der Mieter. Als ab 1984 der „Beschleunigte Wohnungsbau" in Berlin einsetzte und die Schere zwischen Roh- und Ausbau immer weiter auseinanderging, wurden Abstriche bei der Wohnungsausstattung, zum Beispiel dem Einbau von Küchen, vorgenommen. Bei der Übergabe an die Mieter wurden diese aufgefordert, ihre Wände selbst zu tapezieren. Viele kamen dem gern nach, hatten sie mit den angebrachten Tapeten oft sowieso nicht allzu viel im Sinn. So konnten sie ohne zusätzliche Kosten ihrem eigenen Geschmack folgen.

Es wäre jedoch unvollständig, wollte man die immer spärlicher werdende Ausstattung der Wohnungen nur damit begründen. Hinzu kamen immer größere Engpässe an Material, z. B. an Fliesen und Kacheln für Bäder. Auch den steigenden Kosten konnte finanziell nicht mehr gedeckt werden.

Fehlende Kapazitäten des Tiefbaus führten nicht nur zu Konflikten zwischen Erschließung und Montage der Gebäude, sondern verhinderten auch den Abschluß der Arbeiten in bebauten Wohngebieten. Nicht selten blieben die ausgehobenen Millionen Kubikmeter Erdreich über Jahre in Wohnnähe zwischengelagert. Mondlandschaften wurden hinterlassen. Fehlende Grünflächen minderten die Wohnqualität, da die Bewohner weiter durch Sand oder Morast waten mußten und sie das Gefühl hatten, auf einer Baustelle zu wohnen. Nicht zuletzt begründete dies den nicht gerade anziehenden Ruf von Marzahn.

Das größte Problem und der sich daraus ergebende republikweite Widerspruch bestand in der nicht aufgehenden Kapazitäts- und Arbeitskräftebilanz des Berlin-Programms.

Schon bei der Beschlußfassung im März 1973 war klar, daß die Ziele in Berlin einen tiefen Eingriff in die Planung der Bezirke notwendig machten. Über das ganze Ausmaß allerdings gab es noch keine Vorstellungen. Die Zuführung von Arbeitskräften sowie Bau- und Ausrüstungsmaterial mußte organisiert werden. Die

Beschlußfassung über das Berlin-Programm inspirierte zu weitergehenden Überlegungen. So auch die Jugendfunktionäre. Das X. Parlament der FDJ 1976 stand vor der Tür und zwischen Egon Krenz, damals 1. Sekretär des Zentralrats der FDJ, Wolfgang Herger, Leiter der Abteilung Jugend des ZK der SED, und Konrad Naumann kam es zu einer Verständigung darüber, eine „FDJ-Initiative Berlin" ins Leben zu rufen. Sie wurde von den Akteuren begeistert aufgenommen und startete mit 300 FDJ-Mitgliedern am 1. Oktober des gleichen Jahres.

Selbst die Urheber dieses Projektes ahnten damals noch nicht, welche Dimensionen die Sache annehmen würde.

War anfangs vor allem an den Einsatz auf dem Bausektor gedacht, so erweiterte sie sich auf immer neue Bereiche, den Handel, das Verkehrswesen, selbst auf Industriebetriebe. Zum Schluß umfaßte die „FDJ-Initiative" nahezu 50 000 Arbeitskräfte. In den Sommermonaten erfolgte ab 1977 der Einsatz von Schülern und Studenten im „Studentensommer der FDJ" an Schwerpunkten, besonders im Tiefbau. Er wuchs auf jährlich 20 000 Teilnehmer an. Diese vierzehntägigen oder dreiwöchigen freiwilligen Arbeitseinsätze wurden zu einer Plangröße und erbrachten einen beträchtlichen Nutzen. Für viele Jugendliche war die Arbeit in Berlin ein Erlebnis. Nicht wenige siedelten sich hier an.

Bei dieser Größenordnung ging es dann letztlich nicht mehr um freiwillige Arbeit, sondern um staatliche Auflagen, die den zentralen Baukombinaten und den Bezirken übertragen wurden und die zu erfüllen waren, koste es was es wolle! Und es kostete die Bezirke natürlich viel. Jeder kann sich ausrechnen, was ein solcher Abfluß an lebendigem Potential über 13 Jahre bedeutet. Dies wurde zu einem Konfliktfeld in den Beziehungen der Bezirke zur Hauptstadt ihres Landes. Alles, was sie in Berlin einsetzen mußten, fehlte zu Hause, und es fehlte an empfindlichen Stellen. Aber für Berlin gab es kein Pardon. Schließlich stand der Generalsekretär persönlich hinter den Forderungen. Wie er die Dinge sah, brachte er auf der Bezirksdelegiertenkonferenz der SED in Berlin 1986 zum Ausdruck:

„Daß die ganze Partei, die ganze Republik euch (den Berlinern) dabei geholfen haben, betrachten wir als selbstverständlich. Schließlich ist ja Berlin, auch wenn es einigen westlich unserer Grenzen immer noch nicht gefällt, die Hauptstadt des ersten sozialistischen Staates auf deutschem Boden, der DDR."

Dabei war ihm auch die „Berlin-Förderung" der Bundesrepublik für den Westteil der Stadt nicht unbekannt, und diese war beträchtlicher als das, was die Bezirke der DDR in Berlin zu erbringen hatten. Die Bundeszuwendungen beliefen sich in den Jahren 1971–1989 auf mehr als 27 Milliarden DM. Also auch hier wirkte der Systemvergleich.

Zur Leitung der „FDJ-Inidiative Berlin" wurde eine zentrale Koordinierungskommission gebildet, die Günter Mittag mit eiserner Hand leitete. In mehr oder weniger regelmäßigen Abständen hatten Minister Rapport zu erstatten und in militärisch knapper Form, jeden Widerspruch von vornherein ausschließend, erhielten sie ihre Auflagen.

Das Regime des Politbüros setzte sich in den Ministerien und Bezirken fort. In jedem Ministerium wurde ein „Berlin-Minister" etabliert, in den Bezirken „Berlin-Beauftragte" eingesetzt. Im Ministerium für Bauwesen wurde eine spezielle Hauptabteilung „Berlineinsatz" geschaffen und die „Berlin-Baudirektion" unter Leitung von Erhard Gießke für alle Großobjekte verantwortlich gemacht. In der Bezirksleitung der SED Berlin wurde 1976 ein Sekretär für das Bauwesen eingesetzt und für diese Funktion ein Stellvertretender Minister für Bauwesen ausgewählt. Im Magistrat Großberlins erfolgten Umstrukturierungen und personelle Verstärkungen für die Leitung des Bauwesens. Viele bewährte Bauleiter standen vor einer bisher ungeahnten Verantwortung, der sie sich mit einem weder Kraft, Zeit oder Gesundheit schonenden Einsatz stellten. Arbeiterpersönlichkeiten, die weit über die Grenzen der Stadt als Vorbild anerkannt wurden wie Herbert Kohlmann vom Wohnungsbaukombinat, Max Öser vom Ingenieurhochbau oder Peter Kaiser vom Tiefbaukombinat, entwickelten sich. Es war für viele eine Schule für ihr weiteres Leben auch unter den neuen Bedingungen nach der Wende.

Der umfangreiche Berlineinsatz der Bezirke schuf vielerlei Belastungen. Die Kosten erhöhten sich enorm, da jeder Bezirk seine erforderlichen Bauelemente, die Baumaterialien und Maschinen

aus dem Bezirk nach Berlin mitbringen mußte. Für 65 000 Neubau-
und 15 000 Modernisierungswohnungen nicht wenig. Neue Gleisan-
lagen, spezielle Entlade- und Lagerflächen mußten dafür angelegt
werden. Die Entlohnung der hier tätigen Arbeitskräfte erforderte beträchtliche Summen an Trennungszulagen. Da sich die Höhe ihres
Realeinkommens schnell herumsprach, waren Konflikte mit den
auf engstem Raum zusammenarbeitenden Berliner Kollegen nicht
zu vermeiden. Zählten zwar die Berliner Bauarbeiter zu den geho-
benen Verdienern, so war ihr Einkommen doch niedriger.

Die staatliche Leitung Berlins hatte für die Unterbringung der aus
den Bezirken kommenden Arbeitskräfte beträchtliche Anstrengungen zu unternehmen. Das gleiche betraf auch deren Versorgung
mit warmen Speisen und die gesundheitliche Betreuung.

Kurzum, es erforderte von allen Beteiligten ein Maß an Aufwand, das weit über dem normalen lag. Aber nur so konnte das
Berlin-Programm verwirklicht werden.

Am Ende stellt sich die Frage nach dem Resultat. Lohnte sich
der in die Milliarden gehende Aufwand, der Einsatz bedeutender
geistiger, personeller und materieller Kapazitäten?

Die Antwort darauf ist ein eindeutiges ja.

Bei einem Für und Wider überwiegen die positiven Seiten. Das
Leben von Hunderttausenden Berlinerinnen und Berlinern wurde
qualitativ verbessert, für viele erstmalig lebenswerte Wohnbedingungen geschaffen. Das Antlitz der Stadt verschöne sich. Viele Alt-
baugebiete machten eine Verjüngungskur durch. Die technische
Infrastruktur wurde verbessert.

Die Zahl der vorgesehenen Neubau- und Modernisierungswohnungen wurde überboten. Erfaßt man den Zeitraum vom VIII. Parteitag der SED 1971 an, so entstanden in den knapp zwei Jahrzehnten rund 240 000 Wohnungen neu und 110 000 wurden modernisiert, um- oder ausgebaut. Der Wohnungsbestand erhöhte sich
um 170 000 oder um mehr als ein Drittel. Die Wohnbedingungen
konnten dadurch für rund 1 Million Menschen verbessert werden. Das ist bei einer Einwohnerzahl von 1 215 300 imposant.
Nahezu die Hälfte der Wohnungen bestanden aus drei oder mehr
Wohnräumen. Die Wohnfläche pro Einwohner vergrößerte sich
von 24 auf 30,4 Quadratmeter. Bis auf 5 % der Wohnungen ver-

fügten alle über eine Innentoilette. Die Zahl der Wohnungen ohne Bad oder Dusche hatte sich auf 12 % verringert. In dieser, wie auch in manch anderer Hinsicht gab es zwischen der Hauptstadt der DDR und Berlin/West keinen nennenswerten Unterschied mehr, obwohl der Standard für Wohnungen und Häuser Westberlins nicht erreicht wurde. Auf zwei Gebieten stand der Ostteil der Stadt aber besser da: Bei den Mieten, die in der Regel weniger als 5 % des Familieneinkommens ausmachten, und es gab hier keine Obdachlosen. In Westberlin waren 1989 6600 registriert.

Was blieb unter dem Strich: Im Rahmen des Wohnungsbauprogramms des VIII. Parteitags wurden schließlich rund 3 Millionen Wohnungen in der DDR errichtet bzw. modernisiert.

Die Frage, die sich nach dieser positiven Bilanz stellt, ist, ob denn nun die Hauptzielstellung, die Lösung der Wohnungsfrage als soziales Problem, erreicht wurde. Das eindeutig zu beantworten fällt nicht leicht, denn zu keiner Zeit wurde durch die Partei- oder Staatsführung dieses Ziel genau definiert. Die von Konrad Naumann dafür genannten Kriterien „warm, trocken und sicher wohnen" dürften dafür nicht ausreichen. Aber selbst diese Minimalziele wurden in vielen Altbauten nicht erreicht. Undichte Dächer, kaputte Abflußrohre; unbewohnbare Parterrewohnungen, die mit Schwamm befallen waren, führten zu fatalen Folgen im ganzen Haus und für die dort Wohnenden.

Gerade hier offenbart sich ein grundlegender Fehler der Konzeption des Wohnungsbauprogramms. Durch die einseitige Orientierung auf den Wohnungsneubau wurde die in Jahrzehnten gewachsene Altbausubstanz als zweitrangig eingestuft. Dieser „Geburtsfehler" konnte nicht nur nicht repariert werden, sondern er trat immer deutlicher hervor.

Läßt man sich also von dem Zahlenwerk nicht verführen, dann fällt die Antwort negativ aus. Die Wohnungsfrage wurde als soziales Problem in der DDR und ihrer Hauptstadt nicht gelöst.

Diese kritische Sicht auf das Jahr 1989 relativiert sich unter sozialen Aspekten in der Gegenwart. Heute sehen viele der DDR-Bürger sich durch die permanent steigenden Wohnkosten finanziellen Belastungen ausgesetzt, die ihr Verbleiben in den heimischen vier Wänden fraglich machen und sie sich aus sozialer Bedürftigkeit nach neuem, d. h. billigerem Wohnraum umsehen müssen. Dabei können sie nicht sehr wählerisch sein. Die kapitalistische Gesellschaft nimmt das in Kauf und ihre Sorge orientiert sich nicht an der sozialen Sicherheit der Menschen sondern am Profit.

So manches unserer Vorhaben konnten wir nicht realisieren. Die uns hinterlassene Bürde aus den Gründerjahren und der Kriegszerstörungen konnte nicht vollständig abgetragen werden. Manche noch wertvolle Altbausubstanz verfiel, der Anblick so mancher Fassade ließ einen erschrecken. Manche vom Kriegsgeschehen gerissene Lücke konnte nicht geschlossen werden. In den Neubauvierteln mangelte es an gesellschaftlichen Einrichtungen, die die Menschen erfreuen und die für ein pulsierendes Leben eines größeren Gemeinwesens unerläßlich sind. Die schon überzogenen Mittel mußten auf das unbedingt notwendige konzentriert werden. Was dennoch im komplexen Wohnungsbau geschaffen wurde ist respektabel und hielt in der Vergangenheit und hält heute jedem Vergleich stand. Für alle Kinder wurden ausreichend Plätze in Kinderkrippen und Kindergärten bereitgestellt, und das bei einem Beschäftigungsgrad der Frauen von über 95 %. Die Betreuung der Kinder durch diese Einrichtungen konnte von jeder Familie oder alleinerziehenden Müttern ohne größere finanzielle Belastungen in Anspruch genommen werden.

Durch den Neubau von 130 Schulen konnte die Klassenfrequenz von durchschnittlich 20 Schülern erreicht werden. Der Schulweg war kurz, die Besetzung mit qualifizierten Lehrern gesichert. Auf 12 Schüler kam eine Lehrkraft. Für die schulische und außerschulische Betätigung der Schüler wurden 180 Turnhallen neu gebaut, 250 Schulgärten angelegt. Es entstanden 15 neue Schwimmhallen und Jugendklubeinrichtungen mit 2500 Plätzen und 33 Klubgaststätten in de Neubaugebieten. 115 Kaufhallen wurden eröffnet. Über 1000 neue ambulante Arzt- bzw. Zahnarztarbeitsplätze wurden geschaffen. Für ältere Bürger wurden 9000 Plätze in Feierabend- und Pflegeheimen eingerichtet.

Eine in ihrem Nutzen weit über Berlin hinausreichende Investition stellt der neuerrichtete Komplex der traditionsreichen Charité im Herzen Berlins dar. Etwa die Hälfte der Bettenkapazität wurde von Nicht-Berlinern belegt.

Ohne die Absicht zu verfolgen, eine vollständige Abrechnung des Berlin-Programms vornehmen zu wollen, bliebe aber ohne die Erwähnung der zur Stadtgestaltung unternommenen Anstrengungen zuviel offen.

Der „Palast der Republik" eröffnete nach nur 31 Monaten Bauzeit seine Tore. In den folgenden 13 Jahren besuchten Millionen und Abermillionen Besucher ihr Haus des Volkes. Vielleicht war das der hauptsächliche Grund dafür, daß Asbest herhalten mußte, um seine Türen zu schließen und das Bauwerk seit 9 Jahren seinem Schicksal zu überlassen. Da bis heute nicht bekannt geworden ist, daß auch nur ein einziger Besucher durch „Asbestverseuchung" zu Schaden gekommen ist, kann wohl angenommen werden, daß auch in der „Nachwendezeit" sein Besuch gesundheitlich nicht geschadet hätte.

Es ist schon tragisch-komisch, daß dem Palast ausgerechnet die aus dem NSW für teures Geld importierte Technologie des Asbestspritzverfahrens zum Verhängnis werden soll.

Am Gendarmenmarkt entstand das Schinkelsche Schauspielhaus wieder, und der Französische Dom mit dem Hugenottenmuseum erfreut die Besucher. Der Berliner Dom am jetzigen Schloßplatz wurde wiederaufgebaut und rekonstruiert, mit DM von der Kirche finanziert. Es entstand eines der schönsten Viertel Berlins, das Nikolai-Viertel, und das Ephraim-Palais nahezu am alten Standort. Für das geistig-kulturelle Leben und für die Freizeitgestaltung entstanden Einrichtungen wie das Schloß Friedrichsfelde, das Planetarium im Ernst-Thälmann-Park, der Pionierpalast in der Wuhlheide, das Haus der sowjetischen Wissenschaft und Kultur in der Friedrichstraße, das Sport- und Erholungszentrum in Friedrichshain. Die Deutsche Staatsoper und das Deutsche Theater einschließlich der Kammerspiele wurden rekonstruiert.

Die Akademie der Wissenschaften und die Humboldt Universität erhielten neue Kapazitäten für Forschung und Lehre. Im Zentrum entstanden drei neue große Hotels sowie neue Handelseinrichtungen und das Internationale Handelshochhaus.

Was in Berlin geschaffen wurde, war eine Gemeinschaftsarbeit von Bauleuten, Architekten, bildenden Künstlern, Werktätigen aus allen Teilen der Republik.

Veränderte Bedingungen – neue Herausforderungen – alte Antworten

Als im Mai 1976 der IX. Parteitag der SED zu seinen Beratungen zusammentrat, konnte Erich Honecker im Rechenschaftsbericht des ZK eine durchaus positive Bilanz der Politik der Hauptaufgabe ziehen.

Die realistisch angesetzten Produktions- und Produktivitätsziele des Fünfjahrplanes waren erfüllt und überboten, ebenso die der Verbesserung des materiellen und kulturellen Lebensniveaus der Bevölkerung. Das galt als Beweis für die These, daß die Wirtschaft kein Selbstzweck, sondern Mittel zum Zweck der Hebung des Volkswohlstandes ist. Die Resultate spürte jeder in seinem eigenen Geldbeutel. Löhne und Renten waren erhöht, aber die Preise für den Verbrauch und die Tarife für Strom, Gas, Wasser, bei den Verkehrsmitteln und vor allem der Mieten stabil gehalten worden. Damit erhöhten sich Nettogeldeinnahmen und Kaufkraft. Das Einkaufen machte angesichts eines umfangreicheren und durch den Import von Westwaren auch vielseitigerem Angebot mehr Freude. Die Ausstattung mit langlebigen technischen Haushaltsgeräten stieg. Nicht vergessen sei die Verbesserung der Wohnverhältnisse für 1,8 Millionen DDR-Bürger. Ein Gefühl der Geborgenheit und der sozialen Sicherheit war feststellbar.

In den zurückliegenden vier Jahren war durch das sozialpolitische Programm, die besonders ausgeprägte Förderung der Familien, der Frauen, der Jugend und der Alten eine größere soziale Homogenität entstanden. Da die Hauptaufgabe noch als Einheit von materieller und kultureller Hebung des Lebensstandards behandelt wurde, trugen die wirksam gewordenen Maßnahmen auf dem Gebiet der Bildung und Kultur, der Freizeit- und Urlaubsgestaltung zum allgemeinen Wohlbefinden bei. Die Atmosphäre in der Gesellschaft war, durch die Wirkung der X. Weltfestspiele der Jugend und Studenten 1973 in Berlin und eine Kulturpolitik „ohne Tabus" freier, erfrischender geworden. Das Vertrauen der Menschen zur Partei wuchs und die Losung „Was die Partei beschloß, wird Wirklichkeit" war glaubwürdig. Die allgemeine Stimmung läßt sich in einem Satz wiedergeben: „So kann es weitergehen!"

Bekanntlich weckt aber ein befriedigtes Bedürfnis ein neues. So war auch die Erwartungshaltung sehr hoch. Ihr wurde entsprochen. Die Fortsetzung des Kurses der Hauptaufgabe in der Einheit von Wirtschafts- und Sozialpolitik wurde nicht nur für den nächsten Fünfjahrplan sondern mit der Aufnahme in das neue Parteiprogramm für einen langen Zeitraum festgeschrieben.

Das Tempo wurde erhöht und das sozialpolitische Programm erweitert. Die Grundrichtung war mit den Beschlüssen des ZK zur Lösung der Wohnungsfrage bereits vorgezeichnet. Das fand nicht nur die Zustimmung der Delegierten des Parteitags, sondern auch der Mitglieder der Partei und vieler Schichten des Volkes.

Was jedoch den Delegierten wie auch der Partei und dem Volk vorenthalten wurde, war der Preis für die bisherige und erst recht für die zukünftige Verbesserung des Lebensstandards. Zwar konnte sich jeder an seinen Fingern abzählen, wieviel der Staat zuschießen muß, wenn bei gleichen Preisen die Nettogeldeinnahmen und der Warenumsatz jährlich um 4 bis 5% steigen. Mit jeder realisierten Ausgabe für den sogenannten Grundbedarf, mit jedem an das elektrische Netz angeschlossenen Gerät erhöhten sich die staatlichen Subventionen. Die größte Position dabei waren die bezogenen Neubauwohnungen, denn an „aufwanddeckende Mieten" durfte keiner denken, geschweige sie fordern.

So stiegen die „gesellschaftlichen Fonds", Ausgaben, die direkt dem Verbraucher zugute kommen, sprunghaft an. In den zurückliegenden fünf Jahren um 51 Milliarden Mark. Bis 1989 sollten sich die jährlichen Ausgaben dafür verfünffachen. Das schuf beträchtliche. nicht zu bewältigende volkswirtschaftliche Disproportionen. Setzt man die gesellschaftlichen Fonds ins Verhältnis zu der Höhe der Investitionen in der Industrie, so machten erstere 1970 die Hälfte des zweiten aus, 1989 war das Verhältnis genau umgekehrt. Die Investitionen betrugen nur noch die Hälfte der Subventionen. Das gestiegene Realeinkommen überstieg bald das Warenangebot. Die gewachsene Kaufkraft konnte nicht mehr befriedigt werden. Das schuf Verstimmung und enthielt politischen Zündstoff. Aber jeder, von Experten der staatlichen Organe und der Partei unterbreitete Vorschlag neu zu rechnen, wurde als Angriff auf die Hauptaufgabe im wahrsten Sinne des Wortes von Honekker abgewiesen. In einem noch stärkeren Maße wuchsen die Belastungen auf dem internationalen Markt.

Zunächst erfuhr nur ein kleiner Kreis Eingeweihter von den ansteigenden Schulden der DDR im „nichtsozialistischen Wirtschaftsgebiet" (NSW). Die Importe an Gebrauchsgütern für die Versorgung der Bevölkerung, an Getreide und Futtermitteln, von Rohstoffen und Materialien für die Produktion hatten das Minus in der Zahlungsbilanz von 2 Milliarden auf 11 Milliarden „Valuta-Mark" – sprich DM – ansteigen lassen. Dies bedeutete im Klartext jedoch nichts anderes, als daß wir den Lebensstandard auf Pump erreicht hatten. Wir lebten also schon zu diesem Zeitpunkt über unsere Verhältnisse. Das jedoch blieb „Geheime Verschlußsache" des Politbüros und der Regierung, obwohl von Westmedien darüber immer wieder berichtet wurde.

Zu diesem Zeitpunkt war schon voraussehbar, daß die kommenden Jahre für die DDR keine sonnigen Aussichten bereithalten. Im Gegenteil. Eine beträchtliche Verteuerung von Roh- und Brennstoffen, Getreide, Kaffee- und Kakaobohnen hatte eingesetzt, und die Fachleute waren sich darüber einig, daß es sich um eine länger anhaltende Tendenz auf dem Weltmarkt handelt. Bedeutende Belastungen standen vor der Tür. Um das Ausmaß anzudeuten, seien nur einige Anhaltspunkt gegeben. Zwischen dem VIII. und IX. Parteitag der SED war auf den Märkten kapitalistischer Länder der Preis für Baumwolle und Getreide um das zwei- bis dreifache, bei Kaffee und Kakao um das vier bis fünffache und bei Erdöl um das sechsfache gestiegen.

Es stellte sich die einfache Frage, wer das bezahlen soll. Der Weg führte nur über beträchtliche Steigerungen des Exports in das NSW.

Dazu kam aber eine weitere Belastung. Die Sowjetunion, der Hauptlieferant von Erdöl und -gas, von Walzstahl und Roheisen, von Baumwolle und Zellstoffen, von Kupfer, Aluminium, Blei und vielen anderen lebensnotwendigen Produkten setzte im „Rat für gegenseitige Wirtschaftshilfe" (RGW) einen Preisbildungsmechanismus durch, wonach die Preise auf den kapitalistischen Märkten mit zeitlicher Verzögerung auch an sie zu zahlen sind.

Auch hier erfolgte die Bezahlung bedeutend gestiegener Kosten durch den Export. Für die gleiche Menge importierter Waren hatte die DDR etwa das Doppelte zu liefern.

War es unter diesen veränderten und sich weiter zu unseren Ungunsten entwickelnden Bedingungen möglich, einfach so weiter zu machen wie bisher, d. h. trotz der weitaus höheren Belastungen bei den Sozialleistungen weiter „aus dem Vollen" zu schöpfen? Die politische Entscheidung der Führung lautete: Ja. Das sollte sich logischerweise absolut negativ auswirken.

Nun kann man einwenden, daß zu diesem Zeitpunkt die Schwere der Belastungen, das ganze existentielle Ausmaß noch nicht voraussehbar war. Für mich und die meisten Delegierten des Parteitags nehme ich das in Anspruch, obwohl ich täglich mit den Auswirkungen dieser Politik zu tun hatte, das aber war nur ein Ausschnitt, eine Teilsicht. Für diejenigen, die diesen Kurs vorschlugen, für das Politbüro, kann das nicht gelten. Das bekundete Erich Honecker in einer Rede vor dem Parteiaktiv Dresdens im September 1977. Seine Worte sind so aufschlußreich, daß ich sie zitieren möchte: „Angesichts dieser Lage stand unser Zentralkomitee (er meinte damit vor allem das Politbüro) vor der Frage, ob unser Kurs, der vom VIII. Parteitag eingeleitet wurde, fortgesetzt werden kann. Diese für unser Land so entscheidende Frage wurde bekanntlich mit einem klaren Ja beantwortet ... Der IX. Parteitag zog daraus die notwendigen Schlußfolgerungen. Es bleibt bei unserem Programm des Wachstums, des Wohlstandes und der Stabilität."

Welche Bedeutung dieser Rede zugemessen wurde, bringt auch ihr Titel zum Ausdruck: „Die sozialistische Revolution in unserem Lande und ihre Perspektiven." Damit war auch ihr theoretischer Anspruch gekennzeichnet. Denn keine revolutionäre Praxis ohne revolutionäre Theorie.

Gab es für diese „Kühnheit" entsprechende Deckungsquellen? Zieht man zur Beantwortung dieser Frage die einschlägigen Dokumente zu Rate, so findet man verschiedene Hinweise darauf. Dabei war aber mehr der Wunsch der Vater des Gedankens als die Realität. Noch einmal Erich Honecker in Dresden: „Die Belastungen müssen durch Leistungen ausgeglichen werden." So weit – so gut. Dann folgt aber jener wunschdenkerische Satz: „Der Sozialismus besitzt die inneren Kraftquellen, die es möglich machen, die Hauptaufgabe in ihrer Einheit von Wirtschafts- und Sozialpolitik auch unter den veränderten Bedingungen zu lösen." Wenn er behauptet, „im Sozialismus verfügt das Volk über das effektivste Wirtschaftssystem", dann erhebt sich die Frage, ob es sich dabei um Naivität, Zweckoptimismus, bewußte Irreführung oder die Hoffnung auf ein Wunder handelt.

Die Anforderungen überstiegen die Leistungsfähigkeit der Volkswirtschaft. Es gelang weder den Dauermangel an den verschiedenen Erzeugnissen und Waren zu tilgen, den Export im erforderlichen Umfang zu sichern und die Bedürfnisse der erweiterten Reproduktion zu befriedigen, noch die materiellen und finanziellen Mittel zu erwirtschaften, um Wirtschaft und Soziales zu bedienen. Die sinkenden produktiven Investitionen führten zu sinkender Effektivität und Rentabilität. Der Rückstand auf dem Gebiet der Arbeitsproduktivität gegenüber anderen Industriestaaten wurde nicht geringer, sondern größer. Welche fatalen Folgen das mit sich brachte, wurde im vollen Umfang erst nach der Wende sichtbar. Nun könnte ja bei der Beurteilung des Leistungsvermögens des Sozialismus auch auf das der Sowjetunion gesetzt worden sein. Die Hoffnung auf Hilfe durch sie erfüllte sich jedoch nicht. Im Gegenteil. Die zugeteilte Menge an Erdöl wurde gekürzt und von der DDR ein höherer Bringedienst gefordert. Es betraf vor allem die Beteiligung an der Erschließung neuer Erdgasvorkommen und an Investitionsvorhaben für andere Rohstoffe. Dadurch floß ein Teil des Nationaleinkommens ab und entzog der DDR-Wirtschaft tausende qualifizierte, vor allem junge, leistungsfähigere Arbeitskräfte. Die aufgebürdeten Lasten minderten auch die idealisierenden Losungen der FDJ von der „sozialistischen ökonomischen Integration als der revolutionärsten Aufgabe der jungen Generation" oder das ins Leben gerufene internationalistische „Jugendobjekt Drushba-Trasse" nicht. Natürlich leuchtete ein, daß die Sowjetunion kein großzügiges Geberland sein konnte, aber 150 Milliarden Mark an zusätzlichen Ausgaben für die gleiche Menge an Ware in den folgenden Jahren, das war ein zu großer Brocken. Dazu kam für die DDR die Not-wendigkeit, höhere Westimporte für nicht mehr erfolgende Bezüge aus dem RGW zu tätigen. Die Bezahlung in harter Währung erforderte neue Kredite, sie brachten eine höhere Zinslast. Die Verschuldung, oder wie sie im Politbüro verharmlosend als „Sockel" umschrieben wurde, stieg und stieg – bis zur faktischen Zahlungsunfähigkeit.

Natürlich sah die Parteiführung dieser Entwicklung nicht tatenlos zu. Es erfolgten teure Umstellungen in der Produktion, rigoros wurde Heizöl eingespart, zu Dumpingpreisen gute Ware ins NSW exportiert, Kunstartikel und Pflastersteine eingeschlossen, von der BRD immer neue Zahlungen für Autobahn- und Postgebühren, für „verkaufte" Häftlinge u. a. entgegengenommen. Der nie ausreichende Bedarf an DM führte zur Duldung einer de facto zweiten Währung und zwang zur ständigen Erweiterung der Intershopläden. Aber alles war wie ein gegen-den-Strom-schwimmen. Am Ende war die Führung rat- und hilflos.

Die Praxis als oberster Richter über jegliche Politik fällte ein negatives Urteil über die Entscheidungen, den Kurs der Hauptaufgabe auch unter den ungünstigeren äußeren Bedingungen fortzusetzen und gegen jegliche Vernunft daran auch in den achtziger Jahren festzuhalten. Entgegen allen anderslautenden Beteuerungen waren es keine wissenschaftlichen Entscheidungen.

Anstelle einer sachlich-nüchternen Analyse war ein subjektives Wunschdenken getreten. Anstelle einer ehrlichen und offenen Darlegung der so oft beschworenen „neuen Lage", die eingetreten war und die „jähe Wendungen" einschloß, wurden die unerbittlich wirkenden harten Tatsachen ignoriert und vor den Parteimitgliedern und der Bevölkerung verkleistert. Damit gab die Partei ein Element, auf dem ihr Führungsanspruch beruht, rechtzeitig und vorausschauend auf reale Entwicklungen zu reagieren, auf. Anstelle von Wissenschaftlichkeit trat Pragmatismus, anstelle von Strategien kleinliches taktieren.

Die Verantwortung dafür trägt die führende Partei, ihre Leitungsorgane und nicht zuletzt der erste Mann der Führung, der Generalsekretär Erich Honecker. Er hatte die Politik der Hauptaufgabe gewissermaßen personifiziert und mit seinem Namen verbunden. Wurde an ihr gerüttelt, so mußte er dies als ein Rütteln an seiner Person, seiner Stellung und damit an seiner überragenden Position auffassen. Entgegen jeder Vernunft betrachtete er jede Korrektur als ein Eingeständnis einer verfehlten Politik nach Walter Ulbricht. Damit entfernte er sich noch weiter von der Forderung Lenins, selbstkritisch zu gemachten Fehlern Stellung zu beziehen, worin dieser ein Kriterium für die Ernsthaftigkeit einer Partei in ihrer Verantwortung sah.

Der Subjektivismus tritt in verschiedener Form in Erscheinung. Eine davon, und damit haben wir es hier zu tun, ist, seine eigenen Vorstellungen der Politik aufzuzwingen.

Kein objektiver Betrachter wird dem Streben Erich Honeckers die lobenswerte und ehrlich gemeinte Absicht streitig machen können, „alles zu tun für das Wohl des Volkes und die Interessen der Arbeiterklasse". Die Maßstäbe, die daran angelegt werden, setzte Erich Honecker in hohem Maße selbst. Sie waren recht bescheiden, um nicht zu sagen, primitiv. Die Prämissen dafür sah er in materiellen und sozialen Verbesserungen und auch diese nicht gerade auf einem hohen Standard. Ideelle Faktoren, das herrschende geistige Klima, die demokratische Mitbestimmung der Bürger, ihr Gefühl, gebraucht zu werden und mitbestimmen zu können, blieben unberücksichtigt.

Aber selbst die Alltagsfragen der Menschen wurden unter einem einseitigen, eingeengten Blickwinkel betrachtet. Sicherung der Vollbeschäftigung, redlich erworbenes Einkommen, Bildung für die Kinder, satt zu essen, ein Dach über dem Kopf, das waren entscheidende Positionen. Dabei spielte das Lebensniveau in seinem Elternhaus und in seiner Kindheit, wie ich selbst des öfteren aus seinen Schilderungen entnehmen konnte, eine nicht unbeträchtliche Rolle. Ein Beispiel möchte ich dafür für seine Sicht erwähnen. Als das Planetarium im Ernst-Thälmann-Park vor seiner Eröffnung stand, behandelte das Sekretariat des ZK einen Vorschlag der zuständigen staatlichen Stellen über den Eintrittspreis. (Welch Thema für die Führung einer Zweimillionen-Partei und eines Staates!) Die etwas angehobenen Eintrittsgelder wurden abgelehnt. Das Argument des sitzungsleitenden Generalsekretärs: „Als ich Kind war, waren meine Eltern arm, aber den Besuch von uns drei Kindern im Planetarium konnten sie uns gewähren." Schlimm genug, daß es für die Zurückweisung der Vorschläge ausreichte. Dieser Subjektivismus bei Entscheidungen beschränkte sich leider nicht auf solche scheinbare Lapalien, sondern er erstreckte sich auf die gesamte Politik, besonders auch auf den Kurs der Hauptaufgabe. Auf diese Weise konnten die lobenswertesten Absichten in ihr Gegenteil verkehrt und auf die abschüssige Bahn, hin zu ihrem Scheitern geleitet werden.

Mir liegt es fern, dafür Erich Honecker allein die Verantwortung anzulasten, die Weichen falsch gestellt zu haben. Nach einem Sprichwort ist aber eben doch der Weichensteller schuld.

Berechtigt wird man die Frage stellen, wie ich diese Entwicklung sah, beurteilte, wie ich mich dazu verhielt. Ich vertrat sie nach bestem Wissen und Gewissen. Das Ziel Sozialismus entsprach meiner Weltanschauung. Zudem hatte die DDR schon manche Krise und Schwierigkeit überwunden. Die positiven Ergebnisse bestärkten mich in der Überzeugung, mit der Hauptaufgabe eine richtige politische Linie zu besitzen. Als die Schere zwischen dem Angestrebten und den Resultaten immer weiter auseinanderklaffte, sah ich die Notwendigkeit, sie aufrechtzuerhalten vor allem im Zusammenhang mit politischen Erschütterungen in Polen, die durch soziale Unzufriedenheit der Arbeiter ausgelöst wurden. Die innere Befriedung schien mir wichtiger, als die zunehmenden Lasten zu verkraften. Dazu kommt, daß auch die Mitglieder des ZK, wie ich aus eigener Erfahrung seit 1976 bestätigen kann, nie über das ganze Ausmaß informiert waren. Besprochen wurden die wesentlichen Probleme während Tagungen des ZK höchstens in Pausengesprächen. Eine Diskussion darüber gab es auch durch die in Probleme voll Eingeweihten nicht. Mein Wissen ergab sich vor allem aus einzelnen Erfahrungen in Berliner Betrieben. Zu einer Verallgemeinerung der dort gewonnenen Erkenntnisse konnte und wollte ich mich offensichtlich nicht durchringen. Außerdem war ich dazu erzogen worden, nicht nach Fehlern zu suchen, über sie zu lamentieren, sondern gegen sie anzugehen. Über allem aber stand sehr lange, viel zu lange die Überzeugung, daß die Führung die Probleme kennt und ernst nimmt, sie Lösungsweg suchen und finden wird, um aus den Schwierigkeiten herauszukommen. Was an dieser Einstellung Suggestion und was Selbstsuggestion war, kann ich heute nicht mehr auseinander halten. Außerdem war ich in meiner Funktion in einem Mechanismus eingebunden, von einem funktionierenden Apparat umgeben mit all seinen konsequenten Regeln und Riten. Bis in das Jahr 1989 konnte ich mir nicht vorstellen, daß die Parteispitze und der Generalsekretär persönlich die Partei und das Volk sehenden Auges ins Verderben führten. Als in unserer Mitte einmal die Worte von den „Verbrechern da oben" fielen, dachte ich immer noch, es kann nicht sein, was nicht sein darf. Und danach, als mir die Augen aufgingen, warum habe ich dann noch stillgehalten und geschwiegen? Viele Faktoren spielen dabei eine Rolle, vor allem mein Parteiverständnis, meine Haltung zum demokratischen Zentralismus, die Kenntnis über seinen Funktionsmechanismus von oben nach unten und das tief verwurzelte, mir unter anderem von Konrad Naumann eingepflanzte Selbstverständnis, als „Mitteldeckoffizier" für die Durchführung der Politik da zu sein und nicht, um sie selbst zu erfinden.

Sicherlich eine dürftige Antwort auf eine so schwerwiegende Frage zu einem solch schicksalsschweren Vorgang wie dem Scheitern des Sozialismus in unserem Land.

Um jedem Verdacht zu entgehen, meine Worte als Entschuldigung oder gar Rechtfertigung zu deuten, füge ich die mich sehr nachdenklich stimmenden Worte des Publizisten Peter Bender bei. In „Ende des ideologischen Zeitalters" ist zu lesen:

„An der Unfähigkeit und am Widerstand der mittleren Kader scheitert das meiste. Ganz oben, wo man einen Überblick hat, und ganz unten, wo man die Mißstände und den Mißmut der Leute unmittelbar zu spüren bekommt, können Einsicht und Reformwille (bei uns leider oben beides nicht) entstehen; die Funktionäre dazwischen sind hingegen weit genug von der Verantwortung wie von den Folgen der Verantwortung entfernt, um ungerührt weiterzumachen."

Das „ungerührt" möchte ich für mich streichen, aber ansonsten „machte ich weiter".

Partei, Ideologie und demokratischer Zentralismus

Das neue Parteiprogramm, in dem alles, was an Ulbrichtsche Politik erinnern konnte, eliminiert worden war, umriß als Ziel der Politik, „in der DDR weiterhin die entwickelte sozialistische Gesellschaft zu gestalten und so grundlegende Voraussetzungen für den allmählichen Übergang zum Kommunismus zu schaffen".

Wie so oft wurde dies zu einer neuen Etappe der gesellschaftlichen Entwicklung erklärt. Als grundlegende Voraussetzung für ihr erfolgreiches Durchschreiten wurde die „weitere Ausprägung der führenden Rolle der Partei in allen Bereichen des gesellschaftlichen Lebens" bezeichnet.

Diese Sicht ergibt sich aus der Lehre von der Partei neuen Typus.

Ihr alleiniger Führungsanspruch begründet sich aus der Verbindung der Arbeiterbewegung mit dem wissenschaftlichen Sozialismus, der ihr die Einsicht in die Gesetzmäßigkeiten der gesellschaftlichen Entwicklung ermöglicht.

Agitatorisch findet sich das in den Worten Wladimir Majakowskis wieder:

> „Hirn der Klasse
> Sinn der Klasse
> Kraft der Klasse
> Ruhm der Klasse
> das ist die Partei."

Diese Sätze stammen aus den zwanziger Jahren der Sowjetunion. Bertolt Brecht sprach auch über die Partei, lobte sie und stellte dann die Frage als parteiloser Kommunist: Wer aber ist die Partei? Und meint damit nicht den einzelnen, sondern „Wir". Wer aber dachte zu dieser Zeit so darüber nach? Lieber wurde vor allem in den letzten Jahren der SED Fürnbergs Lied von der Partei, die immer recht hat, bei festlichen Gelegenheiten gesungen. An der Basis spielte das Lied überhaupt keine Rolle; es war auch kein Massenlied.

Das theoretische Fundament für die gesamte Tätigkeit der SED bildete der Marxismus-Leninismus als die „Wissenschaft von den allgemeinen Entwicklungsgesetzen der Natur, der Gesellschaft und des menschlichen Denkens, von der revolutionären Umgestaltung der Gesellschaft, vom Aufbau der sozialistischen und kommunistischen Gesellschaft". An diesem Postulat wurde nicht gerüttelt.

Was in den zurückliegenden Jahrzehnten auch immer für Korrekturen an der Parteilinie vorgenommen wurden, erinnert sei hier nur an den „Neuen Kurs" von 1953 oder an das „NÖS" der sechziger Jahre, nie durfte auch nur der geringste Schatten auf den Marxismus-Leninismus fallen, nie durfte der geringste Zweifel an seiner Unfehlbarkeit entstehen. Das war auch beim Übergang von Ulbricht zu Honecker ein unumstößliches Dogma. Da aber die Ulbrichtsche Linie wie die entgegengesetzte von Honecker als streng wissenschaftlich, als marxistisch-leninistische Politik kreiert wurde, entstanden Fragen. Viele Gespräche mit einem Freund aus unserem Kollektiv, gebildeter als ich, mir an Partei- und Lebenserfahrung weit voraus, gaben mir darauf eine Antwort. Sie war desillusionierend. An Hand vieler, auch mir gut bekannter Fakten und Vorgänge in der deutschen und internationalen kommunistischen Bewegung zeigte er mir die mißbräuchliche Benutzung dieser Begriffe. Sein Fazit: Mit Zitaten der Klassiker kann man alles beweisen, der Marxismus-Leninismus muß immer herhalten wenn es um die Begründung einer veränderten Generallinie geht. Je öfter man ihn im Munde führt, um so nötiger hat es die Führung, sich durch ihn abzusichern.

Obwohl ich diese Interpretation weit von mir wies, zwang sie mich doch zu tieferem Nachdenken. Je weiter ich dachte, um so mehr fand ich diese „ketzerischen" Gedanken bestätigt. Im Namen des Marxismus-Leninismus waren die „Abweichungen" der jugoslawischen Kommunisten verurteilt worden, hatte Tito der Bannstrahl des Kominformbüros getroffen. Im Namen der Wiederherstellung des Marxismus-Leninismus wurde nur wenige Jahre später alles zurückgenommen. Im Namen des Marxismus-Leninismus wurde der „konterrevolutionäre" tschechische Versuch, einen „Sozialismus mit menschlichem Antlitz" zu schaffen, attackiert, aber nicht ideologisch besiegt, sondern mit Panzern niedergewalzt.

Mit dem „Eurokommunismus" erlebte ich die unterschiedliche Interpretation unserer gemeinsamen Lehre durch so renommierte und einflußreiche Parteien wie der KP Italiens, Frankreichs und Spaniens. Die Meinungsverschiedenheiten betrafen keine Kleinigkeiten, sondern drehten sich um die Frage der Diktatur des Proletariats und einer pluralistischen Demokratie, um die Rolle des Eigentums und des Marktes und das Verhältnis der eigenen Partei zur KPdSU, um den proletarischen Internationalismus, den demokratischen Zentralismus u. a. Deren Auffassungen galten als Abweichungen vom Marxismus-Leninismus, obwohl es sich um berechtigte Diskussionspunkte handelte. Ihre „Verbannung" war ausgeschlossen, und es gehört zu den Verdiensten der SED, trotz Meinungsverschiedenheiten die kameradschaftliche Diskussion und Zusammenarbeit fortgesetzt zu haben. Das belegte die Konferenz 29 kommunistischer- und Arbeiterparteien im Juni 1976 in Berlin.

Am fragwürdigsten war die seit Jahren tobende, die kommunistische Bewegung tief spaltende Auseinandersetzung zwischen den Führungen der KPdSU und der KP Chinas. Es ging um die „Reinheit der wahren Lehre", wurde von beiden Seiten behauptet. In Wahrheit ging es um das Monopol auf Wahrheit und damit um die Hegemonie in der Weltbewegung der Kommunisten.

Ich sah diese Erscheinungen, die Wurzeln erkannte ich nicht. Ich suchte auch nicht nach ihnen. Daran hinderte mich meine Gläubigkeit an das richtige Urteil der sowjetischen und unserer Parteiführung. Alles andere wäre mir selbst als blanker Opportunismus erschienen. Die Berufung auf Marx und Engels, die mit ihrem Werk den Sozialismus von einer Utopie zur Wissenschaft entwickelt hatten und deren Weiterentwicklung durch Lenin, waren die Deckung des Vertrauensschecks.

Es blieb mir verborgen, daß der Anspruch auf ausschließliche Wahrheit schon durch die Schöpfer unserer Theorie aus der Taufe gehoben wurde. Sie erhoben den dialektischen und historischen Materialismus in den Rang der einzig möglichen Geschichtsbetrachtung und für die Einsicht in die Bewegungsgesetze der menschlichen Gesellschaft. Alles, was in die Zukunft wies, erhielt das Prädikat „gesetzmäßig" und wurde mit der „wissenschaftlichen" Voraussicht, die der Marxismus-Leninismus ermöglicht, begründet. Wie stark die Vereinfachungen und die Vulgarisierung, besonders durch Stalin auch waren, sie dienten immer dem Nachweis für die Unfehlbarkeit der Partei und ihrer Führung. Der monopolistische Anspruch auf Wahrheit, wie ihn die kommunistischen Parteien vor allem in den sozialistischen Ländern für sich in Anspruch nahmen, erwies sich für sie ebenso wie für den Klerus und andere Ideologien als ein großer Irrtum.

Für mich galt Lenins Satz: „Der Marxismus ist allmächtig, weil er wahr ist." Ich wehrte mich auch noch nach dem XX. Parteitag der KPdSU gegen die Version, wonach erst durch Stalin der Marxismus-Leninismus zu „einem in sich geschlossenen System" gemacht und dies vor allem zur Errichtung und Bewahrung der Macht benutzt wurde. Die Machtfrage, als Herrschaft der Arbeiterklasse ausgegeben und von der Partei in ihrem Auftrage ausgeübt, war in der Praxis allerdings etwas anders, als ich sie sah. Sie war schon lange zu einer Frage der Macht der Führung, ja eines einzelnen Führers geworden.

Bekanntlich hatte es in der SED keine wirkliche Auswertung des XX. Parteitags und der Kritik an Stalin gegeben. Die Beschränkung auf den „Personenkult" ließ die ideelle und verbrecherische Seite seines Wirkens weitgehend unberührt. Der teilweise Rückgriff auf Stalin durch Breshnew brachte für mich zunächst eine „Entlastung", und ich fand mich in meinem entschuldigenden Gedanken, so verkehrt kann ja nicht alles gewesen sein, bestärkt.

Die nicht erfolgte Aufarbeitung des Erbes Stalins durch die SED erwies sich als eine schwere Hypothek, an der sie bis zu ihrem Ende schwer trug. Der lange Schatten Stalins lag auch auf den Mitgliedern der Partei.

Im vom IX. Parteitag beschlossenen 3. Programm der SED wurde dieses in sich geschlossene System, der Marxismus Leninismus, in all seinen Teilen natürlich erneut als das theoretische Fundament der gesamten Tätigkeit der Partei hervorgehoben. Es erlegte jedem Mitglied, übrigens erstmalig im gewichtigsten Parteidokument als „Kommunist" bezeichnet, seine Aneignung zur unbedingten Pflicht.

„Wo immer ein Kommunist arbeitet und lebt – er wird den Marxismus-Leninismus als Anleitung bewußten Handelns für die Interessen der Arbeiterklasse und aller Werktätigen verbreiten und verfechten, er wird die Überlegenheit des Sozialismus, seiner Werte und Errungenschaften nachweisen." Somit wurde dies auch zum hauptsächlichen Bestandteil des Wirkens der Parteimitglieder unter den Parteilosen.

Erfolgreich konnte das Denken und Handeln nur dann sein, wenn es sich bei jedem Genossen mit „ideologischer Klarheit und Standhaftigkeit" paart. Dies war wiederum mit dem Begriffspaar „klassenmäßige Haltung und Parteilichkeit" gekoppelt. Davon abzuweichen hieß, den Klassenstandpunkt der führenden Klasse zu verlassen, sich „objektivistisch" zu verhalten und damit feindlichen Ideologien Eingang in die Partei zu verschaffen. Parteilich und klassenmäßig war das, was das ZK als solches klassifizierte.

Damit wurde zwangsweise für jeden eine geistige Barriere errichtet, die zu übersteigen, Konflikte mit der Partei hervorrief. Es blockierte den Drang nach umfassenderen und tieferen Kenntnissen und Erkenntnissen. So blieb der Gesichtskreis auf den von der Parteiführung gezogenen Radius eingeengt.

Damit wurden der Wahrheit deutliche Grenzen gesetzt. In meine Erinnerung hat sich eine Darstellung Walter Ulbrichts über die Vorgänge im Juni 1953 als besonders charakteristisch für den Umgang mit der Geschichte eingeprägt. Danach war es der größte Fehler, den die Partei damals beging, im Kommuniqué über den „Neuen Kurs" begangene Fehler einzugestehen. Daraus habe der Gegner geschlußfolgert, daß es an der Zeit ist, den „Tag X" zu inszenieren und die DDR zu zerschlagen. Das führt zu der bestimmenden Verhaltensweise, keine „Fehlerdiskussion" zuzulassen, da sie nur für den Feind nützlich, aber für die Partei und die Sache schädlich sei. In die Verlegenheit, Fehler einzugestehen, brachte sich Erich Honecker nicht.

Daß die Praxis der SED damit weit von der Leninschen Auffassung entfernt war, sich schonungslos kritisch zu den eigenen Fehlern zu verhalten, störte nicht sonderlich. Dafür hatte man ein anderes Lenin-Zitat bei der Hand: Alles was der kommunistischen Sache dient, ist vertretbar, ist moralisch. Also gilt es, vor allem die

Erfolge zu propagieren, den Nachweis zu führen, wie der Sozialismus bei uns zu Hause und weltweit unaufhaltsam vorwärts schreitet. Ursachen für Veränderungen waren „jähe Wendungen".

Diese Sicht zu vermitteln, wurde zum wichtigsten Auftrag der Parteiführung an die Massenmedien, besonders für das Zentralorgan der SED „Neues Deutschland". Ihnen galt auch die ganz besondere Aufmerksamkeit des Generalsekretärs. Er gestaltete das „ND" maßgeblich, sei es durch Überschriften, durch das Redigieren und Freigeben bestimmter Artikel bis hin zum Abdruck solch erschütternd wirkender Wertung, daß wir „Ausreisewilligen keine Träne nachweinen".

Einen aufschlußreichen Einblick in das journalistisches Schaffen des Generalsekretärs gibt die Glückwunschadresse des „ND" und seines Chefredakteurs, Günter Schabowski, zu Honeckers 70. Geburtstag. Sie entschlüsselt das im „ND" anzutreffende Kürzel „A. Z." als E. H. In liebedienerischer Weise wird ihm attestiert, ein „kommunistischer Journalist" zu sein, „obwohl er die Profession im eigentlichen Sinne nie ausgeübt hat". Aber: „Als politischer Kämpfer der Arbeiterklasse hat er sich jedoch schon frühzeitig der Presse bedient. Für ihn stand und steht sie im Waffenverzeichnis des Proletariats. Wir Parteijournalisten empfinden Stolz und Genugtuung, aber vor allem Verantwortung angesichts dieses Beweises der Unverzichtbarkeit unserer Arbeit für die Partei." Als im Sommer 1982 diese Huldigung, die zugleich die Selbsthuldigung nicht vergaß, geschrieben wurde, hatte sich das „ND" allerdings schon längst von jenen Ansprüchen, die Werner Lamberz zehn Jahre vorher formulierte, verabschiedet. In „Geist und Stil des VIII. Parteitags" sollte es dazu beitragen, eine enge Verbindung zu den Werktätigen zu unterhalten, sich mit ihnen vertrauensvoll beraten, breiten Raum für ihre Initiative schaffen und subjektive Hemmnisse aus dem Weg räumen. Das Prädikat, „informierend, überzeugend, begeisternd und mitreißend zu sein", erhielt es zwar vom Generalsekretär des öfteren, von den Lesern jedoch immer seltener.

Im Parteiprogramm wird der ideologischen Tätigkeit der Partei ein zentraler Stellenwert eingeräumt. Die Praxis verlief jedoch anders. In ihr nahmen Ökonomie und Wirtschaft den größeren Raum ein. Dieser Trend verstärkte sich im Zuge der „Einheit von Wirtschafts- und Sozialpolitik" enorm. Mit der Moskauer Perestroika und Glasnost kamen neue Elemente der „Entideologisierung" hinzu: Sozialistische Außenpolitik ist kein Klassenkampf mehr, an die Stelle sozialistischer Ziele wurden allgemein humanistische gesetzt, was eigentlich kein prinzipieller Gegensatz wäre, die Auseinandersetzung der Systeme veränderte sich in Richtung Zusammenarbeit und Sicherung des Friedens „um jeden Preis". Ich will die Berechtigung, Zweckmäßigkeit oder Nützlichkeit dieser Argumentation nicht analysieren, sondern lediglich unter dem Aspekt der Wirkung auf die ideologische Arbeit der Partei darstellen.

Ideologie wurde immer mehr zur Magd der aktuellen Politik und immer stärker auf kurzfristige Ziele und tagespolitische Probleme gerichtet. Anstelle der Werke der Klassiker des Marxismus-Leninismus erschienen mehr und mehr Reden Erich Honeckers und Parteibeschlüsse auf der Liste der von den Teilnehmern am Parteilehrjahr zu lesenden Pflichtliteratur. Dieser Vorgang ist auch an den Reden, die durch Erich Honecker und andere Mitglieder der Parteiführung zur Eröffnung des Parteilehrjahrs im Herbst eines jeden Jahres gehalten wurden, nachvollziehbar. Hatten sie anfangs noch wenigstens den verbalen Anspruch auf theoretische Grundlagen der Politik an das Parteilehrjahr gestellt, so wich selbst dieser den aktuellen Erfordernissen. Bezeichnenderweise beschränken sich die Aussagen zur theoretischen und ideologischen Arbeit der Partei auf die „Erhöhung ihrer Massenwirksamkeit". Die inhaltliche Orientierung für 1988/89 beinhaltete dementsprechend: Bewußtmachen des untrennbaren Zusammenhangs von Sozialismus und Frieden, der Ergebnisse der Politik der Hauptaufgabe, Erläuterung der ökonomischen Strategie, der Verwirklichung der sozialen und kulturellen Rechte der Bürger im Sozialismus sowie Auseinandersetzung mit den „falschen und unbegründeten Anschuldigungen seitens der Kapitalisten", sie seien dem Sozialismus in der Gewähr politischer, persönlicher Rechte und bei der Demokratie weit voraus.

Die Instrumentarien der ideologischen Tätigkeit der Partei stumpften ab. Das Interesse der Mitglieder an Parteiveranstaltungen ging zurück, und sie wurden mehr und mehr eine Pflichtübung.

Nicht zuletzt war dies auch eine Folge der Wiederholung von allseits Bekanntem, des Deklamierens anstelle lebendiger polemischer Auseinandersetzungen. In Parteiorganisationen der Künstler, Schriftsteller, Verlage, Theater wehte aber ein anderer Wind, hier wurde und mußte offen geredet und gehandelt werden. Aber allgemein konnten die Propagandisten und Agitatoren in der Regel nicht besser sein als die Vorgabe.

Bei den Auftritten der leitenden Genossen verschwand die freie Rede von der Tribüne. Die von Walter Ulbricht noch geführten offenen Diskussionen und Polemiken wurden durch abgelesene Monologe ersetzt.

Das schlechte Beispiel hatte Folgen. Die geforderte „offensive und beweiskräftige Auseinandersetzung mit allen Erscheinungen der Ideologie und Politik des Imperialismus" flaute ab. Das stand im Widerspruch zu den tatsächlichen Erfordernissen. Der Aufbau und die Gestaltung der sozialistischen Gesellschaft erfolgte ja nicht in einem politik- oder ideologiefreien Raum. Ganz im Gegenteil, jeder Schritt, den die DDR unternahm, vollzog sich unter einem antikommunistischen Trommelfeuer. Nicht wenig Papier wurde in den Stäben der ideologischen und psychologischen Kriegsführung der USA und anderer NATO-Staaten für die Abfassung entsprechender Direktiven beschrieben. Die zu ihrer Verwirklichung eingesetzten Kräfte und Mittel waren enorm. In der Zeit des Kalten Krieges vollzog sich dieser Kampf mit besonderer Heftigkeit auf deutschem Territorium. Auch in der Zeit der politischen Entspannung blieb dies eine wesentliche und hochfinanzierte Seite der imperialistischen Staats- und Globaldoktrin.

Bitter ist das Eingeständnis, daß die Partei dieser Auseinandersetzung nicht gewachsen war. Die Ursache lag nicht in der Unfähigkeit von Funktionären, sondern waren die Tatsachen, die erlebte Wirklichkeit, die im Gegensatz zu den ideologischen Thesen stand. So verlor die SED ihre Glaubwürdigkeit, die sie 1989 dringender denn je benötigte.

Mit taktischen Winkelzügen, wie einer „Arbeitsteilung" zwischen den Medien aus Ost und West, bei der die DDR-Medien die Erfolge verkündeten und den Westmedien das Feld der Kritik überlassen wurde, war weder eine offensive noch eine Konterpropaganda zu führen. Als dann obendrein auch noch die Erfolge spärlicher wurden, blieb nichts anderes als ein defensives Reagieren übrig.

Ideologie stand am Ende einer langen Kette, obwohl sie nach unserer eigenen Lehre das zentrale Glied sein sollte.

Waren Marxismus-Leninismus und sozialistische Ideologie die eine tragende Säule für die Durchsetzung der führenden Rolle der Partei in der Gesellschaft, so war der demokratische Zentralismus, als oberstes Organisationsprinzip, die zweite.

Sie hatten die „monolitische Einheit der Reihen der Partei" ideologisch und organisatorisch zu gewährleisten. Im Statut der SED, im Verbund mit dem Programm ein Grundgesetz des Handelns jedes Mitglieds, werden die Merkmale des demokratischen Zentralismus wie folgt festgelegt: Demokratische Wahl der Leitungen von unten nach oben, regelmäßige Rechenschaftslegung der gewählten Leitungen, Verbindlichkeit der Beschlüsse der höheren Parteigremien für alle nachfolgenden, ihre disziplinierte Durchführung durch die Mitglieder, Unterordnung der Minderheit unter die Mehrheit.

Der demokratische Zentralismus der Kommunisten war von Anbeginn auf die Erringung und Erhaltung der Macht gerichtet, mit der Machtfrage verbunden.

In der Leninschen Schrift von 1904 „Ein Schritt vorwärts zwei Schritte zurück" – sie gilt als das klassische Werk für die organisatorischen Grundlagen der Partei neuen Typus – ist zu lesen: „Das Proletariat besitzt keine andere Waffe im Kampf um die Macht als die Organisation." In der SED wurde der demokratische Zentralismus mit der Entwicklung zur Partei neuen Typus zur verbindlichen Norm. Schrittweise wurde sie auch der Leitungstätigkeit des Staates und der Massenorganisationen zugrunde gelegt. Als alleiniger Richtwert wurden für sie die Beschlüsse des ZK und des Politbüros. Die Entwicklung der Partei zur Partei neuen Typus hat ihre Geschichte. Schon ein Jahr nach der Vereinigung der KPD und SPD zur SED forderte Walter Ulbricht 1947 in seinem Schlußwort auf dem II. Parteitag, die SED zu einer „Partei neuen Typus" zu entwickeln. Die 1. Parteikonferenz im Januar 1949 faßte dazu einen entsprechenden Beschluß.

Auf dem III. Parteitag 1950 wurde diese Frage noch zielgerichteter gestellt. Der Parteitag stand sogar unter dieser Losung. Und es wurde eine scharfe Gangart auf der Grundlage der Bedingungen, die Stalin 1925 der KPD diktierte, vorgelegt. Der Parteitag ging davon aus, daß die Grundsätze des Vereinigungsparteitags überholt seien, und deshalb wurde ein neues Statut beschlossen, das unter anderem die Wahl eines Zentralkomitees durch den Parteitag, die Wahl eines Generalsekretärs durch das ZK festlegte. Es wurde weiter beschlossen eine Parteiüberprüfung im Zusammenhang mit der Aufgabe, einen „systematischen Kampf gegen die versteckten Feinde innerhalb der Partei" zu führen. Das alles vor dem Hintergrund des Umschlags des Kalten Krieges in einen heißen, in Korea und er lieferte auch eine durchaus akzeptable Begründung, die Einheit und Geschlossenheit der Partei an der Seite der Sowjetunion, im Kampf gegen imperialistische Aggressionen zu festigen.

Wie aber wurde mit den Prinzipien des demokratischen Zentralismus in der Praxis umgegangen?

Eine Schlüsselrolle spielt dabei die Konzentration des aus mannigfaltigen Informationen gewonnenen Wissens auf einen ausgewählten, begrenzten Personenkreis. Der Besitz von Informationen verlieh das Recht auf Entscheidungen und auf Macht. Die Selektierung von Informationen und Wissen dosiert Macht. Aus meiner Tätigkeit kann ich dies im doppelten Sinn bestätigen. Ich wußte mehr, als die Funktionäre der nachfolgenden Ebenen, aber weniger als die der Zentrale. Fehlendes Wissen mußte durch Gläubigkeit ersetzt werden.

Das war von Bedeutung bei der Anwendung der statuarischen Aussage: „Das höchste Prinzip der Arbeit der leitenden Parteiorgane ist die Kollektivität. Alle Leitungen haben die vor der Partei stehenden Probleme, die Aufgaben und die Planung der Arbeit im Kollektiv zu beraten und zu entscheiden."

Wie war es um die Kollektivität im ZK, in diesem höchsten Organ zwischen den Parteitagen, bestellt?

Formal betrachtet durchaus gut. Es trat regelmäßig zusammen, nahm die Rechenschaftslegung des Politbüros entgegen und beriet über die zu lösenden Aufgaben.

Auf diese Formalien wurde auch nie vergessen hinzuweisen, wenn es galt, das gute Funktionieren der innerparteilichen Demokratie zu belegen. Wie war es aber um den Inhalt bestellt, der ja für eine Beurteilung das eigentliche ist? Da fällt das Urteil anders aus und zeigt die Tendenz zur Sinnentleerung. Fakten sollen das belegen.

Von Walter Ulbricht eingeführt, wurden den Parteitagsdelegierten schriftliche Rechenschaftsberichte über die Tätigkeit des ZK vorgelegt. Sie vermittelten ein detailliertes Bild darüber, wie an die Durchführung der Parteitagsbeschlüsse herangegangen wurde, welche Probleme dabei auftraten und welche Resultate erreicht wurden. So war es vom ZK auch für den VIII. Parteitag beschlossen. Eine Rechenschaftslegung erfolgte aber nicht. Die Rede Erich Honeckers trug zwar diesen Titel, zu Unrecht, wie nachzulesen ist. So blieb es auch auf allen nachfolgenden Parteitagen. Das, was als Rechenschaftslegung gelten sollte, beschränkte sich auf die Auflistung erreichter Erfolge. Schon das legt den Schluß nahe, daß es in den Tagungen des ZK nicht anders sein konnte. Das trifft leider zu.

Die Fristen zwischen den Tagungen wurden verlängert. Die Dauer der Sitzungen verkürzt. Die Tagesordnung der zwei Tagungen im Jahr umfaßte, nahezu standardisiert, nur noch den obligaten Bericht des Politbüros und die Entwürfe für den Volkswirtschafts- und Staatshaushaltsplan. In meiner 13jährigen Mitgliedschaft im ZK erlebte ich lediglich zwei thematische Sitzungen, die zur Mikroelektronik und die zum Bauwesen, beide 1977. Die grundlegenden Aufgaben wurden immer häufiger im Schlußwort des Generalsekretärs dargelegt und ohne Diskussion beschlossen.

Welche Beschneidung selbst der formalen innerparteilichen Demokratie damit erfolgte, liegt auf der Hand. Die Tagungen des ZK entfernten sich immer weiter von früher geführten Auseinandersetzungen, vom Ringen um tragfähige Entscheidungen und verkamen immer mehr zu Zustimmungsbekundungen und Akklamationen zur „Linie" und dem erfolgreichen Wirken des Generalsekretärs. Die Basis dafür boten die entsprechend angelegten Berichte des Politbüros. Dazu kam die Steuerung der Diskussion durch das Politbüro und die vorher bei Erich Honecker eingeholte Zustimmung zu Diskussionsreden. Es war selbst für Mitglieder des Politbüros eine beruhigende Rückversicherung, wenn der eingereichte Entwurf mit akribisch vorgenommenen Änderungen und dem „einverstanden E. H." zurückkam.

Was passierte, wenn sich jemand nicht an dieses Reglement hielt, erlebte ich auf der 8. Tagung 1978.

Die Genossin Hanna Wolf, seit 1954 Mitglied des ZK, über jeden Zweifel an ihrer Treue zur Partei erhaben, warf in einem nicht vorher „abgestimmten" Diskussionsbeitrag die Frage auf, ob die Parteisekretäre durch die starke Orientierung auf die Ökonomie nicht allzu sehr abgelenkt werden vom Hauptgegenstand der Parteiarbeit, der ideologischen Aufklärung und Erziehung der Menschen. Das entsprach ihren umfangreichen Kenntnissen aus dem Umgang mit Kadern der Partei und traf den Nagel durchaus auf den Kopf. Viele dachten genauso, aber unterstützt wurde sie von niemandem. Auch nicht von mir. Was dann folgte, war ein nicht vorgesehenes Schlußwort des Generalsekretärs. Höflich aber entschieden wurde die dargelegte Ansicht zurückgewiesen. Das ist legitim, aber daß der Diskussionsbeitrag in den Dokumenten der Tagung noch nicht einmal erwähnt wurde, von einer Veröffentlichung ganz zu schweigen, das ist schon anders zu bewerten. Selbst im „parteiinternen" Bulletin fanden Diskussionsrede und Antwort keine Erwähnung. Aber alle schwiegen. Die disziplinierende Wirkung war erreicht.

Dieses Führungsregime beschränkte sich nicht auf das ZK, es drückte auch dem Politbüro und Sekretariat seinen Stempel auf. Auch diese beiden Gremien wurden von Erich Honecker dominiert. Kein Punkt kam auf die Tagesordnung ohne vorherige Bestätigung der entsprechenden Vorlage. Jeder Sitzungsteilnehmer wußte das und verhielt sich entsprechend. Da das Resultat faktisch vorweggenommen war, kam es für sie, vor allem für die geladenen Gäste, darauf an, „einen guten Eindruck zu machen".

Von dieser Regel wurde wohl ein einziges Mal abgewichen: Bei der letzten Sitzung unter der Leitung des Generalsekretärs, auf der Willi Stoph dessen Rücktritt forderte.

Die straffe Leitung der Sitzungen ermöglichte es, auch in der kurzen Zeit von zwei bis drei Stunden, länger dauerte in der Regel keine Sitzung des Politbüros, die des Sekretariats waren noch kürzer, den Koffer voller Vorlagen zu erledigen. Von meinem letzten

1. Sekretär, Günter Schabowski, wußte ich, daß er sich am Wochenende erst gar nicht der Mühe unterzog, sich durch diesen Papierberg durchzuarbeiten. Dazu hatte er seine Leute. Wie schöpferisch er sich da in den Sitzungen durchschweigen konnte, ist erklärlich. Politbüro wie Sekretariat des ZK dienten also nur zum Drapieren der Entscheidungen des Generalsekretärs.

Als auf dem IX. Parteitag der SED dieser Titel, der nach den Enthüllungen über die Verbrechen und den Machtmißbrauch Stalins in der Versenkung verschwunden war, wieder hervorgeholt wurde, war dies kein formaler Akt. Damit wurde mehr Macht erteilt und die autoritäre Stellung gefestigt. In der Tat zeigte sich, daß Honekker nicht mehr nur ein „Gleicher unter Gleichen" war. In einer der wenigen offenen Auseinandersetzungen Honeckers mit einem Politbüromitglied erklärte er ihm dazu, daß unter Gleichen nur einer der Erste sein kann. Damit war auch der Schlußpunkt zum „neuen Stil" der Parteiarbeit gesetzt. Die danach erfolgte Übernahme des Amtes des Staatsratsvorsitzenden tat das Übrige. Diese Verknüpfung ist aber nicht unüblich in zentralistisch geführten Systemen

Es stellt sich die Frage, wie eine solche Heraushebung eines einzelnen aus dem Kollektiv, eine solche Konzentration von Entscheidungs- und Machtbefugnissen in der Partei und im Staat möglich ist.

Sie erfolgte durch keinerlei Putsch oder andere illegale Mittel. Der ganz legale Weg dazu ist der des demokratischen Zentralismus. Durch ihn wurde eine solche Entwicklung nicht nur ermöglicht, sondern wurde „parteiimanent", schon fast eine „objektive Gesetzmäßigkeit".

Dazu kommt der subjektive Faktor.

Erich Honecker war keine überragende Geistesgröße. Er konnte, wie man sagt, seinem Vorgänger nicht das Wasser reichen. Deshalb verschwanden polemische Diskussionen aus ZK und Politbüro und wurden durch einseitige Meinungsvorgabe und Administration verdrängt. Dies ergab den Zwang der Zentralisation und die Notwendigkeit eines Kollektivs, das die toleriert. Das Kriterium, wer dazu gehören durfte, war durch Gefolgschaftstreue gesetzt. Die Auswahl der Mitglieder der Leitungsgremien, ganz gleich ob ZK oder Politbüro und Sekretariat, erfolgte durch ihn. Kaderpolitik lag vorsorglich in seiner Entscheidungskompetenz.

Gerade in der Art und Weise wie sie gehandhabt wurde, offenbaren sich die Spielregeln des demokratischen Zentralismus.

Er kannte das Stalinsche Wort: „Die Kader entscheiden alles" und wußte um dessen Bedeutung.

Mit der Kadernomenklatur wurde der entscheidende Einfluß der Zentrale auf die Besetzung aller bedeutenden Funktionen in der Partei, im Staat und in der Wirtschaft sowie in allen gesellschaftlichen Organisationen gesichert.

Je mehr der politische Kurs aus dem Ruder lief, um so größer wurde der Kaderkreis, über dessen Einsatz oder Abberufung der ZK-Apparat entschied. Schließlich umfaßte die zentrale Nomenklatur über 5000 Funktionäre und weitere 4000 gehörten zur Kontrollnomenklatur. Sie reichte bis zu den Kreisen in Person der 1. und 2. Sekretäre der Partei und in Großbetrieben in Person der dort tätigen Parteisekretäre, die zugleich „Parteiorganisatoren des ZK" waren, und der Betriebsleiter.

Mit den Nomenklaturregelungen wurde das im Statut festgeschriebene Prinzip der Wahl von unten nach oben faktisch auf den Kopf gestellt. Keiner zur zentralen Nomenklatur oder Kontrollnomenklatur gehörende Funktionär konnte ohne vorherige Bestätigung durch die Zentrale zur Wahl aufgestellt werden. Im Protokoll war dann immer die Floskel zu lesen: „Im Falle der Wahl gilt er als bestätigt.".An der vorweggenommenen Entscheidung änderte auch die geheim durchgeführte Wahl der Leitungen nichts. (Für die Sekretäre traf das letztere schon nicht mehr zu.) Wie diese geheime Wahl des ZK seit dem VIII. Parteitag aussah, ist bezeichnend. Die Delegierten erhielten unmittelbar vor der geschlossenen Sitzung den gedruckten Wahlvorschlag. Sich mit den zur Wahl gestellten Kandidaten bekannt zu machen, war nicht möglich, denn die Liste enthielt nut die Namen aus dem eigenen Bezirk. Es erfolgte keine weitere Vorstellung der Kandidaten. Nicht einmal mehr die Namen wurden verlesen, keine Fragen gestellt. Dem Wahlvorschlag wurde per Akklamation zugestimmt und der vorbereitete Stimmzettel „geheim" in die Wahlurne gesteckt. Die einstimmig erfolgte Wahl galt als hoher Ausdruck für die Einheit und Geschlossenheit der Partei.

Es erübrigt sich zu betonen, daß dieses Ritual bis in die Grundorganisationen betrieben wurde, obwohl dort in nicht geringen Fällen keine Einstimmigkeit erreicht wurde. Nach dem „demokratischen" wird man bei diesem Verfahren dennoch vergeblich suchen.

Der demokratische Zentralismus regelte auch das gesamte innerparteiliche Leben und wurde mit „Leninschen Normen" bezeichnet. Das Parteistatut umfaßte das gesamte Kompendium der Regeln für das nach hierarchischen Gesichtspunkten aufgebaute Funktionieren der Partei bis in die kleinste Organisationseinheit und dem einzelnen Mitglied.

Die darin fixierten Pflichten und Rechte der Mitglieder der SED sind beachtenswert.

In einer ständigen Ausweitung der Pflichten bei gleichbleibenden Rechten wird bis ins Detail festgelegt, was jedes Mitglied im Interesse der Partei zu tun und zu lassen hat. An der Spitze steht dabei „die Einheit und Reinheit der Partei als die wichtigste Voraussetzung, ihre Kraft und Stärke stets zu wahren und sie in jeder Weise zu schützen". Das erforderte die Unterordnung der Minderheit unter Mehrheitsbeschlüsse und ihre „abstrichslose Erfüllung". Sie schloß Gruppenbildung und Fraktionsmacherei als schlimmstes Vergehen aus.

Bei der Erfüllung seiner politischen und beruflichen Tätigkeit und im persönlichen Leben hatte ein Mitglied der Avantgardepartei nicht nur Vorbild zu sein, sondern dabei stets die Interessen der Partei und der Gesellschaft über die persönlichen zu stellen. Nach dem demokratischen Zentralismus spielten die Grundorganisationen die Rolle eines Bindeglieds zwischen Zentrale und Mitglied. Ihr Leben hatte sich auf der Grundlage zentraler Beschlüsse zu gestalten. Dafür gab es viele Vorgaben. Immer wieder galt es, zu Reden des Generalsekretärs Stellung zu nehmen oder Tagungen des ZK auszuwerten. Der Spielraum für das Eigenleben wurde noch zusätzlich durch Themenfestlegungen für Mitgliederversammlungen, die u. a. in der Bezirksleitung erfolgten, noch weiter eingeengt. Was gedacht war, die Aktivität der Mitglieder zu fördern, führte zu gegenteiligen Wirkungen, zu Interessenlosigkeit und Passivität vieler Genossinnen und Genossen. Manche Mitglieder haben monatelang kein Wort in Versammlungen oder Parteizirkeln von sich gegeben. Die geforderte „ideologische Stählung" wurde mehr und mehr durch Disziplinierungsappelle und -maßnahmen ersetzt.

Dazu standen den Leitungen viele Möglichkeiten zur Verfügung. Sie reichten von Kritik und geforderter Selbstkritik über „parteierzieherische" Maßnahmen bis zum Ausschluß aus der Partei. Entgegen der Verteufelung der Parteikontrollkommissionen, die oft vorgenommen wird, möchte ich aus meinen Erfahrungen sagen, daß dieses Mittel der „Parteierziehung" recht sparsam eingesetzt wurde. Obwohl sich die Zahl der Parteiverfahren in den achtziger Jahren um ein Fünftel erhöhten, betrafen sie nicht 1 % der Mitglieder. Darin sind auch die Ausschlüsse oder Streichungen enthalten, die ich jedoch ständig erhöhten und 1988/89 knapp die Hälfte aller Verfahren ausmachten. Daß es trotzdem zu ungerechten und unbegründeten Urteilen kam, die folgenschwere Konsequenzen nach sich zogen, ist eine bittere Seite ihrer Tätigkeit. Nachträgliche Rehabilitierungen können begangene Fehler an Genossinnen und Genossen kaum wieder gutmachen.

Nach den Regeln der innerparteilichen Demokratie stand jedem Mitglied das Recht zu, „an der Erörterung aller Fragen der Politik der Partei und ihrer praktischen Arbeit teilzunehmen". Auffallend an diesem Artikel des Statuts ist die Verquickung eines Rechts mit einer Pflicht.

Das Statut sieht die „freie und sachliche Erörterung der Fragen der Parteipolitik" ausdrücklich auch über den Rahmen der Parteiorganisationen hinaus vor. Eingebürgert hatten sich solche „Parteidiskussionen" in der SED vor allem unter dem Begriff der „Parteitagsdiskussionen". Anlaß zum Nachdenken gibt die dafür gegebene Definition, wann eine solche Diskussion erforderlich sei. Eine solche Notwendigkeit liege vor, „wenn das ZK es für notwendig erachtet, sich über diese oder jene Frage der Politik mit der ganzen Partei zu beraten". Das wurde als der Normalfall angenommen, Ausnahmesituationen, wie sie Ende 1989 eintraten, nie ernsthaft ins Kalkül gezogen.

Wie faßte das Politbüro als Inspirator derartiger Diskussionen diese Festlegungen selbst auf, wie wurden sie ausgelegt? Meine Erfahrungen weisen da auf beträchtliche Unterschiede hin. Ich meine, daß es vor dem VI. und VII. Parteitag tatsächlich um eine breite öffentliche Aussprache über wesentliche Elemente der politischen und ökonomischen Entwicklung ging. Natürlich waren die Themen und Diskussionspunkte zentral vorgegeben, aber die Absicht Walter Ulbrichts bestand darin, „Fragen der Politik mit der ganzen Partei zu beraten". Er suchte die Öffentlichkeit zur Unterstützung seiner An- und Absichten. Dabei ging er über den Rahmen der Partei hinaus, wie dies vor allem in der öffentlichen „Volksaussprache" über den Entwurf der sozialistischen Verfassung 1968 und dem Volksentscheid sichtbar wird. Ohne dies überbewerten zu wollen, waren es ernstgemeinte und ernstzunehmende Elemente einer „Basisdemokratie".

Sie wurden unter Erich Honecker nicht nur nicht fortgesetzt, sondern sie verkümmerten. Die „Parteitagsdiskussionen" verloren an Substanz und trugen zunehmend formale Züge mit dem deutlichen Zweck, vorgegebene Positionen zu bejahen. Tatsächlich gab es auch zum X. oder XI. Parteitag keinen Spielraum für Debatten zu strategischen Fragen. Nach 1985 wurde auch die Gefahr größer, daß, durch Perestroika und Glasnost ausgelöst, Antipositionen zur Sprache kämen. Und auch in dieser Zeit blieb die Ausschaltung der öffentlichen Meinung nicht auf die Partei begrenzt. Es sei hier nur an die 1974 vorgenommenen Verfassungsänderungen, die dem Umfang einer neuen Verfassung gleichkamen, erinnert. Sie erfolgten unter Ausschluß der Öffentlichkeit. Selbst dem ZK wurde der neue Entwurf nicht zur Diskussion vorgelegt.

Die innerparteiliche Demokratie sichert jedem Mitglied der SED das Recht zu, an der Tätigkeit der Mitglieder und Funktionäre der Partei, unabhängig von ihrer Stellung, Kritik zu üben. Kritik und Selbstkritik wurden als Entwicklungsgesetz der Partei bezeichnet. Demzufolge sollte auch jeder, der Kritik unterdrückt, zur Verantwortung gezogen werden. Es wäre absolut falsch, wollte man behaupten, in der SED habe eine kritiklose Windstille geherrscht. Von oben wehte stets ein kritischer, zum Teil heftiger Wind. Auch in den Grundorganisationen wehte er, wenn er sich auch oft auf nicht zu lösende Mangelerscheinungen und weniger auf Personen bezog. Richtete sich Kritik an die mittlere Ebene von Leitungskadern, fand sie teilweise sogar Unterstützung und Zustimmung übergeordneter Instanzen. Für sie war das wie ein Blitzableiter, eine Schutzmaßnahme für die Allmächtigen. Kritik von unten nach ganz oben bekam dem Kritiker nie, war oft mit persönlichen Nachteilen verbunden.

Man kann den geübten Umgang mit dem demokratischen Zentralismus von dieser oder jener Seite beleuchten, sichtbar wird immer der Zentralismus, die Demokratie blieb dessen Schatten. Das hatte Folgen.

Geschaffen als Grundlage für das Wirken einer führenden Partei, für eine starke Macht der Arbeiterklasse und ihrer Bündnispartner, für einen starken Sozialismus, verkehrte er sich gerade dadurch in sein Gegenteil.

Seine Handhabung durch die SED und in der DDR generell vermittelt eine Erkenntnis: Der demokratische Zentralismus erwies sich nur so lange als machterhaltend, solange die Zentrale voll funktionsfähig war. Solange war die Partei auch imstande, die Auffassungen und Handlungen in der Gesellschaft zu beherrschen. Jede Schwächung an der Spitze führte zur Schwächung des Gesamtorganismus, beeinträchtigte dessen geplantes Funktionieren. Konflikte zwischen dem Zentrum und jenen Kräften, die die Lage verändern wollten, auch um das oberste Ziel der Systemerhaltung des Sozialismus zu sichern, waren unvermeidlich. Letztendlich mußten derartige Konflikte zum Bruch führen. Sehe ich in der viel gepriesenen Demokratie auch kein Allheilmittel, so ist sie doch zumindest eine Voraussetzung auf dem Weg zu einer neuen Gesellschaft. So verstehe ich die Lektion, die uns die Entwicklung erteilte und die schließlich zum Ende nicht nur des demokratischen Zentralismus, sondern auch der SED und des realen Sozialismus in der DDR führte.

Den Verfallsprozeß der Partei erlebte ich aus der Berliner Sicht hautnah. Er führte mich zu dieser Erkenntnis.

Die SED erfüllte die sich selbst zugeschriebene Rolle als führende Kraft in der DDR nicht. Als solche trägt sie auch die Verantwortung für das Scheitern des Sozialismus. Das rechtfertigt ihre Verurteilung als eine reaktionäre Partei durch Funktionäre ihrer Nachfolgerin jedoch nicht. Ich habe mich zu keiner Zeit, auch nicht in der für mich bittersten, als ein Mitglied einer reaktionären Bande gefühlt. Darin weiß ich mich einig mit den unzähligen Mitgliedern und Funktionären, mit denen ich über Jahrzehnte zusammen gewirkt habe, mit den Veteranen der Partei, die oft ihr Leben für eine bessere Welt eingesetzt hatten, die ich als aufrechte Genossinnen und Genossen kennen und schätzen lernte, die aus tiefer Überzeugung dem Sozialismus dienen wollten und dienten und, schlicht gesagt, gute und vertrauenswürdige Menschen waren.

Sozialismus und Frieden – Partei und Opposition

Nach neunjährigem Ringen der Staaten des Warschauer Vertrages und umfangreicher Vorbereitung fand vom 30. Juli bis 1. August 1975 in Helsinki die 35-Staatenkonferenz über Sicherheit und Zusammenarbeit in Europa statt. Sie war ein Beleg dafür, daß die erstarrten Fronten der Ost-West-Beziehungen in Bewegung gekommen waren. Die Schlußakte, unterzeichnet von den Staats- bzw. Regierungschefs der teilnehmenden Länder, darunter auch der USA und Kanadas, stellt das bedeutendste Dokument der friedlichen Koexistenz von Staaten unterschiedlicher Gesellschaftsordnungen dar. Von den sozialistischen Ländern wurde sie vor allem wegen der Fixierung der Grundsätze der zwischenstaatlichen Beziehungen, die sich nach dem Prinzip der souveränen Gleichheit, ohne Gewaltanwendung oder -drohung vollziehen sollte, in der die bestehenden Grenzen als unverletzlich garantiert werden, alle Streitfragen friedlich zu regeln sind, als ein Sieg gewertet.

Der nach dem Zweiten Weltkrieg herausgebildete Status quo war nun als gesichert anzusehen. An die Stelle von Systemkonfrontation sollte die Zusammenarbeit in Wirtschaft und Ökologie, Wissenschaft und Technik treten. Die Schlußakte bot eine Chance, das Wettrüsten zu beenden und in der Abrüstung voranzukommen. Für diese, von den sozialistischen Ländern angestrebten Ziele, mußte der von ihnen als unbequem eingestufte „Korb 3" in Kauf genommen werden. Er beinhaltete die Ausweitung der Zusammenarbeit im humanitären Bereich, die Förderung menschlicher Kontakte, von Familienzusammenführungen, von Eheschließungen von Bürgern verschiedener Staaten, unabhängig ihrer Zugehörigkeit zu Bündnissystemen, von Reisen und Ausreisen, des Austausches von Informationen und verbesserter Arbeitsbedingungen der Journalisten im Ausland. Die Schlußakte von Helsinki stellte die Partei und ihre Verbündeten in der DDR vor kaum zu bewältigende

Probleme. Einerseits galt es, die friedensbewahrende Funktion der friedlichen Koexistenz von Staaten unterschiedlicher Gesellschaftsordnung und Bindungen an Pakte zu verdeutlichen und gleichzeitig klarzustellen, daß es eine Koexistenz auf ideologischem Gebiet nicht gibt und nicht geben kann. Das war besonders für die DDR lebenswichtig. Ein westlicher Politologe hatte es so artikuliert:

„Die DDR ist keine Nation, sondern ein Staat, dessen Existenzbedingungen der Glaube an die sozialistische Ideologie ist. Was geschieht aber, wenn dieser Glaube zerbricht? Polen bleibt Polen, wenn dort der Glaube an die sozialistische Ideologie verfliegt, Ungarn bleibt Ungarn, falls das sozialistische System verändert wird. Wenn das gleiche aber in der DDR geschieht, dann bleibt von der DDR nichts übrig."

Also galt es für die SED, den Glauben an die sozialistische Idee, die Überzeugung von der Richtigkeit der marxistisch-leninistischen Lehre vor allem in den eigenen Reihen zu stärken.

Die hauptstädtische Parteiorganisation war dabei besonders gefordert, prallten in der „weltoffenen Stadt" Berlin gegensätzliche Meinungen stärker und schärfer als anderenorts aufeinander.

Wir wußten um den ideologischen Zustand der Parteiorganisationen und der Mitgliedschaft und waren weit davon entfernt, ihn als festgefügte, monolitische Einheit zu betrachten. Wir rechneten „mit Verwundeten in der offenen Feldschlacht", wie es Konrad Naumann bildhaft auszudrücken pflegte.

Bei der Größe der Berliner Parteiorganisation – jeder fünfte erwachsene Berliner war Mitglied der SED –, ihres raschen zahlenmäßigen Wachstums - sie hatte sich in den zwei zurückliegenden Jahrzehnten nahezu verdoppelt –, der unterschiedlichen politischen und Allgemeinbildung, von Lebens- und Parteierfahrung, von unterschiedlicher sozialer Herkunft und Stellung, von Alter und Geschlecht konnte es die beschworene und unterstellte politisch-ideologische Einheit der Parteireihen nicht geben. Dazu kam noch eine für Berlin typische Besonderheit, der hohe Anteil der Intelligenz. Sie war die stärkste Gruppe. Hier in Berlin waren die größten Forschungseinrichtungen angesiedelt und die meisten Schriftsteller, Künstler und Kulturschaffenden der DDR beheimatet und tätig. Ihre Parteiorganisationen nahmen einen bedeutsamen Platz ein.

Die Bezirksleitung war bemüht, dieser Spezifik gerecht zu werden. Regelmäßig, fast jeden Monat, trafen sich Sekretäre mit ihnen zu „Podien". Die Gespräche waren offen und vertrauensbildend. Streitbares wurde nicht ausgespart und offengebliebenes aufgeschoben aber nicht vergessen.

Das ergab eine gute Grundlage für die höheren Ansprüche in der ideologischen Tätigkeit. Sie erwies sich auch nach Helsinki als tragfähig, bis sie durch zwei sehr unterschiedlich gelagerte Ereignisse stark eingeschränkt wurde: Durch die Ausbürgerung Wolf Biermanns aus der DDR und die Liaison Konrad Naumanns mit Vera Oelschlegel, der Ehefrau des Präsidenten des Schriftstellerverbandes der DDR, Hermann Kant.

Erschütterte ersteres das Vertrauen zur Parteiführung, so belastete das andere den normalen, parteimäßigen Umgang des Bezirkssekretariats mit den Schriftstellern, Künstlern und Kulturschaffenden wie auch umgekehrt.

Spürbar wurde das politische Klima rauher, der kulturpolitische Kurs schärfer. Galt bisher das gute Signal, das Erich Honecker auf der 4. Tagung des ZK im Dezember 1971 gesetzt hatte, daß es „auf dem Gebiet von Kunst und Kultur keine Tabus" geben kann, „wenn man von der festen Position des Sozialismus ausgeht", so war es mit dem Protest von 12 Berliner Schriftstellern gegen die Ausbürgerung Biermanns wie weggeblasen. Sie hatten „die festen Positionen des Sozialismus verlassen", so jedenfalls die Bewertung der Parteiführung.

Das nach dem Kölner Konzert Biermanns vom 13. November entzogene „Recht auf weiteren Aufenthalt in der DDR" fand ich konsequent. Seit den Begegnungen bei „Lyrikabenden", die der Zentralrat der FDJ in den sechziger Jahren organisierte und bei denen der gitarrespielende Barde nie fehlte, hatte ich eine Antipathie gegen seine gegen uns gerichteten Lieder. Darin wußte ich mich auch mit vielen Künstlern und Schriftstellern eins. Um so überraschender traf mich der Protest aus den eigenen Reihen. Damit mußte sich die Parteiorganisation der SED des Schriftstellerverbandes beschäftigen. In drei Versammlungen erfolgte die Auseinandersetzung mit den Genossinnen Sarah Kirsch und Christa Wolf und den Genossen Jurek Becker, Stephan Hermlin, Karl-Heinz Jakobs,

Günter Kunert und Gerhard Wolf. Schnell sollte von der Parteiorganisation eine Verurteilung der Handlung oben genannter erfolgen und eine Treueerklärung zur Politik der Parteiführung abgegeben werden. Es galt zu verhindern, daß diese Angelegenheit lange unbeantwortet im Raum stehen blieb und dadurch ein Schatten auf das Image der DDR im Ausland fiel und der innere Frieden Schaden erlitt. Im ersten Anlauf gelang das nicht. Zu unterschiedlich war die Bewertung des Vorgangs. Unser Bemühen, das Kind nicht mit dem Bade auszuschütten, bei der Anwendung parteierzieherischer Maßnahmen für die betroffenen Parteimitglieder zu differenzieren, auch mit der Absicht, solche renommierten Schriftsteller wie Christa Wolf und Stephan Hermlin der DDR zu erhalten, stieß auf Unverständnis und Widerspruch bei besonders „revolutionären" Mitgliedern.

Manche unserer Absicht gelang, manche nicht. Die Partei und die DDR verloren viele, zu viele. Die uns verlassenden Schriftsteller und Künstler bedeuteten, auch wenn wir es uns nicht eingestehen wollten, einen Substanzverlust. Hier geht es nicht um Zahlen. Trotzdem wurden repressive Maßnahmen fortgesetzt. Erinnert sei nur an den erfolgten Ausschluß Stephan Heyms und von acht weiteren Schriftstellern aus dem Schriftstellerverband im Jahre 1979. Dafür engagierte sich Konrad Naumann persönlich. Das fand nicht nur die Billigung des Politbüros, sondern auch die besondere Würdigung durch den Generalsekretär. In seiner Rede auf der Bezirksdelegiertenkonferenz 1979 führte er aus: „Die Bezirksleitung unter Konrad Naumann hat sich als Schrittmacher für die entschlossene Durchführung der Kulturpolitik unserer Partei erwiesen." Das stachelte auch regelrecht dazu an, mit harter Hand die weiteren Auseinandersetzungen in den Theatern, Verlagen und Künstlerverbänden zu führen. (Was übrigens auf das dort herrschende politische Klima sehr deutlich hinwies.) Das ermutigte ihn auch, wiederholt gegen die „Taktiererei" der verantwortlichen Kulturfunktionäre, Kurt Hager eingeschlossen, aufzutreten. So veranstaltete er eine eigene Kulturkonferenz Berliner Künstler, bei der er offensichtlich seine Kompetenz überschritten hatte.

Läßt man Details in dieser Angelegenheit außer acht, so tritt die Kernfrage deutlich hervor. Es ging dabei um nichts anderes als um die Behauptung des Ausschließlichkeitsanspruchs der Parteiführung auf Wahrheit, als einem Eckpfeiler der führenden Rolle der Partei. Ihn sah man durch den Protest gegen die Entscheidung des Politbüros zur Ausbürgerung von Biermann gefährdet. Dabei spielte die permanente Überschätzung der positiven wie der negativen Wirkung von Literatur und Kunst in der Politik auf die öffentliche Meinungsbildung und die Erziehung der Menschen eine wesentliche Rolle. Die war schon auf dem ZK-Plenum 1965 deutlich geworden. Aber zur gleichen Zeit schaute man auf die Literaten und Künstler von oben herab. Immer wieder hörte ich von Funktionären: „Die sollen sich mal nicht einbilden, sie seien klüger als die Partei." Sie wurden also bei weitem nicht so hoch eingeschätzt, wie es in Feiertagsreden ausgedrückt wurde. Ihre geistigen Potenzen waren vor allem zur „künstlerischen Untermauerung" der Parteilinie und für das internationale Renommee der DDR gefragt. Gab es diese Übereinstimmung mit den Ansprüchen der Parteiführung im künstlerischen Schaffen nicht, erfolgten Eingriffe selbst in schon veröffentlichungs- oder sendereife Werke. Nur aus Parteidisziplin hüllten parteiergebene Schriftsteller und Künstler darüber den Mantel des Schweigens. Dieser Zustand konnte auf Dauer für ein gedeihliches Miteinander nicht tragbar sein. Der Unmut wuchs, manche resignierten, andere sannen über einen Ausweg nach. Alles zusammen war das dem Schöpfertum abträglich.

Zu den geistigen Vätern Biermanns gehörte der seit Jahren ausgegrenzte Systemkritiker Robert Havemann. Trotz Isolation hatte auch er „Multiplikatoren" für seine Auffassungen, Meinungen und Standpunkte. Auf seine Widersprüche zur Politik der SED stürzten sich westliche Journalisten und beförderten sie in die DDR.

Ähnliches trat ein, als Rudolf Bahro, einst Mitglied der SED, seine „Alternative" zum Realsozialismus in Umlauf brachte. Er wurde inhaftiert, was das Interesse an seiner Person weckte und ihm eine vorher nie besessene Popularität einbrachte. Aus den illegal verbreiteten Exemplaren seines Buches wurde in Lesezirkeln vorgelesen und in privaten und kirchlichen Räumen diskutiert und dann weiter verbreitet. Erneut bestätigte sich die alte Wahrheit: Ideen lassen sich weder in einen Hausarrest zwingen noch hinter Mauern und Gitter sperren, am allerwenigsten bei einer derartigen

Lobby einer elektronischen Medienwelt. Wie deren umfangreiche Mittel bewußt und gezielt eingesetzt wurden, kommentierte die großbürgerliche Zeitung „Die Welt" vom 4.1.1982: „Der Informationskrieg auf weltweiter Ebene ist ein langfristiger Kampf. Es ist das Artilleriesperrfeuer, mit dem das Feindgebiet aufgeweicht wird, bevor man zur Besetzung schreitet."

Das war eine gute Anleitung zum Handeln für diejenigen, die auf dem Boden der Auffassungen von Havemann oder Bahro standen. Dabei brauchten sie die Quellen nicht preiszugeben, deckte sich doch vieles mit denen der „Eurokommunisten". Die Reden ihrer Repräsentanten auf der Berliner Konferenz 29 Kommunistischer- und Arbeiterparteien in Berlin hatte das „ND" veröffentlicht. Das zeigt, in welcher Zwickmühle sich die Parteiführung der SED befand. Wollte sie der zunehmenden Erosion der politisch-ideologischen Einheit in den eigenen Reihen entgegenwirken, so wäre eine prinzipielle Auseinandersetzung mit diesem Gedankengut erforderlich gewesen. Das jedoch wurde vermieden. Wollte man einerseits die Gemeinsamkeiten im antiimperialistischen Kampf und zur Sicherung des Friedens nicht gefährden, so reichte andererseits die Überzeugungskraft für die Verteidigung und Verbreitung der eigenen Positionen nicht mehr aus.

Als nach 1985/86 die Gorbatschowschen Ideen von Perestroika und Glasnost in die DDR und in die SED hineinwirkten, vertieften sich die politisch-ideologischen Widersprüche noch mehr, mühsam zusammengekittete Bruchstellen brachen auseinander. Die Wirksamkeit der SED in der Gesellschaft verminderte sich rapide und ging 1989 völlig verloren.

In der zweiten Hälfte der siebziger Jahre verschlechterte sich die Stimmung in der DDR. Das war auch die Folge von Helsinki. „Korb 3" hatte wunde Stellen der DDR-Politik bloßgelegt. Das Thema Reisen und Ausreisen ins westliche Ausland wurde erneut zu einem Dauerproblem. Mit der Schließung der Grenze im August 1961 war es jahrelang verdrängt worden, erledigt war es nicht. Um Zuspitzungen zu vermeiden, wurden rettende Maßnahmen ergriffen. Am wirksamsten war der visafreie Reiseverkehr in die Volksrepublik Polen (er wurde wegen der innenpolitischen Vorgänge in Polen und der Tätigkeit von „Solidarnosc" 1980 wieder eingestellt), in die ČSSR sowie viele Urlaubsplätze in Ungarn und Bulgarien. Millionen machten jährlich davon Gebrauch. Zögernd und begrenzt gestattete man Ausreisen im Zuge von Familienzusammenführungen, Hochzeiten mit Bürgern aus „NATO-Staaten" und der anschließenden Ausreise des einen Partners, vorwiegend in die BRD oder nach Berlin/West.

Zu den Rentnerreisen kamen solche in „dringenden Familienangelegenheiten". Das milderte den Druck aber nicht. Es regte vielmehr dazu an, Reisemöglichkeiten für alle zu fordern. Dabei wirkten Vorgänge in den Nachbarländern befruchtend. Genannt sei dabei vor allem die „Charta 77", die von tschechischen Bürgerrechtlern, darunter vom Schriftsteller und heutigen Staatspräsidenten der Tschechischen Republik, Vaclav Havel, am 1. Januar 1977 veröffentlicht wurde. Sie mahnten bei ihrem sozialistischen Staat bürgerliche Freiheits- und Menschenrechte an und protestierten gegen schikanöse und diskriminierende Behandlung von Bürgern durch den Staat, durch gesellschaftliche Organisationen, vornehmlich durch die Partei.

Der Funke sprang über. Genügend Zunder bot die Unzufriedenheit. Nach und nach fanden sich bis zur Mitte des nächsten Jahrzehnts mehr und mehr Menschen unterschiedlichen Coleurs, Menschenrechtsverfechter, Pazifisten oder die sich als solche ausgaben, Umweltschützer, Künstler, Ärzte, in zunehmender Zahl Pfarrer, Frauen und Jugendliche in verschiedenen oppositionellen Gruppen zusammen. Ihre Aktivitäten wurden mit der Zeit so facettenreich, wie die Probleme, die in der Gesellschaft nicht befriedigend gelöst waren. Neben der Reiseproblematik beschäftigten sie sich mit Forderungen nach bürgerlichen Freiheiten, der Informationsgebung, der Zensur, dem Umweltschutz, der Kultur im weitesten Sinne, mit Fragen der Emanzipation, dem Umgang mit Homosexuellen u. a. m. Vieles davon spielte sich in Berlin ab. So unterschiedlich die Bestrebungen auch waren, zielten sie alle auf gesellschaftliche Veränderungen unter dem Zeichen eines „besseren Sozialismus". Für manchen mag das eine Zielvorstellung gewesen sein, für manche Sprecher dieser Gruppen ging es um mehr. Zwei Problemkreise will ich näher umreißen.

Zuerst das der Reisen und Ausreisen. Darin zeigten sich die größten Widersprüche zwischen Partei und Staat und eines Großteils der Bevölkerung. Es bot dementsprechend ein weites Betätigungsfeld für oppositionelle Kräfte. Für die Einschränkung der Reisefreiheit wurden vorwiegend finanzielle Probleme in den Vordergrund gestellt. Einen Überfluß an Devisen hatte die DDR wahrlich nicht. Dahinter standen aber handfeste politische und ideologische Motive. Uneingeschränktes Reisen bedeutete Öffnung nach dem Westen mit der Gefahr des Ausreisens einer nicht schätzbaren Zahl von Menschen aus der DDR.

In Salzgitter wirkte die berüchtigte „Erfassungsstelle für Verbrechen in der DDR". Aber ohne Anerkennung der Staatsangehörigkeit der DDR und dem fortbestehenden Obhutsanspruch für alle Deutschen durch die BRD barg das Risiken und Gefahren. Sie wurden aufgebauscht, das ist wahr. Wahr aber ist ebenso, daß sich die Bundesregierung all den Forderungen der DDR verschloß, den Alleinvertretungsanspruch aufzugeben. Also blieb es bei den Reisebeschränkungen. Der Druck dagegen wuchs. Eine plausible und einheitliche Regelung für den Umgang damit aber fehlte. Das öffnete subjektiven Auslegungen Tür und Tor. Auszutragen hatten es die unteren Behördenangestellten der Volkspolizei. Aber die Menschen, die reisen wollten, waren nicht einfach abzuwimmeln, und sie waren erfinderisch. „Eingaben" hieß das Zauberwort. Sie richteten sich an Gott und die Welt. Bald sprach es sich herum, die größten Aussichten auf Erfolg hätten sie bei Konrad Naumann. Er leitete sie den Sicherheitsorganen zur Prüfung weiter, und nur wenige wurden abgelehnt. Die so erwirkte Reisegenehmigung machte es nicht nur den Mitarbeitern der Ämter schwer, sie untergrub auch die Autorität der staatlichen Stellen. Sie hatten unter der generösen Art von Naumann zu leiden und zweifelten an der Richtigkeit ihrer verordneten Entscheidungen.

Zu einer generellen Regelung der Reisen konnte man sich jedoch nicht durchringen. Obwohl immer neue Kategorien Reisegenehmigungen erhielten, stellten die übriggebliebenen die berechtigte Frage: „Warum nicht auch ich?" Das betraf auch Mitglieder der Partei, die zur Disziplin aufgerufen wurden, keine Reiseanträge zu stellen.

Mit zunehmendem Besucherverkehr – und das nun in beide Richtungen – verstärkten sich natürlich auch deren ideologische Wirkungen. Lobten die meisten Rentner, und vor allem die weiblichen, nach ihrer Rückkehr in die Heimat DDR die hier herrschende Ruhe und Sicherheit, so beeindruckten jüngere Westreisende ganz andere Erscheinungen: Die vollen Schaufenster, das üppige Obst- und Gemüseangebot, das pulsierende Leben in den Städten, die Sauberkeit in den Dörfern, die Schönheit der Häuser. Die Vergleiche fielen zu unseren ungunsten aus, und wir hatten außer Erklärungen des wieso und warum nichts anderes entgegenzusetzen. Das trug sicherlich viel zu dem Drang bei, aus der DDR herauszukommen.

Anträge zur Ausreise wurden zu einer Flut. Wöchentlich wurden die Schlangen der Antragsteller bei den Abteilungen für Inneres der Räte länger. Deren Antwort war im Prinzip ein Nein. Geschürt von der präsidialen „Menschenrechtskampagne" Ronald Reagans wuchs der Druck. Er drohte den Kessel zu sprengen. Handlungsbedarf wurde größer denn je. Die Entscheidung war nicht einfach. Die Antragsteller einfach gehen zu lassen, bedeutete den Verlust qualifizierter Fachleute. Die Mehrzahl war im besten arbeitsfähigen Alter mit Berufs-, Fach- oder Hochschulabschluß. Sie nicht ausreisen zu lassen, hieß sich einen ständigen Unruheherd im Lande zu schaffen und das Konfliktpotential zu vergrößern. Wie man auch entschied, es hinterließ negative Folgen.

Die Meinung darüber, was das kleinere Übel sei, gingen weit auseinander. Erich Honecker favorisierte eine einmalige „Abschiebeaktion". Sie erfolgte im Herbst 1984. In Naumann fand er einen Fürsprecher. Eindringliche Warnungen der Berliner Bezirksverwaltung des Ministerium für Staatssicherheit, daß dies keine Lösung des Problems sei und immer wieder ein neuer Schwanz von Antragstellern nachwachsen werde, wurden in den Wind geschlagen. Sie plädierten für eine staatliche Reiseregelung. Aber dazu kam es erst, als alles schon zu spät war. An die Pirouetten, die dazu obendrein noch gedreht wurden, werden sich noch viele erinnern. Die Warnungen waren nur allzu berechtigt. Aus der einmaligen Aktion wurde eine Dauererscheinung mit unterschiedlichem Umfang. Wie erfolglos dieser Weg war, zeigten Botschaftsbesetzungen und der Strom, der durch die geöffnete ungarische Grenze im Sommer 1989 gen Westen floß.

In dieser Problematik brachen sich wie in einem Prisma alle Strahlen unserer Politik. Die Unmöglichkeit oder Unfähigkeit, das Problem der Reisen zufriedenstellend zu regeln, wird nicht selten als ein Nagel zum Sarg der DDR bezeichnet. Da ist viel Wahres dran, aber trifft den Nagel nicht auf den Kopf. Es betrifft nur eine Erscheinung, nicht das Wesen, nur eine Folge, aber nicht die Ursache. Sie liegt viel tiefer. Sie liegt in der gescheiterten Politik der Hauptaufgabe, dem Hauptfeld der Bewährung sozialistischer Politik der SED.

Ein zweites Konfliktfeld bildete die Friedensfrage. Das mag auf den ersten Blick verblüffen, war doch die Sicherung des Friedens oberstes staatspolitisches Ziel und für jeden klar denkenden und fühlenden Menschen, ob Atheist oder Christ, wichtigste Lebensgrundlage. Wodurch konnte dann der „Friede auf Erden" nicht zum „Wohlgefallen" aller, sondern zu einem Zankapfel werden? Vielleicht sagt einer vorschnell durch die Pflicht, die der Staat seinen jungen Bürgern auferlegt, das Waffenhandwerk zu erlernen, und den auf christlichem Ethos beruhenden Pazifismus und der darauf beruhenden Ablehnung des Dienstes mit der Waffe. Das war nicht der Grund. Hier zeigte sich unser Staat kompromißbereit. Die DDR war der erste und blieb der einzige Staat im Warschauer Vertrag, der seinen Bürgern das Recht auf Wehrdienstverweigerung einräumte, in dem die jungen Männer als „Bausoldaten" einen Wehrersatzdienst ableisten konnten.

Den Frieden zu erhalten war ein Anliegen, dem sich auch alle Organisationen des Landes widmeten. So auch die beiden großen Kirchen, die katholische und vor allem die evangelische.

Bei einem Treffen des Vorsitzenden des Staatsrats der DDR und des Vorstandes der Konferenz der evangelischen Kirchenleitungen in der DDR am 6. März 1978 würdigte Erich Honecker deren Eintreten für die Friedenserhaltung, für Entspannung und Völkerfreundschaft, für die Beendigung des Wettrüstens und das Verbot der Massenvernichtungswaffen. Was die Kirche offiziell tat, paßte jedoch einigen ihrer „Apostel" nicht. Sie sahen darin eine „Anpassung an die SED-Politik". Sie riefen eine „Friedensarbeit als Basisbewegung" ins Leben. Sie setzten in den Zusammenkünften der entstehenden Friedensgruppen, ob selbständige oder unabhängige, in den immer häufiger stattfindenden „Friedensseminaren, -dekaden, -foren und -kreisen" Kontrapunkte zum Staat und zur Kirchenleitung.

Ihre gezielten Aktivitäten richteten sich zunächst gegen das Fach „Wehrkunde" in den Oberschulen und das „Verteidigungsgesetz" von 1978. Sie setzten den sozialistischen Erziehungszielen ein 17 Seiten umfassendes Konzept „Erziehung zum Frieden" entgegen. Neben der Ablehnung alles „militaristischen" forderten sie mit unüberhörbarer Kritik Veränderungen an den Inhalten und Methoden der Schule bei der Erziehung zum selbständigen Denken, Fühlen und Urteilen, zur Hinterfragung vorgegebener Überzeugungen, Werte, Urteile und Ansichten, die den Anspruch auf Alleingültigkeit beinhalten. Die Ermutigung, persönliche Opfer in Kauf zu nehmen, wenn sie sich gegen Pflichten eines Staatsbürgers der DDR stellen, wie z. B. den Militärdienst abzuleisten, war eine Ermunterung zum staatlichen Ungehorsam. Was als „praktische Wahrnehmung der friedensethischen Verantwortung" ausgegeben wurde, war der gesuchte Konflikt zwischen SED/Staat und ihrer Opposition. Sie sahen darin die Legitimation ihres politischen Einspruchs gegen die Herrschenden. Sie betrachteten „Frieden" als Chiffre im Machtkampf – so das Eingeständnis von in der „Friedensarbeit" aktiv Beteiligten.

Vom Herbst 1979 bis Herbst 1983 vollzog sich eine außergewöhnliche Zuspitzung in der Konfrontation Sowjetunion-USA, NATO-Warschauer Vertrag in der Abrüstungsfrage, der Nach- und Hochrüstung. Zwei Begriffe sind dafür kennzeichnend: Sowjetische SS 20-Raketen und NATO-Doppelbeschluß.

Die Partei- und Staatsführung der DDR unternahm in dieser spannungsgeladenen Zeit nicht wenig zur „Schadensbegrenzung", zur „Verhinderung einer neuen Eiszeit" in den Beziehungen zwischen den beiden deutschen Staaten.

Das in diese Zeit fallende Treffen Honecker-Schmidt ist dafür ein deutliches Indiz.

Gerade in diesem Zusammenhang erstrebte die Basisbewegung eine „neue Qualität oppositioneller Friedenspolitik". Sie verweigerten sich der von der Nationalen Front der DDR getragenen Unterschriftensammlung gegen den NATO-Doppelbeschluß. Sie setzten mit dem von Rainer Eppelmann und Robert Havemann verfaßten „Berliner Appell" ein Gegenkonzept in Umlauf.

Unter der Losung „Frieden schaffen ohne Waffen" forderten sie, auf die Wehrerziehung der Jugend und auf alle Demonstrationen militärischer Machtmittel in der Öffentlichkeit zu verzichten, die Produktion und den Verkauf von Kriegsspielzeug zu verbieten u. a. m. Der hauptsächliche Punkt aber bestand in der Forderung nach Abzug aller ausländischen Truppen aus Europa. Da sie sicher sein konnten, daß die NATO-Truppen sich nicht zurückziehen werden, zielte der Schuß auf die Anwesenheit der Sowjetarmee in der DDR. So wurde es auch von den Westmedien postwendend interpretiert. Sie schossen den Berliner Appell als Torpedo gegen die Entspannungsbemühungen der DDR unter der Schlagzeile ab: „Abzug der Sowjetarmee gefordert."

Deutlicher konnte man den Angriff gegen die sozialistische Friedensdoktrin „Je stärker der Sozialismus, desto sicherer der Friede" und „Der Friede muß bewaffnet sein" nicht machen. Die Folge wäre die Veränderung des militärstrategischen Gleichgewichts gewesen. Die Akteure waren sich bewußt, daß ihre Vorschläge „für die SED-Regierung eine schwere Provokation" darstellten.

Die SED-Führung reagierte entsprechend. Die bis dahin geübte Toleranz gegenüber dem Symbol „Schwerter zu Pflugscharen" war beendet und durch eine nahezu unverständliche administrative Schärfe ersetzt. Solche Aktivitäten wie „Aktion Sühnezeichen", „Total-Verweigerung" des Militär- und Militärersatzdienstes, „Sozialer Friedensdienst" wurden in den gleichen Topf geworfen und den gleichen Urhebern zugeschrieben.

Pfarrer Eppelmann wurde verhaftet, aber nach 48 Stunden auf Fürbitte der Kirchenleitung wieder freigelassen. Von konzeptioneller Gediegenheit zeugte das nicht. Immer häufiger wurde von Fall zu Fall entschieden, wobei vorwiegend Folgen nach außen aber weniger nach innen kalkuliert wurden. Das führte einerseits zu Zugeständnissen an Oppositionelle und andererseits zu einem stärkeren Einsatz repressiver Mittel. Diese allerdings konnten Politik nicht ersetzen. Dort, wo man politische Lösungen versuchte, blieben Resultate nicht aus. Leider wurden sie immer seltener gesucht, nicht zuletzt wegen des Ignorantentums gegenüber der anwachsenden Opposition. Bei keiner Beratung im ZK, seien es solche mit den Bezirkssekretären oder mit den 1. Kreissekretären, wurde darüber auch nur ein Wort verloren. Da man es als politisches Problem nicht zur Kenntnis nehmen wollte, schob man den Umgang mit diesen Kräften allein der „Sicherheit" zu. Als die Bezirksverwaltung des MfS bei der Bezirksleitung ein politisches Vorgehen anmahnte, lautete die Antwort des 1. Sekretärs, Schabowski: „Jetzt sollen wir wohl auch noch eure Arbeit machen." So konnte ohne jegliche politische Reaktion eine Verknüpfung der verschiedenen oppositionellen Gruppen und Aktivitäten erfolgen: Friedens-Menschenrechts-Umwelt-Dritte-Welt-Gruppen, Aktivitäten zu Bluesmessen, einer „Umweltbibliothek", „graue Literatur" aus dem Samisdat, alternative Kulturszenen, Subkulturen Jugendlicher. Die Kirche richtete Kontaktstellen für Ausreise-Antragsteller ein.

Die so vernetzte Opposition verstärkte den Druck auch auf die Kirchenleitungen, die damit in die Zange gerieten: Zum einen durch den Staat, zum anderen von „unten".

Die gesponnenen Netze wurden großflächiger. Sie erstreckten sich zunehmend über die Grenzen der DDR hinaus. Bald erfreuten sie sich nicht nur der besonderen Zuneigung westlicher Medien und verschiedener Agenturen, sondern auch die „Polittouristen" aller Farben ließen keine Gelegenheit für Begegnungen mit dem „Untergrund der DDR" aus.

Viele der unter der Oberfläche spielenden Vorgänge erreichten mit der spektakulären Aktion von politisierten Antragstellern und verschiedenen anderen oppositionellen Kräfte anläßlich der traditionsreichen Demonstration zum Gedenken an die von der Reaktion ermordeten Rosa Luxemburg und Karl Liebknecht im Januar 1988 die breite Öffentlichkeit. Das war die Absicht derer, die im Demonstrationszug das Luxemburg-Wort „Die Freiheit ist immer die Freiheit des Andersdenkenden" auf Transparenten mitführen wollten. Indem dies verhindert wurde, wurde es erst recht zu einem Politikum. Die darauf folgenden Inhaftierungen, Abschiebungen mit Dauer- oder befristetem Visa der daran Beteiligten, begrenzte nicht deren Wirksamkeit, begrenzte den Schaden nicht, sondern wurde vielmehr zur Quelle immer wiederkehrender Konflikte.

Im Verlaufe des Jahres 1988 geriet die DDR in immer neue Zwänge. Probleme in der Wirtschaft und der Versorgung nahmen zu. Auf materiellem wie geistigem Gebiet war somit ein fruchtbarer Acker für Einflüsse der polnischen Solidarnosc wie der Perestroika bereitet. Er wurde von „Andersdenkenden" gepflügt. An diese Lage knüpften Kirchentage in Erfurt, Görlitz, Halle und Rostock an. Sie schlug sich in den „20 Thesen zur Erneuerung und Umgestaltung der DDR" des Wittenberger Pfarrers Schorlemer nieder, sie waren eine Aufforderung auch an die Partei- und Staatsführung zur Besinnung zu kommen, boten Anknüpfungsmöglichkeiten für Gespräche. Sie wurden in den Wind geschlagen. Sie zu nutzen hätte Reformbereitschaft der Führung vorausgesetzt. Jeder Gedanke daran wurde trotz heraufziehender Krise zurückgewiesen.

Dadurch verlor die Partei potentielle Verbündete und machte sie unnötigerweise zu Gegnern.

So verloren Partei und Staat an Kraft und Macht, während sich eine „oppositionelle Gegenmacht" entwickelte und stärkte. 1989 gelangte sie zur vollen Entfaltung.

Führungswechsel in der Berliner Bezirksleitung: Naumann ging – Schabowski kam

Es gibt Tage im Leben, die wegen der Einmaligkeit der Ereignisse unvergeßlich sind. Ein solches Datum ist bei mir der 5. November 1985. Der Tag begann mit einem Atelierbesuch bei dem Bildhauer Gerhard Thieme. Wir sprachen über seinen Fries an den Fassaden der Häuser in der Rathausstraße. In guter Stimmung begab ich mich in die Bezirksleitung. Bald wurde ich zu Konrad Naumann gerufen. Das verwunderte mich, da die Politbürositzung eigentlich noch nicht beendet sein konnte.

Als ich sein Arbeitszimmer betrat, fiel mein Blick auf seinen geräumten Schreibtisch. Erst dann sah ich sein fast zu einer Maske versteinertes Gesicht. Gewohnheitsmäßig nahm ich ihm gegenüber Platz. Er warf mir seine Panzerschrankschlüssel zu und sagte kurz und trocken: „Ich bin abgesetzt, alles weitere erklärt dir der Generalsekretär." Wortlos und ohne Gruß verließ er den Raum. Was in mir vorging, läßt sich kaum mit Worten beschreiben. Ich war wie erschlagen und wartete ungeduldig auf eine Erklärung. Als mich Erich Honecker zu sich rief, begrüßte er mich freundlich und kam gleich zur Sache. Ob ich den Vortrag von Konrad Naumann, er sagte Konni, an der Akademie für Gesellschaftswissenschaften vom 17. Oktober kenne. Als ich verneinte, trug mir das eine Kritik ein: Dann bist du kein guter 2. Sekretär. Das beunruhigte mich wenig, ging es doch nicht um mich, sondern um die Gründe für den Rausschmiß von Naumann.

Honecker teilte mir sechs Äußerungen aus diesem Vortrag mit: Wer die Wahrheit über die tatsächliche Lage wissen wolle, solle ihm gut zuhören, denn das „ND" verbreite ein nichtstimmiges optimistisches Bild über sie; er beleidigte die Funktionäre der Blockparteien, die ruhig gestellt worden seien mit Volvos und ähnlichen Privilegien und entstellte damit die bewährte Bündnispolitik; die „Reichsregierung" sei unfähig, die Arbeit der Ministerien zu koordinieren und den Staat zu leiten; die Kulturpolitik habe keine Linie und bestünde nur aus der Summe taktischer Maßnahmen, wobei er die Kultur und Kunstschaffenden beleidigte; die Wissenschaftler arbeiten schlecht und wären nur aufs Konsumieren aus; er setzte die Zuhörer unter Druck, über seine Äußerungen zu schweigen, sonst würde er einfach erklären, „ihr lügt".

Erich Honecker fügte dem hinzu, daß er die Bewertung dieser Äußerungen nicht wie der Rektor der Akademie, Prof. Otto Reinhold, als „flapsig" bewerte, sondern als eine gegen die Parteipolitik gerichtete Konzeption. Dies in die Öffentlichkeit zu tragen, ist man nicht interessiert, deshalb lautet die Legende, Naumann sei krank. Bis zum Einsatz eines neuen 1. Sekretärs wurde ich mit der kommissarischen Leitung der Berliner Bezirksorganisation beauftragt. Über das Erfahrene habe ich Stillschweigen gegen jedermann zu wahren. Letzteres war kompliziert, die Sekretäre, die Naumanns Arbeitsstil, auch bei Krankheit, gut kannten, schöpften Verdacht, Gerüchte gingen um, und andere „Eingeweihte" erzählten hinter vorgehaltener Hand ihren besten Freunden was sich zugetragen hatte. Nach einer Woche mußte ich Erich Honecker berichten, daß sich die Absetzung Naumanns nicht mehr in unserem Sekretariat und vor den 1. Kreissekretären verbergen läßt. Er ließ sich daraufhin vom Politbüro bestätigen, daß er diesen Personenkreis persönlich informieren kann. Das geschah am Abend des 12. Novembers. Am nächsten Morgen wurden die Mitarbeiter der Bezirksleitung durch mich in Kenntnis gesetzt. Ich machte es kurz und sachlich. Ich erklärte, daß das Sekretariat am Vorabend die Entscheidung des Politbüros vorbehaltlos gebilligt habe und es gelte, alle Kräfte für die Erfüllung der vor uns stehenden Aufgaben einzusetzen und auf der Grundlage der Beschlüsse der Parteiführung zum XI. Parteitag voranzuschreiten. Mit etwa 15 Minuten war sie die kürzeste Zusammenkunft in unserem Hause.

Noch galt es jedoch, die verbleibenden Tage bis zur Tagung des ZK am 22. November und einer Bezirksleitungssitzung am 25. November durchzustehen.

Dann erfuhr die Öffentlichkeit von der „Bitte" des Genossen Konrad Naumann, ihn aus gesundheitlichen Gründen von seiner Mitgliedschaft im Politbüro und als Sekretär des ZK zu entbinden.

Die Bezirksleitung hatte ihn als 1. Sekretär abzulösen. Dazu erschien Erich Honecker und nannte die sechs Punkte als Begründung. Dazu stellte jedoch eine der jüngsten Genossinnen eine Frage. Was soll sie eigentlich nach dem gelesenen und dem eben gehörten glauben, was soll sie den Genossen ihrer Grundorganisation sagen? Die Antwort lautete: Die Wahrheit! Man solle die Fakten nennen und sich dabei zugleich die Frage vorlegen, ob derjenige, der so etwas erzählt, nicht krank sein muß. Ein leitender Genosse, der seine sieben Sinne beisammen hat, kann doch einen solchen Blödsinn gar nicht vertreten. Diszipliniert hoben alle die Hand und stimmten der Ablösung einmütig zu.

Oft wurde die Frage gestellt – und ich stelle sie mir bis heute –, welche Motive hatte Konrad Naumann für derartige Redensarten vor einem solch auserlesenen Gremium, wie der Akademie für Gesellschaftswissenschaften, von wo aus Hunderte offizielle und inoffizielle Drähte zum Politbüro liefen. Manche vermuteten, er sei wieder einmal betrunken gewesen. Das traf aber nicht zu. War es ein Testballon, wie weit er gehen kann und wie weit die Gunst des Generalsekretärs reicht? Diese hatte ihn bei manchem „Ausrutscher" noch immer gerettet. Vielleicht war es primitiver Populismus. Er selbst hatte uns einmal gesagt: Wenn ich eine Rede halte, kann gar nichts passieren, solange ich die Brille aufhabe. Nehme ich sie ab, so kann es mich schon wegtragen. Vielleicht war das erste Echo auf seine „flapsigen Bemerkungen" so, daß er häufig die „Brille abnahm".

Vielleicht war es auch der angestaute Frust darüber, daß seine hochfliegenden Karrierepläne schon Ende 1983 mit der Berufung von Egon Krenz zum Sekretär des ZK und Stellvertretenden Vorsitzenden des Staatsrats der DDR geplatzt waren.

Eine vernichtende Wertung erfuhren die Äußerungen Naumanns durch Kurt Hager vor Professoren und Dozenten der Akademie unmittelbar nach der Politbürositzung. Er zerpflückte Punkt für Punkt der Rede Naumanns und unter dem Strich stand „parteischädigend". Er rückte ihn in die Nähe eines Dubček und eines Kania. „Das Gerede über eine, der Wirklichkeit nicht entsprechende Erfolgspropaganda ist ein außerordentlich gefährliches Gerede. Es wirkt zersetzend und schädlich und es kann, wenn dem nicht rechtzeitig begegnet wird, wie das Beispiel Dubčeks in der ČSSR 1968 oder Kanias in Polen 1980 zeigt, zur Entwicklung revisionistischer Positionen, zur Zersetzung der Partei und des Staates und zur Untergrabung der sozialistischen Entwicklung führen." Das war eine regelrechte Horrorvision, die damit an die Wand projiziert wurde. Man fragt sich angesichts dieser „prinzipiellen Abweichungen" allerdings, wieso dann eine prinzipielle Zurückweisung, eine prinzipielle Auseinandersetzung mit diesen Gefahren vermieden wurde? Fürchtete das Politbüro ein unliebsames Echo gerade zu der auf immer größere Ablehnung stoßenden Informations- und Medienpolitik? Das ist nicht von der Hand zu weisen. Aber wieder half das Argument, es sei niemandem gestattet, dem Gegner Munition zu liefern, die gegen die Partei und ihre Führung abgefeuert würde. Anstelle einer Auseinandersetzung war es schon sicherer zu erklären: „Die Einheit der Partei, das Vertrauen zum ZK und seinem Politbüro, das Vertrauen zum Generalsekretär ist heilig. Es ist das wichtigste Unterpfand für unseren wahrhaft nicht leichten Kampf. Es darf durch nichts und niemand gestört werden."

Naumann störte es. Seine Entfernung stellte die Einmütigkeit zur Linie wieder her. Zugleich war es eine Abrechnung mit seinem „Subjektivismus, seiner Überheblichkeit und Selbstherrlichkeit", auf die manches Mitglied der „kollektiven Führung" schon lange gewartet hatte. In der Tat konnte Naumann mit keinerlei Unterstützung aus deren Mitte rechnen, hatte er doch als gebürtiger Sachse all zu sehr nach der preußischen Manier gehandelt. „Viel Feind viel Ehr". Seine Eigenbrötelei hatte Erich Honecker versucht einzugrenzen. Kurz vorher hatte er ihn, um ihn stärker einzubinden, noch zum Sekretär des ZK und zum Mitglied des Staatsrats der DDR befördert. Wie sich zeigte, ohne Erfolg. Er wollte in Wirklichkeit mehr. Er wollte eines Tages Erich Honecker beerben. Das war nicht unbekannt. So ist anzunehmen, daß damit auch ein Hindernis für die Lösung der Nachfolgefrage in Honeckers Sinn aus dem Weg geräumt wurde.

Bleibt die Frage nach Naumanns politischer Absicht. Aus meiner Kenntnis gab es nicht mehr als abweichende Nuancen zur offiziellen Politik. Er baute auf eine enge Zusammenarbeit mit der KPdSU, wobei dies auch aus nur zweckmäßigen Erwägungen für seine persönliche Karriere betont wurde, und er legte gesteigerten Wert darauf, im Westen als ein „Falke" zu gelten. Wenn 1989 manche Genossen meinten, Naumann hätte es gerichtet, so kann ich deren Hoffnungen allerdings nicht teilen. Ich erlebte ihn mehr als einen „Machtmenschen" denn als „Stratege".

Vielleicht irre ich mich auch. Mein Einblick in sein „Innenleben" war in den letzten Jahren geringer geworden, der Abstand, obwohl wir uns fast 40 Jahre vor allem aus gemeinsamer Arbeit kannten, war größer geworden. Unsere persönlichen Beziehungen hatten sich grundlegend verändert, wie sich auch sein Verhältnis zum Sekretariat gewandelt hatte. An die Stelle von Gemeinsamkeit hatte er „Abschottung" gesetzt. Er ging seine eigenen Wege und suchte neue Freunde. In wieweit das politisch motiviert war oder im Zusammenhang mit seinen persönlichen Eskapaden stand, ist schwer zu beurteilen. Ich neige mehr zu letzterem. Seine Arbeitsweise und charakterliche Züge veränderten sich. Das Interesse an der Lösung Berliner Probleme ließ nach, sein Blick richtete sich auf „höheres", sein Umgangston wurde barscher und launenhafter. Vieles steht im Zusammenhang mit der Notwendigkeit, seine außerehelichen Beziehungen zu verschleiern. Die mit Vera Oelschlägel spielen dabei eine besondere Rolle. Von diesem Zeitpunkt an datiert auch ein neuer Umgang seinerseits mit dem Sekretariat. Jeden Morgen wollte er auf seinem Schreibtisch den „Stundenplan" aller Sekretäre für den Tag vorfinden. Dies mit der Begründung „ständiger Erreichbarkeit". So konnte ihm aber niemand bei seinen Ausflügen zu einem Rendezvous in die Quere kommen. Ich selbst geriet in manch peinliche Situation.

Ich war ahnungslos, was man vielleicht für unwahrscheinlich halten könnte. Aber es verhielt sich so. Nicht nur einmal wurde ich zu leitenden Leuten des ZK zitiert und mit der Frage konfrontiert, was treibt Konni? Warum und mit wem trinkt er. Ich konnte nur antworten, „mit uns nicht mehr". Dann erhielt ich eines Tages von Horst Dohlus, Mitglied des Politbüros, den Auftrag des Generalsekretärs übermittelt, ich solle mit ihm reden, daß er zu saufen aufhören solle. Ich schob diesen unerquicklichen Auftrag vor mir her, brachte dann aber doch das Anliegen des Generalsekretärs an den Mann. Was folgte, war erst einmal Schweigen. Am nächsten Tag erhielt ich Antwort. Er habe mit Dohlus die Sache geklärt und ihm gesagt, er habe Müller vor das Loch geschoben, da er selbst zu feige sei, das Gespräch zu führen. Wie „ermutigend" das auf mich wirkte, etwas zu diesem Thema zu sagen, kann sich jeder ausrechnen. Auch andere Erlebnisse wirkten in der gleichen Richtung. Aber auf Dauer ließ sich nicht alles unter den Teppich kehren. Nach einer sehr intensiven Arbeitsphase, die durch unerklärliche Eingriffe von Naumann noch unnötigerweise belastet wurde, platzte es mir heraus, daß die Anstrengungen vieler Genossen zunichte gemacht werden durch die „Urteile des Scharfrichters". Das errichtete eine Schranke in unseren Beziehungen. Meist trafen wir uns, obwohl unsere Arbeitszimmer nebeneinander lagen, nur noch zu den wöchentlichen Sekretariatssitzungen oder zu offiziellen Anlässen. Unser Arbeitsstil wurde der schriftliche Umgang miteinander. Wenn ich eine Entscheidung von ihm brauchte, schickte ich ihm Zettel. Sein „einv. K. Nau." reichte mir für die eigene Tätigkeit aus. Das erfuhr keiner. Außenstehende glaubten an eine mustergültige Synchronisation in unserer Arbeit. Selbst den Sekretären blieb dieses gespannte Verhältnis verborgen.

Auf die mir oft gestellte Frage „Wie hast du das ausgehalten?", kann ich nur antworten mit Opportunismus. Ich machte meine Arbeit so gut ich konnte, sang in der Öffentlichkeit Loblieder auf ihn und wirkte als sein „Vertreter im Amt". Manches Mal ging es an die Grenze meiner Belastbarkeit. Im Interesse der „Einheit und Geschlossenheit" stand ich es durch. Mein hauptsächliches Bestreben bestand darin, Schaden von der Partei abzuwenden.

Als es schließlich zur Ablösung von Konrad Naumann kam, waren die Empfindungen der Mitglieder des Sekretariats von verschiedenen persönlichen Erlebnissen und Erfahrungen bestimmt. Vielleicht lassen sie sich am einfachsten mit dem Sprichwort ausdrücken, nun war der Krug, der so lange zum Brunnen gegangen war, zerbrochen.

Mit der Wahl Günter Schabowskis zum neuen 1. Sekretär kam ein in Berlin nahezu Unbekannter an die Spitze der hauptstädtischen Parteiorganisation. Viele stellten sich die Frage, warum gerade der? Die Antwort dürfte in der Kräftekonstellation im Politbüro gefunden werden, dem er seit 1981 als Kandidat und seit Mai 1984 als Mitglied angehörte. Erich Honecker, der ihn dafür vorgeschlagen hatte, konnte auf seine Loyalität setzen, und gleichzeitig wurde der Kreis der Genossen erweitert, der zu den Kandidaten für seine Nachfolge zählen konnte. Der 1. von Berlin gehörte schon ob des Gewichts und der Bedeutung der Hauptstadt dazu, die von Erich Honecker in seiner Rede auf der Bezirksdelegiertenkonferenz im Februar 1986 nachdrücklich betont wurde. Sie stehe in „vorderster Front" bei der Verwirklichung der Beschlüsse des X. Parteitags, „in der ersten Reihe der Erbauer des Sozialismus in unserer Republik, der Kämpfer für den Frieden". Er knüpfte hohe Erwartungen an die Berliner Parteiorganisation, ja an jeden Berliner in Vorbereitung und Verwirklichung der Beschlüsse des bevorstehenden XI. Parteitags der SED.

Das wurde zum ersten Bewährungsfeld für Schabowski. Er stürzte sich mit Feuereifer und dem ihm charakteristischen Ehrgeiz in die neue Aufgabe. Es galt für ihn, das in ihn gesetzte Vertrauen, das er als eine hohe Wertschätzung seiner Person und als eine große Herausforderung betrachtete, mit Leistungen zu bestätigen. In einem 20-Punkte-Programm setzte er die Zielmarken für den Berliner Beitrag auf dem „Hauptkampffeld, der Einheit von Wirtschafts- und Sozialpolitik".

Das Sekretariat der Bezirksleitung machte mit einem anders gearteten Leitungsstil Bekanntschaft, obwohl Schabowski sehr widersprüchlich war. Nachdem er sich davon überzeugt hatte, daß es sich bei den 13 Mitgliedern des Sekretariats nicht um „Kreaturen von Naumann" handelte, wie man ihn vorher vorsorglich gewarnt hatte, trat er ihnen offen gegenüber und bediente sich ihrer Kenntnisse und Erfahrungen. Übrigens kam obiges Urteil nicht vom Generalsekretär. Er hatte ein anderes Zeichen gesetzt. Es geschah am Rande und doch sehr wahrnehmbar. Er ließ sich mit dem gesamten Sekretariat, Schabowski umgeben von den „Naumännern" fotografieren und sorgte für die Veröffentlichung des Bildes in der „Berliner Zeitung". Außerdem waren die Genossen des Sekretariats nicht so veranlagt, Diener vor dem Herren zu sein. Sie dienten der Partei. So jedenfalls war das Selbstverständnis. So verstanden sie auch weiterhin ihre Pflicht. Sie akzeptierten den Neuen als den 1., nahmen dessen kameradschaftlichen Umgang positiv auf und vermerkten kritisch dessen ungewohnte persönliche Note. Vor allem aber wurde an der Verwirklichung der gestellten Aufgaben gearbeitet.

Ihr Inhalt änderte sich nicht, und er konnte sich auch nicht ändern, da in Vorbereitung und in Auswertung des XI. Parteitags immer die gleiche erstarrte „ökonomische Strategie mit Blick auf das Jahr 2000" stand. In Berlin vorweisbare Ergebnisse zu erreichen, galt als Nagelprobe für die gewissenhafte Erfüllung zentraler Beschlüsse.

Alle Kräfte wurden mobil gemacht, ihr unbedingter Wille gestärkt, die gesetzten Ziele zu erreichen: Zusätzliche Nettoproduktion, Überbietung der Warenproduktion, mehr Konsumgüter für die Bevölkerung, höhere Exporte, vor allem in das NSW, mehr elektronisch gesteuerte CAD/CAM-Stationen, mehr neue und modernisierte Wohnungen.

Jede Zusammenkunft – ob Sekretariat oder mit den Kreissekretären – glich einer Vergatterung auf diese Vorgaben sowie auf die wortgetreu übermittelten im Politbüro oder Sekretariat des ZK gemachten Äußerungen des Generalsekretärs.

Die Auswertungen der Sitzungen nahm fast die gleiche Zeit in Anspruch wie die Sitzungen selbst. Dabei stand „Wiederholung ist die Mutter der Weisheit" sicherlich Pate.

Zwar ermunterte er die Teilnehmer zur Meinungsäußerung und zum Meinungsstreit, aber worüber streiten, wenn doch sowieso alles vorgegeben ist. Dazu kam, Günter Schabowski hatte keine Schule für gutes Zuhören besucht. Er war ungeduldig, suchte immer nach dem, was in seinen Streifen, seine Vorstellungen paßte, und dämmte Diskussionsbeiträge mit unverständlichen cholerischen Ausbrüchen rasch ein.

Ideologische Gesichtspunkte der Arbeit, deren Wichtigkeit stets betont wurde, eliminierten sich durch ein umfassendes Kontroll- und Rapportsystem über die auf 20 Punkte reduzierten Wirtschaftsaufgaben. Jede der wirtschaftspolitischen Abteilungen mußte täglich über die Lage in ihrem Bereich aussagefähig sein. Jeden Morgen glühten die Telefondrähte zu den Betrieben. In den wöchentlich stattfindenden Sitzungen des Sekretariats stand der Bericht des Wirtschaftssekretärs, der Sekretäre für Bauwesen, Stadttechnik, Handel und Dienstleistungen. Das übertraf noch die Dekadenabrechnungen Günter Mittags.

Das, was unter der Bezeichnung „Parteikontrolle" lief, war in Wahrheit eine Vortäuschung von Aktivität mit administrativen Mitteln. Wo es um sogenannte Kampfaufgaben wie der zusätzlichen Fertigung von technischen Konsumgütern, der Errichtung einer neuen Radiorekorderfabrik neben dem bestehenden Betrieb „Stern Radio" u. ä. ging, wurden Parteibeauftragte der Bezirksleitung an die Seite der Wirtschaftsleiter entsandt. Erreichen konnten sie als Einzelkämpfer natürlich nicht viel. Aber man konnte auf Aktivitäten verweisen.

Der Arbeitsstil von Günter Schabowski war durch seine journalistische Arbeit geprägt. Ihn auf eine operative Leitung zu übertragen, war mehr als problematisch. Das, was in einer Redaktion heute gesagt wurde, mußte am nächsten Tag schwarz auf weiß zu lesen sein. Sollte aber ein heute auftauchendes Problem morgen gelöst sein, so hatte das seine Schwierigkeiten. Solche immer wieder erhobenen Anforderungen brachten unproduktive Hektik mit sich. Zeitaufwendig erwiesen sich vor allem viele Details. Unzufrieden und ungeduldig nahm er die Dinge dann in seine eigenen Hände. Stunden seiner Zeit verbrachte er an seinen Telefonen, um bei Ministern, Betriebsdirektoren oder Handelsunternehmen zu erkunden, warum es keine abwaschbaren Kinderlätze gibt und wie sie geplagten Müttern oder Vätern zugänglich gemacht werden können. Man könnte darüber mitleidig lächeln, wäre das nicht in den Rang höchster volksverbundener Politik erhoben worden. In der Beschaffung von Zahnbürsten, Wassereimern, Bettlaken u. ä. sah man das Leitmotiv der SED-Politik verwirklicht: Die Partei ist für das Volk da! Man könnte geneigt sein, dies als eine persönliche Marotte abzutun. Das aber wäre zu einfach. Als Günter Schabowski über die Schließung solcher vorhandenen Löcher in der Versorgung sprach, vergaß er es wohlweislich nicht, sich auf den Generalsekretär zu berufen.

Dahinter steckte ein Problem, dahinter steckte Methode. Da es klar war, daß grundsätzliche Probleme der Wirtschafts- und Sozialpolitik nicht mehr lösbar waren, erweckte die Beschäftigung mit derartigen Details positive Eindrücke: Die da oben wissen Bescheid, sie wollen ja das Gute, scheuen dafür weder Mühe noch Zeit, Pannen solcher Art entstehen nicht durch die politische Linie, sondern weil sie mangelhaft verwirklicht wird. Praktiziert wurde dieser Stil beispielgebend in der Zentrale und fand in Berlin eine gekonnte Fortsetzung, selbst bis in die Herbsttage des Jahres 1989.

Das Jahr 1987 bot nun eine hervorragende Gelegenheit die Politik, Politiker und Berlin in vollem Glanz zu zeigen.

Das ehrwürdige Alter von 750 Jahren feierte Berlin zweigeteilt, im Westen zurückhaltend, im Osten überschwenglich. Gemeinsamkeiten wurden auch bei diesem Jubiläum von beiden Seiten vermieden. Für die DDR war das Jubiläumsjahr ideal dafür geeignet ihre Politik nach innen und nach außen zu präsentieren und den direkten Vergleich zwischen der Hauptstadt der DDR und Berlin/West anzutreten. Er mußte zu unseren Gunsten gestaltet werden. Davon war auch Konrad Naumann motiviert als sehr früh, bereits im Dezember 1979 auf einem Plenum des ZK die Aufmerksamkeit auf dieses Ereignis lenkte. Viele belächelten diese perspektivische Fragestellung. Aber es war klar, zu diesem Zeitpunkt sollte sich Berlin in einem neuen Gewand zeigen. Also mußte frühzeitig mit dem schneidern angefangen werden. Historikern, Vertretern der schreibenden Zunft und den Medien sollte langfristig Gelegenheit gegeben werden, sich mit Geschichte und Gegenwart der Stadt zu beschäftigen. Die Rechnung ging auf. Sie hatten für ihre Werke ein Ziel: das Jahr 1987.

Richtig los ging es Anfang 1985. Erich Honecker hatte das Jubiläumsjahr zur „Chefsache" erhoben. Unter seinem Vorsitz konstituierte sich ein hochrangig besetztes Festkomitee, in dem auch Vertreter der Kirchen mitarbeiteten. Für die evangelisch-lutherische Kirche Berlin-Brandenburgs war dieses Jahr auch ein Jubiläumsjahr. Die Veranstaltungen wurden aufeinander abgestimmt und verliefen weitgehend harmonisch. Das bekam beiden Partnern gut, mißfiel jedoch einigen der Kirchenbasis. Die „Kirche von Unten" schoß quer. Sie wollte ein Abrücken der Kirchenleitung vom Staat. Das deckte sich mit den von der Opposition verfochtenen Positionen in den schon angesprochenen Themen.

Das umfangreiche Programm zum 750. Jahrestag erstreckte sich über das ganze Jahr. Es trug den Charakter eines Festes des Friedens und der Verständigung, einer Leistungsschau der Ergebnisse des Sozialismus in den Farben der DDR, eines niveauvollen Festes der Künste und der Kultur sowie eines vielseitigen Volksvergnügens.

Von besonderem politischen Gewicht, wodurch auch die internationale Stellung Berlins als Hauptstadt der DDR unterstrichen wurde, war die Reverenz, die ihm die Staats- und Parteichefs der Mitgliedsländer des Warschauer Vertrages erwiesen. Sie waren Ende Mai zur Verabschiedung der neuen Militärdoktrin des Paktes zur Tagung des Politisch Beratenden Ausschusses zusammengekommen. Sie statteten dem Roten Rathaus einen Besuch ab und trugen sich in das Goldene Buch der Hauptstadt ein. Zu ihren Ehren wurde ein festliches Konzert im Schinkelschen Schauspielhaus gegeben. Das im Juni stattfindende internationale Treffen der Bürgermeister von 168 Städten aus 83 Ländern aller Kontinente machte Berlin als „Stadt des Friedens" alle Ehre.

Die Sicherung des Friedens war das übergreifende Thema aller Redner, ganz gleich ob der Bürgermeister des von US-Atombomben ausgelöschten Hiroshima oder Nagasaki, des von faschistischen Bombern „ausradierten" Coventry, oder von Moskau oder Peking, von Havanna oder Managua, von Buenos Aires oder Sydney, von Neu Delhi oder Algier, von Helsinki oder Wien, das Wort ergriff.

Beachtenswert war die Teilnahme der Oberbürgermeister, die verschiedenen Parteien in der BRD angehörten, aus Bremen, Dortmund, Duisburg, Hamburg, Hannover, Köln, München, Neunkirchen, Nürnberg, Saarbrücken und Stuttgart.

Das Treffen wurde zu einer Tribüne freundschaftlicher Begegnungen, des freien Dialogs und des Erfahrungsaustausches. Es erlangte eine noch zusätzliche Aufwertung durch einen Empfang, den Erich Honecker zu Ehren aller Teilnehmer gab und der Gelegenheit zur Darstellung der Friedens- und Verständigungspolitik der DDR bot. Der Beitrag, den die DDR zur Erhaltung des Friedens, zur Entspannung und Rüstungsbegrenzung leistete, fand zu Recht weltweite Aufmerksamkeit und Unterstützung.

Einen turbulenten Höhepunkt bildete am 4. Juli der „Historische Festumzug". Nur wenige hundert Meter vom Gründungspunkt Berlin/Cöllns entfernt rollte in über 5 Stunden die Chronik der Stadt in mehr als 300 Bildern, von 40 000 Mitwirkenden eindrucksvoll gestaltet, ab.

Durch die Teilnahme aller 14 Bezirke und der Wismut bot sich eine einmalige Möglichkeit, die Entwicklung nach dem VIII. Parteitag eindrucksvoll widerzuspiegeln. Alles führte zu dem Schlußpunkt und der Schlußfolgerung: Dieses Land und seine sozialistische Metropole gehen festen Schritts in die Zukunft. Optisch und akustisch richteten 2000 junge Sänger den Blick auf das visionsreiche Jahr 2000. In diesen Stunden des Spektakels und der Freude traten die Alltagssorgen und Belastungen in den Hintergrund. Niemand ahnte, was sich reichlich zwei Jahre später auf den gleichen Straßen abspielen würde.

Auf dem abschließenden Staatsakt im Oktober konnte der Schirmherr, Erich Honecker, eine eindrucksvolle und zufriedenstellende Bilanz ziehen. Sie hatte auch seiner Würde als Ehrenbürger Berlins neuen Glanz verliehen. Nur ein Wermutstropfen war in den Pokal der Freude gefallen:

Zunehmende Spannungen zwischen Bürgern der Bezirke und Berlins. Sie fühlten sich gerupft und übervorteilt. Zu dem Ärger über die abfließenden Baukapazitäten kam der über Defizite an manchen Lebensmitteln, an Obst und Gemüse. Die landläufige Meinung war, alles geht nach Berlin. Es war dabei mehr Rauch als Feuer, aber der Stimmungsumschwung war unverkennbar. Er war einer der Faktoren, der in das zerbröselnde Vertrauensverhältnis Partei-Volk einfloß.

Seit Ende 1985 beschäftigten wir uns im Sekretariat der Bezirksleitung gerade mit den zunehmenden Problemen der Perestroika auf wirtschaftlichem Gebiet. Immer wieder stellte sich die Frage, ob sie ein gangbarer Weg für die DDR sei. Die Meinungen darüber waren scholastisch. Je weiter die Entwicklung in der Sowjetunion zum Negativen hin tendierte, um so einheiliger wurde das Nein. Schon in seiner Diskussionsrede auf dem XI. Parteitag im April 1986 versuchte Günter Schabowski einen Seiltanz. Er rechnete nicht unbegründet mit der besonderen Aufmerksamkeit sowohl des eigenen wie des anwesenden sowjetischen Generalsekretärs für seine Darlegungen. Mit Nachdruck unterstützte er das Konzept des

XXVII. Parteitags der KPdSU für einen nuklearwaffenfreien Erdball, enthielt sich aber gegenüber der sowjetischen Innenpolitik jeden Kommentars. Geschickt siedelte er in der Mitte von 5 Schlußfolgerungen aus unserem Parteitag einen Punkt über die Nutzung der langjährigen Beziehungen zur Moskauer Stadtparteiorganisation als Teil der Kampfgemeinschaft zwischen SED und KPdSU für die Entwicklung von Spitzenleistungen in gemeinsamer Forschung und Produktion an. Dafür aber hatte sein Partner Boris Jelzin nicht viel übrig. Er hatte andere Sorgen.

Nach der Rückkehr von seinem Urlaubsaufenthalt im Juli 1989 in der Volksrepublik China zeigte sich Schabowski von den Ergebnissen des dort eingeschlagenen Weges, die besonders in den Sonderzonen erreicht wurden, sehr beeindruckt. Leider sei die Entfernung zwischen Berlin und Peking zu groß für direkte Kooperation, war seine Meinung. Sie waren in der, der DDR noch verbleibenden kurzen Lebenszeit auch nicht zu überwinden.

Nach der Wende erwarb sich Schabowski unter Genossen und vielen Parteilosen den Ruf eines Wendehalses. Mit Verwunderung vernahmen sie aus seinem Munde ganz andere Töne, als die am 14. September 1989 von 4000 Teilnehmern der Bestarbeiterkonferenz gehörten. Wie war er da über „die Schlammschlacht der Bonner gegen die DDR" hergezogen, hatte sie als eine Reaktion des dauernden Versagens ihrer revanchistischen Illusionen gegenüber unserer Republik gewertet und von ihr gesagt, ihre 40 mal 365 Tage kündigten die „Wachablösung des überlebten Systems des Imperialismus" an. Sie gelte es zu stärken und dabei die führende Rolle der Partei zu verwirklichen. Von all dem, was auch ihm wert und teuer schien, seilte er sich in einem atemberaubenden Tempo ab und redete vom „Grünen Pfeil" als dem einzig nachtrauernswerten aus vier Jahrzehnten sozialistischem Staat. Das ist nicht in geläuterte theoretische Einsichten einzuordnen, sondern nur unter der Rubrik charakterlos zu verbuchen.

Seine intellektualistische Ader mag es ihm ermöglichen, mit dem gleichen Eifer heute das Gegenteil des früher verkündeten zu preisen. Das läßt die Fähigkeit erkennen, über den Schatten von Gesellschaftsordnungen leichter als über den Schatten des eigenen Charakters zu springen. Damit muß er allerdings selbst fertig werden. Nur wenn einer, der sich im Oktober 1989 noch für fähig hielt, Generalsekretär der SED zu werden, mit frommem Augenaufschlag erklärt, er habe im Politbüro zu den Uninformierten gehört, dann ist das pure Heuchelei. Diesen Eindruck kann auch keine Talkshow, ganz gleich ob sie in einer Hängematte liegend oder am Tisch des Bundespräsidenten stattfindet, verwischen.

Die Agonie

Mit dem Eintritt in das 40. Jahr der DDR richtete sich mein Blick vor allem auf die lange Liste der vor mit stehenden Aufgaben.

Unmittelbar bevor standen die sich im festgelegten Rhythmus wiederholenden Wahlen zu den Leitungen der Partei in den Grundorganisationen und Kreisen, an die sich ab Mitte des Jahres persönliche Gespräche mit allen Mitgliedern und Kandidaten und der Umtausch der Parteidokumente anschloß.

In vielen Zusammenkünften in Parteigruppen und Grundorganisationen traf ich eine veränderte Stimmung der Genossen an. Die Diskussion unterschied sich deutlich von den optimistisch angelegten Rechenschaftsberichten durch einen recht kritischen Ton, die offene Schilderung von Schwierigkeiten bei der Erfüllung der Planaufgaben, die drängenden Forderungen nach Beseitigung der vorhandenen Mängel, die die Arbeit behinderten, die Schließung von Lücken, die bei der Grundversorgung der Bürger immer öfter in Erscheinung treten. Auf beschwichtigende Darstellungen oder die Wiederholung unerfüllter Versprechungen reagierten nicht wenige gereizt. Deutlich ausgesprochen oder leise angedeutet wurde die Erwartung auf eine Änderung der Situation, die außerhalb der eigenen Verantwortung lag. Das zielte auf die Politik der Führung der Partei. Zugleich beinhalteten viele Diskussionsreden politisch-ideologische Probleme. In zurückliegenden Versammlungen überließ man diesen Part meist dem Gast der übergeordneten Leitung. Das aber hatte sich verändert. Diese Erscheinung war vor allem mit der Erörterung über die Perestroika und Glasnost sowie der Stellung der SED zu deren Bedeutung und Entwicklung verbunden. Das waren allerdings Themen, die sich in den höheren Etagen der Partei nicht gerade besonderer Beliebtheit erfreuten. Den Funktionären fehlte dazu eine eindeutige Argumentation. Aus den Reden des Generalsekretärs war sie nicht zu entnehmen.

Das von ihm dazu gesagte war doppelbödig. Verbal wurde sie gut geheißen, konkret jedoch in Frage gestellt, für die eigene Politik sogar entschieden abgelehnt. Nicht nur unsere Bedingungen wären anders als in der Sowjetunion, auch unsere positiven Ergebnisse der Politik der Hauptaufgabe dokumentieren unseren Vorsprung gegenüber dem Sowjetland. So sah es die Führung. Nicht jedoch die in der Diskussion auftretenden Genossinnen und Genossen. Der Widerspruch war unüberseh- und unüberhörbar. Zu denen, die am hartnäckigsten die Notwendigkeit einer gründlichen Erörterung vertraten, gehörten die Absolventen sowjetischer Bildungseinrichtungen, von denen es in den Reihen der Berliner Parteiorganisation nicht wenige gab. Sie konnten sich auf Grund ihres mehrjährigen Aufenthalts in der Sowjetunion und ihrer guten Sprachkenntnisse auf umfassende Informationen und Sachkenntnis berufen. Sie ließen sich auch mit den dürftigen Argumenten von oben nicht abspeisen.

Besonders betont beriefen sie sich auf die Anwendung der jahrzehntelang propagierten Losung „Von der Sowjetunion lernen, heißt siegen lernen" auch in der jetzigen Zeit. Sie fanden Resonanz, wußten sie doch durch das Lesen sowjetischer Quellen mehr als die anderen, die auf die immer spärlicher werdenden Informationen der Parteipresse angewiesen waren. Die entstehenden Wissenslücken versuchten viele durch den „Sputnik", einem in deutscher Sprache erscheinenden sowjetischen Magazin, zu schließen. Auf der gleichen Wellenlänge bewegten sich auch die Diskussionen von Parteiveteranen. Waren sie auch nicht so fundiert, so war ihnen in ihrer langen Zugehörigkeit zur Partei und durch die Teilnahme an vielen Auseinandersetzungen und Kämpfen in der Vergangenheit der Satz: „Sage mir wie du zur Sowjetunion stehst, und ich sage dir, ob du ein Kommunist bist." ein Prüfstein für parteiliche Haltung. Das entsprach ihren Erkenntnissen und Emotionen. In diese Situation platzte am 18. November 1988 das Verbot des „Sputnik". Sowjetische Filme wurden aus den Kinos zurückgezogen. So etwas hatte es in der DDR noch nie gegeben. Die Irritationen waren groß, und Proteste von Genossen wurden laut. Sie stießen jedoch auf taube Ohren und landeten im schlimmsten Fall als Verfahren bei den Parteikontrollkommissionen. Maßregelungen folgten, aber eine disziplinierende Wirkung erreichten sie nicht. In einer der bedeutendsten ideologischen Positionen, des Verhältnisses zur KPdSU, ging ein Riß durch die Partei. Die Parteileitungen und Mitglieder erwarteten eine Antwort auf die im Raum stehenden Fragen. Man erhoffte sie sich vom bevorstehenden Plenum des ZK im Dezember 1988. Erich Honecker erstattete den Bericht des Politbüros. Er blieb eine Antwort schuldig und erklärte die Fortsetzung des bisherigen Kurses. Anstelle des internationalistischen Charakters der sozialistischen Gesellschaftsordnung betonte er dessen nationale Merkmale, den „Sozialismus in den Farben der DDR". Nun waren wir dort gelandet, wovon die Französische Kommunistische Partei schon zehn Jahre vorher gesprochen hatte und deshalb kritisiert wurden.

Diese Formel zog eine Grenze zur Perestroika. Sie war grundsätzlicher Natur. Es ging in erster Linie nicht, wie beim „Sputnik"-Verbot angegeben, um die Verhinderung einer falschen, den Sozialismus mit Schmutz bewerfenden Darstellung der Geschichte der Komintern, sondern vielmehr um die von Gorbatschow und Schewardnadse verfolgte Außenpolitik. Sie setzte an Stelle einer „Klassenpolitik" „allgemeinmenschliche" Interessen, an Stelle der kapitalistischen und sozialistischen Gesellschaft eine „neue Stufe der Zivilisation". Offen blieben viele Fragen zu dem von ihnen propagierten „europäischen Haus". Wie war es in ihm mit den deutschen Zimmern bestellt, oder war nur noch eins dafür vorgesehen? Mißtrauen erweckte, und das zu Recht, die Entfaltung des tête-à-tête zwischen der Sowjetunion und der BRD.

Für die innenpolitische Entwicklung stellte Erich Honecker eine Politik der „Kontinuität und der Erneuerung" in Aussicht. Was dies im einzelnen bedeutete, blieb undefiniert. Trotzdem gewann ich der Rede positive Seiten ab.

Es wurde der XII. Parteitag angekündigt. In seiner Vorbereitung war mit einer Parteidiskussion zu rechnen. Neue Lösungen konnten in einem neuen Klima realistischer beraten werden. Darauf hofften auch die Genossen, und sie verlangten die Veröffentlichung von Thesen und Konzepten. Sie alle wurden enttäuscht. Auf der nachfolgenden Tagung des ZK im Juni war vom Parteitag gerade noch in der Schlußzeile die Rede: „Voller Optimismus und Zuversicht gehen wir dem XII. Parteitag der SED entgegen!"

Partei und Öffentlichkeit waren weder optimistisch noch zuversichtlich. Die Identifikation mit der Politik der SED ging in den eigenen Reihen wie unter den Bürgern im allgemeinen stark zurück. Ein Stimmungsumschwung trat ein. Meinungsforscher ermittelten folgendern Trend: Von den Mitgliedern der SED bekundete nur noch jeder Zweite eine starke Verbindung mit der Partei, bei Nichtmitgliedern war es nur noch jeder Zehnte, und über die Hälfte der Bürger hatte sich von dieser Politik gelöst. Sie gaben dem Sozialismus keine Perspektive mehr. Der Blick richtete sich deutlich wie nie zuvor gen Westen. Fakten, die für sich sprechen, sind vor allem der Ausreisedruck – die Zahl der Antragsteller hatte sich der 100 000-Marke genähert – und die zunehmend offen vorgetragenen und Wirkung erzielenden Aktivitäten oppositioneller Kräfte.

In einem merkwürdigen Kontrast dazu standen die fröhlich den Repräsentanten der DDR zuwinkenden Teilnehmer an der 1. Mai-Demonstration in der Karl-Marx-Allee. Da war nichts befohlenes oder organisiertes. Die Stimmungsäußerungen gab es spontan. Sie wurden wohltuend aufgenommen und natürlich falsch bewertet. In der Verallgemeinerung fiel man der Selbsttäuschung zum Opfer.

Der Unwille machte sich durch verschiedene Ventile Luft. Es gab eine Stimmung gegen die große Jubelfeier, die mit dem Nationalen Jugendfestival der FDJ zu Pfingsten ins Haus stand. Die Berliner, über vier Jahrzehnte bereitwillige Gastgeber, ließen sich diesmal mehr als nur einmal bitten, einen Gast aufzunehmen. Selbst Genossen konnten nur mit einem Parteiauftrag dazu bewegt werden. Das richtete sich nicht gegen die Jugendlichen. Die wurden dann wie eh und je gastfreundlich bewirtet. Der Stoß ging gegen die Organisatoren und Urheber, die ohne Rücksicht auf die angespannte Lage hohe Summen verpulverten, um sich selbst bestätigt zu fühlen. Dahinter steckte also mehr, als ausgedrückt wurde. Das hielt Bezirksleitung und Magistrat aber nicht davon ab, mit einem riesigen Aufwand im Juni die „Berliner Tage in Moskau" zu gestalten. Die Halle dafür konnte nicht groß genug sein, um in einer imposanten Show den überlegenen Entwicklungsstand der DDR gegenüber der Perestroika zu demonstrieren. Wozu also eine Umgestaltung in der DDR – das dem offiziellen Moskau nahezubringen, war die Absicht. Nach Aufwand und Kosten wurde nicht gefragt. Der Ertrag wog leider beides nicht auf.

Als am 7. Mai die Kommunalwahlen stattfanden, war das Klima dafür sehr düster. In den vorbereitenden Versammlungen traten zwei Erscheinungen hervor. Zum einen eine offene, nicht als destruktiv einzuschätzende kritische Auseinandersetzung über Dinge, deren Änderung angefordert wurde. Sie bezogen sich vorwiegend auf Verbesserung der Wohnbedingungen in den Altbaugebieten, ausbleibende Reparaturen in den Wohnungen und die Sanierung kaputter Dächer, lange Wartezeiten und schlechte Qualität von Dienstleistungen, Lücken in der Versorgung, besonders bei Obst und Gemüse, die nicht mehr als angebracht betrachteten stabilen Preise für Grundnahrungsmittel, mit denen Schindluder getrieben wurde. Angesprochen wurde der fehlende Anreiz zur höheren Produktion und Produktivität durch ein vernünftiges Leistungsprinzip, ebenso die Gewährleistung von Ordnung und Sauberkeit im Wohngebiet. Die Liste der angesprochenen Themen ließe sich verlängern. Partei- und Staatsorgane betätigten sich als Lückenschließer. Hinter vielen Forderungen stand die Drohung der Wahlverweigerung. Diese Haltung wurde durch oppositionelle Kreise geschürt. So war die zweite Erscheinung die unverhüllt verbreitete Aufforderung zum Wahlboykott. Dies paarte sich mit der Ankündigung einer weitverzweigten Wahlkontrolle, vor allem durch organisierte Teilnahme an der öffentlichen Stimmauszählung. Dazu übernahm die „Koordinierungsgruppe Wahlen" des Weißenseer Friedenskreises eine Leitfunktion. Das alles war uns bekannt. Bis zur letzten Stunde vor der Wahl wurden die Kräfte mobilisiert, die eine hohe Wahlbeteiligung und eine hohe Stimmabgabe für die Kandidaten der Nationalen Front sichern sollten. Galt doch beides als ein Beweis für die vertrauensvollen Beziehungen der Bürger zu ihrem Staat, der im 40. Jahr der DDR nicht schlechter ausfallen sollte als früher. Auf korrekte Auszählung der Stimmen wurde Wert gelegt. Das geschah auch in aller Öffentlichkeit. Die Zahl der Gegenstimmen fiel zwar viel höher aus als „voreingeschätzt", aber die dann veröffentlichten Zahlen waren gefälscht. Das löste eine Lawine von Mißmut und handfester Proteste aus. Viel wurde im Nachhinein gerätselt, wer die Zahlenmanipulationen veranlaßte. Zwei Ebenen sind daran nicht beteiligt: Die unzähligen freiwilligen, korrekt arbeitenden Kräfte in den Wahllokalen und die Zentrale. Die Manipulierung begann auf meiner Ebene. Unzuständigkeitshalber wurde den Wahlfälschern von Berlin vor einem erweiterten Schöffengericht Tiergarten der Prozeß gemacht. Sie wurden verurteilt. Das zutreffendste an dem Urteil gegen mich wegen Anstiftung zur Wahlfälschung ist, damit „der DDR geschadet zu haben". Ein wesentliches Motiv für die Fälschung war die Überlegung, daß Berlin, das so viel von den Bezirken erhalten hatte, mit keinem schlechtern Wahlergebnis dastehen sollte. Tatsächlich hatte die Manipulierung des Ergebnisses um einige wenige Prozent- und Zehntelpunkte zum Vertrauensverlust bei vielen Menschen in den Staat geführt. Vom 7. Juni bis zum 7. November gab es Monat für Monat Protestaktionen gegen die verschleierte Fälschung. Sie wurde ein Rahmen zur weiteren Formierung der Gegenkräfte der DDR.

In der Sommerzeit vermischten sich innere Spannungen mit dem Echo auf die Ereignisse auf dem Pekinger Platz des Himmlischen Friedens. Blieben direkte Proteste partiell, wie auf die Kunsthochschule Berlin-Weißensee, begrenzt, so war die durch die angeheizte Berichterstattung des Westfernsehens erzeugte depressive Stimmung weit verbreitet.

Wie in einem Wassertropfen erlebte ich die aus Berichten von Parteiorganisationen, Leitungen der Massenorganisationen und des MfS ersichtliche Unmutsstimmung in der Partei durch die Teilnahme an verschiedenen Zusammenkünften von Funktionären im Werk für Fernsehelektronik (WF). Der Ausgangspunkt war ein Problem, das die Bezirksleitung sehr beschäftigte: die Gewinnung von jungen Arbeitern als Kandidaten für die SED. Gehörte Berlin zwar nicht zu den 7 Bezirken, wo die Zahl der Austritte aus der Partei die Zugänge übertrafen, blieb der „Zustrom" junger Arbeiter aber sehr gering. Er glich mehr einem Rinnsal. Da im WF zwei neue Werkteile zur Herstellung von Spitzentechnologien der Elektronik entstanden waren, sah ich dort ein lohnendes und fruchtbares Feld für unser Anliegen. Mir trat massiver Widerspruch entgegen, der sich nicht auf den konkreten Punkt beschränkte, sondern auf die Gesamtpolitik der Partei erstreckte. Darin wurde auch der

Grund für die reservierte Haltung der angesprochenen Arbeiter zur Partei gesehen. Funktionäre beider Parteiorganisationen hatten dazu Diskussionspapiere erarbeitet, die auf Veränderungen der Subventionspolitik zielten. Ich reagierte darauf und sagte sinngemäß: Daß ihr euch darüber Gedanken macht finde ich gut, darüber könnt ihr diskutieren, aber die Beschlüsse des ZK gelten trotzdem weiter. Das folgende Echo war geteilt. Manche unterstützten mich unter Berufung auf das Parteistatut, andere setzten sich dagegen energisch zur Wehr. Die Diskussion spitzte sich danach weiter zu und mündete in der Feststellung, daß die Ursache für die auf allen Gebieten anzutreffende Verschlechterung der Lage der Starrsinns der „Alten" an der Spitze der Partei ist. Das ist gewissermaßen das Vorspiel für den Auftritt dieser Parteiorganisation im November/Dezember 1989 mit der „WF Plattform" zur Veränderung der Politik und der Rolle der SED.

Das Problem der überalterten Mannschaft um Erich Honecker verdeutlichte den Widerspruch, der sich entwickelt hatte, der nicht akzeptiert und für deren Lösung nicht nur nichts getan wurde, sondern erhalten bleiben sollte, da im Hinblick auf den XII. Parteitag an eine Verjüngung der Parteispitze nicht gedacht war. Die Vorverlegung des XII. Parteitags von 1991 auf 1990 erfolgte unter dem Gesichtspunkt der Wiederwahl Erich Honeckers als Generalsekretär und des Politbüros in alter Zusammensetzung.

Hatte ich mit Veränderungen zu diesem Zeitpunkt und aus diesem Anlaß gerechnet, so belehrten mich zwei Dinge bald eines besseren. Schabowski kommentierte die Veränderung des Parteitagstermins gerade damit, ohne Einfluß eines vorhergehenden Parteitags der KPdSU noch Pflöcke für die Kontinuität der Politik und der Parteiführung einzuschlagen. Dann kamen Politbürobeschlüsse auf den Tisch, in denen für lange geplante Veranstaltungen der Name Erich Honecker als Hauptredner oder Schirmherr eingetragen war. Das konnte als Indiz für die Fortsetzung seiner Herrschaft in den neunziger Jahren angesehen werden.

Zum politischen Konflikt gesellte sich also noch der zwischen den Generationen. In meiner FDJ-Zeit war dies ein viel diskutiertes Thema. Ein Generationskonflikt wurde aber offiziell nie akzeptiert. Im Sozialismus gäbe es dafür keine Basis. Wir haben uns was vorgemacht. Nur in Worten hatten wir anerkannt, daß jede Generation auf anderen Wegen zum Sozialismus gelangt, als die vorherige.

Die Diskussionspartner im WF waren noch keine 40, so wie auch die Hälfte der Parteimitglieder erst nach der Gründung der DDR geboren war. Mir wurde damit auch bewußt, von ihnen auch als ein „Alter" angesehen zu werden. Ihr Wissen und ihre Erfahrungen waren aus einer anderen Sicht geprägt. Die wollten sie vertreten und verwirklichen. Zu Recht klopften sie an die Türen der Macht. Sie wollten eine „Erneuerung", die anders aussah als die vom ZK verkündete. Es handelte sich also keineswegs um einen Konflikt unterschiedlicher Jahrgänge, sondern des damit verbundenen unterschiedlichen Denkens. Diesen natürlichen Prozeß anzuerkennen, bedeutete auch dessen Konsequenz für die Politik und die kadermäßigen Veränderungen zu akzeptieren. Mein eigenes Nachdenken über „Erneuerung" von Partei und Staat wurde blockiert durch das Beharren auf Kontinuität. In dieser sich mehr und mehr auch zu einer Personenfrage zuspitzenden Diskussion erwies sich das Fehlen einer Regelung für eine normale Lösung der Nachfolge in den Spitzenfunktionen. Dadurch bedingt, erhielt der Wechsel den Charakter eines „Sturzes". Die Eingeweihten bei dem Wechsel von Honecker zu Egon Krenz wußten ebenso wie bei dem Wechsel von Ulbricht zu Honecker, wie „freiwillig" sie zurücktraten. Die Folgen des Festhaltens an den Stammformationen betrafen die Kaderarbeit in der ganzen Partei und in der Gesellschaft. In den achtziger Jahren waren fähige junge Kader herangewachsen, aber die Stühle, die sie besetzen konnten, blieben besetzt. Um Erfahrungen und Kontinuität zu erhalten, drückte auch ich den Sessel, auf den ich 1971 gesetzt wurde, 18 Jahre. Die Funktion war von einer Berufung zum Beruf geworden. Wie schwach es um die demokratische Legitimation der Funktionäre in der Partei tatsächlich bestellt war, zeigte sich, als sie in den Stürmen des Herbstes von heute auf morgen weggeweht wurden.

In den Führungsetagen war man nicht gewillt, die tatsächliche Stimmung im Volk wahrzunehmen. Ignoriert wurden die Gründe, die so viele, vor allem junge Menschen dazu bewegten, der DDR den Rücken zu kehren. Man verschloß die Augen vor der nachlassenden Wirksamkeit des sozialpolitischen Programms und den negativen Auswüchsen, die mit der eingeführten „zweiten Währung", der DM, einhergingen. An den Rand gedrückt wurden die Sorgen vieler Menschen um die Umwelt und die wachsenden ökologischen Belastungen. Den Grad sozialistischer Bewußtheit schätzte man so hoch ein, wie man ihn sich wünschte. Mit den sich selbstlobhudelnden Berichten in den DDR-Medien fühlten sich die Bürger hinters Licht geführt und fanden ihren Eindruck bestätigt, sowieso nicht ernst genommen zu werden.

Die oberste Führung sah nicht oder wollte nicht sehen, daß es sich bei der herausgebildeten Stimmungslage um für den Sozialismus existentielle Fragen handelte. Auf die entstandene Situation ließen sich ohne weiteres Lenins Worte über eine revolutionäre Krise anwenden. Eine solche ist dann gegeben, wenn die Regierten nicht mehr so wollen, wie es die Regierenden fordern und wenn diese selbst nicht mehr so können, wie sie möchten. Getroffen war eine solche Einschätzung am Vorabend der proletarischen Revolution. Nun traf sie auf die Charakterisierung der Situation in der DDR zu.

Die Lage wurde durch die Sprachlosigkeit der Führung, in der einige Funktionäre den Ernst der Lage durchaus erkannt hatten, in diesen Monaten noch komplizierter. Als im September in Abwesenheit von Erich Honecker und dem in Zwangsurlaub geschickten Egon Krenz in einer Politbürositzung der Vorschlag gemacht wurde, an die Parteiorganisationen eine Information herauszugeben, wurde dies abgelehnt. Keine geringe Rolle spielte dabei Günter Schabowski, der mir nach der Sitzung sehr erregt von einem solchen Vorstoß von Werner Krolikowski berichtete. Man wollte die Rückkehr des Generalsekretärs abwarten. Es geschah nichts. Der Glanz des 40. Jahrestages der DDR sollte nicht getrübt werden.

Gerade in solchen Vorgängen offenbaren sich die verhängnisvollen Folgen der auf eine Person zugeschnittenen Führungstätigkeit in der Partei.

Zu den inneren Krisenerscheinungen kamen weitere außenpolitische Belastungen. Die Sowjetunion hatte sich in ihrer Deutschlandpolitik umorientiert. Ein deutlicher Ausdruck dafür war das intime Spiel mit der BRD, das sich bei dem Staatsbesuch Gorbatschows in Bonn vor den Augen der Weltöffentlichkeit abspielte. Die Interessen der DDR wurden zweitrangig. In Polen hatte die Partei ihre Führungsrolle an den „Runden Tisch" abgetreten. Ungarn war aus der Gemeinschaft der sozialistischen Staaten – von der KPdSU toleriert und der BRD finanziert – ausgeschert. Das alles drückte zusätzlich auf das innere Klima der Republik.

Die Teilnahme der Führer der sozialistischen Staaten an den Feierlichkeiten zum Jubiläum der DDR konnte dies nicht aus der Welt schaffen. Sie konnten der DDR auch nicht unter die Arme greifen, selbst wenn sie es gewollt hätten. Sie standen mehr oder weniger unter demselben Druck wie die Partei- und Staatsführung der DDR. Als sie sich von Honecker verabschiedeten, war es ein Abschied für immer. Ihre persönliche Machtstellung und die der von ihnen repräsentierten Parteien ging ebenso zu Ende wie die von Honecker und der SED.

Im Mittelpunkt des Interesses stand der höchste Staatsgast der DDR, Michail Gorbatschow. Aber gerade er, auf dessen Anwesenheit Honecker besonders gedrängt hatte, warf den längsten Schatten auf ihn. Die Worte „Wer zu spät kommt, den bestraft das Leben" waren schon keine Aufforderung oder Warnung mehr, sondern nur noch eine Feststellung für den im Gang befindlichen Entmachtungsprozeß. Allein die nicht enden wollenden „Gorbi-Gorbi"-Rufe, ausgerechnet beim Fackelzug der FDJ, der die vierzigjährige DDR und seine Führung Unter den Linden feiern sollte, rückten Erich Honecker so weit in den Hintergrund, daß klar wurde, seine Uhr war abgelaufen. Die daraus zu ziehende Konsequenz seiner Ablösung blieb nur eine Frage weniger Tage.

Die Feierlichkeiten fanden einen dramatisch-tragischen Abschluß. Während sich im Bankettsaal die geladenen Gäste noch zuprosteten, durchbrachen Tausende Jugendliche die Kordons der sie schützenden Sicherungskräfte und formierten sich zu einer stundenlangen Demonstration. Dort wurden schon nicht mehr allein „Gorbi-Gorbi"-Rufe skandiert, sondern solche mit eindeutigerem Anti-DDR-Inhalt.

Die Szene glich etwa der auf der sinkenden Titanic: Das Schiff sank, aber die Kapelle spielte weiter. Die eskalierende Demonstration und die Unmöglichkeit, sie durch polizeiliche Maßnahmen zu beenden, unterstrich den hohen Grad der politischen Krise in der DDR. Potenziert wurde das Geschehen durch die Vorgänge in Dresden, Leipzig, Karl-Marx-Stadt, Plauen und in anderen Städten. Der Einsatz militärischer Mittel wäre möglich, aber verhängnisvoll gewesen. Nur der Einsatz politischer Mittel bot eine Chance, die Lage zu normalisieren. Es bleibt das große Verdienst von Egon Krenz, dazu den ersten Schritt unternommen zu haben. Er setzte den Zug der Ablösung von Erich Honecker in Bewegung. Wenn sich Günter Schabowski in seiner Selbstdarstellung auch gern als Lokführer sieht, so war es doch anders. Er sprang erst, nachdem er von Krenz ins Vertrauen gezogen worden war, auf den schon fahrenden Zug auf.

Die Aktivität von Egon Krenz kam spät, aber sie war von prinzipieller Bedeutung, um die Wende unblutig verlaufen zu lassen. Die Ablösung Honeckers und seiner beiden engsten Vertrauten, Herrmann und Mittag, vollzog sich in einer notwendig kurzen Frist. Über die damit verbundenen illusorischen Vorstellungen und die Halbherzigkeit, mit der der Wandel angegangen wurde, will ich nicht reden, sondern nur über eine damit verbundene Folge: Es gab kein angedachtes, geschweige durchdachtes Programm für die dringend gebotenen nächsten politischen Schritte. So konnte weder die mit heißer Nadel genähte Erklärung des Politbüros vom 10. Oktober noch das folgende Aktionsprogramm des ZK vom 10. November befriedigen. Sie stießen auf Widerspruch in der SED, bei den Blockpartnern, in der Gesellschaft. Gegenkonzeptionen schossen wie Pilze nach einem warmen Regen aus dem Boden. In Berlin machten die Parteiorganisation des WF, einige der Akademie der Wissenschaften der DDR und der Humboldt-Universität von sich reden. Auf Kundgebungen vor dem ZK-Gebäude wurde über die weit auseinander klaffenden Auffassungen über die notwendigen Veränderungen gestritten. Einig waren sich jedoch ausnahmslos alle Sprecher: Das vom ZK vorgeschlagene reicht nicht aus. Genau dies erwies sich allerdings auch für die anderen verkündeten Plattformen oder Programme. Der nicht mehr beherrsch- oder lenkbare Prozeß machte sie zur Makulatur, bevor sie das Licht der Welt erblickten. Der Grund dafür war sicherlich der

gleiche: Sie waren nicht „radikal" genug. Sie wollten eine Erneuerung der Partei und der Gesellschaft, aber sie wollten keinen Bruch.
Das Ziel war eine „andere", eine „bessere DDR", die aber eine
sozialistische sein sollte. Die aber wollten viele im Lande und
außerhalb unserer Grenzen nicht mehr. Nicht ohne Einfluß westdeutscher Politiker wurde die DDR demontiert. Mit Reisen und
DM beförderte man den Wandel der Losung „Wir sind das Volk!"
zu „Wir sind ein Volk!"

An die Stelle der Erneuerung der DDR trat „Deutschland einig
Vaterland".

Die Wende 1989

Geschichte und Vorgeschichte der Wende erstrecken sich über Monate. Sie sind von einer dichten Fülle politischer Vorgänge gekennzeichnet.

Eine breite, vielschichtige Volksbewegung führte zu gravierenden Veränderungen der Gesellschaft. Die neu entstandenen und entstehenden Parteien, Organisationen und Bürgerkomitees schufen einen Pluralismus. Die Kräfte, die sich entfalteten, waren heterogen. Zu undifferenziert schrieben wir ihnen zu, die Erneuerung des Sozialismus auf die Tagesordnung gesetzt zu haben. Manche hatten schon zu diesem Zeitpunkt eindeutig antisozialistische Ziele.

Was sich nach dem 7. Oktober vollzog, vollzog sich in aller Öffentlichkeit aber auch gleichzeitig in der SED. Das meiste jedoch neben ihr und gegen sie. In der Bezirksleitung hegten wir im Oktober noch die Hoffnung, unseren Einfluß geltend machen zu können. Wir suchten den offenen Dialog. Für den 29. Oktober riefen wir zu einer ersten Runde von „Rathausgesprächen" auf. Die Teilnahme überstieg all unsere Vorstellungen. Vor dem Roten Rathaus versammelten sich an die 20 000 Menschen. Auch andere Veranstaltungssäle waren überfüllt. Wir wollten unsere Sicht auf die Lage, ihre Ursachen und die Vorstellungen zur Veränderung einbringen und natürlich auch akzeptiert wissen. Wir fanden dafür Gehör. Die scharfen Kontroversen blieben im wesentlichen sachlich. Schon in der zweiten Runde am 5. November hatte sich die Atmosphäre geändert. Die Attacken gegen Partei und staatliche Organe wurden in schärferer und teils in provozierender Art vorgetragen. Das hing mit dem am Vortag bei der Demonstration und Kundgebung auf dem Alexanderplatz sichtbar gewordenen veränderten Kräfteverhältnis zusammen. Erstmalig war eine derartige Veranstaltung genehmigt worden; Veranstalter und Volkspolizei schlossen eine „Sicherheitspartnerschaft"; ein Redner der Bezirksleitung angefordert, wurde unter den über 20 Sprechern als „unter ferner liefen" eingeordnet. Günter Schabowski, mit dieser Mission vom Politbüro beauftragt, erntete Zustimmung, aber noch viel mehr Widerspruch. Das war ein Vorgang, der die schon vollzogenen Veränderungen der Rolle der Partei verdeutlichte. Die Bezirksleitung wußte um die Unmöglichkeit, die Kundgebung zu unterbinden, obwohl vor allem die Befürchtung bestand, der Demonstrationszug könnte zum Brandenburger Tor abbiegen und Zusammenstöße mit den Grenzsicherungskräften hervorrufen. Die Sicherheitspartnerschaft gab eine gewisse Garantie, daß dies nicht eintritt. Von Grundorganisationen kam die Frage nach dem eigenen Verhalten. Die Stimmung in den Belegschaften, Betrieben und Einrichtungen ließ deren massenhafte Teilnahme erwarten. Sollten sich die Genossen anschließen oder sich heraushalten? Unsere Antwort war „Jein". Einerseits waren wir an ihrer Teilnahme zur Bekundung des Standpunktes der Partei interessiert, andererseits vergrößerten wir damit die Zahl der Demonstranten. Eine organisierte Teilnahme als geschlossene Formation stand nicht zur Debatte. Jeglicher Eindruck einer Gegendemonstration mußte vermieden werden. So blieb es der Entscheidung der Genossinnen und Genossen selbst überlassen, ob sie teilnahmen oder nicht. Die Verunsicherung der Parteifunktionäre war also nicht schwer auszumachen. Das beflügelte manche Teilnehmer an den Gesprächsrunden zur härteten Gangart gegen die Partei.

Die Führung der SED war vor allem mit sich selbst beschäftigt, und durch die sich hinziehenden Kaderentscheidungen wurde eine Wirkung über ihren Rahmen hinweg einfach unmöglich. Die veröffentlichten Protokolle der drei letzten Tagungen des ZK-Plenums offenbaren, wie schwer sie die Partei belasteten und die Hände banden. Als auf der 10. ZK-Tagung ein „Aktionsprogramm der SED" zur Beratung stand, wurde eine ernsthafte Erörterung durch laufend neue Hiobsbotschaften aus der Partei, dem Land und aus dem Ausland an den Rand gedrängt und durch immer neue Kaderfragen überschattet. Schon während seiner Bestätigung war es von dem Tempo der Ereignisse überholt. Ein Satz aus dem Aktionsprogramm verdeutlicht den Widerspruch zwischen Worten und Tatbeständen wie kaum ein anderer: „Die Regelungen über die

Grenzgebiete sind zu überprüfen." So beschlossen am 10. November gegen Mittag. Aber seit 9. November abends hatte die „Regelung" mit der Öffnung der Grenze, dem faktischen Fall der Mauer, bereits stattgefunden. Unter der Wucht dieses noch am Abend von keinem bedachten oder vermuteten Vorgangs wurde weder diesem Satz noch dem ganzen Aktionsprogramm überhaupt noch Beachtung geschenkt. Nun stand die Frage „Was tun?" auf neue Weise. Die letzte Großkundgebung der Berliner Parteiorganisation am Abend des 10. November bot die Chance, darauf eine Antwort zu geben. Die rund 150 000 Teilnehmer hatten sie von Egon Krenz erwartet. Er gab keine, konnte keine geben, da die ausgearbeitete, vom ZK beschlossene schon längst überholt war. Er stand offenkundig derart im Banne der so nicht gewollten „Maueröffnung", daß er dazu kein einziges Wort der Erklärung, geschweige für das Handeln der Parteiorganisationen und der Mitglieder fand. Resignation und Depression breitete sich auf allen Ebenen aus. Allmählich bei dem einen, schlaglichtartig bei dem anderen gewann die Erkenntnis Raum: Das ist das Ende.

Ich selbst gab uns noch nicht auf und sah einen Hoffnungsschimmer in der baldigen Durchführung eines außerordentlichen Parteitags anstelle der vom Plenum einberufenen Parteikonferenz. Darin bestärkten mich besuchte Parteiveranstaltungen am 11. und 12. November. Die getroffene Veränderung am 13. erwies sich erneut nur als ein den Ereignissen hinterher rennendes Reagieren. Der unterdrückte, weil unfaßbare Gedanke, daß das Schicksal des Sozialismus und damit das der DDR besiegelt ist, wurde mir am 1. Dezember voll bewußt. Indem in der Verfassung der DDR das nachvollzogen wurde, was im Leben bereits stattgefunden hatte, die Eliminierung der führenden Rolle der SED, waren die Weichen zur Selbstbeseitigung gestellt.

Sozialismus ohne führende Rolle der Partei, das ging nicht auf, und das nicht nur in meinem Kopf. DDR ohne Sozialismus machte sie überflüssig. Nur durch den Antagonismus der Gesellschaftsordnungen hatten zwei deutsche Staaten Existenzberechtigung. Die sozialistische DDR hatte der scharfen Konfrontation mit der kapitalistischen BRD nicht standgehalten.

Als sich am 3. Dezember das ZK unter dem Druck der Parteibasis selbst auflöste, bedeutete das das Ende der „Partei neuen Typus". Damit war die hauptsächlichste Bedingung für den realen Sozialismus in der DDR beseitigt. Sein Ende war ein Glied in der Kette des Scheiterns des sowjetischen Sozialismusmodells in Europa. Die „Gemeinschaft sozialistischer Staaten" brach auseinander, jedes ihrer Mitglieder ging, von der allmächtigen Führungsmacht Sowjetunion im Stich gelassen oder befreit, einen eigenen Weg. Er führte so wie der der DDR zum Kapitalismus.

Damit bin ich beim Wesen der Wenden von 1949 und 1989. Die Gründung der DDR war ein Abwenden von Deutschlands dunkler Vergangenheit, von den Ursachen und den Urhebern zweier verheerender Kriege, die Millionen Menschenopfer forderten, eine nie gekannte Not und Zerstörung hinterließen, es war die Abwendung vom Faschismus und seiner Verbrechen an der Menschheit. Es war die Hinwendung zu einer neuen Ordnung, in der Frieden und Völkerfreundschaft, soziale Gerechtigkeit, Demokratie und Humanismus herrschen sollten. Sie war eine Alternative zur Vergangenheit des untergegangenen deutschen Reiches und zur Restauration dieser Vergangenheit in der BRD.

War diese Alternative auch nicht überlebensfähig, so hat sie in den vier Jahrzehnten ihrer Existenz beachtliches geleistet. Zu ihrem unvergänglichen Verdienst zählt ihr Beitrag zur Sicherung des Friedens. Den nach mir Geborenen blieben die Schrecken eines Krieges erspart. Sie konnten an der Seite der älteren Generation an der Errichtung des neuen Hauses teilnehmen. Blieben auch viele Vorstellungen vom Leben in ihm unerfüllt, so lernten sie in ihm menschliche Gemeinsamkeit, Gleichberechtigung von Mann und Frau, von Jung und Alt kennen, hatten sie in ihm die Möglichkeit sich hohe Bildung und ein hohes Maß an Kultur anzueignen.

Die Wende von 1989 bot keine Alternative zur bestehenden kapitalistischen Ordnung. Sie stellte deren Herrschaft lediglich über den Teil Deutschlands wieder her, der ihnen über 40 Jahre entzogen worden war. Aber als eine Revolution kann diese Wende aus diesem Grunde nicht bezeichnet werden. Zehnjährige Erfahrungen nach dieser Wende bestätigen, daß keine neue Stufe der menschlichen Zivilisation hervorgebracht wurde, sondern sich die Übel einer Gesellschaft, die auf Ausbeutung des Menschen und der

Mehrung des Profits der besitzenden Klasse beruht nur ausbreite-
ten. Viele der in der DDR bewährten Errungenschaften gingen
verloren. Wofür sie eingetauscht wurden, wiegt deren Wert nicht
auf. Bitter müssen das heute viele Arbeitslose und Sozialhilfeempfän-
ger, Schulabgänger ohne Lehrstelle, Frauen, die mit 40 für einen Job als „zu alt" beiseite geschoben werden, und viele andere
feststellen. Nein, diese Gesellschaftsordnung, in die sie sich freiwillig begaben oder in die sie gegen ihren Willen einverleibt wurden,
ist nicht das, was man von ihr erwartete. Sie ist keine Lösung für
die Zukunft. Eine Alternative muß und wird gefunden werden,
wenn auch heute niemand sagen kann, wie sie aussehen, wie sie erreicht wird. Sicherlich wird der objektive Verlauf der nach vorn
offenen Geschichte erfinderischer sein als alle Politiker und gelehr-
ten Häupter zusammengenommen. Auf der Suche nach einer oder
mehreren Alternativen können die Erfahrungen des „realen Sozialismus" lehrreich sein. Stehe ich ebenso wie die Angehörigen der
„Fackelträger-Generation", die der DDR 1949 Treue gelobten und
diesem Gelöbnis treu blieben, vor einem eingestürzten, oder vielleicht besser umgestürzten Haus, aber das Erbrachte ist nicht verge-
bens. Natürlich gehören wir zu denjenigen, die die schwerste und
bitterste Niederlage der sozialistischen Bewegung in ihrer Geschichte
erleben, so war sie nicht die einzige und sie wird auch noch nicht
die letzte sein. Aber auch aus Niederlagen ist zu lernen. Nur gilt
es, bis zu den Wurzeln ihrer Ursachen vorzudringen. Das ist, wie
jeder ehrlich mit der DDR und der sozialistischen Sache Verbundene feststellt, leichter gesagt als getan. Es braucht auch Zeit und
Distanz zu dem Geschehenen.

Unter dem unmittelbaren Eindruck des Zusammenbruchs unserer Gesellschaft sah und suchte ich die Ursachen bei den nahelie-
genden. Wir waren Unterlegene im Wettstreit der Systeme. Von zu
schwachen ökonomischen Positionen aus wurde dieser Kampf
geführt und hatten diese obendrein durch schlechte Wirtschaftsführung geschwächt. Dafür Schuldige zu benennen, fiel nicht
schwer. Da wären Honecker und Mittag und einige weitere aus der
„Altherrenriege" parat. Auch Gorbatschow fehlte bei den Urhebern unseres Scheiterns nicht. Das alles erweist sich als zu kurz
gedacht. Ohne die Rolle Gorbatschows verringern zu wollen, der

mit dem Sozialismus mehr und mehr spielte und die DDR und die anderen sozialistischen Länder wie heiße Kartoffeln fallen ließ, hieße es doch puren Personenkult zu betreiben, würde man ihm magische Kräfte zusprechen, die 70 Jahre Sozialismus zum Zusammenbruch bringen. Auch die SED-Führer, bei aller persönlicher Verantwortung für Ignoranz, Blindheit und Starrsinn, sind nicht die eigentliche Ursache. Sie sind nur die personifizierte Widerspiegelung eines Systems.

Die Ursachen für das Scheitern des sozialistischen Systems nach sowjetischem Modell in Europa sind komplexer und von größerer historischer Dimension. Es handelt sich um gebündelte objektive und subjektive, um innere und äußere, nationale und internationale, um theoretische und praktische Gründe, die dazu führten. Über ihren Ursprung und ihre Wechselwirkung gilt es nachzudenken und zu streiten. Ein im Leben schwer geprüfter, sein ganzes Leben der Sache der Partei und des Sozialismus hingebungsvoll dienender Genosse gab mir den Rat, bei der Ursachenforschung über die eigene Schmerzgrenze hinauszugehen. Nur so könne man sich der Wahrheit nähern. Die dabei gewonnenen Erkenntnisse stellen Grundaussagen unserer Lehre und Weltsicht in Frage, sie offenbaren die Manipulierung mit den Gedanken von Marx und Engels, machen hellsichtig gegenüber der „Lehre von der Partei", der Diktatur des Proletariats oder den Gesetzmäßigkeiten der gesellschaftlichen Entwicklung und des Sozialismus. Verfolgt man diese Gedankenstränge, so findet man ihren Ursprung nicht in den letzten Jahren der Existenz unseres Systems, sondern bei ihren Anfängen. Ich bin bis zur Oktoberrevolution 1917 in Rußland gekommen. Dabei geht es nicht um Notwendigkeit und Zwangsläufigkeit der Revolution. Daran gibt es bei mir keinen Zweifel. Aber ich bin zu der Auffassung gelangt, daß die proletarische Revolution, entgegen aller Voraussagen von Marx und Engels, zuerst nicht in einem industriell entwickelten Land mit starker Arbeiterklasse, sondern in einem der rückständigsten Länder Europas mit geringer Arbeiterklasse siegte, einen Prozeß in Gang setzte, der sich für den Sozialismus als verhängnisvoll erweisen sollte. Dafür gibt es für mich zwei Gründe. Zuerst die Rückständigkeit auf ökonomischem Gebiet. Auch durch internationale Einflüsse , wie Bürgerkrieg mit ausländischer Intervention, Blockade und Krieg, die Notwendigkeit, die schwersten Kriegsfolgen tilgen zu müssen und das Wettrüsten, war die Sowjetunion nicht imstande, die Produktion und Produktivität der gesellschaftlichen Arbeit so zu steigern, daß sie systemerhaltend wirken konnte. Verwiesen sei hier nur auf die erforderlichen Ressourcen zur ständig erweiterten Reproduktion, der Gewährleistung eines durchschnittlichen Lebensstandards für das Volk und die Erfordernisse der Landesverteidigung. Ein Gleichklang dieser drei Seiten wurde zu keinem Zeitpunkt erreicht. Die Defizite wurden unter den Bedingungen der wissenschaftlich-technischen Revolution und der Hochrüstung besonders spürbar. Am Ende verschlang das dritte Erfordernis die beiden anderen. Das führte dazu, die Bedürfnisse der anderen sozialistischen Staaten nicht mehr befriedigen zu können und Anleihen bei den imperialistischen Mächten aufnehmen zu müssen.

Den zweiten Faktor sehe ich in dem sich aus den ökonomischen und politischen Rahmenbedingungen ergebenden gesellschaftlichen System, seiner Struktur und Wirkungsweise. Oft ist von „genetischen Fehlern" des Systems die Rede. Dem kann ich folgen. Sozialismus in einem halbfeudalen, vom Despotismus beherrschten Land brachte gepaart mit Konterrevolution und Bürgerkrieg einen Typ von Staat hervor, der anders geartet sein mußte als in einem westeuropäischen Land mit einer entwickelter Arbeiterklasse, Erfahrungen in Massenkämpfen und gewissen demokratischen Traditionen. Da dieses System aber allen Volksdemokratien und auch der DDR übergestülpt wurde, übertrugen sich die Geburtsfehler und potenzierten sich. Darin sehe ich auch die Gründe für die nicht Reformierbarkeit dieser Art Sozialismus. Bei vorherrschender Macht der Partei setzte eine Reformierung des Sozialismus die Reformierung der Partei voraus. Gab es dafür je eine Chance? Ich verneine diese Frage. Sie gab es in der Sowjetunion zu Stalins Herrschaft zu keinem Zeitpunkt. Sie gab es auch nach Stalins Tod unter Chruschtschow nicht. Breshnew kurbelte das „Parteireförmchen" Produktionsprinzip bekanntlich ganz schnell wieder zurück. Was die „Erneuerung" der KPdSU unter Gorbatschow brachte, ist bekannt. Es kann als erwiesen angesehen werden, daß beim Erschüttern der tragenden Säule des Systems das ganze System erschüttert wird.

Wir gingen davon aus, daß der von der Sowjetunion unter Führung der KPdSU beschrittene Weg der einzig richtige und der einzig mögliche ist. Letzteres stimmt in Anbetracht der politischen und ökonomischen Verflechtungen sogar. Der „reale Sozialismus" ist in Europa gescheitert. Die sozialistische Idee jedoch bleibt. Es ist zukünftigen Generationen vorbehalten, andere Wege zum Sozialismus zu beschreiten. Die Erfahrungen dieses Jahrhunderts können ihnen dabei von Nutzen sein. Auf der Verwirklichung der Ideale des Sozialismus beruht die Hoffnung für den Erhalt und die Verbesserung der gefährdeten Welt.

Inhalt